Angela Jannelli
Wilde Museen

Angela Jannelli (Dr. phil.), Kulturanthropologin und Museologin, ist wissenschaftliche Mitarbeitern im Historischen Museum Frankfurt am Main. Ihre Forschungsschwerpunkte sind das Museum als performativer bzw. symbolischer Handlungsraum sowie die partizipative Museumsarbeit.

Angela Jannelli

Wilde Museen

Zur Museologie des Amateurmuseums

[transcript]

Bibliografische Information der Deutschen Nationalbibliothek
Die Deutsche Nationalbibliothek verzeichnet diese Publikation in der Deutschen Nationalbibliografie; detaillierte bibliografische Daten sind im Internet über http://dnb.d-nb.de abrufbar.

Umschlagkonzept: Kordula Röckenhaus, Bielefeld
Umschlagabbildung: McNair-Museum, Berlin. Foto: Angela Jannelli, 2009
Lektorat & Satz: Angela Jannelli
Druck: Majuskel Medienproduktion GmbH, Wetzlar
ISBN 978-3-8376-1985-0

Gedruckt auf alterungsbeständigem Papier mit chlorfrei gebleichtem Zellstoff.
Besuchen Sie uns im Internet: *http://www.transcript-verlag.de*
Bitte fordern Sie unser Gesamtverzeichnis und andere Broschüren an unter: *info@transcript-verlag.de*

« Ami Ned, vous êtes un tuer de poissons, un très habile pêcheur. Vous avez pris un grand nombre de ces intéressants animaux. Mais je gagerais que vous ne savez pas comment on les classe.
- Si, répondit sérieusement le harponneur. On les classe en poissons qui se mangent et en poissons qui ne se mangent pas ! »

JULES VERNE, VINGT MILLE LIEUES SOUS LES MERS (P. 163)

Inhalt

Dank

Dieses Buch beruht auf meiner Dissertation, die im Oktober 2011 am Institut für Volkskunde/Kulturanthropologie der Universität Hamburg angenommen wurde. Die Arbeit daran war von vielen beeindruckenden Begegnungen begleitet. Mein Dank gilt daher zuallererst meinen Gesprächs- und InterviewpartnerInnen aus den verschiedenen Amateurmuseen. Die Auseinandersetzung mit diesen engagierten und kenntnisreichen Museumsmachern hat mein Bild von der Rolle und Aufgabe eines Museums um viele Facetten ergänzt und bereichert.

Danken möchte ich auch all jenen, die mich in der Zeit meiner Promotion begleitet haben. Zuallererst Christa-Marie Münchow, deren ebenso aufmerksames wie konsequentes Coaching mich durch die intensive Zeit des Forschens und die einsame Zeit des Schreibens sicher begleitet hat. Dank gebührt auch Sibylle Rathgeber, die nicht nur stets ein offenes Ohr, sondern nach einem langen Tag am Schreibtisch auch immer noch einen Teller heiße Nudeln für mich hatte! Rainer Donandt danke ich für seine liebevolle Begleitung und starke Schulter, an die ich mich v.a. in der letzten Phase meiner Arbeit gerne gelehnt habe. Anne Slenczka möchte ich herzlich für ihr akribisches Korrekturlesen und fachliches Feedback danken. Ein besonderer Dank gebührt Johanes Zechner, der mit einem launig dahin gestreuten Hinweis auf Lévi-Strauss mein Interesse für die ‚wilden Seiten' des Denkens und Klassifizierens geweckt hat.

Ein herzliches Dankeschön gilt auch meinem Doktorvater Prof. Thomas Hengartner, der mich mit seinem guten Zuspruch und gewitzten Kommentaren immer wieder auf meinem Weg bestärkt hat. Dank gebührt auch meiner Zweitgutachterin Prof. Sonja Windmüller, die mir mit theoretisch-methodischen und lebenspraktischen Tipps das Doktoranden-Dasein wiederholt erleichtert hat.

Ich danke auch meinen Eltern, die immer daran geglaubt haben, dass ich meinen Weg gehe und von denen ich immer wieder große Unterstützung erfahre.

Abschließend sei noch dem transcript-Verlag gedankt, namentlich Anke Poppen, für die freundliche Begleitung bei der Produktion des Buches.

Das wilde Museum – eine eigenständige Museumsform

Warum machen Menschen Museen? Anstoß zur Arbeit und Erkenntnisinteresse

Ein Spaziergang durch ein unbekanntes Dorf, man schlendert durch die Sträßchen und Gassen, der Blick wandert über Häuser und Höfe und bleibt dann an einem Hinweisschild hängen: „Museum heute geöffnet“. Von Neugier und Entdeckerlust getrieben, folgt man dem Pfeil auf dem Schild und macht sich auf die Suche nach dem Museum. Meistens wird man in der Nähe des Dorfkerns fündig: Das Museum befindet sich in der alten Volksschule, dem früheren Amtshaus, einer Scheune oder in einem anderen „ausgedienten“ alten Gebäude. Vorsichtig und mit einem leicht mulmigen Gefühl öffnet man die Tür: Wer oder was wartet wohl hinter der Eingangstür? Die Erwartungshaltung schwankt zwischen Vorfreude und Ängstlichkeit. Sitzt da der pensionierte Lehrer, der uns Fremden endlich und in aller Ausführlichkeit das Besondere und Einzigartige der historischen Feuerspritze und des hiesigen Pflugs erklären will? Wird man gleich an der Flachskette entlanggeführt, durch die Bauernküche und die gute Stube, bis man schließlich bei der von unserem Cicerone selbst verfassten Dorfchronik oder Sammlung von Heimatgedichten angelangt ist, aus der er uns dann ebenso lang wie leidenschaftlich vorträgt? Oder begegnet man vielmehr einem jener charismatischen und begnadeten Erzähler, die einen mit ihren Geschichten und Anekdoten in den Bann ziehen, die die im Museum bewahrten Dinge mit einer spannenden und überraschenden Biographie ausstatten und deren Erfahrung und Sachkenntnis uns in Staunen versetzt?

Wer kennt diese Szene nicht? So oder so ähnlich kann sie sich an fast jedem Ort, in der Stadt und auf dem Land und zu fast jedem Sammlungsgegenstand abspielen: Autoliebhaber und Mühlenfans, Puppensammlerinnen und Eisenbahnfreaks, Trophäensammler, Heimatforscher und Geschichtsbegeisterte aller Art haben als Profis oder Laien die Museumslandschaft in Deutschland in den letzten vier bis fünf Jahrzehnten aktiv mitgestaltet. Dieses mit den Schlagworten Musealisierung und Museumsboom benannte Phänomen hat uns eine unüberschaubar gewordene Zahl kleiner und kleinster Museen beschert, die sich den unterschiedlichsten Themen widmen.[1] Menschen jeden Alters und ähnlicher Lebenssituation, mit gleichem Hobby oder Beruf, gemeinsamer Herkunft oder geteilten Interessen, sie alle haben das Sammeln und Ausstellen für sich entdeckt. Das „Museummachen" als eine Kulturtechnik des Bewahrens und Vermittelns erfreut sich größter Beliebtheit:

> „Musealisiert wird Kultur vorab im Museum, und da bleibt zu konstatieren, daß nicht nur die Zahl der Heimatmuseen ständig noch wächst, sondern auch deren soziale Trägerschaft sich verbreitert. Das bald in jedem Dorf vorhandene Dorfmuseum, in dem die letzten Dreschflegel, Spinnräder und Kohlebügeleisen zusammengestellt werden, es ist selten mehr die Domäne eines einzelnen Museumsleiters auf ‚einsamem Posten'. Vielmehr engagieren sich dort begeisterte Laiengruppen in ihrer Freizeit, in Heimat- und Geschichtsvereinen zusammengeschlossen, die ihrerseits kein Privileg mehr sind von Zentralorten und ihren bildungsbürgerlichen Schichten."[2]

Seit den 1970er-Jahren sind Hunderte kleiner Museen und Heimatstuben entstanden, die von Laien wie Profis eingerichtet und geführt werden. Ihre genaue Anzahl lässt sich nicht bestimmen, denn diese Kleinstmuseen sind nicht systematisch erfasst. Die vom Institut für Museumsforschung jährlich veröffentlichte

---

1 Unter dem Stichwort „Museumsboom" firmiert auch die beständig wachsende Zahl von Museumsbesuchen. Im Kontext meiner Arbeit möchte ich diesen Aspekt allerdings ausklammern und mich stattdessen auf die Neugründung von Museen beziehen. Obwohl der Museumsboom ein globales Phänomen darstellt – der britische Museologe Steven Hoelscher berichtet, dass 95 % aller Museen weltweit nach dem Zweiten Weltkrieg entstanden seien – beziehe ich mich in meiner Arbeit lediglich auf die Bundesrepublik. Vgl. Hoelscher, Steven: „Heritage", in: Macdonald, Sharon (Hg.): A Companion to Museum Studies, Oxford (UK): Blackwell Publishing 2006, S. 198-218 und Baur, Joachim: „Was ist ein Museum? Vier Umkreisungen eines widerspenstigen Gegenstands", in: ders. (Hg.): Museumsanalyse. Methoden und Konturen eines neuen Forschungsfeldes, Bielefeld: transcript 2010, S. 15-48, S. 27.

2 Assion, Peter: „Historismus, Traditionalismus, Folklorismus. Zur musealisierenden Tendenz der Gegenwartskultur", in: Jeggle, Utz, Gottfried Korff; Martin Scharfe; Bernd Jürgen Warneken (Hg.): Volkskultur in der Moderne. Probleme und Perspektiven empirischer Kulturforschung, Reinbek bei Hamburg: Rowohlt 1986, S. 351-362. S. 352f. Vgl hierzu auch Kramer, Dieter: „Gedanken zur kulturpolitischen Bedeutung kleiner Museen", in: Scharfe, Martin (Hg.): Museen in der Provinz. Strukturen, Probleme, Tendenzen, Chancen, Tübingen: Tübinger Vereinigung für Volkskunde 1982, S. 9-19.

„Statistische Gesamterhebung an den Museen der Bundesrepublik Deutschland"[3] kann nur eine grobe Ahnung von der tatsächlichen Anzahl solcher Museen vermitteln. In der Statistik sind die Museen nach ihrer Trägerschaft aufgeschlüsselt. Da die Mehrzahl der Kleinstmuseen von einem Verein betrieben wird, bietet die Rubrik der Trägerschaft eine grobe Orientierung über ihre Anzahl. Für die im Jahr 2008 befragten 6190 Museen ergibt sich dabei folgendes Bild: 1713 Museen werden von Vereinen getragen, das entspricht in etwa 28 % aller befragten Museen. Sie stellen damit die zweitgrößte Gruppe nach Museen in der Trägerschaft von lokalen Gebietskörperschaften.[4] Im Umgang mit der Statistik ist allerdings Vorsicht geboten, denn viele Kleinstmuseen verfügen nicht über die nötige ‚Öffentlichkeit' bzw. Öffentlichkeitswirkung, um überhaupt in der Datenbank des Instituts für Museumsforschung erfasst zu sein, auf deren Grundlage die jährliche Befragung stattfindet. So geht beispielsweise Wolfgang Stäbler von der Landesstelle für nichtstaatliche Museen in Bayern von einer Quote von 50 % ehrenamtlich geführter Museen für Bayern aus:

> „Auf die Frage nach der Leitung antworteten im Jahr 1999 279 nichtstaatliche bayerische Museen mit ‚hauptamtlich', 103 mit ‚nebenamtlich' und 349 mit ‚ehrenamtlich'. Angefragt waren etwa 1050 Museen, wobei gerade von vielen kleineren – wohl ehrenamtlich geführten – keine Rückmeldung kam, sodass letztlich von einer Quote von rund 50 % ehrenamtlich geleiteten Museen ausgegangen werden kann."[5]

Diese Annahme wird auch von Hans Lochmann, Leiter des Museumsverbands Niedersachsen und Bremen, für Norddeutschland bekräftigt: „Viele der kleineren Museen werden – in einem Flächenland wie Niedersachsen bis zu 50% – ehrenamtlich geführt, üblicherweise in Form eines eingetragenen Vereins."[6]

---

3 Staatliche Museen zu Berlin – Preußischer Kulturbesitz; Institut für Museumsforschung: Statistische Gesamterhebung an den Museen der Bundesrepublik Deutschland für das Jahr 2008, (63) 2009. Onlinedokument: http://museum.zib.de/ifm/mat63.pdf (Zugriff 14.01.2010).

4 Ebd. S. 29ff. (Zugriff 14.01.2010).

5 Vgl. Wolfgang Stäbler: „Ehrenamtliche Arbeit im Museum – ein unentbehrlicher Bestandteil des kulturellen Lebens", s.l.: s.a. Onlinedokument: http://www.kupoge.de/ifk/ehrenamt/museum/museen2.htm#_ftn1 (Zugriff 01.11.2009).

6 Lochmann, Hans: „Museen als Phänomen der Bürgergesellschaft. Das Beispiel Heimatmuseum", in: Dreyer, Matthias;Wiese, Rolf (Hg.), Das offene Museum. Rolle und Chancen von Museen in der Bürgergesellschaft, Ehestorf: Schriften des Freilichtmuseums am Kiekeberg 2010, S. 147-156, hier S. 148.

Da die Reichweite und Bedeutung der Heimatstuben und Vereinsmuseen nur in den seltensten Fällen die lokale Ebene übersteigt und sie oft Mühe haben, überhaupt als „Museum“ wahrgenommen oder anerkannt zu werden, kann über ihre genaue Anzahl nur spekuliert werden. Als sicher kann allerdings gelten, dass wir es hier mit einem zahlenmäßig starken Phänomen zu tun haben.

Diese unter dem Stichwort „Museumsboom“ diskutierte Proliferation des Museums ließ bei einigen Wissenschaftlerinnen und Wissenschaftlern Fragen[7] und Befürchtungen aufkommen: Während in der Volkskunde, Philosophie und Geschichtswissenschaft immer wieder danach gefragt wurde, was sich hinter dem „Zeitphänomen Musealisierung“[8] verbirgt, tönte aus Museumskreisen eher die Klage über den ebenso unkontrollierten wie unkontrollierbaren ‚Wildwuchs‘, und wiederholt wurde der Wunsch nach Abgrenzung laut. Diese divergierenden und von Seiten der Museumswelt oft eher hilflosen Reaktionen gegenüber der Musealisierung thematisiert Martin Scharfe bereits Anfang der 1980er-Jahre:

> „Auf der Biberacher Tagung [der Arbeitsgruppe ‚kulturhistorische Museen‘ in der Deutschen Gesellschaft für Volkskunde e.V.] von 1980 fiel erstmals das Wort ‚Wildwuchs‘, wenigstens ist es da erstmalig dokumentiert – aber hat sich im letzten Jahrzehnt eine Theorie dieses Wildwuchses ausbilden können oder wenigsten wollen?“[9]

---

7 Vgl. Biegel, Gerd: „Wofür und zu welchem Ende brauchen wir Heimat- und Regionalmuseen? Skizzen zur Geschichte kulturgeschichtlicher Museen“, in: Biegel, Gerd; Hans-Jürgen Derda; Angela Klein; Stephanie Bormann (Hg.): Geschichte und ihre Vermittlung in Lokal-, Regional- und Heimatmuseen, Braunschweig: Braunschweigische Landschaft 1995, S. 9-36.

8 Zacharias, Wolfgang (Hg.): Zeitphänomen Musealisierung, Essen: Klartext Verlag 1990. Vgl. Lübbe, Hermann: Der Fortschritt und das Museum. Über den Grund unseres Vergnügens an historischen Gegenständen, London: University of London, Institute of Germanic Studies 1982. Für eine kritische Auseinandersetzung mit der Rolle der Museen vgl. Korff, Gottfried, Hans-Ulrich Roller (Hg.): Alltagskultur passé? Positionen und Perspektiven volkskundlicher Museumsarbeit / Referate und Diskussionen der 10. Arbeitstagung der Arbeitsgruppe „Kulturhistorisches Museum“ in der Deutschen Gesellschaft für Volkskunde in Stuttgart, Tübingen: Tübinger Vereinigung für Volkskunde e.V. 1993.

9 Scharfe, Martin: „Aufhellung und Eintrübung. Zu einem Paradigmen- und Funktionswandel im Museum 1970-1990“, in: Abel, Susanne (Hg.): Rekonstruktion von Wirklichkeit im Museum: Tagungsbeiträge der Arbeitsgruppe „Kulturhistorische Museen“ in der deutschen Gesellschaft für Volkskunde, Hildesheim, 3.-5. Oktober 1990, Hildesheim: Georg Olms Verlag 1992, S. 53-65. Für das Auftauchen des Wortes „Wildwuchs“ vgl. das Diskussionsprotokoll von Bärbel Brugger und Ingeborg Cleve in:

Mit meiner Arbeit möchte ich versuchen, solch eine „Theorie des Wildwuchses" aufzustellen. Mich interessiert dabei aber weniger die Frage, wie sich die „Zivilisierten" am effektivsten von den „Wilden" abgrenzen können. Mein Forschungsinteresse liegt nicht auf einer Bewertung der „wilden" Ausstellungen nach den Gesichtspunkten der praktischen Museologie.[10] Mich treibt vielmehr die Frage um, was das Sammeln und Ausstellen so attraktiv macht, dass immer mehr Menschen bereit sind, ihre Zeit und oft auch ihr Geld auf das Museummachen zu verwenden.

Angesichts der unüberschaubar groß gewordenen Anzahl von Kleinstmuseen erscheint es mir als Volkskundlerin geboten, nach den Gründen für ihre Popularität zu fragen. Die unter Museumswissenschaftlern weit verbreitete Haltung, Vereins- und Heimatmuseen als „paramuseale Erscheinungen"[11] oder „hobbyist museums"[12] abzutun oder sich durch die Einführung von Qualitätsstandards von den ‚Möchtegern-Museen' abzusetzen, bietet meines Erachtens keine zufriedenstellende Erklärung für die Popularität des Museums als kultureller Äußerungsform. Allein schon die Quantität dieser Ausstellungsorte rechtfertigt die Frage nach den Gründen für ihr Entstehen. Warum ist diese kulturelle Äußerungsform derzeit so erfolgreich? Warum wird sie so begeistert genutzt? Was motiviert die Museumsmacher? Erfüllt ein Museum vielleicht noch ganz andere Aufgaben als Sammeln, Bewahren, Forschen und Vermitteln?

Scharfe, Martin (Hg.): Museen in der Provinz. Strukturen, Probleme, Tendenzen, Chancen, Tübingen 1982, S. 81.

10 Zur Unterscheidung der Begrifflichkeiten und Fachbezeichnungen siehe Baur, Joachim: „Museumsanalyse: Zur Einführung", in: ders. (Hg.): Museumsanalyse, S. 7-14, S. 8.

11 So Oliver Rump in seinem Vortrag „Welche und wie viele Museen braucht Hamburg? Kulturpolitik, Wertewandel und Zukunftsperspektiven kritisch beleuchtet", den er im Rahmen der Vortragsreihe des Naturwissenschaftlichen Vereins in Hamburg hielt. Mitschrift des Vortrags vom 15.12.2005.

12 Vgl. White, John H. Jr.: „The Railway Museum: Past, Present, and Future", in: Technology and Culture 14/ (4)1973, S. 599-613.

Begriffsklärung: Was ist ein wildes Museum?

Ein Sammelbegriff für Amateur-Museen

Den Begriff *wildes Museum* möchte ich als Bezeichnung für all jene von Amateuren betriebene Museen einführen, mit denen sich die Museologie bisher schwer tut. Mit dem Begriff *wild* beziehe ich mich auf Claude Lévi-Strauss und seine Theorie des *wilden Denkens. Wild* ist daher (wie ich unten ausführlicher darstellen werde) nicht mit primitiv oder unzivilisiert gleichzusetzen, sondern bezeichnet lediglich eine eigenständige, nicht-wissenschaftliche Form der Erkenntnis.

In museumskundlichen Publikationen kursieren etliche Bezeichnungen für diese heterogene Museumsart, jede von ihnen beleuchtet dabei einen anderen Aspekt, so dass sich insgesamt ein diffuses, unscharfes Bild ergibt. Die *wilden Museen*, so scheint es, widersetzen sich einer klaren Zuordnung, sie passen in keine der gültigen Museumskategorien: In der Literatur tauchen sie auf als stille,[1] außergewöhnliche,[2] originelle[3] oder periphere Museen,[4] als Klein- oder Kleinstmuseen.[5] Sie zeigen sich aber auch unter dem Label Heimatstube, Regional-, Provinz- oder Laienmuseum, werden als „Rumpelkammern der Geschich-

1 Bauer, Uta: Stille Museen: Spezialsammlungen, Fachmuseen und Gedenkstätten in Deutschland (Bundesrepublik und Westberlin). Ein Museumsführer, Reisebegleiter und Nachschlagewerk, München: Keysersche Verlagsbuchhandlung 1976.

2 Seitz, Helmut: Auf den Spuren außergewöhnlicher Museen, München: Nymphenburger Verlag 1990.

3 Kunst, Manfred: 50 originelle Museen in Norddeutschland, Hamburg: Convent Verlag 2002.

4 Glasmeier, Michael (Hg.): Periphere Museen in Berlin, Berlin: Merve Verlag 1992.

5 U. a. bei Roth, Martin: Heimatmuseum. Zur Geschichte einer deutschen Institution, Berlin: Gebr. Mann Verlag 1990.

te“[6] beschrieben oder erscheinen in Gestalt des herkunftsweltbezogenen[7] oder Alltagsmuseums.[8] In der frankophonen Museologie firmieren sie auch unter der der Rubrik „écomusée“[9] und im englischsprachigen Bereich unter den Labels „community museum“, „cultural center“[10] oder auch ganz einfach als „local“ oder „small museum“.[11] Die meisten dieser Bezeichnungen geben Auskunft über die thematische Ausrichtung der jeweiligen Ausstellungsorte oder benennen das (meist kleinbürgerliche, nicht-akademische) ‚Milieu‘, dem das Museum inhaltlich wie organisatorisch zugeordnet wird.

Mit dem Begriff *wildes Museum* möchte ich keine Bewertung der Themen und Inhalte kleiner Museen vornehmen, sondern eine bestimmte kulturelle Äu-

---

6 So bezeichnet Helmut P. Fielhauer die Sammlungen von „Heimatmuseen“. Vgl. Fielhauer, Helmut P.: Heimatmuseum – Rumpelkammern der Geschichte? In: Erziehung heute (5)1986, S. 30-33; zitiert nach: Liesenfeld, Gertraud: „Vom Schutzengel aus Gips zum Museum als Bühne: Das ‚Dorfmuseum Mönchhof‘ und sein soziokulturelles Interaktionsfeld“, in: Grieshofer, Franz; Margot Schindler (Hg.): Netzwerk Volkskunde. Ideen und Wege, Wien: Verein für Volkskunde 1999, S. 237-250, S. 239.

7 Vgl. Lübbe, Hermann: Der Fortschritt und das Museum.

8 Vgl. Korff, Gottfried, Hans-Ulrich Roller (Hg.): Alltagskultur passé?

9 Vgl. Hauenschild, Andrea: Neue Museologie. Anspruch und Wirklichkeit anhand vergleichender Fallstudien in Kanada, USA und Mexiko, Bremen: Selbstverlag des Übersee-Museums Bremen 1988. Poulot, Dominique: „Identity as Self-Discovery: The Ecomuseum in France“, in: Sherman, Daniel; Irit Rogoff (Hg.), Museum Culture. Histories, Discourses, Spectacles, London, New York: Routledge 1994, S. 66-84. Gorgus, Nina: Der Zauberer der Vitrinen. Zur Museologie Georges Henri Rivières, Münster [u. a.]: Waxmann 1999 und dies.: „Eigentlich kein Museum: das Écomusée in Frankreich. Ein Rückblick oder auch ein Ausblick auf das partizipative Museum?“. In: Gesser, Susanne; Angela Jannelli; Martin Handschin, Sibylle Lichtensteiter (Hg.): Das partizipative Museum, Bielefeld: transcirpt 2012, S. 105-114.

10 Einen zusammenfassenden Überblick bieten die Beiträge von Crooke, Elizabeth: „Museums and Community“ (S. 170-185) sowie von Kreps, Christina: „Non-Western Models of Museums and Curation in Cross-cultural Perspective“ (S. 457-472), beide erschienen in: Macdonald, Sharon (Hg.): A Companion to Museum Studies. Auch in folgenden Sammelbänden finden sich Darstellungen alternativer Museumskonzepte: Karp, Ivan; Christine Mullen Kreamer; Steven D. Lavine (Hg.): Museums and Communities. The Politics of Public Culture, Washington, London: Smithsonian Institution Press 1992. Watson, Sheila (Hg.): Museums and Their Communities, London, New York: Routledge 2007.

11 Vgl. Levin, Amy K. (Hg.): Defining Memory. Local Museums and the Construction of History in America's Changing Communities, Lanham [u. a.]: Altamira Press 2007.

ßerungsform bezeichnen, die mittels musealer Strategien arbeitet, indem sie sich der Kulturtechniken des Sammelns und Ausstellens bedient. Im Mittelpunkt steht nicht das Dargestellte selbst, sondern vielmehr das Museummachen als kulturelle Praxis. Mit dem Begriff *wildes Museum* möchte ich eine spezielle museale Variante, eine spezifische Ausdrucksform der Kulturtechniken Sammeln und Ausstellen bezeichnen. Ein *wildes Museum* verkörpert einen eigenständigen Museumsstil, so wie auch das von Claude Lévi-Strauss beschriebene *wilde Denken* einen eigenen Denkstil darstellt.[12]

Doch bevor ich genauer auf Lévi-Strauss' Konzept des *wilden Denkens* eingehe, möchte ich zunächst einige äußere Merkmale des *wilden Museums* beschreiben: Ein *wildes Museum* ist zunächst nichts anderes als ein öffentlich zugänglicher ‚Schau-Platz' für gesammelte Objekte. Die Museumsmacher[13] betreiben das Museum als Amateure, sie sind ‚non-professionals', d. h. keine ausgebildeten (Museums-) Wissenschaftler. Was sie auszeichnet, ist ihre freiwillige, oft geradezu hingebungsvolle Beschäftigung mit dem Museumsthema. Sie verfügen häufig über tiefgreifende persönliche Erfahrungen mit ihrem Thema und sind damit (Alltags-) Experten für ihren Gegenstand.[14] Auch wenn am Ursprung der Sammlung in vielen Fällen ein einzelner ‚Gründungsvater' steht, ist das *wilde Museum* eine Gemeinschaftsangelegenheit, denn der Museumsbetrieb wird durch eine Gruppe getragen. Dies äußert sich zum Beispiel darin, dass die Sammlung gemeinsam betreut und erweitert wird, die Ausstellungen werden gemeinschaftlich eingerichtet, gepflegt und genutzt. *Wilde Museen* werden in Gruppeninitiative getragen, sie sind nicht die Schatzhäuser einzelner Privatsammler, sondern sie bewahren und präsentieren Dinge, die für eine Gruppe relevant sind. Charakteristisch für ein *wildes Museum* ist seine Objektfülle. Es gibt keine bewusste Trennung von Schau- und Studiensammlung bzw. von Ausstellung und Depot. Im Museum werden möglichst viele Dinge gezeigt, ins ‚Archiv' (wie die Museumsmacher ihre Lagerräume häufig nennen) wandern höchstens Doubletten oder Gegenstände, die aufgrund von akutem Platzmangel nicht mehr in die Ausstellung integriert werden können. Die Inhalte des *wilden Museums* werden vorwiegend in Führungen erläutert. Die personale Vermittlung ist die wichtigste Form der Kommunikation mit dem Museumspublikum. Ausstellungs-

12 Lévi-Strauss, Claude: Das wilde Denken, Frankfurt am Main: Suhrkamp 1968 (frz. Original „La pensée sauvage" 1962).

13 Unter „Museumsmachern" verstehe ich alle diejenigen, die an der konkreten Umsetzung der abstrakten Idee ‚Museum' mitwirken.

14 Zum Konzept des Alltagsexperten vgl. Hörning, Karl H.: Experten des Alltags. Die Wiederentdeckung des praktischen Wissens, Weilerswist: Velbrück Wissenschaft 2001.

texte oder Objektbeschriftungen sind kaum oder nur in rudimentärer Form vorhanden.

Die Organisationsform von *wilden Museen* ist sehr häufig der Verein. Der Vereinsstatus bietet den Museumsmachern zahlreiche finanzielle, rechtliche und organisatorische Vorteile. Und auch auf der Seite des „sozialen Kapitals" bietet die Vereinsform Vorteile, da sie den Vorsitzenden eine gesteigerte öffentliche Wahrnehmung verschafft und sie als Repräsentanten ihrer Gruppe häufig Einladungen für offizielle Anlässe und öffentliche Veranstaltungen erhalten. Doch auch wenn die Organisationsform geregelt ist, steht ein *wildes Museum* auf unsicheren Beinen: Es ist meistens nicht gut finanziell ausgestattet, das Budget besteht vorwiegend aus den üblicherweise moderaten Vereinsbeiträgen. Bei Bedarf, zum Beispiel für konkrete Vorhaben oder Veranstaltungen, wird es durch überschaubare Zuwendungen von Spendern und Sponsoren aufgebessert. Auch die Mietverträge für die Museumsräume sind oft nur von kurzer Laufzeit (häufig existiert auch kein Mietvertrag), so dass die Planungssicherheit *wilder Museen* eher gering und ihre Existenz nicht dauerhaft gesichert ist.

LÉVI-STRAUSS' KONZEPT DES WILDEN DENKENS ALS AUSGANGSPUNKT

Doch was ist nun ‚wild' am *wilden Museum*? Mit der Verwendung des Begriffs möchte ich mich keineswegs in die Riege der ‚Wildwuchs'-Kritiker einreihen. Es geht mir nicht darum, die Vereinsmuseen mit Etiketten wie ‚unzivilisiert' oder ‚primitiv' zu versehen – Assoziationen, die der Begriff ‚wild' nur allzu leicht hervorruft. Mit der Verwendung von ‚wild' beziehe ich mich auf Claude Lévi-Strauss' Konzept des *wilden Denkens.*[15] Mit dem 1962 veröffentlichten Buch „La pensée sauvage" rehabilitiert Lévi-Strauss die Weltsicht der sogenannten „primitiven Völker". Die in der Ethnologie bis dahin vorherrschende Meinung, die Weltsicht der ‚Primitiven' sei irrational und affektiv, sie befinde sich in einem niedrigeren Entwicklungsstadium als diejenige der ‚zivilisierten Völker', lehnt Lévi-Strauss ab. Im *wilden Denken* (das er auch als magisch, mythisch oder symbolisch bezeichnet) erkennt er keine zurückgebliebene, dem Naturzustand verhaftete Denkform. Für Lévi-Strauss ist das *wilde Denken* ein Denkstil, der sich zwar vom positiven oder *wissenschaftlichen Denken* unterscheidet, ihm aber ebenbürtig ist: Das *wilde Denken* ist daher nicht irrational, seine Rationalität unterscheidet sich lediglich von der für das Abendland charak-

15 Lévi-Strauss, Claude: Das wilde Denken.

teristischen und als selbstverständlich genommenen wissenschaftlich geprägten Rationalität:

„Die Logik des mythischen Denkens erscheint uns ebenso anspruchsvoll wie die, auf der das positive Denken beruht, und im Grunde kaum anders. Denn der Unterschied liegt weniger in der Qualität der intellektuellen Operationen als in der Natur der Dinge, auf die sich diese Operationen richten.“[16]

Für Lévi-Strauss sind das *wilde,* mythische oder magische Denken und das *wissenschaftliche* oder positive Denken weder zeitlich noch qualitativ voneinander zu unterscheiden. Das *wissenschaftliche Denken* ist weder die Weiterentwicklung des *wilden Denkens*, noch ist es höher zu bewerten:

„Wir greifen dennoch nicht auf die landläufige [...] These zurück, derzufolge die Magie eine schüchterne und stammelnde Form der Wissenschaft ist: denn man würde sich jeder Möglichkeit berauben, das magische Denken zu verstehen, wenn man es als ein Moment oder eine Etappe der technischen und wissenschaftlichen Entwicklung begreifen wollte. [...] Das magische Denken ist nicht ein erster Versuch, ein Anfang, eine Skizze, der Teil eines noch nicht verwirklichten Ganzen; es bildet ein genau artikuliertes System und ist in dieser Hinsicht unabhängig von dem anderen System, das die Wissenschaft später begründen wird [...]. Anstatt also Magie und Wissenschaft als Gegensätze zu behandeln, wäre es besser, sie parallel zu setzen, als zwei Arten der Erkenntnis, die zwar hinsichtlich ihrer theoretischen und praktischen Ergebnisse ungleich sind (denn unter diesem Gesichtspunkt hat die Wissenschaft ohne Zweifel mehr Erfolg als die Magie, obwohl die Magie insofern ein Keim der Wissenschaft ist, als auch sie zuweilen Erfolg hat), nicht aber bezüglich der Art der geistigen Prozesse, die die Voraussetzung beider sind und sich weniger der Natur nach unterscheiden als aufgrund der Erscheinungstypen, auf die sie sich beziehen.“[17]

So wie Lévi-Strauss im *wilden Denken* einen eigenständigen Denkstil sieht, möchte ich das *wilde Museum* als eigenen Museumsstil betrachten. In Analogie zu Lévi-Strauss ist für mich das *wilde Museum* keine primitive Vorstufe des *wis-*

16 Lévi-Strauss, Claude: „Die Struktur der Mythen“, in: ders.: Strukturale Anthropologie, Frankfurt am Main: Suhrkamp 1971, S. 226-254, S. 253f. Kauppert und Funke sehen in „La pensée sauvage“ die Ausformulierung dieses bereits 1955 von Lévi-Strauss geäußerten Gedankens. Vgl. Kauppert, Michael; Dorett Funcke: „Zwischen Bild und Begriff. Wildes Denken nach Lévi-Strauss“, in: dies. (Hg.), Wirkungen des wilden Denkens. Zur strukturalen Anthropologie von Claude Lévi-Strauss, Frankfurt am Main: Suhrkamp 2008, S. 9-33, S. 12.

17 Lévi-Strauss, Claude: Das wilde Denken, S. 23f.

senschaftlichen Museums, es ist nicht die „schüchterne und stammelnde Form der Wissenschaft“[18] bzw. der Idee ‚Museum‘, sondern es repräsentiert eine vom System der Wissenschaft unabhängige Spielart von Erkenntnis, eine eigenständige Form der Welterklärung. Beiden Museumstypen liegen rationale Verfahren der Bewertung und Klassifizierung zu Grunde, die sich aber hinsichtlich ihrer Ergebnisse unterscheiden: Auf der ‚Museumsoberfläche‘ drückt sich dies auf Seiten des *wilden Museums* in einer Überfülle von Objekten in der Ausstellung aus, im *wissenschaftlichen Museum* spiegelt sich dies eher in der Reduktion auf exemplarische Objekte wider. Wie und worin sich die beiden Museumstypen inhaltlich unterscheiden, möchte ich im Verlauf dieser Arbeit anhand der Analyse von drei *wilden Museen* herausarbeiten. Vor dem Eintritt ins Feld möchte ich aber zunächst noch einige weitere Merkmale des *wilden Denkens* sowie die Konsequenzen ihrer Anwendung auf die Museumswelt beschreiben.

Bricoleur und Ingenieur

Zur Erklärung der beiden Erkenntnisarten hat Lévi-Strauss prägnante ‚Identifikationsfiguren‘ geschaffen: Der Bastler (*bricoleur*) repräsentiert das *wilde*, der Ingenieur das *wissenschaftliche Denken*. Beide Figuren sind in der Lage, erfolgreiche und damit „ingeniöse“ Lösungen für ein Problem zu finden. Beide gehen bei der Problemlösung rational vor, allerdings jeder auf seine eigene Art und Weise. Während der *bricoleur* von einem gegebenen Set von Dingen ausgeht, die er je nach Bedarf neu arrangiert, gibt sich der Ingenieur nicht mit den gegebenen Beschränkungen zufrieden, er will die gesetzten Grenzen überwinden. D. h., dass sowohl der Bastler als auch der Ingenieur dazu fähig sind, eine Aufgabe erfolgreich zu lösen, allerdings unterscheiden sich ihre Voraussetzungen und Ergebnisse:

„Der Bastler ist in der Lage, eine große Anzahl verschiedenartigster Arbeiten auszuführen; doch im Unterschied zum Ingenieur macht er seine Arbeiten nicht davon abhängig, ob ihm die Rohstoffe oder Werkzeuge erreichbar sind, die je nach Projekt geplant und beschafft werden müßten: die Welt seiner Mittel ist begrenzt, und die Regel seines Spiels besteht immer darin, jederzeit mit dem, was ihm zu Hand ist, auszukommen, d. h. mit einer stets begrenzten Auswahl an Werkzeugen und Materialien, die überdies noch heterogen sind, weil ihre Zusammensetzung in keinem Zusammenhang zu dem augenblicklichen Projekt steht, wie überhaupt zu keinem besonderen Projekt, sondern das zufällige Ergebnis aller sich bietender Gelegenheiten ist, den Vorrat zu erneuern oder zu bereichern oder ihn mit den Überbleibseln von früheren Konstruktionen oder Destruktionen zu versorgen. Die

18 Ebd.

Mittel des Bastlers sind also nicht im Hinblick auf ein Projekt bestimmbar (was übrigens, wie beim Ingenieur, ebenso viele Werkzeugeinheiten wie Arten von Projekten voraussetzen würde, zumindest theoretisch); sie lassen sich nur durch ihren Werkzeugcharakter bestimmen – anders ausgedrückt und um in der Sprache des Bastlers zu sprechen: weil die Elemente nach dem Prinzip ‚das kann man immer noch brauchen' gesammelt und aufgehoben werden."[19]

Der Typus des *bricoleur* wäre demnach im *wilden Museum* anzutreffen, wohingegen der Ingenieur eher im *wissenschaftlichen Museum* arbeiten würde:

„Sehen wir ihm [dem *bricoleur*] beim Arbeiten zu: Von seinem Vorhaben angespornt, ist sein erster praktischer Schritt dennoch retrospektiv: er muß auf eine bereits konstituierte Gesamtheit von Werkzeugen und Materialien zurückgreifen; eine Bestandsaufnahme machen oder eine schon vorhandene umarbeiten; schließlich und vor allem muß er mit dieser Gesamtheit in eine Art Dialog treten, um die möglichen Antworten zu ermitteln, die sie auf das gestellte Problem zu geben vermag. Alle diese heterogenen Gegenstände, die seinen Schatz bilden, befragt er, um herauszubekommen, was jeder von ihnen ‚bedeuten' könnte."[20]

Wenn wir dem Ingenieur und dem *bricoleur* über die Schulter blicken, wie Lévi-Strauss vorschlägt, dann sehen wir, dass sie auf ganz unterschiedliche Art und Weise mit dem ihnen zur Verfügung stehenden Material – in der Museumssprache: mit den gesammelten Objekten – umgehen. Der „Museums-Ingenieur" trachtet danach, die Zwänge des Materials zu überwinden – d. h., er würde sein „Projekt" durch gezielte Ankäufe oder den Einsatz von Inszenierungs- und Präsentationstechniken realisieren. Der *bricoleur* hingegen bleibt bei seinem Material: Er tritt mit den Dingen in Dialog, er befragt seinen Schatz in der Annahme, dass die Gegenstände verraten, wozu sie gut sind und wozu man sie brauchen kann. Die wilden Museumsmacher würden ihre Sammlung also im Hinblick auf ein für ihr „Projekt" adäquates Ergebnis organisieren, d. h. sie würden die vorhandenen Objekten so in ihrer Ausstellung arrangieren, dass sich ein aussagekräftiges, schlüssiges und sinnvolles Bild ergibt. Das *wilde Museum* wäre demnach ein bricolierendes Museum.

19 Lévi-Strauss, Claude: Das wilde Denken, S. 30.

20 Ebd. S. 31.

Zeichen und Begriff

Das *wilde Denken* ist „die Wissenschaft vom Konkreten".[21] Es ist ein bildhaftes und symbolisches Denken, denn es arbeitet, wie Lévi-Strauss feststellt, „mit Analogien und Vergleichen".[22] Analog dazu wäre das *wilde Museum* ein Ort für die Erforschung des Konkreten, mittels bildhafter und symbolischer Prozesse. Das *wissenschaftliche Museum* hingegen würde sich abstrakten Bezugssystemen zuwenden. Ein Seitenblick in museologische oder museumsbezogene Publikationen bekräftigt diese Analogie: So bezeichnet zum Beispiel Hermann Lübbe die kleinen Museen als „herkunftsweltbezogen"[23] und auch innerhalb der Volkskunde werden als die hervorstechendsten Merkmal der kleinen Museen ihre Alltagsorientierung und Dingfixierung, ihre begrenzte Aussagekraft, angebliche Banalität und Unwissenschaftlichkeit genannt.[24]

Lévi-Strauss' Argumentation folgend, möchte ich diese Fixierung auf das Konkrete aber nicht als Mangel des *wilden Museums* verstehen, sondern als dessen Eigenheit. Es zielt nicht darauf ab, abstrakte Sachverhalte, wie zum Beispiel Industrialisierung, Strukturwandel oder die „große Geschichte" zu erklären, es ist vielmehr – wie ich im Verlauf der Analysen darstellen werde – ein Verhandlungsort für unmittelbar mit den gesammelten Gegenständen verbundene Erfahrungen. Das *wilde Museum* ist ein *konkretes Museum.* In meinen Analysen der drei ausgewählten *wilden Museen* werde ich darstellen, wie und auf welche Weise sich das Konkrete in den alltäglichen Dingen niederschlägt, in welchen Bildern, d. h. in welchen „Analogien und Vergleichen"[25] es im *wilden Museum* verhandelt wird.

Das Material des *Museums-bricoleurs* sind die Dinge. Als ‚Wissenschaftler vom Konkreten' geht er von den ihm zur Verfügung stehenden Objekten aus. Den Museumsdingen muss in dieser Analyse folglich große Aufmerksamkeit geschenkt werden. Lévi-Strauss' Argumentation folgend, müssen sie als Zeichen gelesen und gedeutet werden. Im Zeichen sieht Lévi-Strauss das sprachliche

21 So lautet die Überschrift des ersten Kapitels in „Das wilde Denken". Ebd. S. 11-48.

22 Ebd. S. 34.

23 Vgl. Lübbe, Hermann: Der Fortschritt und das Museum.

24 Für eine scharfe Kritik der unreflektierten Alltagsbegeisterung siehe Scharfe, Martin: „Aufhellung und Eintrübung"; eine ausführliche Bestandsaufnahme gibt der Sammelband: Korff, Gottfried, Hans-Ulrich Roller (Hg.): Alltagskultur passé? Eine detaillierte Untersuchung liefert Schöne, Anja: Alltagskultur im Museum. Zwischen Anspruch und Realität, Münster: Waxmann 1998.

25 Lévi-Strauss, Claude: Das wilde Denken, S. 34.

Äquivalent des *mythischen Denkens*, da sich beide – vom Konkreten ausgehend – zwischen Bild und Begriff bewegen:

„[...] die Elemente der mythischen Reflexion [liegen] immer auf halbem Wege zwischen sinnlich wahrnehmbaren Eindrücken und Begriffen. Es wäre unmöglich, die ersteren aus der konkreten Situation, in der sie erschienen sind, herauszulösen, während der Rückgriff auf die letzteren es erfordern würde, daß das Denken wenigstens vorübergehend seine Absichten außer acht lassen könnte. Es besteht aber ein Zwischenglied zwischen dem Bild und dem Begriff: das Zeichen; denn man kann es immer in der Weise, die Saussure für diese besondere Kategorie der sprachlichen Zeichen eingeführt hat, definieren: als ein Band zwischen dem Bild und einem Begriff, die in der so hergestellten Vereinigung die Rolle des Signifikanten bzw. des Signifikats spielen.“[26]

Im Gegensatz zum Zeichen, dessen Verweisfähigkeit aufgrund seiner Nähe zum Bild begrenzt ist – Bilder lassen sich nur situativ wahrnehmen und verfügen daher über keinerlei verweisende oder repräsentative Fähigkeiten[27] –, verfügt der Begriff laut Lévi-Strauss über eine unbegrenzte Verweisfähigkeit. Der Begriff eröffnet damit die Möglichkeit, die Beschränkungen der Wirklichkeit zu überwinden:

„Der Begriff erscheint [...] als dasjenige, das die *Eröffnung* des Ganzen, mit dem man arbeitet, bewerkstelligt, und die Bezeichnung als dasjenige, das seine *Reorganisation* bewerkstelligt: die Bezeichnung erweitert das Ganze nicht, noch erneuert sie es; sie beschränkt sich darauf, seine verschiedenen Umwandlungen zu erhalten.“[28]

Auf der Grundlage dieser Definition von Zeichen bzw. Bezeichnung und Begriff ordnet Lévi-Strauss das Zeichen der Arbeitsweise des *bricoleurs* zu, wohingegen der Begriff dem Denken des Ingenieurs entspricht: Der Ingenieur arbeitet mit abstrakten Begriffen, der *bricoleur* operiert mit Zeichen. Lévi-Strauss relativiert

26 Ebd. S. 31.

27 In Bezug auf die absolut präsentische Vorstellung des Bildes folgt Lévi-Strauss nicht Saussure, sondern bezieht sich auf ein Bildverständnis, wie u.a. es Rousseau vertritt. Für eine ausführliche Darstellung vgl. Gasché, Rodolphe: „Das wilde Denken und die Ökonomie der Repräsentation. Zum Verhältnis von Ferdinand de Saussure und Claude Lévi-Strauss“, in: Lepenies, Wolf; Hanns Henning Ritter (Hg.): Orte des wilden Denkens. Zur Anthropologie von Claude Lévi-Strauss, Frankfurt am Main: Suhrkamp 1970, S. 306-384, S. 376f.

28 Lévi-Strauss, Claude: Das wilde Denken, S. 33.

diese klare Unterscheidung aber in Bezug darauf, wie die beiden Figuren an die ihnen gestellten Aufgaben herangehen:

„Der Unterschied [zwischen *bricoleur* und Ingenieur] ist [...] nicht so absolut, wie man ihn sich vorzustellen versucht wäre; er bleibt jedoch in dem Maße wirklich, wie der Ingenieur in bezug auf jene Zwänge, die einen Zivilisationszustand zum Ausdruck bringen, immer einen Durchgang zu öffnen versuchen wird, um sich *darüber* zu stellen, während der Bastler freiwillig oder gezwungen *darunter* bleibt; mit anderen Worten, der erstere arbeitet mit Hilfe von Begriffen, der letztere mit Hilfe von Zeichen.“[29]

Der Ingenieur trachtet danach, die Beschränkungen der Wirklichkeit zu überwinden. Dafür arbeitet er mit abstrakten Begriffen, die über eine unbegrenzte Verweisfähigkeit verfügen und damit von der konkreten Situation unabhängig sind und losgelöst von ihr funktionieren. Der *bricoleur* hingegen arrangiert sich mit den Beschränkungen der Wirklichkeit. Er arbeitet mit Zeichen, deren Verweisfähigkeit – Lévi-Strauss' Verständnis folgend – begrenzt und situationsgebunden ist:

„Tatsächlich beruht zumindest eine der Arten, wie sich das Zeichen dem Begriff entgegenstellt, darauf, daß der Begriff in bezug auf die Wirklichkeit vollständig transparent sein will, während das Zeichen zuläßt und sogar fordert, daß diese Wirklichkeit in einem bestimmten Maße durch den Menschen geprägt ist. Dies besagt der treffende, aber schwer übersetzbare Ausdruck von Peirce: ‚It adresses somebody'.“[30]

Lévi-Strauss' Argumentation folgend, müssten die Dinge im *wilden Museum* einen anderen Status haben als im *wissenschaftlichen*. Als Zeichen hätten sie eine konkretere und damit begrenztere Verweisfunktion als der Begriff, sie hätten keine ‚transzendierende' Kraft, sondern würden vielmehr eine durch den Menschen geprägte Wirklichkeit repräsentieren. Der Begriff ist abstrakt, das Zeichen konkret, da es sich – wie Lévi-Strauss in Bezug auf Peirce erläutert – nur auf andere Zeichen, d. h. auf eine schon interpretierte Wirklichkeit, beziehen kann.[31]

In den Analysen werde ich zeigen, dass sich das *wilde* und das *wissenschaftliche Museum* tatsächlich hinsichtlich der Verweiskraft der Objekte und der

29 Ebd.

30 Ebd.

31 Für eine ausführlich Darstellung zu den Einflüssen der Sprachtheorie von Saussure und Peirce auf Lévi-Strauss' Werk siehe Gasché, Rodolphe: „Das wilde Denken und die Ökonomie der Repräsentation“, in diesem Zusammenhang v.a. S. 377.

kommunikativen Absicht der Museumsmacher unterscheiden. Doch Lévi-Strauss' auf Dichotomien beruhendes strukturalistisches System erweist sich gegenüber der tatsächlichen Museumsarbeit sowie hinsichtlich der (*wilden* wie *wissenschaftlichen*) Museumsdinge als zu rigide. In den Museum und Material Culture Studies, in Museums- und Dingtheorien wird immer wieder festgehalten, dass es gerade die Uneindeutigkeit und Bedeutungsoffenheit sei, die die „Eigenart der Museumsdinge"[32] ausmache, d. h, dass sie auf ihrem Zeichencharakter beharren und sich eben nicht gänzlich auf einen „Begriff" reduzieren lassen. Viele Wissenschaftlerinnen und Wissenschaftler sehen die Faszination des musealen Objekts gerade in seinem permanenten Wechselspiel zwischen konkreter Erscheinung und abstrakter Idee, zwischen sinnlicher Anmutungsqualität und kognitivem Gehalt.[33] Das Museumsobjekt zeichnet sich durch einen Bedeutungsüberschuss aus, ist polyvalent und vieldeutig. Damit kann das Museumsding nie ein rein abstrakter Begriff sein, denn es ist immer in seiner materiellen Erscheinung vorhanden und damit konkret. Lévi-Strauss' Definition folgend müssen folglich alle Museumsdinge als Zeichen gelesen werden.[34] Auch in Bezug auf die Praxis im *wissenschaftlichen Museum* lässt sich die systematische Trennung von *wild* und *wissenschaftlich* nicht aufrecht erhalten, lässt sich doch gerade in den letzten drei Jahrzehnten eine verstärkte Berücksichtigung anderer Wissensformen sowie eine Hinwendung zu künstlerischen Präsentationsstrategien beobachten.[35]

Ich möchte dennoch an der Unterscheidung von *wild* und *wissenschaftlich*, von Zeichen und Begriff festhalten, ich möchte die analytische Aufteilung der Welt in Oppositionen als Denkfigur beibehalten, da sich mit ihr die unterschiedlichen Problemlösungsstrategien des *wilden* und des *wissenschaftlichen Mu-*

32 Vgl. Korff, Gottfried: „Zur Eigenart der Museumsdinge", in: ders., Museumsdinge. Deponieren – Exponieren. (herausgegeben von Martina Eberspächer, Gudrun Marlene König, Bernhard Tschofen), Köln: Böhlau Verlag 2002, S. 140-145.

33 Vgl. u. a. Korff, Gottfried: „Zur Eigenart der Museumsdinge", Pearce, Susan M.: On Collecting: an investigation into collecting in the European tradition, London [u. a.]: Routledge 1999 oder Stewart, Susan: On Longing. Narratives of the Miniature, the Gigantic, the Souvenir, the Collection, Durham, London: Duke University Press 1993.

34 Die ‚Zeichenhaftigkeit' der Dinge wird unter dem Blickwinkel einer „Ästhetik des Performativen" (so der Titel von Erika Fischer-Lichtes Publikation aus dem Jahr 2004) fragwürdig. Ich werde diesen Punkt im Abschnitt „Objektverwendungen – die performative Qualität der Museumsdinge" des nächsten Kapitels aufgreifen und diskutieren.

35 Für eine ausführlichere Darstellung neuerer Ausstellungstendenzen siehe das Kapitel „Wild werden? Anwendung der Ergebnisse für die wissenschaftliche Museumspraxis".

seums bei der Bewältigung des ‚Projekts Ausstellung' prototypisch zeigen lassen. Obwohl beide – wie Lévi-Strauss es hinsichtlich des Ingenieurs und *bricoleurs* formuliert – die Lösung der ihnen gestellten Aufgabe „mit einer Bestandsaufnahme einer vorher determinierten Gesamtheit von theoretischen und praktischen Kenntnissen und technischen Mitteln, die die möglichen Lösungen einschränken"[36] beginnen, gehen sie doch unterschiedlich mit den vorhandenen Mitteln um. Der Ingenieur will die Beschränkungen des Materials überwinden, wohingegen sich der Bastler mit ihnen arrangiert. Auf das Museum angewandt, heißt das, dass der Museums-Ingenieur die Beschränktheit seiner Mittel, d. h. seiner Sammlung, überwinden will. Er tut dies beispielsweise durch gezielte Ankäufe. Eine andere Möglichkeit, die Beschränkungen des Materials zu überwinden, besteht darin, ein Objekt durch kontextualisierende Verfahren ‚auf den Begriff' zu bringen: Mittels Inszenierungen oder kommentierender Medien wie Objekttexten, Illustrationen sowie dokumentarischer Fotografien oder Filme erhält das Objekt eine Rahmung: Eine Lesart wird vorgegeben, die den Bedeutungsspielraum des Dings einschränkt und strukturiert. Dies stellt einen Versuch dar, die Konkretheit und Vieldeutigkeit des Objekts in die Form eines abstrakten Begriffs zu gießen. Indem die Kuratoren museale Präsentationstechniken anwenden, soll der polyvalente Zeichencharakter des Dings eingeschränkt werden, es soll zum eindeutigen Begriff werden.

Eine weitere Facette der „Begriffsbildung" durch den Museums-Ingenieur zeigt sich bereits im Prozess der Musealisierung von Objekten:

> „Durch den Musealisierungsakt wird die ursprüngliche Bedeutung des Objektes, die in seinem Gebrauch gleich welcher Art gelegen hat, zurückgedrängt und durch eine neue Bedeutung ersetzt. Diese kann als eine Neuzuweisung von Sinn bezeichnet werden. Das Objekt gewinnt eine neue semantische Dimension, mithin eine neue Qualität des Seins."[37]

Dem Museumsding wird ein vom Ursprungskontext unabhängiger Sinn zugeschrieben, es wird damit abstrakt und situationsunabhängig und ist somit in verschiedenen Kontexten einsetzbar. Während also das Objekt im *wilden Museum* im lebensweltlichen Kontext verhaftet bleibt und damit situativ, d. h. in seiner Verweisfähigkeit begrenzt ist, kann das Objekt im *wissenschaftlichen Museum* verschiedene Sachverhalte repräsentieren. Als Begriff verfügt es damit über eine unbegrenzte (oder zumindest größere) Verweisfähigkeit denn als Zeichen. Um es an einem Beispiel zu erläutern: In einem *wilden Museum* könnte eine Uniform

36 Lévi-Strauss, Claude: Das wilde Denken, S. 32.

37 Flügel, Katharina: Einführung in die Museologie, Darmstadt: Wissenschaftliche Buchgesellschaft 2005. S. 25f.

zum Beispiel an ihren Besitzer erinnern, sie könnte für dessen Erlebnisse oder seine Verbindung zum Museum stehen; im *wissenschaftlichen Museum* hingegen könnte sie auch für Abstrakta wie Militarismus, Nationalismus oder eine bestimmte Armee stehen.

Die Geschichtsauffassung des wilden Denkens

Das *wilde* und das *wissenschaftliche Denken* unterscheiden sich, so Lévi-Strauss, auch hinsichtlich des ihnen zugrunde liegenden Geschichtsverständnisses. In meiner Anwendung von Lévi-Strauss' Konzept des *wilden Denkens* auf das Museum möchte ich diesem Punkt abschließend meine Aufmerksam schenken. Gerade bei einem Untersuchungsgegenstand wie dem (kulturhistorischen) Museum, das in erster Linie mit der Darstellung von Vergangenheit assoziiert wird, ist der Seitenblick auf das den beiden Erkenntnisarten zugrundeliegende Geschichtsverständnis wichtig.

Sein Buch über das *wilde Denken* beschließt Lévi-Strauss mit dem Kapitel „Geschichte und Dialektik". Darin setzt er sich mit der von Jean-Paul Sartre in der „Critique de la raison dialectique" entwickelten Geschichtsauffassung auseinander und geht hart mit ihr ins Gericht:

> „Unter den zeitgenössischen Philosophen ist Sartre sicherlich nicht der einzige, der die Geschichtswissenschaft auf Kosten der anderen Wissenschaften aufwertet und sich von ihr eine fast mythische Vorstellung macht. Der Ethnologe hat Achtung vor der Geschichtswissenschaft, aber er räumt ihr keinen bevorzugten Platz ein. Er begreift sie als eine Forschung, die die seine ergänzt: die eine entfaltet den Fächer der menschlichen Gesellschaft in der Zeit, die andere im Raum."[38]

Lévi-Strauss kritisiert das lineare, chronologische Ordnungsprinzip der Geschichtswissenschaft. In der Chronologie sieht er den spezifischen Code der Geschichte; einen Code, der im Bemühen verwendet wird, „in der Geschichte eine Gesamttotalisierung partieller Totalisierungen zu suchen".[39] Die Geschichtswissenschaft verkörpert für Lévi-Strauss lediglich eine Illusion von Kontinuität: Geschichte existiert nicht als „totalisierte Kontinuität",[40] sie wird von Historikern konstruiert, die aus einer Vielzahl von Begebenheiten bestimmte historische Tatsachen auswählen und aneinanderreihen. Und auch die ‚historische Tatsache' löst sich bei näherer Betrachtung in eine „Vielzahl psychischer und individueller

38 Lévi-Strauss, Claude: Das wilde Denken, S. 294f.

39 Ebd. S. 267.

40 Vgl. ebd. S. 297.

Bewegungen auf".[41] Die Geschichtswissenschaft ist damit, so folgert Lévi-Strauss, lückenhaft und parteiisch und damit weit entfernt von ihrem Anspruch, eine logische und kontinuierliche Entwicklung zu repräsentieren:

„Sogar eine Geschichte, die sich universal nennt, ist nur ein Nebeneinander von lokalen Geschichten, innerhalb deren [sic] (und zwischen denen) die Lücken wesentlich zahlreicher sind als die ausgefüllten Stellen."[42]

Geschichte stellt für Lévi-Strauss „ein diskontinuierliches Ganzes, das aus Geschichtsgebieten besteht"[43] dar. Das Festhalten an der Vorstellung von Kontinuität bezeichnet er als ein Merkmal des domestizierten oder analytischen Denkens. Lévi-Strauss kritisiert die Haltung der Geschichtswissenschaft gegenüber der Kontingenzerfahrung und sieht in der „Historizität das letzte Refugium eines transzendentalen Humanismus."[44] Das *wilde Denken* unterwerfe sich nicht dieser Illusion von Kontinuität. Dies zeige sich im Verzicht auf den chronologischen Code, der letztendlich dazu diene, die Komplexität der Natur zu verschleiern: Daten allein bedeuteten nichts, nur in der Vernetzung mit anderen Daten erhielten sie Aussagekraft. Einem Datum komme nur Bedeutung zu, sofern es „mit anderen Daten komplexe Korrelations- und Gegensatzbeziehungen unterhält."[45] Lévi-Strauss sieht in der Geschichtswissenschaft eine unzulässige Vereinfachung der Welt. Er postuliert, dass die Wissenschaft vielmehr die Aufgabe habe, die Komplexität der Welt verständlich zu machen. Die von Lévi-Strauss verwendeten Metaphern der „Geschichtsgebiete" und der Vernetzung von Daten offenbaren die räumliche Dimension seiner Geschichtsauffassung.

Funktionsweise des wilden Denkens

Lévi-Strauss beschreibt die Funktionsweise des *wilden Denkens* als „affektiv und intellektuell".[46] Die konkreten Erscheinungen der Welt werden als Zeichen eines verborgenen Sinns gelesen, interpretiert und geordnet. Das heißt, es geht vom sinnlich Wahrnehmbaren aus und ordnet es dann in ein selbst produziertes Klassifikationssystem ein. Dafür arbeitet es mit „Analogien und Vergleichen".[47] Im

41 Ebd. S. 296.

42 Ebd.

43 Ebd. S. 299.

44 Ebd. S. 302.

45 Ebd. S. 299.

46 Vgl. ebd. S. 51.

47 Ebd. S. 34.

wilden Denken sieht Lévi-Strauss eine Erkenntnisform, die die Erscheinungen der Welt anhand räumlich-bildlicher Codes erklärt:

„Das wilde Denken ist seinem Wesen nach zeitlos; es will die Welt zugleich als synchronische und diachronische Totalität erfassen, und die Erkenntnis, die es daraus gewinnt, ähnelt derjenigen, wie sie Spiegel bieten, die an einander gegenüberliegenden Wänden hängen und sich gegenseitig (sowie die Gegenstände in dem Raum, der sie trennt), widerspiegeln. Unzählige Bilder entstehen gleichzeitig, und keines ist dem anderen genau gleich; und folglich erbringt jedes von ihnen nur eine Teilkenntnis der Dekoration und des Mobiliars, deren Gruppierung durch unveränderliche eine Wahrheit ausdrückende Eigentümlichkeiten charakterisiert ist. Das wilde Denken vertieft seine Erkenntnis mit Hilfe von *imagines mundi.* Es baut Gedankengebäude, die ihm das Verständnis der Welt erleichtern, um so mehr, als sie ihr gleichen. In diesem Sinn konnte man es als Analogiedenken definieren.“[48]

Das wilde Denken funktioniert mittels selbst konstruierter Weltbilder. Diese ‚Gedankengebäude' werden mit dem Ziel konstruiert, die Welt verständlicher zu machen oder – wie Lévi-Strauss an anderer Stelle formuliert – „[...] das mythische Denken, dieser Bastler, erarbeitet Strukturen, indem es Ereignisse oder vielmehr Überreste von Ereignissen ordnet“.[49]

In diesem Sinne können die Ausstellungen des *wilden Museums* als Weltbilder gedeutet werden – eine in der theoretischen Museologie bestens eingeführte Analogie[50] – mittels derer die Erscheinungen der Welt gedeutet werden. Diese *imagines mundi* sind nach dem Prinzip der *bricolage* hergestellt, ihre Einzelelemente stammen aus einem begrenzten Set von Objekten mit Zeichencharakter, die zwischen Bild und Begriff oszillieren. Die Weltbilder des *wilden Museums* sind nicht nach dem chronologischen Code der Geschichtswissenschaft verfasst, sie sind bildlich-räumliche Konstruktionen. Diese nicht-lineare Art, die Erscheinungen der Welt zu ordnen, fand ich in allen untersuchten *wilden Museen* vor.

48 Ebd. S. 302f.

49 Vgl. ebd. S. 35. Etwas später präzisiert Lévi-Strauss: „Wir haben den Gelehrten und den Bastler durch die Funktionen unterschieden, die sie in der Ordnung der Mittel und Zwecke dem Ereignis und der Struktur zuweisen: der eine schafft Ereignisse (die Welt ändern) mittels Strukturen, der andere Strukturen mittels Ereignissen (eine in dieser scharfen Form ungenaue Formel, die aber unsere Analyse zu nuancieren erlaubt).“ Ebd. S. 36.

50 Zum Verhältnis von Weltbildern und Ausstellungen vgl. Habsburg-Lothringen, Bettina: „Was dem ‚baîn des Risen' folgte. Ausstellungswirklichkeiten als Weltbilder“, 2007. Onlinedokument: http://museumsakademie-joanneum.at/projekte/internationale-sommerakademie-museologie/texte/Habsburg_ozg_text.pdf (Zugriff 22.10.2009).

Die Chronologie als ordnender Code fehlte oder zeigte sich nur in rudimentärer Form. Stattdessen sind die Museumsdinge in sinnhaften Bildräumen gruppiert. Die *wilden Museen* können demnach als einzelne, eigenständige ‚Geschichtsgebiete' bezeichnet werden, als „Orte des wilden Denkens".[51]

Wie ich anhand einer Beschreibung der Denkstile, der Methode, des Materials und der Erscheinungsformen des *wilden Denkens* zeigen konnte, bietet Lévi-Strauss' Konzept viele Anknüpfungspunkte für die Untersuchung kleiner, nicht-wissenschaftlich organisierter Museen. Es bietet die Chance, in den *wilden Museen* nicht nur defizitäre – weil nicht-wissenschaftliche – Einrichtungen zu sehen, sondern es eröffnet die Möglichkeit, ihren besonderen Umgang mit Dingen, ihr Geschichts- und Weltverständnis zu beschreiben. Und es macht den Blick frei für eine vorurteilsfreie Betrachtung der in den *wilden Museen* gepflegten kulturellen Praxis des Sammelns und Ausstellens.

Nur mit dem Maßstab des Bastlers kann eine Museumsarbeit als *bricolage* angemessen bewertet werden. Wenn man die Messlatte des Ingenieurs anlegt, kann nur ein Ungenügen oder Scheitern konstatiert werden. Mit der Anwendung des Konzepts der Wildheit geht es mir also in erster Linie darum, das *wilde Museum* als eigenständige Museumsform anzuerkennen, als eine Form von Museum, die außerhalb des wissenschaftlichen Systems liegt und die folglich nach einem eigenen System bewertet werden muss. Mit dieser Haltung möchte ich das *wilde Museum* einerseits als eigenständigen Forschungsgegenstand etablieren. Andererseits liegt darin auch die Aufforderung, Werkzeuge zu entwickeln, mit denen das *wilde Museum* untersucht werden kann. Mit einem traditionellen, auf wissenschaftlichen Kriterien basierenden Verständnis von Museum und Museumsarbeit kann die Bedeutung der *wilden Museen*, ihr Sinn und Zweck nicht angemessen erfasst und beschrieben werden. Ein solches Vorgehen hieße, eine *bricolage* mit Ingenieursmaßstäben zu bewerten. Der erste Schritt meiner Arbeit bestand also darin, geeignete Instrumente zu entwickeln, mit denen diese museale Spielart des *wilden Denkens* in der ihm angemessenen Weise „affektiv und intellektuell"[52] erfasst werden kann. In guter kulturwissenschaftlicher Manier und nach Art des *bricoleur* habe ich in verschiedenen Forschungsfeldern „vorübermittelte Botschaften"[53] gesammelt, um daraus Instrumente und Werkzeuge zu ‚basteln'. Bevor ich allerdings meinen ‚Werkzeugkasten' vorstelle, möchte ich erst den Streifzug beschreiben, den ich auf der Suche nach den für die Analyse der *wilden Museen* geeigneten Theorien und Methoden unternommen habe.

51 Vgl. Lepenies, Wolf, Ritter, Hanns Henning (Hg.): Orte des wilden Denkens. Zur Anthropologie von Claude Lévi-Strauss, Frankfurt am Main: Suhrkamp 1970.

52 Vgl. Lévi-Strauss, Claude: Das wilde Denken, S. 51.

53 Vgl. ebd. S. 33.

Forschungsstand

Auf der Suche nach geeigneten Theorien und Methoden habe ich zunächst das Feld der Museumskunde sondiert. Ich habe nach Aufsätzen und Publikationen Ausschau gehalten, die Vereins- bzw. Laienmuseen in den Blick nehmen. Mich dem Gegenstand von dieser Seite aus anzunähern, erschien mir am ertragreichsten zu sein. Ich suchte nach Arbeiten, die das museale Engagement von Amateuren berücksichtigen oder die sich mit Museen und anderen ‚Schau-Plätzen' beschäftigen, die von nicht-museumswissenschaftlich geschultem Personal geführt werden. Schon bald stellte ich fest, dass das *wilde Denken* auf dem museumskundlichen Feld nicht kultiviert, sondern – wenn überhaupt – als „Unkraut" behandelt wurde. Durch die Texte geisterte das Schlagwort vom Wildwuchs, auf die ‚Wald-und-Wiesen-Museen' fielen argwöhnische und despektierliche Blicke. Die Suche nach für meine Untersuchung geeigneten Ansätzen führte mich durch mehrere Teilbereiche der Museumskunde, durch verschiedene Forschungs- und Versuchsfelder, die ich in diesem Kapitel genauer abstecken und beschreiben möchte.

Amateure und Laien im Museum

In der praktischen, managementorientierten Museologie finden sich zahlreiche Arbeiten zum Engagement von Ehrenamtlichen im Museum.[1] Es handelt sich vorwiegend um Ratgeber, Praxisberichte und Leitfäden für den Einsatz von Eh-

1 Zwei von vielen Beispielen: Deutscher Museumsbund e.V. (Hg.): Bürgerschaftliches Engagement im Museum, Kassel, Berlin: 2008. Oder die vom Institut für Kulturpolitik der Kulturpolitischen Gesellschaft 2003 publizierte Untersuchung „Engagiert für Kultur. Beispiele ehrenamtlicher Arbeit in der Kultur". Onlinedokument: http://www.kupoge.de/ifk/ehrenamt/museum/museen.htm (Zugriff 01.11.2009).

renamtlichen in verschiedenen Museumsbereichen und den richtigen Umgang mit ihnen. Die Mehrzahl der Autoren würdigt den Beitrag der Ehrenamtlichen zur Gestaltung und Aufrechterhaltung einer vielfältigen und lebendigen Museumslandschaft in Deutschland. Die große Bedeutung ehrenamtlicher Arbeit für die Vielfalt der deutschen Museen betont beispielsweise Martin Roth in der vom Institut für Kulturpolitik durchgeführten Umfrage zum bürgerschaftlichen Engagement in Kulturinstitutionen:

„Ohne bürgerschaftliches Engagement wäre unsere vielseitige Museumslandschaft erheblich ärmer. Das Spektrum reicht von Neugründungen, dem Erwerb ganzer Sammlungen, dem Unterhalt und dem Betrieb vieler Museen, die der ehrenamtlichen Initiative zahlreicher Bürgerinnen und Bürger zu verdanken sind. Dies betrifft nicht nur Museen mit langer Tradition (zum Beispiel Gründung eines Museums durch einen Kunstverein), sondern spiegelt sich auch heute im Erscheinungsbild zahlreicher Häuser, die rein ehrenamtlich von Heimat- oder Museumsvereinen getragen und geführt werden. Und besonders in Zeiten rückläufiger öffentlicher Haushalte nimmt die Rolle der ideellen und materiellen Förderung durch bürgerschaftliches Engagement auch bei größeren staatlichen und nichtstaatlichen Museen stetig zu.“[2]

Viele der von mir sondierten Ratgeber erweckten trotz der lobenden Worte für den Einsatz Ehrenamtlicher im Museum den Eindruck, Anleitungen zur Eindämmung von ‚Wildwuchs‘ zu sein. In den Publikationen werden die Ehrenamtlichen als kostengünstige Mitarbeiter begrüßt, von ihrem Engagement scheint aber auch eine ungenannte, die wissenschaftlichen Regeln außer Kraft setzende Gefahr auszugehen, die eingedämmt werden muss. Ein Blick auf einige Titel legt diese Vermutung zumindest nahe: „Rechtliche Rahmenbedingungen bürgerschaftlichen Engagements“,[3] „Die Einbindung freiwilligen Engagements“[4] oder „Management von Ehrenamtlichen“.[5]

---

2 Roths Beitrag findet sich in: Institut für Kulturpolitik der Kulturpolitischen Gesellschaft (Hg.): Jahrbuch für Kulturpolitik 2000 – „Bürgerschaftliches Engagement“, Essen: Klartext Verlag 2001, S. 256-258. S. 257. Martin Roth war zum Zeitpunkt der Publikation Präsident des Deutschen Museumsbunds.

3 Igl, Gerhard; Monika Jachmann; Eberhard Eichenhofer: Rechtliche Rahmenbedingungen bürgerschaftlichen Engagements, Opladen: Leske+Budrich 2002.

4 Hentschel, Toby Alexandra: „Die Einbindung freiwilligen Engagements“, in: Strachwitz, Rupert Graf; Volker Then (Hg.): Kultureinrichtungen in Stiftungsform, Gütersloh: Verlag Bertelsmann Stiftung 2004, S. 188-195.

5 Birnkraut, Gesa: Management von Ehrenamtlichen, Hamburg: KMM-Verlag 2004.

Die skeptische Haltung, die die Museumswelt den Laien gegenüber einnimmt, findet sich auch in der 2008 vom Deutschen Museumsbund (DMB) herausgegebenen Publikation „Bürgerschaftliches Engagement im Museum“[6]. Der zweite Teil dieser Untersuchung ist dem „klassische[n] Ehrenamt: Mitarbeit in ehrenamtlich betriebenen Museen“ gewidmet. Auch hier wird zunächst das Engagement der Laien gewürdigt, um sie dann allerdings auf die Einhaltung der traditionellen Museumsregeln zu verpflichten:

„Das bürgerschaftliche Engagement einzelner Vereinsmitglieder in dieser Art Trägerschaft ist Grundlage für Entstehung und Betrieb der Museen. Die Kernaufgabe des Museums – Sammeln, Bewahren, Forschen, Dokumentieren, Ausstellen und Vermitteln – werden von nicht speziell dafür ausgebildeten und unbezahlten Kräften entsprechend ihren Kenntnissen und Möglichkeiten ausgeführt. Die ehrenamtlich an kleineren Museen Tätigen sollten aber die für Museen geltenden Standards kennen und beachten.“[7]

Im Ausblick der Publikation wird die Verbindlichkeit der Museumsregeln nochmals betont:

„Kleinere, ehrenamtlich geführte Museen schöpfen ihre Potentiale zu qualitätsvoller Museumsarbeit nur aus, wenn sie sich vermittels geeigneter Qualifizierungsprogramme an den Standards für Museen des Deutschen Museumsbundes und von ICOM Deutschland orientieren.“[8]

Eine Untersuchung ehrenamtlicher Museumsarbeit, d. h. eine Analyse, die das ‚Museummachen‘ von Amateuren untersucht, findet sich im Feld der traditionellen deutschsprachigen Museumskunde nicht.[9] Die Möglichkeit, im *wilden Mu-*

6 Deutscher Museumsbund e.V. (Hg.): Bürgerschaftliches Engagement im Museum, Kassel, Berlin 2008. S. 20-23.

7 Ebd. S. 20.

8 Ebd. S. 23.

9 Im Kontext von in identitätspolitisch orientierten Untersuchungen zur Rolle von „tribal museums“ spielen die Museums-Amateure eine wichtige Rolle. Hier stehen allerdings v.a. ethnische Fragen im Mittelpunkt. Vgl. Sleeper-Smith, Susan (Hg.): Contesting Knowledge: Museum and indigenous perspectives. Lincoln: University of Nebraska Press 2009 (hier v.a. Kapitel 3). Auch im Zuge der Bewegung „Museum 2.0“ lässt sich eine Hinwendung zum nicht-professionellen „Museummachen“ beobachten. Die Impulse gehen dabei vom sogenannten Web 2.0 aus, das sich durch benutzergenerierte Inhalte auszeichnet. Eine aufschlussreiche Erklärung und Diskussion der Kerngedanken des Museum 2.0 bietet der Blog der Ausstellungsmacherin Nina

seum eine eigene, vom *wissenschaftlichen Museum* unabhängige Spielart der musealen Praxis zu sehen, scheint in keiner museumskundlichen Publikation durch. Der Begriff ‚Museum' ist hier lediglich auf die ‚Spezies' des *wissenschaftlichen Museums* begrenzt. Eine unmittelbare und unvoreingenommene Beschäftigung mit dem *Wilden* findet nicht statt. Dies ist nicht verwunderlich, sprechen doch die meisten Autorinnen und Autoren von der Position der *wissenschaftlichen Museumsmacher* aus, von der aus die Praxis des *wilden Museums* zwangsläufig als defizitär und unprofessionell erscheinen muss.

Eine Ausnahme stellen ein Aufsatz von Getrud Liesenfeld[10] sowie ein unveröffentlichtes Manuskript von Gottfried Fliedl zum Handwerksmuseum Baldramsdorf dar.[11] Während Liesenfeld in ihrem Beitrag zum Heimatmuseum Mönchhof dessen soziokulturelles Potential für die verschiedenen in die Museumsarbeit involvierten Akteure beschreibt, steht bei Fliedl der Nutzen des Museums für die Museumsmacher im Vordergrund: Er schildert zunächst das Handwerksmuseum mit seiner Überfülle an Objekten und ihrer scheinbaren Unordnung, belässt es aber nicht bei dieser Bestandsaufnahme. Im Handwerksmuseum sieht er eine von vielen möglichen „musealisierenden Strategien".[12] Die ‚Baldramsdorfer Dinge' präsentieren sich ihm als Übergangsobjekte, als „Überlebsel", die Auskünfte über die persönlichen Erfahrungen der Spender und Leihgeber geben. Das Museum interpretiert er als einen Ort für den Umgang mit Trauer und Erinnerung:

> „Was auf den ersten Blick aussieht wie eine Kraut-und-Rüben-Sammlung, entpuppt sich bei größerer Aufmerksamkeit als eine spezifische Umgangsweise mit Trennung – etwas, was wir an unserem herkömmlichen Museumsbegriff wohl kaum messen können."[13]

Simon http://museumtwo.blogspot.com/2006/12/what-is-museum-20.html (Zugriff 15.10.2009). Zur vom Web inspirierten Museum 2.0-Bewegung siehe auch Kapitel „Partizipation" in der vorliegenden Arbeit.

10 Liesenfeld, Gertraud: „Vom Schutzengel aus Gips zum Museum als Bühne".

11 Eine gekürzte und überarbeitete Version des Texts findet sich in: Fliedl, Gottfried: „Die Dauer des Abschieds. Beispiele der Musealisierung von Alltag in österreichischen Museen", in: Korff, Gottfried; Hans-Ulrich Roller (Hg.): Alltagskultur passé? Es handelt sich hierbei um die Schriftfassung von Fliedls Vortrag, der (wie sich aus dem im Tagungsband protokollierten Wortwechsel herauslesen lässt) zu einer lebhaften Diskussion geführt hat.

12 Ebd. S. 216.

13 Ebd. S. 215f.

Die wohlwollenden Blicke von Liesenfeld und Fliedl auf das Laienmuseum bzw. das Ausstellen als kulturelle Äußerungsform stellen in der museumskundlichen Literatur eher die Ausnahmen dar.

Im Zuge der Demokratisierung von Geschichte geraten die ‚kleinen Leute' allerdings immer öfter als Träger von Geschichte in den Blickwinkel von HistorikerInnen und MuseologInnen. Im Rahmen dieser Diskussion lassen sich einige, wenn auch verdeckte Spuren des *Wilden* finden: In Publikationen, die sich mit populären Museumstypen wie dem Heimat- oder dem Alltagsmuseum beschäftigen, wird immer wieder über die Beteiligung von Laien an der Museumsarbeit gesprochen. In der englischsprachigen Literatur finden sich diese Spuren in der Auseinandersetzung mit *heritage sites* oder in der Debatte zur *New Museology*, in Frankreich und Kanada schließlich tauchen sie im Kontext der *écomusée*-Bewegung auf. In diesen Museumsfeldern findet verstärkt eine Auseinandersetzung mit identitäts- und/oder gesellschaftspolitischen Fragen statt, es entstehen neue Museumskonzepte, die eine mehr oder weniger starke Partizipation der Bevölkerung vorsehen. Bei allen Konzepten bleibt es aber letztendlich immer bei einer Partizipation, die letztgültige Autorität in Museumsfragen liegt bei den Wissenschaftlern. Museen, die von Amateuren ins Leben gerufen wurden und von ihnen geführt werden, oder wie ich sie nenne: die *wilden Museen* werden innerhalb der Museumskunde nicht als eigenständiger Untersuchungsgegenstand gehandelt.

SPUREN DES WILDEN IM HEIMAT- UND ALLTAGSMUSEUM

Heimat- und das Alltagsmuseen gelten thematisch wie organisatorisch als Museum der ‚kleinen Leute'. Sie sind meistens lokal ausgerichtet, wenden sich an die in der unmittelbaren Umgebung lebende Bevölkerung und werden häufig von Ehrenamtlichen betrieben. Meine Suche nach den Spuren des *wilden Denkens* habe ich daher im Forschungsfeld der Heimat- und Alltagsmuseen fortgesetzt.

Domestizierungsversuche, Abgrenzungswünsche und Kritik am Alltagskonzept

Martin Roths Dissertation „Heimatmuseum. Zur Geschichte einer deutschen Institution"[14] steht exemplarisch für die eingangs beschriebene misstrauische Haltung, die der Großteil der Museumswissenschaftler den von Laien geführten Museen gegenüber einnimmt. In seiner Arbeit nähert sich Roth diesem heterogenen

14 Roth, Martin: Heimatmuseum.

Museumstypus zunächst neutral. Seine Beschreibung des „Heimatmuseums" weist dabei etliche Parallelen zu den Merkmalen des *wilden Museums* auf:

„Die pluralistische Vielfalt kleiner Regionalmuseen unterschiedlichster Provenienz wurde unter dem Begriff ‚Heimatmuseum' zusammengefaßt, wozu allerdings das kleinstädtische Raritätenkabinett genauso zählte wie das Museum für deutsche Volkskunde in Berlin als ‚nationales' Heimatmuseum. Sie waren gekennzeichnet von einer unbegrenzten Vielfalt des Sammelns bei meist fehlender Systematik. Die Spezifik des Heimatmuseums war schon in seiner Frühzeit das Sammeln und Bewahren von Objekten, die im großen Überblick zu Marginalien werden, aber auch die kulturelle Diversifikation präsentieren. [...] Schwerpunkt war die begrenzte Region, gesammelt wurden Gebrauchswaren, die Objekte stammten meist aus dem Lebenszusammenhang – egal, ob sie sakraler oder naturkundlicher Art, Volkskunst, Handwerkszeug oder gar Industrieprodukt waren. Die meisten Klein- und Kleinstmuseen wurden auf Initiative von Privatleuten gegründet und von Amateuren, häufig Lehrern, geleitet. Es war ein Museum, das von Non-Professionals für ‚kleine Leute' gemacht wurde."[15]

Roth konstatiert zudem die nicht-wissenschaftliche Ausrichtung vieler Heimatmuseen sowie die kritische Haltung der Fachwelt gegenüber diesem Museumstyp:

„Nicht nur der Inhalt, sondern auch die Organisation der Institution ist Beweis dafür, daß Museen weder Angelegenheit der Wissenschaft, noch adeliger oder bürgerlicher Sammlerleidenschaft sein mußten und durchaus selbst ‚in die Hand' genommen werden konnten. Von der traditionellen Museumsfachwelt wurden die Heimatmuseen stets argwöhnisch betrachtet. Als Gefahr wurden sie deshalb bezeichnet, als ‚unseriöser Wildwuchs' abgetan, weil man sich von seiten der organisierten Museumsleiter lange dagegen wehrte, die Heimatmuseen als ernstzunehmende Museumsgattung anzuerkennen."[16]

Im Laufe seiner Untersuchung wird seine Haltung dem Heimatmuseum gegenüber immer ablehnender: Das Heimatmuseum huldige einer ländlich-lokalen Begrenztheit, Volkstümelei überwiege vor Wissenschaftlichkeit, die Heimatmuseen seien Sammelbecken für anti-moderne, volkstümelnde Meinungen und sie hätten damit einen entscheidenden Anteil an der Durchsetzung der NS-Ideologie in der Bevölkerung gehabt.[17]

15 Ebd. S. 30.

16 Ebd. S. 30f.

17 Vgl. ebd. S. 35ff. sowie S. 243ff. Roth beschreibt, in welch entscheidendem Maß die Heimatmuseen an der Etablierung des Konstrukts ‚Heimat' beteiligt waren, in dem er

In seiner Bestandsaufnahme beschreibt Roth auch die Anstrengungen, die in den 1920er-Jahren von Seiten der Museumsleute unternommen wurden, um einen stärkeren Einfluss auf die Heimatmuseumsbewegung zu gewinnen und die ‚wild wuchernden' Heimatmuseen zu verwissenschaftlichen. Er zitiert einen Brief aus dem Jahr 1927, den Friedrich Schulze, Direktor des Stadtgeschichtlichen Museums in Leipzig, an seinen Kollegen Edwin Redslob schrieb:

> „Nicht übersehen werden darf, daß die Führung und wissenschaftliche Durchdringung der stark angewachsenen Heimatbewegung zweifellos zu den gemeinsamen Aufgaben der historischen Museen gehört und daß eine baldige Klärung über eine so wichtige Gegenwartsfrage für die historischen Museen notwendig ist, damit sie sich nicht in den Einfluß dieser mächtig fortschreitenden Bewegung begeben."[18]

Diesen Wunsch nach Verwissenschaftlichung deute ich als einen ersten Versuch zur ‚Domestizierung' des *wilden Denkens*. Ein zweiter Domestizierungsversuch lässt sich Anfang der 1990er-Jahre lokalisieren. Er ist eine Reaktion auf die Blüte eines zweiten ‚kleinbürgerlichen' Museumstyps, dem sogenannten Alltagsmuseum. In den 1970er-Jahren wurde die Demokratisierung des kulturellen Gedächtnisses zunächst begrüßt: An Universitäten, Museen und in den entstehenden Geschichtswerkstätten wurde ausgiebig „Geschichte von unten" betrieben. Ende der 1980er-Jahre kippte dann die Stimmung: Nachdem der Alltag als Gegenstand der historischen Forschung aufgewertet worden war, wurde er nun misstrauisch beäugt. Die Proliferation des Alltags war unheimlich geworden. Historiker, Volkskundler und Museumsleute kritisierten immer wieder die Trivialität alltagsorientierter Ausstellungen und die Banalität der in ihnen präsentierten Alltagsdinge. In der zum Teil mit polemischen Untertönen geführten Debatte kommen Museumsleute und Wissenschaftler zu unterschiedlichen Standpunkten: Aus den großen Museen ertönt immer häufiger der Wunsch nach Abgrenzung. Man möchte sich als ‚richtiges' Museum von den *wilden* Kollegen

---

den „emotionalisierte[n] Ausdruck eines irrationalen Lebensgefühls" (ebd. S. 54) sieht und das dann im NS-Staat für den Ausschluss weiter Bevölkerungsgruppen instrumentalisiert wurde. Mit meiner Kritik möchte ich den Anteil der Heimatmuseen an der Durchsetzung der nationalsozialistischen ‚Blut-und-Boden'-Ideologie nicht schmälern. Eine Beschränkung auf die zweifelsohne in vielen Heimatmuseen vorzufindende, einem unreflektierten konservativen Traditionalismus huldigende Haltung verstellt meines Erachtens allerdings den Blick auf das *wilde Museum* bzw. das Sammeln und Ausstellen als kulturelle Praxis.

18 Ebd. S. 72.

absetzen, möchte nicht zusammen mit den „Kraut und Rüben“[19]-Sammlungen in einen Topf geworfen werden. Den Wunsch nach einer Unterscheidung zwischen „bedeutenden Instituten“ und „Nichtigkeiten“ wird beispielsweise in einem Beitrag der Kunsthistorikerin und Volkskundlerin Nicola Borger-Keweloh deutlich:

> „Problematisch sind die sich ausbreitenden vielen kleinen Spezialmuseen für schicke Autos, schöne alte Eisenbahnen, entzückende Puppen, Gartenzwerge, Zollstöcke oder auch Idole wie die Beatles etc., die nur nette Dinge, vielleicht noch ganz positivistisch technischen Fortschritt darbieten wollen. Schon die inflationäre Menge von ‚Museen‘, die sich so summieren, die unterschiedslose Nutzung dieser Bezeichnung für bedeutende Institute und für Nichtigkeiten birgt die Gefahr einer Entwertung von Museen überhaupt.“[20]

Beide hier skizzierte Domestizierungsversuche gehen von Museumswissenschaftlern aus.[21] Darin manifestiert sich für mich eine verwunderliche Blindheit gegenüber den eigenen Wurzeln. Sowohl die Museumsfachwelt der 1920er-Jahre als auch die der 1990er-Jahre scheint gerne zu vergessen, dass ihre Existenz oft genug auf einer *wilden* Gründungsgeschichte basiert: Die Anfänge vieler heute institutionalisierter Museen entspringen einer *Wildheit*, wie sie auch für viele der heutigen Vereins- und Heimatmuseen charakteristisch ist. Gerade Museumsgründungen des 19. Jahrhunderts gehen oft auf die Initiative von Vereinen zurück, deren Mitglieder über keine spezifische fachwissenschaftliche, geschweige denn museologische Ausbildung verfügten, und die dann im Verlauf des 20. Jahrhunderts verwissenschaftlicht wurden.[22] Für viele alltags- oder sozialhistori-

---

19 Vgl. Fliedl, Gottfried: Die Dauer des Abschieds, S. 215.

20 Borger-Keweloh, Nicola: „Das Totale Museum“, in: Preiß, Achim; Karl Stamm; Frank Günther Zehnder (Hg.): Das Museum: die Entwicklung in den 80er Jahren. Festschrift für Hugo Borger zum 65. Geburtstag, München: Klinkhardt & Biermann 1990, S. 129-140, S. 131.

21 Als prominente Ausnahmen können hier das Heimatmuseum Kreuzberg sowie das Heimatmuseum Neukölln genannt werden, die immer wieder Ausstellungen mit Amateuren – in diesem Fall die Bewohner des jeweiligen Stadtteils – erarbeiten. Vgl. Gößwald, Udo: „In einem anderen Licht. Heimatbegriff und Erinnerungsarbeit“, in: Meynert, Joachim; Volker Rodekamp (Hg.): Heimatmuseum 2000. Ausgangspunkte und Perspektiven, Bielefeld 1993, S. 27-33.

22 Vgl. hierzu u. a. Spies, Gerd: „Die kunst- und kulturgeschichtlichen Lokal- und Regionalmuseen. Zeiten, auslösende Faktoren, Initiatoren und Gründungen“, in: Deneke, Bernward; Rainer Kahsnitz (Hg.): Das kunst- und kulturgeschichtliche Museum im 19. Jahrhundert, München: Prestel-Verlag 1977, S. 77-81 oder Bennett, Tony: The Birth of the Museum. History, Theory, Politics, London, New York: Routledge 1995;

sche Museen gilt ähnliches: Ihre Gründung beruht vielfach auf Bürgerinitiativen oder Vereinen, deren Mitglieder sich häufig aus den Belegschaften verschwindender Arbeitszweige und ihrer (meist aus bürgerlichen Kreisen stammenden) Sympathisanten zusammensetzten.[23] Beide Museumsbewegungen zeichnen sich nicht durch einen bereits von Anfang an wissenschaftlich geschulten Denkstil aus. Am Anfang vieler Museumsgeschichten steht häufig eine unsystematische, von Amateuren zusammengetragene Sammlung; die Finanzierung der Museumsaktivitäten und die Einrichtung der Ausstellungsräume standen oft auf unsicherem Fundament.

Beide Museumsbewegungen wurden von einer bürgerlichen Schicht getragen. Im 19. Jahrhundert hatten deren Mitglieder Zugang zu den notwendigen politischen, finanziellen und (wissenschaftlichen) Wissens-Ressourcen und konnten so die Etablierung, Professionalisierung und Verwissenschaftlichung ihrer Museen vorantreiben. Exemplarisch zeigt dies Anke te Heesen in einem Aufsatz über die Gesellschaft Naturforschender Freunde Berlin.[24] Auch die Alltags-Museumsbewegung des 20. Jahrhunderts wird von einer bürgerlichen Schicht getragen. Im Zuge der Demokratisierung des Gedächtnisses wurde der Alltag der ‚kleinen Leute' und Arbeiter entdeckt und als geschichtswürdig befunden. Die ‚Nobilitierung' des Alltags wurde vorwiegend aus bürgerlichen, links-alternativ orientierten Kreisen unterstützt und vorangetrieben. Auch sie verfügten über das notwendige kulturelle und soziale Kapital,[25] um die Arbeits- und Alltagsmuseen als Kulturinstitutionen zu etablieren.

Was Nicola Borger-Keweloh 1990 problematisch findet, etikettiert Gottfried Korff im selben Jahr als fragwürdig.[26] Als Volkskundler sieht er in der Prolifera-

---

Deneke, Bernward; Rainer Kahsnitz (Hg.): Das kunst- und kulturgeschichtliche Museum im 19. Jahrhundert, München: Prestel-Verlag 1977.

23 Exemplarisch hierfür steht die Gründungsgeschichte des Museums der Arbeit in Hamburg, vgl. hierzu Kosok, Lisa (Hg.): Museum der Arbeit. Katalog, Hamburg: Christians 1997.

24 te Heesen, Anke: „Vom naturgeschichtlichen Investor zum Staatsdiener. Sammler und Sammlungen der Gesellschaft Naturforschender Freunde zu Berlin um 1800", in: te Heesen, Anke; Emma C. Spary (Hg.): Sammeln als Wissen. Das Sammeln und seine wissenschaftsgeschichtliche Bedeutung, Göttingen: Wallstein Verlag 2001, S. 62-84.

25 Vgl. Bourdieu, Pierre: Die verborgenen Mechanismen der Macht, Hamburg: VSA-Verlag 2005 (Unveränd. Nachdruck der Erstauflage).

26 Vgl. beispielsweise Korff, Gottfried: „Aporien der Musealisierung. Notizen zu einem Trend, der die Institution, nach der er benannt ist, hinter sich gelassen hat.", in: Zacharias, Wolfgang (Hg.): Zeitphänomen Musealisierung. Für weitere Betrachtungen hier-

tion von Museen mit Alltagsausrichtung keine explizite Bedrohung der Institution Museum, sondern vor allem die Gefahr einer Beschränkung auf die Trivialitäten des Alltags. Korff fordert die Museumsleute auf, sich nicht im ‚Kleinklein' des Alltags zu verlieren, sondern den Blick zu heben und die großen Linien der Geschichte zu betrachten, die sich hinter den Dingen zeigten:

„Fragwürdig erscheint heute der Einsatz für Museen der Alltags-, Volks- und Populärkultur. Was vor Jahren richtig war, ist heute möglicherweise eine falsche Strategie, weil sie die Aufforderung zur tendenziellen Entwertung nicht nur der Alltagskultur, sondern auch der Museumsarbeit darstellt. War vor Jahren ohne Zweifel das Plädoyer für die museale Aufbereitung der Alltagskultur noch angebracht, das Recht der ‚kleinen Leute' in Geschichte und Gegenwart einzufordern, so verliert sich heute das gleiche Plädoyer in einer banalen Reliktbegier, die Wurststopfapparate und Konservendosen zu Ikonen eines Mentalhistorismus hochstilisiert. Nicht nur die Hinwendung zu den Kleinwelten erscheint erforderlich, sondern – vermehrt – die Erinnerung an die großen Strukturen, Fragen und Linien."[27]

Auch Martin Scharfe sorgte mit seinem Beitrag zur Tagung der Arbeitsgruppe „Kulturhistorische Museen" der Deutschen Gesellschaft für Volkskunde (DGV) im Oktober 1990 für einen Stein des Anstoßes. Er bemängelte die unkritische Haltung vieler Museumsleute gegenüber der allerorts zu beobachtenden „massenhaften Liebe zum Alten".[28] Sich dieser Liebe ungeprüft hinzugeben bedeutet für Scharfe, sich unreflektiert in den Chor der für alles Alte Begeisterten einzureihen. Im Museumsboom sieht Scharfe das Symptom einer Krise, die selbst noch nicht zum Gegenstand von Untersuchungen geworden sei. In der volkskundlichen Museologie pflege man eher das Symptom eines „allumfassenden Historismus", als nach seinen Ursachen zu fragen. Der Museumsboom, so Scharfe, ist

„[...] nur ein Bruchstück des allumfassenden Historismus [...]; wenn man über *ihn* [den Historismus] nicht nachdenkt, kann man auch nicht wissen, was das Museum (und was Arbeit am Museum) ist und soll. Deshalb ist es außerordentlich verwirrend, ja absolut unverständlich, daß der allgemeine Historismus, der Alltagshistorismus der Flohmärkte, der Wagenräder im Vorgarten, der Historischen Altstädte (welch merkwürdige Wortprägung!), der kupfernen Kuchenformen an der Wand, der Historischen Festumzüge, der

zu von Gottfried Korff siehe die im Sammelband „Museumsdinge. Deponieren – Exponieren" zusammengefassten Aufsätze.

27 Ebd. S. 68.

28 Scharfe, Martin: „Aufhellung und Eintrübung", S. 54.

Trachtenverkleidung, der Denkmalpflege – daß dieser allgemeine Historismus bei unseren Museumsdiskussionen in Nebensätze und Fußnoten und Einleitungen gebannt bleibt, während er doch im Zentrum unserer Debatten stehen müßte."[29]

Scharfe kritisiert mit deutlichen Worten die „Entwissenschaftlichung der Museologie"[30] und ihren offenbar freiwilligen Verzicht auf eine kritisch-hinterfragende Funktion. Die Museumspraxis um 1990 präsentiert sich – so Scharfe – „kopf- und reflexionslos".[31] Auch Gottfried Korff sendet drei Jahre später nochmals einen Appell an die in kulturhistorischen Museen arbeitenden Fachleute und fordert sie zu einer Erweiterung ihres Blickwinkels auf:

„In der musealen Praxis wurde dabei jedoch [...] übersehen, daß der Alltag nichts Letztes ist, daß sich Lebenswelt und Alltagskultur nicht frei aus den jeweiligen Lokal-Beziehungen konstituieren, sondern strukturell in das gesamte gesellschaftliche System und in übergreifende historische Prozesse eingeklammert sind. Allein eine Deutung der ‚Bedeutungen', die Dinge haben, und der symbolischen Ordnung, in denen Dinge stehen, und eine Deutung der Dynamik von Bedürfnissen, von Werten und Ideen, die Dinge repräsentieren, ist ohne Rückgriff auf das Ganze, auf übergeordnete Strukturen und Prozesse nicht möglich."[32]

Auch Konrad Köstlin stößt in dasselbe Horn, wenn er die Berechtigung von Museen hinterfragt, die ihre Existenz nur mit dem Verweis auf die Kategorie Alltag begründen: „... so konnten auch Museen entstehen, die mit dem Alltagsbegriff hausieren gingen und damit über die Nichtigkeit ihrer Gegenstände hinwegzutäuschen vermochten."[33]

Damit sind die Leitlinien der Diskussion skizziert: Während speziell aus den Reihen der Volkskunde die Aufforderung an das kulturhistorische Museum ertönt, die Museumsarbeit nicht auf die unreflektierte Rekonstruktion oder Repräsentation von Alltag zu beschränken, sondern die Dinge und ihre Bedeutungen

29 Ebd.

30 Ebd.

31 Ebd. S. 55.

32 Korff, Gottfried: „Die Wonnen der Gewöhnung. Anmerkungen zu Positionen und Perspektiven der musealen Alltagsdokumentation", in: Korff, Gottfried; Hans-Ulrich Roller (Hg.): Alltagskultur passé?, S. 25.

33 Köstlin, Konrad: „Das Heimatmuseum: Musealisierung des Lokalen – Lokale Erinnerungspolitik", in: Csáky, Moritz; Peter Sturm (Hg.): Speicher des Gedächtnisses. Bibliotheken, Museen, Archive. Teil 1: Absage an und Wiederherstellung von Vergangenheit; Kompensation von Geschichtsverlust, Wien: Passagen Verlag 2000, S. 89-97.

vor einem breiteren gesellschaftlichen Hintergrund zu betrachten, vernimmt man aus dem Museum selbst diesbezüglich kaum selbstkritische Stimmen, sondern eher den Wunsch nach Abgrenzung.[34] Dieser Wunsch zeigt sich im Gewand der Professionalisierung: Mit der Einführung von Qualitätsstandards und der immer selbstverständlicher werdenden szenographischen Gestaltung von Ausstellungen definiert das *wissenschaftliche Museum* Kriterien, um die eigene Arbeitsweise und den eigenen Präsentationsstil von anderen Ausstellungsorten unterscheidbar zu machen.

Ein Kernpunkt in den definierten Qualitätskriterien stellt die Betonung der Wissenschaftlichkeit der Museumsarbeit dar. Die USA und Großbritannien gelten hierbei als Vorreiter. Das 1988 in Großbritannien eingeführte *Museum Registration Scheme* gilt als erster in Europa eingeführter Museumsstandard.[35] In Deutschland definierten ICOM-Deutschland und der Deutsche Museumsbund 2006 „Standards für Museen".[36] Im Vorwort zur Broschüre erläutern der Vorstand von ICOM-Deutschland und der Sprecher der vom Deutschen Museumsbund eingesetzten Arbeitsgruppe „Standards für Museen" die Notwendigkeit einer Festlegung solcher Standards damit, dass der Begriff ‚Museum' nicht geschützt sei und dass „die Museumsverantwortlichen in Deutschland seit Jahren einen Schutz des Museumsbegriffs bzw. allgemein formulierte Standards" forderten.[37] Die Standards werden als

---

34 In der naiven Rekonstruktion des Alltags könnte man durchaus eine Form der ‚Verwilderung' des *wissenschaftlichen Denkens* sehen. Weil sich die Museumsleute den von Korff kritisierten „Wonnen der Gewöhnung" hingegeben haben und selbstzufrieden geworden sind, konnte sich das *wilde* Denken in die wissenschaftliche Museumswelt einschleichen. Als einzige Reaktion auf die „innere Verwilderung" lässt sich innerhalb der Museumsszene lediglich eine Abwehr gegen die „neuen Wilden" feststellen.

35 Vgl. MLA – Museums, Libraries and Archives Council: The Museum Accreditation Scheme, London 2008. Onlinedokument: http://www.mla.gov.uk/what/raising_standards/accreditation/~/media/Files/pdf/2008/Accreditation_Leaflet.ashx (Zugriff 26.10.2009). Vgl. auch Hagedorn-Saupe, Monika, Axel Ermert (Hg.): A Guide to European Museum Statistics, Berlin 2004. Onlinedokument: http://www.culturaincifre.istat.it/sito/musei/Guide_to_European_Museum.pdf (Zugriff 26.10.2009); Hofmann, Rainer: „Qualitätsstandards in Museen – ein Ländervergleich", in: *neues museum* (3) 2007. Onlinedokument: http://www.museumsbund.at/nm_2007_03_01.html (Zugriff 26.10.2009).

36 Deutscher Museumsbund e.V./ICOM-Deutschland: Standards für Museen, Kassel, Berlin 2006. Erste Forderungen wurden bereits 1978 erhoben. Vgl.: Klausewitz, Wolfgang: „Was ist ein Museum?", in: Museumskunde 43 (2)1978: s. p.

37 Ebd. S. 4 und S. 5.

„[...] Orientierung für eine qualifizierte Museumsarbeit in Deutschland vorgelegt. Klare Aufgabenbeschreibungen und formulierte Standardwerte sollen die Position von Museen aller Sammlungsbereiche, Größen, Trägerformen und Regionen festigen und ihnen als Leitfaden für die tägliche Arbeit dienen."[38]

Mit den Standards schafft man sich ein Instrument, mit dem das *wissenschaftliche Denken* von seinem *wilden* Pendant unterschieden werden kann. In der Broschüre heißt es weiter, dass die traditionellen Kernaufgaben des Museums, das Sammeln, Bewahren, Forschen und Vermitteln, durch die Aspekte „[d]auerhafte institutionelle und finanzielle Basis, Leitbild und Museumskonzept, Museumsmanagement sowie Qualifiziertes [sic] Personal"[39] ergänzt werden sollen. An diesen Punkten wird der Wunsch nach Abgrenzung vom *Wilden* besonders deutlich.

Eine weitere Professionalisierungstendenz lässt sich an der wachsenden Bedeutung der Ausstellungsgestaltung ablesen. Es gibt kaum noch große Häuser, deren Ausstellungen nicht von einem Profi gestaltet wurden, ein Szenograph scheint heute zu fast jedem Ausstellungsteam zu gehören. Die Ausstellungsgeschichte der 1990er-Jahre ist durch die wachsende Bedeutung der Szenographie und den Einsatz neuer Medien gekennzeichnet. Die im Kontext einer zunehmenden Ästhetisierung der Realität mit Hilfe szenographischer Mittel geschaffenen Weltbilder im *wissenschaftlichen Museum* sind attraktiv, ihre Darstellungsformen genügen den gewachsenen ästhetischen Ansprüchen der Erlebnisgesellschaft. Die Inszenierung von Ausstellungen wird immer wichtiger und aufwendiger – und damit auch kostspieliger. Sie erfordert finanzielle Ressourcen, über die die *wilden Museumsmacher* nicht verfügen. Im Budget vieler kleiner und v.a. *wilder Museen* ist dafür kein Posten vorgesehen. Der *wilde Museumsmacher* ist Kurator, Ausstellungsgestalter und Museumspädagoge in Personalunion. Das Arrangement und die Inszenierung der Objekte werden selbst erledigt, was den *wilden Ausstellungen* das Attribut ‚selbstgestrickt' und ‚hausbacken' einbringt.

In der museumskundlichen Literatur wird immer betont, wie angenehm, genussreich und aufschlussreich, wie ästhetisch und intellektuell vergnüglich eine gut gestaltete Ausstellung sei. Gleichzeitig ertönt auch die Frage, ob die Einführung von wissenschaftlichen und ästhetischen Standards nicht verantwortlich sei für eine zunehmende Eintönigkeit der Museen. Vor allem Gottfried Korff be-

38 Ebd. S. 4.

39 Ebd.

klagt immer wieder die zunehmende „Uniformierung“ auch der lokalen Museen seit den 1980er-Jahren:[40]

„Tatsächlich sind die negativen Folgen der um sich greifenden Musealisierung nicht zu übersehen. Sie äußern sich nicht nur in einer rapiden Vermehrung – gentechnologisch gesprochen in einer rapiden Vermehrung von Wenigzellern, sondern auch in einer zunehmenden Uniformierung der lokalen Museumsofferten, in einer Verniedlichung und Banalisierung des Geschichtsbildes und damit einhergehend nostalgischer Zurichtung der Vergangenheit. Vielfach das gleiche Schema: Der vergangene Alltag als Kuriositätenschau – der gleiche Webstuhl, der gleiche Pflug, der gleiche Wurststopfapparat, da, wo es Karneval gab, kommt noch eine Maske dazu, da wo es einen Arbeiterverein gab, wird ein Schraubenschlüssel und ein ‚Vorwärts‘ ins Arrangement gelegt. Gleich auch das Design, dessen Einfallslosigkeit im scharfen Kontrast zu den finanziellen Aufwendungen steht, die dafür erbracht worden sind. Unterstützt wurde dieser Trend zur Uniformierung durch die Willfährigkeit der nichtstaatlichen, in aller Regel kommunalen Museumsträger gegenüber den staatlichen Fachbehörden, den Stellen für Museumsbetreuung und Museumsämtern, die das Museum nach Vorschrift beförderten, indem sie Benimmregeln für den lokalen Exhibitionismus verordneten. Vielleicht gar nicht mal in böser Absicht. Aber Regelsysteme, wie sie die Vergabe von Fördermitteln voraussetzen, wirken eo ipso nivellierend.“[41]

Auch Gottfried Fliedl bemängelt immer wieder die Einförmigkeit der Museumslandschaft.[42] Korff und Fliedl sehen in den kleinen Museen Orte, die sich der

40 Korff, Gottfried: „Der gesellschaftliche Standort der Heimatmuseen heute“, in: Meynert, Joachim; Volker Rodekamp (Hg.): Heimatmuseum 2000, S. 20f.; Korff, Gottfried: „Die Wonnen der Gewöhnung“.

41 Vgl. v.a. Korff, Gottfried: „Der gesellschaftliche Standort der Heimatmuseen heute“, S. 20f. Mit der Verbreitung der Szenographie geht allerdings auch eine Wiederentdeckung der Wahrnehmung einher. Die bisher vorherrschende Fokussierung auf die kognitive Dimension der Erkenntnis wird zugunsten einer körperlich-räumlichen Vorstellung überwunden, in deren Zentrum der gesamte menschliche Leib als Instrument der Erkenntnis steht. Mit der Wiederentdeckung der Wahrnehmung geraten auch neue Wissens- und Lernformen in den Blickwinkel. Siehe hierzu Jannelli, Angela, Thomas Hammacher: „Das Museum als Erfahrungsraum. Ausstellungen als performative Räume“, in: Kilger, Gerhard; Wolfgang, Müller-Kuhlmann (Hg.): Szenografie in Ausstellungen und Museen III. Raumerfahrung oder Erlebnispark. Raum – Zeit/Zeit – Raum, Essen: Klartext Verlag 2008, S. 44-51 oder MLA – Museums, Libraries and Archives Council: Current Thinking – Learning Styles and Alternative Learning Approaches, London s.a.; s.p.

42 Vgl. v.a. Fliedl, Gottfried: Baldramsdorf.

Schematisierung und Uniformierung entziehen, freilich um den Preis der Wissenschaftlichkeit. Gottfried Fliedl plädiert dafür, nicht die beiden „Möglichkeiten musealisierender Strategien vergleichend gegeneinander auszuspielen“, sondern es geht ihm vielmehr darum

> „gegen das rationale Verständnis und Selbstverständnis des Museums als Bildungseinrichtung und Gedächtnisort, Spielarten der dinglichen Erinnerung in die Diskussion zu bringen, in denen Prozesse der Trennung und Verabschiedung auf ganz andere Weise als im herkömmlichen Museum stattfinden.“[43]

Korff nimmt Fliedls Gedanken auf und fragt,

> „ob Heimatmuseen [...] mit ihrem sympathischen materiellen und emotionalen Chaos nicht eher Bedürfnisse nach einer ‚symbolischen Ortsbezogenheit‘ zu befriedigen in der Lage sind als die wissenschaftlich-intellektuell aufgeputzten Alltagsmuseen mit einem durch die Zurückstutzung aufs Funktionale und Instrumentale verursachten reduktionistischen Kulturbegriff.“[44]

Dieser Frage wurde bisher nur partiell nachgegangen. Martin Roth hat sie zum Beispiel für die Heimatmuseen gestellt und ist dabei zu dem wenig schmeichelhaften Schluss gekommen, dass das Heimatmuseum in seiner volkstümelnden Rückwärtsgewandtheit antidemokratische und nationalistische, ja nationalsozialistische Tendenzen verbreitet und in der Bevölkerung durchgesetzt habe. Dass kleine Museen eine gemeinschaftsstiftende Rolle spielen, bestätigt auch der von Amy K. Levin herausgegebene Sammelband „Defining Memory“, allerdings schwingen hier statt der kritischen eher patriotische Untertöne mit, v.a. wenn es darum geht, den Beitrag der „small“ oder „local museums“ zur Schaffung und Durchsetzung einer nicht näher definierten amerikanischen (meist auf die Provinz bezogenen) Identität zu betonen.[45] Die Beiträge ergründen verschiedene US-amerikanische Lokalmuseen und beschreiben die dort vorgefundenen „Spielarten dinglicher Erinnerung“. Der Sammelband stellt damit zwar eine Anerkennung kleiner Museen als museologischen bzw. kulturwissenschaftlichen

43 Fliedl, Gottfried: „Die Dauer des Abschieds“, S. 216.

44 Korff, Gottfried, Hans-Ulrich Roller (Hg.): Alltagskultur passé? S. 9.

45 Levin, Amy K. (Hg.): Defining Memory. Die den Beiträgen zugrundeliegende Vorstellungen von (lokaler) Identität oder Kultur werden nicht näher problematisiert und bleiben seltsam unbestimmt: Sie changieren zwischen der modernen (heute als simplizistisch abgelehnten) Auffassung eines holistischen Ganzen und der postmodernen Erfahrung von Diskontinuität und Fragmentiertheit.

Untersuchungsgegenstand dar, darüber hinaus bietet er aber keine befriedigenden Antworten auf die dahinterliegende Frage nach der Motivation, die die dingliche Erinnerung vorantreibt.

MUSEALISIERUNG UND KOMPENSATIONSTHEORIE

In der Philosophie, Geschichtswissenschaft, Soziologie und den kulturwissenschaftlichen Fächern haben verschiedene Wissenschaftler nach den Ursachen für die „Lust am Alten“[46] geforscht. Auch wenn ich hier das museumskundliche Feld verlasse, so erscheint mir dieser Exkurs dennoch sinnvoll, da die Institution ‚Museum‘ namensgebend geworden ist für das „Zeitphänomen Musealisierung“.[47] Die unter diesem Schlagwort konstatierte allgemeine Museumsbegeisterung wird dabei häufig mit der Begeisterung für alles Historische oder historisch Anmutende gleichgesetzt.

Was macht die Lust an der Vergangenheit so attraktiv, dass sie sich auswachsen kann zu der von Korff konstatierten „banalen Reliktbegier“?[48] Dass sie in einer ebenso massenhaften wie eintönigen und unreflektierten Präsentation alter Dinge gipfelt, auch und gerade im Museum? Die am häufigsten zitierte Antwort liefert Hermann Lübbe mit seiner Kompensationstheorie.[49]

Mit der Kompensationstheorie werden die vielgestaltigen Musealisierungstendenzen der Gegenwart erklärt. Die Begeisterung für alles Alte, die sich in Dorfverschönerungswettbewerben, und der Wiederbelebung (oder auch Neuerfindung) von Traditionen und Bräuchen sowie in einer Flohmarkteuphorie und den beiden Museumsbooms um 1900 und 1980 ausdrückt, manifestiere sich in allen Gesellschaftsschichten. Lübbe sieht darin eine Reaktion auf die wachsende „Geschwindigkeit des wissenschaftlichen, technischen, ökonomischen, sozialen

---

46 Scharfe, Martin: „Aufhellung und Eintrübung“, S. 54.

47 Zacharias, Wolfgang (Hg.): Zeitphänomen Musealisierung.

48 Korff, Gottfried: Aporien der Musealisierung. S. 68.

49 Zu den in diesem Zusammenhang am häufigsten zitierten Werken gehören: „Der Fortschritt und das Museum“; „Zeit-Verhältnisse. Über die veränderte Gegenwart von Zukunft und Vergangenheit“, in: Zacharias, Wolfgang (Hg.): Zeitphänomen Musealisierung, S. 40-49; Zeit-Erfahrungen. Sieben Begriffe zur Beschreibung moderner Zivilisationsdynamik, Stuttgart: Steiner 1996; „Der Fortschritt von gestern. Über Musealisierung als Modernisierung“, in: Borsdorf, Ulrich, Heinrich Theodor Grütter; Jörn Rüsen (Hg.): Die Aneignung der Vergangenheit. Musealisierung und Geschichte, Bielefeld: transcript 2004, S. 13-38.

und kulturellen Wandels."[50] Die Zukunft sei angesichts der gesteigerten Veränderungsrate immer unvorhersehbarer, daher verlasse man sich immer stärker auf die Vergangenheit wenn es darum geht, die für die Identitätsstiftung zentrale Frage ‚Wer bin ich?' zu beantworten. Lübbes bündelnde Formel lautet:

„Durch die progressive Musealisierung kompensieren wir die belastenden Erfahrungen eines änderungstempobedingten kulturellen Vertrautheitsschwundes."[51]

Die Kompensationstheorie stellt einen einleuchtenden und vielerorts dankbar aufgenommenen Erklärungsansatz für den Museumsboom dar. In der museumskundlichen Literatur ist sie fast zur Standardantwort auf die Frage nach den Gründen für unsere Lust am Alten geworden. Doch es gibt auch kritische Stimmen zu Lübbes Theorie:

„Vor allem das Interpretament der Kompensation hat sich breit gemacht mit der These, Musealismus sei als Kompensation von Zivilisationsdefiziten zu verstehen, ja vermöge bei geeignetem Einsatz kulturelle und psychische Zivilisationsschäden zu kompensieren. Politische Instrumentalisierung dieses Interpretaments ist zu befürchten und damit eine neue Runde der Musealisierung."[52]

Die Kritiker der Kompensationstheorie bemängeln die Vorstellung vom 1:1-Ausgleich: Kultur werde hier in die Rolle eines Heilmittels gedrängt, das die durch die Zivilisation und den Fortschritt angerichteten Schäden reparieren oder zumindest erträglich machen soll.[53] Auch Herbert Schnädelbach kritisiert diese „kulturkonservative Funktionsbestimmung"[54] von Kultur. Er wendet sich damit gegen die Simplizität dieses binären Modells, nach dem sich Kultur und Zivilisation, Tradition und Fortschritt in zwei Lagern unversöhnlich gegenüberstehen. Im Kompensationsmodell, so Schnädelbach, wird Kultur auf eine nützliche, fortschrittsermöglichende Funktion reduziert, der selbst jegliche innovative Kraft abgesprochen wird.[55]

---

50 Lübbe, Hermann: Der Fortschritt und das Museum. S. 16.

51 Ebd. S. 18.

52 Scharfe, Martin: „Aufhellung und Eintrübung", S. 55.

53 Für eine ausführliche Kritik siehe Schnädelbach, Herbert: „Kritik der Kompensation", in: Kursbuch 91, 1988: S. 35-45.

54 Ebd. S. 36.

55 Vgl. auch Imhof, Kurt: Die Musealisierung des Aktuellen: eine Kritik. In: Gesser u.a. (Hg.): Das partizipative Museum, S. 59-65.

Vor dem Hintergrund der Kompensationstheorie erscheinen die *wilden Museen* als Auffangbecken für eine stetig wachsende Reliktmenge. Diese bewahrende Funktion des Museums, die dafür sorgt, dass vertraute und geschätzte Dinge einen dauerhaften und würdigen Ort finden, ist sicherlich ein Grund für den Museumsboom. Dies kann aber meines Erachtens nicht die einzige Erklärung sein. Denn spinnt man den Gedanken weiter, dann kommt man nicht umhin, in den *wilden Museumsmachern* rückwärtsgewandte, mit nostalgisch-verklärtem Blick auf die ‚gute alte Zeit' zurückblickende Fortschrittsverweigerer zu sehen, Menschen, die mit der gesteigerten Veränderungsrate nicht zurechtkommen. Die Sammlungen bzw. die *wilden Museen* wären demnach Fluchtburgen, die Schutz vor dem durch den Fortschritt herbeigeführten unkontrollierbaren Wandel bieten. Diese Sicht auf die Dinge impliziert, dass die *wilden Museumsmacher* nicht mit den Veränderungen Schritt halten können, das *wilde Museum* wäre demnach eine ‚Erinnerungs-Krücke', mit der das ‚Hinterherhinken' hinter der Zeit kompensiert werden kann. Es wäre also ein Instrument, um die defizitäre Erfahrung der eigenen Identität erträglich zu machen. Diese aus der Kompensationstheorie resultierende (und zugegebenermaßen überspitzt formulierte) Schlussfolgerung, Flohmarktgänger, Trachtenfreunde, Antiquitätenjäger und *wilde Museumsmacher* seien allesamt vom Fortschritt überfordert, erscheint mir nicht angemessen. Ein Ziel meiner Untersuchung besteht darin, mehr über die Motivationen der Museumsmacher herauszufinden.

SPUREN DES WILDEN IM *HERITAGE*-KONZEPT

In Großbritannien und den USA werden die Musealisierungstendenzen der Gegenwart unter dem Stichwort *heritage* mit zum Teil deutlich politischen Vorzeichen diskutiert: Der Blick auf die durch postmoderne, neomarxistische Theorien geprägte Debatte offenbart ökonomische und (identitäts-) politische Erklärungen für die Lust am Alten, die über die kompensatorische Funktion hinausgehen.

In einem Überblicksartikel zur Entwicklung der *heritage*-Debatte skizziert Robert Lumley drei große Phasen:[56] Zu Beginn der Debatte Mitte der 1980er-Jahre wird die dem *heritage*-Konzept inhärente nostalgische Note in drastischen

56 Lumley, Robert: „The debate on heritage reviewed", in: Corsane, Gerard (Hg.): Heritage, Museum and Galleries. An introductory reader, London, New York: Routledge 2005, S. 15-25. Einen weiteren Überblicksartikel bietet Hoelscher, Steven: „Heritage". in: Macdonald, Sharon (Hg.): A Companion to Museum Studies, S. 198-218.

Worten kritisiert. In den romantisierenden Vergangenheitsvorstellungen werden eskapistische bis reaktionäre Tendenzen gesehen. Die Entdeckung und Pflege der Vergangenheit entspreche einer rückwärtsgewandten, fortschrittsfeindlichen Haltung. Diese Überlegung wird vor allem in britischen Untersuchungen konstatiert, und als Reaktion auf den Niedergang der einstigen Weltmacht und führenden Industrienation interpretiert.[57] Im selben Maß wie das *heritage*-Konzept an Popularität gewinnt, verschärft sich auch der Ton der Debatte: Der Hang zum Alten, die grassierende Nostalgiewelle wird als Symptom der Unfähigkeit gedeutet, mit der Realität umzugehen, als Zeichen von Gegenwartsflucht.[58] Diese erste Phase der Debatte weist zahlreiche Parallelen zur Kompensationstheorie auf.

In der zweiten Phase der Debatte wird das *heritage*-Konzept weniger pessimistisch gesehen, die Wissenschaftlerinnen und Wissenschaftler nehmen auch die produktiven Seiten in den Blick. *Heritage* wird nicht mehr länger nur als Symptom einer rückwärtsgewandten Veränderungsunfähigkeit interpretiert, sondern man erkennt darin ein Instrument zur Thematisierung und damit für den produktiven Umgang mit Veränderungen. Ein weiterer Schwerpunkt der in dieser Phase geführten Debatte liegt auf dem identitätsstiftenden und ökonomischen Potential, das *heritage* bietet. Gerade für von der Deindustrialisierung hart getroffene Regionen bietet das *heritage*-Konzept Möglichkeiten zur wirtschaftlichen Erneuerung. Statt auf Industrie zu setzen solle man besser in Tourismus investieren und auf Grundlage der Vergangenheit zukunftsträchtige Verdienstzweige schaffen. Dieses Paradoxon wird von vielen Autoren[59] benannt: *Heritage* ist eine in einem alten Gewand daherkommende Innovation. Mit dieser zweiten Phase wendet sich das Interesse dem ökonomischen Aspekt von *heritage* zu.

Mit der Globalisierung gerät dann die zunehmende Kommerzialisierung von Kultur in die Kritik. In diesem Kontext steht auch Kevin Walshs Untersuchung „The Representation of the Past. Museums and heritage in the post-modern world".[60] Walsh begann die Untersuchung aus einer – wie er selbst sagt – tiefen

57 Vgl. Wright, Patrick: On living in an old country: the national past in contemporary Britain, London: Verso 1985; Lowenthal, David: The Past is a Foreign Country, Cambridge [u. a.]: Cambridge University Press 1985; Hewison, Robert: The Heritage Industry, London: Methuen 1987.

58 Vgl. Lowenthal, David: „Nostalgia tells it like it wasn't", in: Shaw, Christopher; Malcolm Chase (Hg.): The Imagined Past. History and Nostalgia, Manchester, New York: Manchester University Press 1989, S. 18-32.

59 Für einen Überblick siehe Lumley, Robert: „The debate on heritage reviewed".

60 Walsh, Kevin: The Representation of the Past. Museums and Heritage in the Postmodern World, London, New York: Routledge 1992.

persönlichen Beunruhigung über den Zustand der Welt Anfang der 1990er-Jahre heraus. Trotz (oder gerade wegen?) seines offen benannten linken politischen Standpunkts wurde sie vielfach rezipiert. Auch für Walsh steht am Ursprung des *heritage boom* eine Verlusterfahrung. Anders als bei Hermann Lübbe schiebt er die ‚Schuld' dafür nicht auf das Subjekt, sondern er macht die im Einklang mit der Verbreitung der kapitalistischen Logik des Marktes stehende Modernisierung für die Entfremdung des Menschen von seinem (kulturellen) Erbe verantwortlich:

> „Fundamental to this book is a belief that the experiences of (post-) modernity – both the modern and so-called post-modern periods, which may in fact be one and the same – are experiences which have gradually distanced people from many of the processes which affect their lives. This has been not just a distancing from their pasts, or their roots, but a distancing from the economic, political and cultural systems that influence, or even control their lives."[61]

Die Moderne führe zu einer Trennung des Menschen von seiner Vergangenheit. Die entstandene Lücke würde durch die Angebote der *heritage industry* gefüllt, die Geschichte als eine abgeschlossene Episode präsentiere, als geschlossenes Bild inszeniere. Vergangenheit würde zu einer Ware, würde konsumierbar gemacht. Die Geschichte mutiere damit zu einem vom Menschen unabhängigen Gegenstand und verlöre damit alle persönliche und politische Relevanz:

> „There is today a tyranny of a commodified, synchronic past, where all our yesterdays only exist as today's commodities. The heritage industry denies historical process, and radiates only historical surfaces."[62]

Auch Bella Dicks nimmt in ihrer Untersuchung „Culture on Display. The Production of Contemporary Visitability"[63] eine marktorientierte Perspektive ein. Die Popularität kultureller ‚Schau-Plätze' analysiert und interpretiert sie vor dem Hintergrund der ökonomischen und gesellschaftlichen Folgen der Globalisierung. Sie weist beispielsweise darauf hin, dass die Sichtbarkeit von Orten in einer durch Massentourismus und Konsum geprägten Gesellschaft von großer Wichtigkeit sei. Es reiche nicht mehr, „Kultur zu haben", man müsse auch über sie verfügen können und sie müsse zugänglich, besuchbar gemacht werden: Orte

---

61 Ebd. S. 3.

62 Ebd. S. 182.

63 Dicks, Bella: Culture on Display. The Production of Contemporary Visitability, Maidenhead: Open University Press 2003.

müssen zu Destinationen entwickelt werden, Kultur spielt in diesem ‚Valorisierungsprozess' eine fundamentale Rolle:

„Culture is central to the production of visitability, for it enables a place to become somewhere to go."[64]

Diese ökonomischen Entwicklungen bettet Dicks ein in eine „global culture of self-promotion".[65] Die globalisierte Welt entwickele sich mehr und mehr zu einer Bühne, auf der Menschen, Orte und Produkte nur durch eine gute ‚Performance', eine attraktive Selbstdarstellung bestehen könnten. Alle befänden sich in einem Wettbewerb um Aufmerksamkeit. Es geht um die Aufmerksamkeit von Touristen, Unternehmern, Kunden oder Investoren. Um sie auf sich zu ziehen, muss ein einzigartiges, unverwechselbares Image kreiert und veröffentlicht werden. Selbst Nationen und transnationale Konzerne sind hiervon nicht ausgenommen: Bella Dicks konstatiert, dass auf der globalen Bühne alle zur unverwechselbaren Marke werden müssen, um sich gegenüber ihren Konkurrenten behaupten zu können.

Gerade in dieser ‚Veräußerung' von Geschichte, im „staging"[66] von Kultur und anderen Identitätsmerkmalen sieht Bella Dicks aber ein großes Potential. In Bezug auf die *heritage*-Debatte eröffnet sie hier eine Perspektive, die über die kompensatorische Funktion der Sehnsucht nach dem Alten hinausgeht: Indem die Vergangenheit inszeniert wird, bietet sie den Betrachtern die Möglichkeit, ihr gegenüberzutreten und mir ihr in Beziehung zu treten:

„Rather than being a journey backwards, taking spectators away from the realities of the present into a more secure world, heritage can be seen as staging a particular self-other relationship with the past. Visitors enjoy the experience of comparing their own lives to those on display, for it allows them to gain an unusual perspective on their own past and present lives. It is a peculiarly modern, simulating power, which lets them see their own lives as ‚other'."[67]

Diese Haltung benennt Robert Lumley als charakteristisch für die dritte Phase der *heritage*-Debatte. *Heritage* wird hier als Medium genutzt für die Repräsentation, Interpretation und Vermittlung von Geschichte.

---

64 Ebd. S. 1.

65 Ebd. S. 17.

66 Vgl. Korff, Gottfried: „Staging Science", in: Museumskunde 68 (2003), S. 67-72.

67 Ebd. S. 131.

Im *heritage*-Konzept sieht Bella Dicks eine Möglichkeit für die Beteiligung der ‚kleinen Leute' an der Konstruktion von Geschichte: Die Inszenierung von Vergangenheit als *heritage* müsse zwingend auf einem wahren Kern beruhen, *heritage* könne daher nicht am Reißbrett entworfen und einfach einem x-beliebigen Ort übergestülpt werden. *Heritage* – so Bella Dicks – schlägt zwei Fliegen mit einer Klappe: Es sei Marketinginstrument und Mittel zur regionalen Aufwertung, gleichzeitig diene es der Partizipation der Einwohner. Dieses positive Ergebnis relativiert sie allerdings sofort und hinterfragt, ob das *heritage*-Konzept tatsächlich die „magical solution" biete:

„[...] heritage appears to offer a shared agenda: local people want links with their past and visitors want living history and popular memories, so the solution is to ask interpreters to construct their displays around the memories and experiences of local people. In this way, heritage seems neatly to offer the means of regenerating depressed areas, both economically, through outside tourism, and culturally, through inside memorialism. That things can go wrong in this seemingly happy coincidence of objectives should come as no surprise, given the top-down, spend-oriented practices of professional planning and interpretation. Too often, people's pasts are harnessed as a commodified spectacle for tourists. However, if those whose history is considered marketable were also invited to participate in its display, even to direct it, rather than being asked just to hand over the stories, things could turn out rather differently."[68]

Mit diesem abschließenden Befund zeigen sich deutlich die Parallelen und Unterschiede der *heritage*-Debatte zu meinen Überlegung hinsichtlich des *wilden Denkens*: Die *heritage*-Debatte nimmt zwar die Geschichtsaktivitäten von non-professionals und das Geschichtsbewusstsein der ‚kleinen Leute' in den Blick und akzeptiert sie als eigenständige historische Erfahrung, die Autorität hinsichtlich der Darstellung von Geschichte bleibt allerdings in den Händen der Profis. *Heritage* hat marktgängig zu sein, daher kann bei der Herstellung von *heritage-sites* nichts dem Zufall überlassen werden, professionelle Agenturen werden eingeschaltet, damit ein *heritage-site* zu einer Publikumsattraktion wird und damit sich die gemachten Investitionen auszahlen. Diese Priorisierung des wirtschaftlichen Aspekts gegenüber den kulturellen oder sozialen Belangen der ‚Betroffenen' könnte als ein weiterer, dritter Domestizierungsversuch des *wilden Denkens* im Bereich der kulturellen Repräsentation gedeutet werden. In der *heritage*-Debatte wird das *wilde Denken* zwar als eigenständige Erkenntnisform akzeptiert, als Darstellungsform wird ihm aber kein Platz eingeräumt.

68 Ebd. S. 142f.

Die *heritage*-Debatte liefert allerdings interessante Erklärungen für die Proliferation von Museen und anderen ‚Schau-Plätzen' seit den 1970er-Jahren. Bella Dicks' Befund, dass in den durch Massentourismus und Konsumgewohnheiten geprägten Gesellschaften Kultur visuell erfassbar, räumlich inszeniert und besuchbar sein muss, liefert eine interessante Erklärung dafür, warum immer mehr Menschen ein Museum gründen. Ihre Geschichte, ihr Hobby, ihr Thema wird im Museum sichtbar und auch für andere erlebbar. Unter diesem Blickwinkel gesehen, präsentieren sich die *wilden Museen* nicht nur als Reaktionen auf den von Lübbe konstatierten progressiven Reliktanfall, sondern als aktive kulturelle Äußerungsformen, die den durch Tourismus und Konsumgewohnheiten veränderten Rezeptionsweisen entsprechen.

In der *heritage*-Debatte spiegelt sich auch die performative Sicht auf Kultur wider: Die spätmoderne Welt wird als Bühne begriffen, auf der man sich inszeniert und positioniert. Unter diesem Licht gesehen, sind *wilde Museen* Orte der Selbstdarstellung. Sie nutzen die ihnen zur Verfügung stehenden Mittel für das „staging" von Dingen, die ihnen wichtig sind. Damit sind sie nicht länger dem Fortschritt hinterher hinkende Orte, sondern zeigen sich ganz auf Höhe der Zeit.

SPUREN DES WILDEN IN DER NEW MUSEOLOGY-BEWEGUNG

Die *New Museology*-Bewegung beginnt sich Mitte der 1970er-Jahre zu formieren.[69] Als Ausgangspunkt gilt die 1972 in Santiago de Chile durchgeführte Konferenz des Internationalen Museumsverbands ICOM, die mit der Aufforderung nach einer verstärkten Ausrichtung der Museumsarbeit an den gesellschaftlichen Bedürfnissen schloss. Die *New Museology*-Bewegung entsteht aus dem Bedürfnis, die Museumspraxis grundlegend zu verändern und das Museum zu einem Teil der gesellschaftlichen Entwicklung zu machen. Huges de Varine, Gründervater der

69 Der von Peter Vergo editierte Sammelband gilt als Namensgeber der Bewegung. Vgl. Vergo, Peter (Hg.): The New Museology, London: Reaktion Books 1989. Als eine der ersten deutschsprachigen Arbeiten siehe Hauenschild, Andrea: Neue Museologie. S. 85-116. Und Ganslmayer, Herbert: „Die Bewegung ‚Neue Museologie'", in: Auer, Hermann (Hg.): Museologie: neue Wege – neue Ziele. Bericht über ein internationales Symposium, veranstaltet von den ICOM-Nationalkomitees der Bundesrepublik Deutschland, Österreichs und der Schweiz vom 11. bis 14. Mai 1988 am Bodensee. München 1989, S. 79-88. Für eine übergreifende Darstellung siehe Mensch, Peter van: Towards a methodology of museology, Diss. University of Zagreb 1992.

Bewegung und damaliger ICOM-Präsident, bringt es auf die prägnante Formel, dass nicht Dinge im Mittelpunkt des Museums stehen sollten, sondern Menschen.[70] Oder wie Peter Vergo, der Namensgeber der englischsprachigen Debatte, es fomuliert: Die alte Museologie ist „too much about museum *methods*, and too little about the purposes of museums".[71] Auch wenn sich die anglo-amerikanische und die in Frankreich, Portugal sowie den lateinamerikanischen Ländern ausgeprägten Spielarten der *New Museology*-Bewegung leicht voneinander unterscheiden, ist ihnen allen doch eine Hinwendung zum Sozialen gemein:

> „Einer der Schwerpunkte des Konzeptes der Neuen Museologie ist der, daß sich Museen wieder stärker ihren sozialen Aufgaben zuwenden und sich nicht allein auf die traditionellen Aufgaben wie Sammeln, Bewahren, Forschen und Ausstellen beschränken. Diese stärkere Zuwendung zu sozialen Herausforderungen bedeutet vor allem auch, sich mit den Problemen der jeweiligen Gesellschaft zu beschäftigen, in denen die Museen ihren Standort haben und von der sie zum Teil finanziell und personell getragen werden."[72]

Unter dem Dach der *New Museology* haben sich zwei Traditionen etabliert: ein analytisch-dekonstruktivistischer Ansatz, der vor allem in den britischen und US-amerikanischen Ländern gepflegt wird, und ein eher sozial-aktivistisch orientierter Ansatz, der vor allem in Frankreich und Portugal sowie in den Ländern Südamerikas auf fruchtbaren Boden fiel. Ersterer äußert sich vor allem als akademisch geführter Diskurs, als eine theoretische, kritische Reflexion der Museumsarbeit wohingegen sich letzterer durch konkrete Projekte und die unmittelbare Beteiligung der Bevölkerung an der Museumsarbeit auszeichnet. Das neue Museum, das in den USA als *neighborhood museum,* in Frankreich sowie im frankophonen Kanada als *écomusée* und in den lateinamerikanischen Ländern als *museo integral* firmiert, ist lokal ausgerichtet und versteht sich als im Dienst der Gemeinschaft stehend. Es verfolgt das Ziel, einen konkreten Beitrag zur gesellschaftlichen Entwicklung zu leisten, indem es Hilfestellungen zur Identitätsbildung und Alltagsbewältigung gibt. Es geht dabei von den Erfordernissen der Gegenwart aus und zielt auf eine Verbesserung der Lebensqualität vor Ort.

Im Gegensatz zum *neigborhood museum* und zum *museo integral* versteht sich das *écomusée* aber weniger als ‚Entwicklungshelfer': Die lokale Bevölke-

---

70 Vgl. Varine, Hugues de: „Le musée moderne: conditions et problèmes d'une rénovation [The modern museum: conditions and problems of renewal]", in: Museum (3) 1976, S. 126-139, hier S. 127, zitiert nach Hauenschild, Andrea: Neue Museologie, S. 4.

71 Vergo, Peter (Hg.): The New Museology, S. 3.

72 Ganslmayer, Herbert: „Die Bewegung ‚Neue Museologie'", S. 79.

rung wird nicht als sozial benachteiligt angesehen, das *écomusée* sieht seine Funktion nicht primär darin, sie bei der Umsetzung von Problemlösungsstrategien zu unterstützen. Im *écomusée* werden die Bewohner eines Landstrichs als Experten für die Anpassung an ihren geographischen Raum angesprochen. Ihr Wissen ist das kulturelle Erbe, das im Museum dokumentiert und bewahrt werden soll.[73] Das *écomusée* ist daher weniger objekt- als erfahrungsorientiert, es geht nicht um die Erweiterung der ständigen Sammlung, sondern um die Pflege des „patrimoine communautaire",[74] einer Art kollektiven Gedächtnisses.

In der sozial ausgerichteten *New Museology*-Bewegung spielen die Laien eine deutlich wichtigere und aktivere Rolle als in anderen Museumspielarten. Für das *écomusée* fordern sogar einige Theoretiker, dass es im Idealfall ganz in den Händen der lokalen Bevölkerung liegen sollte:

> „Entscheidendes Element des Aufbaus und der Organisation des ‚neuen' Museums ist das Angebot der aktiven Mitgestaltung und Partizipation an die Bevölkerung. Die Arbeit des ‚neuen' Museums stützt sich auf das Wissen und die Energie der sogenannten ‚forces vives' der Bevölkerung und bezieht so das Publikum in die verschiedenen Aktivitäten des Museums mit ein. Idealiter wird das Museum vom Publikum selbst getragen, ist die Bevölkerung gleichzeitig Akteur und Gegenstand der Museumsarbeit."[75]

Über das Maß der Beteiligung besteht allerdings keine Einigkeit. In mehreren programmatischen Äußerungen kursieren verschiedene Vorstellungen von der Partizipation der Bevölkerung. Und in der Beschreibung konkreter Beispiele wird immer museumswissenschaftlich ausgebildetes Personal in (An-) Leitungspositionen erwähnt.[76] Auch wenn im Rahmen der *New Museology* die Partizipation großgeschrieben wird und das Museum eher als Moderator denn als Lehrer auftritt, so bleibt letztendlich immer noch die Unterscheidung zwischen Laien und professionellen Museumsmitarbeitern bestehen. Für alle Ausprägungen des *neuen Museums* lässt sich feststellen, dass sie zwar auf eine Partizipation der

73 Vgl. Chaumier, Serge: Des musées ein quête d'identité. Écomusée versus technomusée. Paris: L'Harmattan 2003.

74 Vgl. Varine, Hugues de: „L'écomusée". In: Gazette (2) 1978: S. 28-40, zitiert nach Hauenschild, Andrea: Neue Museologie. S. 75.

75 Hauenschild, Andrea: Neue Museologie. S. 98.

76 Vgl. Delarge, Alexandre: People involvement changes the museum (Publikation eines Vortrags, der am 12.10.2001 im Rahmen der Tagung: „The museum and the spirit of community. International Conference of Museology" im Museum of National History in Taipei (Taiwan) gehalten wurde. Onlinedokument: http://www.osservatorioecomusei.net/PDF/UK/BIBLIO/delarge01UK.pdf (Zugriff 24.10.2009).

Bevölkerung zielen, dass das Laienmuseum selbst aber kein eigenständiger Gegenstand von Untersuchungen oder Überlegungen geworden ist.

Mit der *New Museology*, besonders aber mit der *écomusée*-Bewegung wird allerdings eine neue Expertenposition im Museum eingeführt: der mit Erfahrungswissen ausgestatte Alltagsexperte. Damit wird aus dem rein rezipierend gedachten Besucher des traditionellen Museums ein wissensbegabter Akteur und (Mit-) Gestalter der musealen Praxis, ein Ansatz, der in der Museum 2.0-Bewegung weiterverfolgt und in die Tat umgesetzt wird.[77]

Im Licht der *New Museology*-Bewegung gesehen, könnte es fast so scheinen, als ob sich die *wilden Museumsmacher* mit der Einrichtung ihres eigenen Museums endgültig von den museumswissenschaftlichen Fachkräften ‚emanzipiert' hätten und ihre Belange in der musealisierenden Form selbständig ausdrücken würden. Auch wenn es sicherlich zu hoch gegriffen wäre, das *wilde Museum* als ‚Idealfall' eines *écomusée* zu bezeichnen, so zeigt sich doch im Hinblick auf die Aufwertung der Alltagsdimension und des praktischen Erfahrungswissens eine gewisse Nähe zwischen der *New Museology*-Bewegung und dem *wilden Museum.*

DIE KRISE DER REPRÄSENTATION UND DIE FRAGE NACH AUTORITÄT UND DEUTUNGSMACHT

Die Frage nach dem Expertentum erfährt mit der im Zuge des Postkolonialismus eingeläuteten Krise der Repräsentation einen weiteren entscheidenden Impuls.[78] Anfang der 1970er-Jahre sehen sich die Ethnologen mit der Frage konfrontiert, wie sie eigentlich zu ihren Erkenntnissen gelangen und auf welcher Basis diese gründen. Die durch den Kolonialismus hergestellten Machtverhältnisse und Ungleichheiten geraten in den Blick. Zudem sorgt der *linguistic turn* dafür, dass ethnographische Texte nicht mehr als wahrheitsgetreue Abbildungen einer durch den Ethnographen beobachteten Realität angesehen werden. Ihre Konstruiertheit

77 Vgl. den Blog von Nina Simon http://museumtwo.blogspot.com/2006/12/what-is-museum-20.html sowie meine Darstellung in Kapitel „Partizipation."

78 Eine umfassende Darstellung bieten Berg, Eberhard, Martin Fuchs (Hg.): Kultur, soziale Praxis, Text. Die Krise der ethnographischen Repräsentation, Frankfurt am Main: Suhrkamp 1993. Für die Auswirkungen auf die Museumswelt bieten folgende in Sharon Macdonalds „Companion" publizierten Aufsätze einen guten Überblick: Shelton, Anthony Alan: „Museums and Anthropologies: Practices and Narratives", S. 64-80 sowie Kaplan, Flora Edouwaye S.: „Making and Remaking National Identites", S. 152-169.

gerät in den Blick, sie sind, wie James Clifford in der Einleitung zu seinem einflussreichen und für die gesamte Debatte namensgebenden Sammelband „Writing Culture" schreibt, „wahre Fiktionen".[79] Von hier aus ist der Weg ins Museum nicht weit. Vor allem ethnologische Museen sahen sich mit der Frage nach dem Wahrheitsgehalt ihrer Darstellungen von fremden Kulturen konfrontiert. Die Konstruiertheit der in den Ausstellungen gezeigten Weltbilder wurde thematisiert und im gleichen Zug wurde auch hinterfragt, ob das Museum überhaupt der rechtmäßige Besitzer der gesammelten Artefakte sei. Aus den Ursprungs-communities wurde zunehmend Kritik an der bisherigen Sammlungs- und Ausstellungspraxis geäußert. Als Reaktion darauf entstanden immer mehr von den entsprechenden Communities selbst organisierte Ausstellungsorte. Dies gilt vor allem für Museen indianischer und hispanischer Kulturen in den USA und Kanada.[80]

Im Zuge dieser unter dem Label „Exhibiting Cultures"[81] geführten Debatte gerieten ein weiteres Mal von Laien betriebene Museen ins Blickfeld. Sie firmierten unter Bezeichnungen wie *Community Museum* oder *Cultural Center.* Auch im Rahmen dieser Debatte wird wiederholt die Expertenfrage gestellt: Wer kennt eine Kultur ‚besser' wer kann sie ‚adäquater' darstellen, der ‚subjektiv wissende' Angehörige oder der ‚objektiv urteilende' Wissenschaftler? In der „Exhibiting Cultures"-Debatte werden auch die Nicht-Wissenschaftler mit Autorität und Expertise ausgestattet, dennoch findet auch hier keine dezidierte Auseinandersetzung mit nicht-wissenschaftlichen Ausstellungsformen statt. Das Museum gerät zwar als Äußerungsform einer Gruppe in den Blickwinkel des Anthropologen, die Museumsarbeit wird aber letztendlich immer an den etablierten *wissenschaftlichen* Kriterien gemessen. Neu in diesem Zusammenhang ist allerdings, dass sich Wissenschaftlichkeit nicht mehr allein an *museums*wissenschaftlichen Leitlinien orientiert, sondern dass hier *kultur*wissenschaftlich geprägte identitätspolitische Fragen in den Fokus der Aufmerksamkeit geraten.

Das durch die „Krise der Repräsentation" eingeläutete Hinterfragen bzw. die Erfahrung kultureller Relativität hätten die intellektuellen Voraussetzungen dafür

---

79 Clifford, James: „Partial Truths", in: Clifford, James; George E. Marcus (Hg.): Writing Culture. The Poetics and Politics of Ethnography, Berkley [u. a.]: University of California Press 1986, S. 1-26.

80 Einen exemplarischen Überblick über die Diversifizierung der ethnologischen Museen gibt James Clifford in: „Four Northwest Coast Museums: Travel Reflections", in: Karp, Ivan; Steven D. Lavine (Hg.): Exhibiting Cultures. The Poetics and Politics of Museum Display, Washington, London: Smithsonian Institution Press 1991, S. 212-254. Siehe auch Shelton, Anthony Alan: „Museums and Anthropologies".

81 Karp, Ivan; Steven D. Lavine (Hg.): Exhibiting Cultures.

schaffen können, den *wilden Museen* unvoreingenommen gegenüberzutreten und sie als eigenständige kulturelle Äußerungsformen zu betrachten. Wie ich in diesem Überblick über den Forschungsstand gezeigt habe, sind die kleinen Museen und die ehrenamtliche Museumstätigkeit zwar auf die eine oder andere Art Gegenstand zahlreicher Untersuchungen geworden, die Kriterien für die Bewertung von Museumsarbeit wurden jedoch immer anhand wissenschaftlicher Leitlinien erarbeitet. Im Hinblick auf ‚kleine Museen' zeigen sich in der Literatur zwei große Strömungen: Auf der einen Seite ist eine deutliche Abgrenzungsbewegung auszumachen: Wenn man schon den Begriff ‚Museum' nicht schützen kann, so kann man wenigstens die Arbeit eines Museums bewerten und zertifizieren. Hierbei werden allerdings rein wissenschaftlich begründete Kriterien angewandt, gemessen an denen die *wilden Museen* nur scheitern können. Auf der anderen Seite lässt sich eine durch die *New Museology* angestoßene Öffnung des Museums zur Gesellschaft beobachten, ein Verständnis der Museumsarbeit als gesellschaftlicher Aufgabe. Überspitzt formuliert: Der Museologe soll auch Bereiche aus dem Arbeitsfeld des Sozialarbeiters, Entwicklungshelfer oder Gleichstellungsbeauftragten abdecken. Aber selbst im Licht eines gesellschaftlichen Auftrags besehen bleibt das hierarchische Gefälle zwischen Kurator und Publikum bestehen. Doch auch im Kontext dieser Entwicklung ist die Frage nicht gestellt worden, ob es nicht auch andere nicht-wissenschaftliche Spielarten der musealen Praxis geben kann, deren Aufgaben jenseits des klassischen, wissenschaftlich begründeten Kanons vom Sammeln, Bewahren, Forschen und Vermitteln liegen.

Wie ich oben dargelegt habe, kann das *wilde Denken* nicht mit den Maßstäben des *wissenschaftlichen Denkens* bemessen werden. Ebenso kann die kulturelle Praxis in einem *wilden Museum* nicht mit den Maßstäben gemessen werden, die für *wissenschaftliche Museen* adäquat sind. Daher habe ich versucht, Untersuchungsmethoden zu entwickeln, mit denen eine unvoreingenommene Betrachtung der *wilden Museen* möglich ist.

Wilde Museen analysieren – Theorien, Methoden und Erkenntnismittel

Das wilde Denken als symbolisches Denken verstehen

Das *wilde Denken* bewegt sich zwischen Bild und Begriff,[1] nach Lévi-Strauss „arbeitet [es] mit Analogien und Vergleichen“.[2] Damit präsentiert es sich als ein symbolisches Denken, das nur mittels interpretativer Verfahren erklärt und verstanden werden kann. Eine kulturwissenschaftliche Herangehensweise erweist sich daher für die Erkundung des *wilden Denkens* als besonders geeignet, denn ihr Ziel ist es, kulturelle Manifestationen – oder wie Lévi-Strauss formuliert: die Erscheinungen der Welt – im verstehenden Nachvollzug zu deuten und zu erklären. So operiert beispielsweise die Volkskunde mit einem Kulturkonzept,

> „das Geschichte und Gegenwart, Gesellschaft und Individuum in systematischen Zusammenhängen zu betrachten und zu erklären versucht. Dabei spielt nun die spät gewonnene Erkenntnis eine Rolle, daß ‚Bedeutung‘ und ‚Deutung‘ stets Hand in Hand gehen, daß also die deutende Perspektive der Forschung an die beobachteten Phänomene herangetragen wird und daß sich nicht etwa aus deren empirischem Beobachten und Sammeln von selbst ein ‚Sinn‘ erschließt.“[3]

In verschiedenen Fachbereichen sind solche interpretativen Verfahren zur Kulturanalyse entwickelt und angewandt worden. Das für Untersuchungen mit kulturwissenschaftlicher Herangehensweise grundlegende „Verstehens-Prinzip“[4]

---

1 Vgl. Kauppert, Michael; Dorett Funcke: „Zwischen Bild und Begriff“, S. 21. Diesen Gedanken habe ich bereits im Abschnitt „Lévi-Strauss’ Konzept des wilden Denkens als Ausgangspunkt“ weiter ausgeführt.

2 Lévi-Strauss, Claude: Das wilde Denken, S. 34.

3 Kaschuba, Wolfgang: Einführung in die Europäische Ethnologie, München: C. H. Beck 2006 (3. Auflage). S. 114.

4 Ebd.

sorgt dabei für eine enge Bindung an den Forschungsgegenstand: Theorien und Methoden werden möglichst eng am beobachteten Phänomen entwickelt bzw. entstehen aus ihm heraus. Der kulturwissenschaftliche Erkenntnisprozess ähnelt damit dem Vorgehen von Lévi-Strauss' *bricoleur*: Beide zielen darauf ab, den hinter den Erscheinungen der Welt verborgenen Sinn zu erklären und beide tun dies durch interpretative Verfahren; ihre Erklärungen entwickeln sie am oder in enger Rückbindung an den jeweiligen Gegenstand.[5]

Aus dem Fundus kulturwissenschaftlicher Ansätze stammen auch die in meiner Untersuchung angewandten Instrumente. Nach Art des *bricoleurs* habe ich sie aufgrund ihrer Zweckmäßigkeit ausgewählt, zum Teil habe ich sie modifiziert oder auch zweckentfremdet. Zentrales Kriterium für die Auswahl war, dass die Theorien und Methoden die für meinen Untersuchungsgegenstand, das *wilde Museum*, passenden Werkzeuge waren. Ein bricolierendes Vorgehen resultiert aber nicht nur aus der *Wildheit* meines Gegenstands, allein das Museum als vielschichtiges Medium erfordert ein solches Verfahren: Im Museum – im *wilden* wie im *wissenschaftlichen* – stehen Dinge, Räume und Menschen in einem kommunikativen Verhältnis zueinander. Um das komplexe Zusammenspiel der einzelnen ‚Ausstellungs-Bestandteile' erfassen zu können, müssen also Ding-, Raum-, und Kommunikationstheorien berücksichtigt werden. Von einem einzigen theoretischen oder methodischen Standpunkt aus lässt sich das vielschichtige Medium Museum bzw. Ausstellung nicht erfassen.

MUSEUMSANALYSE ALS METHODEN-BRICOLAGE

Das Ausstellen stellt neben dem Sammeln, Bewahren und Forschen lediglich eine der Kernaufgaben eines Museums dar. Die Komplexität der Institution Museum zeigt sich bereits in der Literatur zur Ausstellungsanalyse. Die Literatur zur Ausstellungsanalyse ist immer noch recht überschaubar, und auch wenn seit der Jahrtausendwende eine erfreulich wachsende Beschäftigung mit dem Thema zu verzeichnen ist, steckt das Genre der Museums- und Ausstellungskritik immer noch in den Kinderschuhen.[6] Die „Wiege" der Ausstellungskritik steht in den englischsprachigen Museum Studies. Vor allem aus dem Kreis der „School for

5 Siehe hierzu auch den Abschnitt „Funktionsweise des wilden Denkens."

6 Vgl. Waidacher, Friedrich: „Ausstellungen besprechen", in: Museologie Online 2, 2002: S. 21-34 sowie Lindauer, Margaret: „What to ask and how to answer: a comparative analysis of methodologies and philosophies of summative exhibit evaluation", in: Museum and Society (3) 2005: S. 137-152.

Museum Studies“ der Universität Leicester sind immer wieder einflussreiche und bahnbrechende Forschungen zum Medium Museum und seiner gesellschaftlichen Bedeutung hervorgegangen. Im deutschsprachigen Raum stellen vor allem die Publikationen von Jana Scholze,[7] Roswitha Muttenthaler und Regina Wonisch,[8] von Martin R. Schärer[9] sowie jüngst auch von Joachim Baur[10] wichtige Marksteine auf einem bis jetzt noch recht unerforschten Feld dar.

Semiotik als Leitdisziplin

Für die deutschsprachige Museologie sind die 1996 von der Kulturtheoretikerin Mieke Bal im Band „Double Exposures“[11] präsentierten Untersuchungen zur Analyse der „Museumssprache“ feste Referenzpunkte geworden. Bal behandelt Ausstellungen als Texte, die sie unter Anwendung narratologischer, semiotischer und dekonstruktivistischer Konzepte analysiert: Sie betrachtet die in Ausstellungen gepflegten Gesten des Zeigens als Sprechakte und fragt nach den durch sie transportierten Bedeutungen, den offenen wie verborgenen. Das Ziel ihrer Analyse ist es, die Subtexte und Metaerzählungen aufzudecken, die sich unter der im Gewand der ‚Wahrheit‘ daherkommenden, ‚objektiven‘ Oberfläche von Ausstellungen verbergen.

In Anlehnung an Mieke Bal entwickelten Roswitha Muttenthaler und Regina Wonisch von der Wiener Arbeitsgruppe eXponat ihre Methode der Ausstellungsanalyse.[12] Als Verfahren zur Entschlüsselung von offenen und verdeckten Botschaften spielt die Semiotik auch für Muttenthaler und Wonisch eine große Rolle. Den Autorinnen geht es darum, die „Grammatik“ von Ausstellungen zu

7 Scholze, Jana: Medium Ausstellung. Lektüren musealer Gestaltung in Oxford, Leipzig, Amsterdam und Berlin. Bielefeld: transcript 2004.

8 Muttenthaler, Roswitha; Regina Wonisch: Gesten des Zeigens. Zur Repräsentation von Gender und Race in Ausstellungen, Bielefeld: transcript 2006. Für ihre Untersuchung haben die Museologinnen ein Verfahren zur Ausstellungsanalyse entwickelt, das sie unter Rekurs auf Lévi-Strauss als „Methoden-Bricolage“ bezeichnen. Vgl. ebd. S. 62.

9 Schärer, Martin R.: Die Ausstellung. Theorie und Exempel, München: Verlag Dr. Müller-Straten 2003.

10 Baur, Joachim (Hg.): Museumsanalyse.

11 Bal, Mieke: Double Exposures. The Subject of Cultural Analysis. London, New York:Routledge 1996. Einige der in diesem Band enthaltenen Aufsätze wurden 2002 im Sammelband „Kulturanalyse“ in einer deutschen Übersetzung veröffentlicht. Bal, Mieke: Kulturanalyse. Frankfurt am Main: Suhrkamp 2002.

12 Muttenthaler, Roswitha; Regina Wonisch: Gesten des Zeigens.

analysieren und ihre bewusst oder unbewusst transportierten Aussagen zu dechiffrieren. Für ihre detaillierte Analyse dreier Wiener Museen, die vor allem die Kategorien „race“ und „gender“ in den Blick nimmt, ergänzen die Autorinnen die Semiotik um ethnographische und literaturwissenschaftliche Methoden. Mit dem von ihnen entwickelten Instrumentarium der Kritik wollen sie Museumsbesuchern die Möglichkeit eröffnen, Ausstellungen als subjektiv gefärbte bzw. von einem sozialen Rahmen geprägte Welt-Anschauungen zu lesen und Rückschlüsse auf das gesellschaftliche Selbstverständnis der Institution zu ziehen.

Muttenthaler und Wonisch beziehen in ihre Untersuchung die von Jana Scholze entwickelte Methode zur Ausstellungsanalyse ein, die sie 2004 unter dem Titel „Medium Ausstellung. Lektüren musealer Gestaltung“[13] publizierte. Scholze entwickelt ihre Methode für die Analyse und Beschreibung von Ausstellungspräsentationen auf Basis der Semiotik. Sie stützt sich dabei vorwiegend auf die angewandte Semiotik, wie sie Umberto Eco und Roland Barthes vertreten. Dabei geht sie davon aus, „dass die Semiotik Operations- bzw. Erklärungsmodelle liefert, mittels derer Beschreibungen und Bewertungen vorgenommen werden können.“[14] Da Scholze Ausstellungen als „Orte [...], wo Signifikations- und Kommunikationsprozesse stattfinden“[15] versteht, sieht sie in der Semiotik das geeignete Instrument, um die Bedingungen offenzulegen, unter denen museale Bedeutungsgenerierung stattfindet. Ihre Untersuchungen „sollen sich auf das Feststellen von Codes beschränken, auf deren Grundlage Signifikations- und Kommunikationsprozesse in Ausstellungen entstehen können.“[16]

Die Semiotik ist auch die Leittheorie der von Martin R. Schärer 2003 ausgeführten Überlegungen.[17] Schärer betont zwar in der Einführung zu seiner Arbeit, dass „keine Systematik der Welterfassung“, auch nicht die Semiotik, im Vordergrund seiner Überlegungen stünde, sondern „einzig und allein das Phänomen der Ausstellung als kommunikativer Prozeß, eine Logik der musealen Präsentation, die Beschreibung eines Zeichen-Bedeutungssystems“.[18] Sein Vorgehen und die von ihm verwendete Terminologie machen indes eine enge Verbindung zur Semiotik, d. h. zu zeichentheoretisch orientierten Methoden offenkundig. So beschreibt Schärer Ausstellungen als ein komplexes „Bedeutungssystem in einem Kommunikationsprozeß (Semiose) zwischen Menschen, Sachverhalten und Zei-

13 Scholze, Jana: Medium Ausstellung.

14 Ebd. S. 11f.

15 Ebd.

16 Ebd. S. 14.

17 Schärer, Martin R.: Die Ausstellung.

18 Ebd. S. 6.

chen“, das zudem noch „offen, instabil, ständigen Veränderungen unterworfen, nie abgeschlossen“ ist.[19]

Die Semiotik ist ein geeignetes Instrument für die Analyse von Zeichensystemen. Ausstellungen lassen sich meines Erachtens aber nicht nur als Zeichensysteme erfassen, denn

> „[i]n Ausstellungen überlagern sich ökonomische und symbolische, räumliche und funktionale Ordnungen dinglicher Beziehungsebenen in der Kultur.“[20]

Ich möchte daher in meinen Analysen der *wilden Museen* den Fokus nicht auf die Ausstellung als Zeichensystem legen, sondern Ausstellungen vielmehr „als Mitteilungs- und Vermittlungsagenturen kultureller Vorstellungen, Ziele und Normen betrachte[n], die diese sowohl abbilden als auch hervorrufen.“[21] Diese performative Dimension von Ausstellungen wird auch von den oben zitierten Autorinnen und Autoren immer wieder bestätigt. Dennoch betrachten sie in ihren Analysen die Ausstellung in erster Linie als Signifikationssystem. Wie aber in Königs Auffassung deutlich wird, stellt jede Form der Mitteilung eine soziale Interaktion dar. Ähnlich argumentiert auch Mieke Bal: Sie interpretiert Ausstellungen als spezifische kommunikative Ereignisse, spezifische „enunziative Situationen“, in denen performative Sprechakte produziert werden.[22] In Ausstellungen, so Bal, gehe es daher um „*effects* rather than programs and intentions.“[23] Meiner Untersuchung möchte ich daher ein Verständnis von Ausstellungen als Handlungsräumen zugrundelegen.

Berücksichtigt man diese besondere, im räumlich-kommunikativen Handeln verfasste Qualität von Ausstellungen, so wird es möglich, sie nicht nur auf der Basis der Bedeutung zu *lesen*, sondern sie auch hinsichtlich ihrer sinnlichen Wirkung *wahrzunehmen*. Mit der Verlagerung des Schwerpunkts von der kognitiven auf die sinnliche Dimension von Ausstellungen erhalten sowohl die Materialität der Objekte als auch ihre Wahrnehmung einen hohen Stellenwert, der in einer semiotischen Analyse vernachlässigt wird. Wie Stefan Beck in Bezug auf die volkskundliche Sachkulturforschung feststellt, kann eine semiotische Analyse die Bedeutung der Dinge „lediglich als ‚Ausdruck‘ oder Realisation von vor-

19 Ebd. S. 129f.

20 König, Gudrun M.: Konsumkultur. Inszenierte Warenwelt um 1900, Wien [u. a.]: Böhlau 2009. S. 161.

21 Ebd. S. 160.

22 Bal, Mieke: „Exposing the Public“, in: Macdonald, Sharon (Hg.): A Companion to Museum Studies, S. 525-542. hier v.a. S. 529ff.

23 Ebd. S. 529.

gängigen Eigenschaften etablierter Codes"[24] deuten. Mit der Semiotik könnten weder die Materialität der Dinge noch die an einer Handlung beteiligten Akteure erfasst werden, „weil in der Semiotik definitionsgemäß allein die *Bedeutung* der analysierten Gegenstände untersucht wird, ein Analyseverfahren, bei dem die Materialität des Zeichens notwendig zum Verschwinden gebracht werden muß."[25] Beck plädiert daher für eine Ergänzung der semiotischen um eine semantische bzw. performative Analyse. Er stellt fest, dass das aus den Folklore Studies stammende „Performance"-Modell „die Sinnhaftigkeit von Handlungen nicht als *Re*produktion und Erfüllung vorgängiger Bedeutungssysteme konzeptualisiert, sondern die Aufmerksamkeit insbesondere auf die je individuelle, kreative und spielerische Praxis der Akteure in Interaktionen [richtet], auf die *Produktion neuer Bedeutungen.*"[26]

Um die räumlich-sinnliche Dimension einer Ausstellung sowie die Materialität der Dinge wahrnehmen zu können, muss die semiotische Analyse also um performative Aspekte erweitert werden. Denn die Semiotik stellt nur für einen Teilbereich der Ausstellung ein geeignetes Analyseinstrument dar, nämlich für die Untersuchung auf der Bedeutungsebene.

Ausstellungen sind atmosphärisch aufgeladene Räume, in denen Dinge, Texte und gegebenenfalls auch audiovisuelle Medien zu aussagekräftigen Objektnachbarschaften gruppiert werden. Sie sind ein

> „hybrides Medium, [in dem sich] vielfältige Visualisierungsformen kreuzen: Objekte, (bewegte) Bilder, Texte sowie die Ausstellungsarchitektur werden in einem Raum kontextualisiert und zu einer dichten Textur verwoben."[27]

Zu jedem einzelnen dieser eine Ausstellung konstituierenden Elemente – Dinge, Texte, Medien, Räume, Kommunikation und Performanz – existieren umfangreiche Forschungen, ja ganze Fachbereiche mit eigens entwickelten Theorien und Methoden, die sich auch für die Analyse von Ausstellungen bzw. Museen anwenden lassen. Es wird deutlich, dass das Museum als Ort des Sammelns und

---

24 Beck, Stefan: „Die Bedeutung der Materialität der Alltagsdinge. Anmerkungen zu den Chancen einer wissenschaftstheoretisch informierten Integration von Symbol- und Sachforschung", in: Brednich, Rolf Wilhelm; Heinz Schmitt (Hg.): Symbole: zur Bedeutung der Zeichen in der Kultur: 30. Deutscher Volkskundekongreß in Karlsruhe vom 25. bis 29. September 1995, Münster [u.a.]: Waxmann 1997, S. 175-185. Hier S. 182.

25 Ebd. S. 181.

26 Ebd. S. 183.

27 Muttenthaler, Roswitha; Wonisch, Regina: Gesten des Zeigens, S. 37.

Ausstellens, als Kommunikationsform und Handlungsraum nicht mit einem auf eine einzige Perspektive verengten analytischen Blick erfasst und erklärt werden kann. Dazu bedarf es einer „Methoden-Bricolage", wie sie beispielsweise von Muttenthaler und Wonisch erarbeitet worden ist:

> „Die einzelnen disziplinären Zugänge [aus Ethnografie, Semiotik und Semantik] zu verknüpfen und für eine differenzierte Ausstellungsanalyse nutzbar zu machen, haben wir in unserer Arbeit nach Möglichkeit versucht. Im Sinne einer Bricolage haben wir aus dem Arsenal von schon Vorhandenem methodische Ansätze genommen, diese umfunktioniert und miteinander kombiniert für eine neue Anwendung in Anspruch genommen."[28]

Die Notwendigkeit, einen eigenen, speziell auf die Analyse von Museen zugeschnittenen Methoden-Fundus anzulegen, erweist sich gerade im Hinblick auf das *wilde Museum* als noch größer, widersetzt es sich doch der Einordnung in traditionelle wissenschaftliche Erkenntniskategorien. Diese *Wildheit* meines Untersuchungsgegenstands erforderte daher nicht nur ein spezielles, über die Semiotik hinausgehendes Instrumentarium, sondern auch eine besondere Herangehensweise, die sich aus Lévi-Strauss' Verständnis des Symbolischen ergibt.

AUSSTELLUNGSANALYSE, SYMBOLISCHES DENKEN UND PERFORMANZTHEORIE

Symbole sind für Lévi-Strauss nicht mit Zeichen gleichzusetzen.[29] Das Symbol fungiert – anders als das Zeichen – nicht als Verweis auf eine Bedeutung. Lévi-

---

28 Ebd., S. 62.

29 Lévi-Strauss operiert in seinen Arbeiten mit einem uneinheitlichen, teilweise sogar widersprüchlichen Zeichenbegriff. In seiner Definition des *wilden Denkens* z.B. beschreibt Lévi-Strauss das *wilde Denken* zunächst als ein Denken in Zeichen, das er synonym auch als magisches, mythisches oder symbolisches Denken benennt. In der hier angewandten Verwendung des Begriffs besteht also kein Gegensatz zwischen Zeichen und Symbol. Wie Marcel Hénaff darstellt, verwendet Lévi-Strauss (vor allem in den später erschienenen Mythologica) „Zeichen" aber auch als Gegensatz zum „Symbol". (Vgl. Hénaff, Marcel: „Lévi-Strauss und die Frage des Symbolismus", in: Kauppert, Michael; Dorett Funcke (Hg.): Wirkungen des wilden Denkens, S. 248-274.). Dieser Widerspruch in Bezug auf die Verwendung von „Zeichen" lässt sich unter Rekurs auf die im *Cours de linguistique général* zusammengefassten Definitionen Saussures auflösen, an denen sich Lévi-Strauss ausdrücklich orientiert hat: Dem-

Strauss sieht darin vielmehr ein Werkzeug, das zu einem bestimmten Zweck eingesetzt wird und daher auch zwingend in seiner Handlungsdimension analysiert werden muss. Marcel Hénaff hat aus Lévi-Strauss' Arbeiten einen Begriff des Symbolischen – Hénaff spricht hier von „Symbolismus" – herauskristallisiert, der mein Erkenntnisinteresse und meine Haltung zum Untersuchungsgegenstand grundlegend bestimmt:

> „Inwieweit ist [der Ausdrucksmodus des Symbolismus] besonders, verglichen mit anderen Formen des Ausdrucks wie Zeichen oder Bildern? Lévi-Strauss hat diese Punkte nur selten direkt angesprochen. Es lässt sich seinen Arbeiten jedoch indirekt entnehmen, dass die Besonderheit eines symbolischen Systems nicht darin bestehen kann, zu bezeichnen oder zu illustrieren, sondern zu operieren, d. h. zum Bereich des Performativen zu gehören, wie im Falle eines Rituals, einer mathematischen Demonstration oder einer musikalischen Variation."[30]

Lévi-Strauss' Vorstellung von der Performativität des Symbolischen folgend, zielt meine Untersuchung nicht darauf, die Bedeutung der *wilden Museen* zu dechiffrieren, sondern sie geht vielmehr der Frage nach, wozu sie verwendet wer-

---

nach gehören sowohl das Zeichen als auch das Symbol zum Reich der sprachlichen Zeichen. Zeichen und Symbol unterscheiden sich aber darin, dass die Beziehung zwischen dem Signifikanten und dem Signifikat beim Symbol eine natürliche ist, wohingegen sie beim Zeichen arbiträr ist. Symbol und Zeichen unterscheiden sich also lediglich im Hinblick auf die Art des Verweisungsverhältnisses: „Beide verweisen auf ein von ihnen getrenntes und verschiedenes Signifikat. Nur ist beim Symbol diese Relation natürlich, beim Zeichen dagegen arbiträr." (Gasché, Rodolphe: „Das wilde Denken und die Ökonomie der Repräsentation", S. 341.) Daraus lässt sich schließen, dass Lévi-Strauss – wenn er Zeichen und Symbol gegeneinander abgrenzt – einen Zeichenbegriff verwendet, der sich aufgrund seiner radikalen Arbitrarität nicht mehr, wie noch im *wilden Denken* beschrieben, zwischen Bild und Begriff bewegt, sondern bereits deutlich in den Bereich des Begriffs übergegangen ist, wohingegen das Symbol aufgrund der zwischen Signifikat und Signifikant bestehenden natürlichen Relation eher im Bereich des Bilds zu lokalisieren ist. So konstatiert Gasché bei Saussure eine „antinaturalistische Konzeption des Zeichens": Aufgrund seiner radikalen Arbitrarität sei es der Kultur bzw. *techné* zugehörig, wohingegen das Symbol eher der „Ordnung der Natur, der *physis*, zugerechnet werden mu." (ebd. S. 314). Im Folgenden werde ich dieser (im Gegensatz zum Symbol stehenden) Vorstellung von Zeichen folgen.

30 Hénaff, Marcel: „Lévi-Strauss und die Frage des Symbolismus", S. 250.

den. Ich betrachte sie daher als einen Ort, an dem Symbole bzw. symbolische Handlungen wirksam sind:

> „[...] Angesichts symbolischer Phänomene liefen die traditionellen Fragen, die seitens der Semiotik (und Hermeneutik) gestellt wurden, auf die eine Frage hinaus: Was bedeutet dies? Kurz gesagt: Was ist die Botschaft dieses Codes? Das Problem besteht aber nicht darin, die Bedeutung der symbolischen Elemente festzustellen, sondern darin, zu verstehen, wie sie funktionieren, welche Ordnung sie aufstellen, welche Transformationen sie vollbringen, was für eine Welt sie schaffen."[31]

Das Symbolische äußert sich nur performativ, daher habe ich für die Ausstellungen der *wilden Museen* Analysemethoden entwickelt, die die Handlungsperspektive und damit auch ihre symbolische Verfasstheit stärker berücksichtigt als dies in den bisher entwickelten Methoden zur Ausstellungsanalyse der Fall ist.[32] Zwar betonen alle oben angeführten Autorinnen und Autoren, dass Ausstellungen durch ihre spezifische Kommunikations- und Rezeptionssituation bedeutungsoffen sind und konstatieren die Performativität von Ausstellungsbesuchen, dennoch bleibt in allen drei vorgestellten Ansätzen die für die Semiotik charakteristische Trennung von Subjekt und Objekt, Bedeutung und Bedeutendem erhalten. Trotz des Verweises auf die Performativität der Kommunikationsform „Ausstellung" mit ihrer Bedeutungsoffenheit und Unabgeschlossenheit der Kommunikationssituation wird sie dennoch als „Werk" betrachtet und analysiert, eine Herangehensweise, die sich innerhalb des semiotischen Paradigmas bewegt. In der performativen Perspektive hingegen zeigt sich die Ausstellung als „Ereignis" oder „Aufführung". Für ihre Analyse braucht es folglich Methoden, die die „spezifische Ästhetizität [der] Ereignishaftigkeit"[33] von Aufführungen berücksichtigen.

Im *wilden Museum* überlagern sich mehrere Symbolsysteme: materielle, augenscheinliche, die sich in der Ausstellung manifestieren, und immaterielle, handlungsorientierte, die sich nur in der Benutzung des Museums offenbaren. Diese verschiedenen Systeme sind allerdings untrennbar miteinander verbunden. Was mit diesen Symbolsystemen bewirkt wird, welche Form der Welterklärung sich darin manifestiert, zeigt sich nur im operativen Modus und wird folglich nur im Handlungsvollzug des Museummachens sichtbar. Für meine Fragestellung

31 Ebd. S. 269f.

32 Die Handlungsperspektive erscheint mir auch vor dem Hintergrund unerlässlich zu sein, dass *wilde Museen* als Gruppenaktivität betrieben werden.

33 Fischer-Lichte, Erika: Ästhetik des Performativen, Frankfurt am Main: Suhrkamp 2004. S. 55.

war es also wichtig, die Ausstellungen nicht nur als „versammelte Dinge" zu betrachten und daraus Rückschlüsse über die Bedeutung der *wilden Museen* zu ziehen. Um das Museum als kulturelle Äußerungsform verstehen zu können, musste ich ein Instrumentarium entwickeln, mit dem die Handlungsperspektive erfasst werden kann und das über die vorherrschenden semiotischen bzw. hermeneutischen Verfahren der Ausstellungsanalyse hinausgeht.[34]

Dieses performative Verständnis des Symbolischen erläutert Lévi-Strauss in den „Mythologica" am Beispiel der Musik.[35] Musik ist nicht gleichzusetzen mit der Partitur eines Stücks. Sie entsteht erst in der Aufführung, in der Interpretation durch Musiker. Das Symbolische kann demnach ebenso wenig wie Musik allein als Zeichensystem decodiert werden, es muss vielmehr als Wirkungssystem interpretiert werden. Denn wie die Musik spricht auch das Symbolische sowohl den Geist als auch die Sinne an, beide appellieren ebenso an die Vernunft wie an die Gefühle.[36] Um Musik zu verstehen, muss folglich sowohl die Partitur als auch die Aufführung berücksichtigt werden.

Bei meinen Analysen habe ich mich von Lévi-Strauss' Musik-Metapher leiten lassen: Ich habe versucht, die Ausstellungen als „Partitur" und als „Aufführung" zu verstehen. Dies erfordert eine Methode der Ausstellungsanalyse, die die „Ästhetik des Performativen"[37] berücksichtigt. Ich habe daher ein Verfahren gewählt, das klassische semiotische Analyseverfahren mit performativen Ansätzen verbindet. Auf der Ebene der „Partitur" habe ich die Ausstellungen als Anordnungen von Dingen im Raum betrachtet. Ich habe danach gefragt, welche Objektarten und Objektordnungen die Ausstellung strukturieren. Für diesen Teil der Analyse verwende ich unter anderem Werkzeuge aus dem traditionellen „semiotisch-hermeneutischen Werkzeugkasten". Auf der Ebene der „Aufführung" habe ich danach gefragt, wie die Ausstellungen „interpretiert" werden. Dafür habe ich mich von den Museumsmachern durch die Ausstellungen führen lassen. Wie zeigen sie mir die Ausstellung? Wie erklären sie mir die Objekte? Welche Wege

34 Aufgrund des performativen Ansatzes meiner Arbeit erfolgt auch keine Unterscheidung in eine Produktions- und Rezeptionsperspektive des Museums bzw. Museumsbesuchs. Meine Untersuchung versteht sich vielmehr als Interpretation des Museums als „veränderliche Aufführung".

35 Lévi-Strauss führt die Musikmetapher in Bezug auf die Mythenanalyse ein. Für Lévi-Strauss stellen die Mythen symbolische Systeme dar, weshalb seine Ausführungen auch in diesem Kontext gültig sind. Vgl. Lévi-Strauss, Claude: Mythologica I. Das Rohe und das Gekochte, Frankfurt am Main: Suhrkamp 1976 (franz. Original 1964).

36 Vgl. ebd. S. 147.

37 Vgl. Fischer-Lichte, Erika: Ästhetik des Performativen.

wählen sie durch die Ausstellung? Hier kommen vor allem Werkzeuge zum Einsatz, die ich aus dem Werkzeugkasten der Performanztheorie entliehen habe.

Mit einem solchen Analyseinstrumentarium kann ich das *wilde Museum* als Handlungsraum betrachten. Ich fokussiere mich nicht allein auf die Ausstellungen, sondern nehme auch die Art und Weise in den Blick, wie sie von den Museumsmachern benutzt und vermittelt wird. Die aufgezeichneten und transkribierten Führungen dienten mir als Quellen und Korrektiv für meine Beobachtungen und Interpretationen.[38] Das Ziel meiner Untersuchung war, zu verstehen, was in den *wilden Museen* geschieht, welche Prozesse der Welterklärung und Weltdeutung dort stattfinden. In Anlehnung an Arjun Appadurais und Carol Breckenridges Aufsatz „Museums are Good to Think“[39] bin ich der Frage nachgegangen, was und wie mit den *wilden Museen* gedacht wird.

Die performative Perspektive erscheint mir nicht nur angesichts der symbolischen Verfasstheit meines Untersuchungsgegenstands angemessen. Auch hinsichtlich der zunehmenden Ästhetisierung der Lebenswelt[40] halte ich es für notwendig, die von der Performanztheorie vertretenen Ansätze zu berücksichtigen, denn sie räumen der leiblich-sinnlichen Wahrnehmung und der Kategorie des Raums einen wichtigen Stellenwert ein. Im Zeitalter der „ästhetischen Ökonomie“[41] bewegen wir uns immer öfter in inszenierten Räumen, wir verfügen über immer größere Erfahrungen mit Inszenierungen. Unsere erworbene ästhetische Kompetenz macht den Umgang mit inszenierten Räumen und der körperlichen Wahrnehmung von Atmosphären fast schon selbstverständlich. In der Museumswelt drückt sich dies in einer zunehmenden Bedeutung der Szenographie sowie in der enormen Popularität des Mediums Museum aus, das heute von vielen gesellschaftlichen Gruppen als kulturelle Äußerungsform genutzt wird. Ein Instrumentarium zur Ausstellungsanalyse, das auf der Semiotik basiert, kann in

38 Diesen Punkt führe ich im Abschnitt „Die Arbeit im Feld: Erkenntnismittel, Quellengenerierung und Datenerhebung“ ausführlicher aus.

39 Appadurai, Arjun, Carol A. Breckenridge: „Museums are Good to Think. Heritage on View in India“, in: Karp, Ivan; Christine Mullen Kreamer; Steven D. Lavine (Hg.): Museums and Communities. S. 34-55. Der Titel des Aufsatzes ist eine Anspielung auf Claude Lévi-Strauss' Erklärungen zum Einsatz von Pflanzen und Tieren als Totem: „On comprend enfin que les espèces naturelles ne sont pas choisies parce que ‚bonnes à manger‘ mais parce que ‚bonnes à penser‘“. Vgl. Lévi-Strauss, Claude: Le totémisme aujourd'hui, Paris: Presses Universitaires de France 1962, S. 128.

40 Vgl. hierzu und für den folgenden Abschnitt: Böhme, Gernot: Atmosphäre, Frankfurt am Main: Suhrkamp 1995.

41 Vgl. Böhme, Gernot: „Atmosphäre als Grundbegriff einer neuen Ästhetik“, in: ders.: Atmosphäre, S. 21-48. Zum Begriff der „ästhetischen Ökonomie“ siehe S. 45f.

seiner Zweidimensionalität die leiblichen und räumlichen Wahrnehmungsqualitäten einer Ausstellung nicht erfassen und führt zwangsläufig zu einer buchstäblichen Verflachung des Ergebnisses. Die Einführung der performativen Perspektive bietet zudem den Vorteil, dass der Besucher in die Analyse integriert werden kann, und zwar nicht in der auf dem einfachen Kommunikationsmodell basierenden Rolle eines passiven Rezipienten der vom Sender definierten und übermittelten Botschaft. Der Besucher wird vielmehr in einer aktiven Rolle gesehen, die ihm eine wirklichkeitskonstituierende und bedeutungsgenerierende Position als Akteur innerhalb des Kommunikationssystems Ausstellung einräumt.[42] Mit dem performativen Paradigma erhält die Ausstellungsanalyse eine Dimension, mit der die Vielschichtigkeit des Mediums Ausstellung erfasst und beschrieben und mit der auch die Ereignishaftigkeit und der Aufführungscharakter von Ausstellungen berücksichtigt werden kann.

42 Für die performative Ausstellungsanalyse siehe Siepmann, Eckhard: „‚Ein Raumverhältnis, das sich durch Bewegung herstellt'. Die performative Wende erreicht das Museum", in: kunsttexte.de 2, 2003: S. 1-6 und Jannelli, Angela, Thomas Hammacher: „Das Museum als Erfahrungsraum". Für die Vorteile des Performanz-Modells siehe Beck, Stefan: „Die Bedeutung der Materialität der Alltagsdinge."

Vorgehen und Analyseinstrumente: Theorien und Methoden

Die performativ ausgerichtete Ausstellungsanalyse

Die Bewegung des wilden Denkens: zum Verhältnis von Wahrnehmung und Bedeutung

Um zu verstehen, wie *wilde Museen* verwendet werden und was mit ihnen gedacht wird, habe ich an drei Museen eine qualitative Untersuchung durchgeführt. Die Art meines Vorgehens orientiert sich dabei an den Bewegungen des *wilden Denkens*.

Als „Wissenschaft vom Konkreten"[1] geht das *wilde Denken* von den Erscheinungen der Welt aus, es befragt, deutet, ordnet und interpretiert sie, mit dem Ziel, den hinter ihnen liegenden Sinn zu verstehen:

> „Das *Material* des wilden Denkens besteht in dem, was dem menschlichen Geist buchstäblich vor Augen steht und ihm den nächstliegenden Stoff für seine intellektuellen Spekulationen bietet: die sinnlichen Qualitäten der Wahrnehmungsgegenstände."[2]

Beschreibung der ersten Eindrücke: Zugang und Annäherung

Dementsprechend bilden auch die mir „vor Augen stehenden Wahrnehmungsgegenstände", d. h. das Museum mit seinen ausgestellten Objekten und die in ihm stattfindenden Aktivitäten, den Ausgangspunkt meiner Untersuchung: In Anlehnung an die Methode des Wahrnehmungsspaziergangs habe ich meine Eindrücke und Beobachtungen hinsichtlich des Museums festgehalten. Die leib-

1 Lévi-Strauss, Claude: Das wilde Denken, S. 11.

2 Ebd. S. 20.

liche Wahrnehmung, die „Einstimmung" auf einen Ort hat einen enormen Einfluss auf die Rezeption,[3] daher habe ich meine Beobachtungen bereits im Moment der Annäherung an die jeweiligen Museen begonnen: Wo liegen sie? In welchem Umfeld liegen sie? Wie und auf welchen Wegen erreiche ich das Museum? Diese Fragen zielten darauf, mir über die „Gestimmtheit" des Ortes und meiner selbst Rechenschaft abzulegen. Mit welchen Erwartungen nähere ich mich dem Museum? Welche Signale sendet es gegenüber seinen potentiellen Besucherinnen und Besuchern aus? Wie macht es auf sich aufmerksam? Und wie kündigt es sich an? Dann, im Moment des Betretens der Ausstellung habe ich versucht, in einer Art „check up" den üblicherweise intuitiv ablaufenden Prozess der Wahrnehmung einzufrieren und zu überprüfen: Welche Atmosphäre herrscht hier? Was sehe ich? Wie fühle ich mich: willkommen oder fehl am Platz? Bin ich neugierig? Oder abgeschreckt? Mit einem solchen selbstreflexiven Verfahren kann ich der unvermeidlichen Subjektivität meiner Wahrnehmung Rechnung tragen. Mit der Beschreibung meiner subjektiven Empfindungen mache ich zugleich deutlich, dass es sich bei meinen Analysen um Interpretationen und Momentaufnahmen handelt. Clifford Geertz sieht hierin die charakteristischen Merkmale eines ethnographischen Berichts:

> „Es gibt also drei Merkmale der ethnographischen Beschreibung: sie ist deutend; das, was sie deutet, ist der Ablauf des sozialen Diskurses; und das Deuten besteht darin, das ‚Gesagte' eines solchen Diskurses dem vergänglichen Augenblick zu entreißen."[4]

Im Sinne Clifford Geertz' sollen meine Analysen dabei in erster Linie „dichte Beschreibungen" sein.[5] Mit dem Konzept der dichten Beschreibung wird auch Lévi-Strauss' Anspruch in Bezug auf die Ziele eines Forschungsvorhabens erfüllt:

---

3 Vgl. die Erfahrungsberichte zur Ausstellungsanalyse in: Jannelli, Angela, Thomas Hammacher (Hg.): Ausstellungsanalyse. Sonderheft Vokus: volkskundlich-kulturwissenschaftliche Schriften, hg. vom Institut für Volkskunde der Universität Hamburg (1) 2008.

4 Geertz, Clifford: Dichte Beschreibung. Beiträge zum Verstehen kultureller Systeme, Frankfurt am Main: Suhrkamp 1983. S. 30.

5 Auch Muttenthaler und Wonisch wenden in ihren Ausstellungsanalysen die dichte Beschreibung als Methode an. Vgl. Muttenthaler, Roswitha; Regina Wonisch: Gesten des Zeigens, S. 49f.

„Die wissenschaftliche Erklärung besteht nicht darin, von der Komplexität zur Einfachheit überzugehen, sondern darin, eine besser verständliche Komplexität an die Stelle einer weniger verständlichen zu setzen.“[6]

Doch wie lässt sich bei einem solchen deskriptiven Vorgehen dem Subjektivismus und „den Verlockungen eines ‚wissenschaftlichen Obskurantismus‘“[7] entgehen? Wie kann man die für eine wissenschaftliche Untersuchung geforderte intersubjektive Nachvollziehbarkeit sicherstellen? Einen Ausweg aus dem Dilemma bietet Erika Fischer-Lichte, die dem Zusammenspiel zwischen Wahrnehmung und Bedeutung in ihrer Untersuchung zur „Ästhetik des Performativen“[8] ein eigenes Kapitel widmet.

In Anlehnung an Gernot Böhmes Atmosphären-Theorie[9] bestätigt Fischer-Lichte zwar, dass sich mit dem performativen Paradigma der Schwerpunkt von der (im Mittelpunkt der Semiotik stehenden) Bedeutung zur leiblichen Erfahrung verlagert, sie hinterfragt allerdings,

„ob man aus der leiblichen Erfahrung von Atmosphären die Bedeutungsdimension ganz und gar ausklammern kann. [...] Es ist kaum vorstellbar, daß [die] Bedeutungsdimension der Dinge für die Wirkung von Atmosphären völlig ohne Belang ist. Ich gehe vielmehr davon aus, daß derartigen Bedeutungen durchaus ein Anteil an der starken Wirkung von Atmosphären zukommt.“[10]

Im Kapitel „Emergenz und Bedeutung“[11] erläutert die Autorin, „daß Wahrnehmung und Bedeutungserzeugung der gleiche Prozess sind“.[12] Laut Fischer-Lichte ist es daher unmöglich, ein Ereignis nur in seinem phänomenalen Sein wahrzunehmen. Der Fokus verschiebe sich unweigerlich vom Wahrgenommenen zu möglichen Bedeutungen, die in Form von „ungerufenen“ Assoziationen auftauchen: Vorstellungen, Erinnerungen, Empfindungen und Gefühle seien die Signifikate, die zum phänomenalen Sein als Signifikant gehörten.

„Das Phänomen wird als ein Signifikant wahrgenommen, der sich mit den unterschiedlichsten Signifikaten verbinden läßt. Die Bedeutungen, die ihm in diesem Prozeß zugeord-

6 Lévi-Strauss, Claude: Das wilde Denken, S. 285.

7 Vgl. Geertz, Clifford: Dichte Beschreibung, S. 42.

8 Fischer-Lichte, Erika: Ästhetik des Performativen.

9 Vgl. Böhme, Gernot: Atmosphäre.

10 Fischer-Lichte, Erika: Ästhetik des Performativen, S. 209.

11 Ebd. S. 240-280.

12 Ebd. S. 247.

net werden, sind nicht vom Willen des Subjektes abhängig, sondern tauchen unbegründet und unmotiviert – wenn auch häufig im nachhinein plausibel erklärbar – in seinem Bewußtsein auf.“[13]

Bedeutungen sind also nicht intentional gesteuert, sie ereignen sich „im und als Akt der Wahrnehmung“.[14] Daher bezeichnet Fischer-Lichte sie als „Emergenzen“.[15] Diese Emergenzen basieren auf sinnlichen Eindrücken und sind daher nicht mit sprachlichen Bedeutungen gleichzusetzen:

„Bewußte Wahrnehmung erzeugt immer Bedeutung, und ‚sinnliche Eindrücke‘ lassen sich daher angemessener als jene Art von Bedeutungen beschreiben, die mir als spezifische sinnliche Eindrücke bewußt werden. Daraus folgt allerdings nicht, daß sie sich umstandslos sprachlich ausdrücken lassen. Ich mag durchaus Schwierigkeiten haben, sie in Worte zu fassen, vielleicht sogar zu der Überzeugung gelangen, daß sie sprachlichem Ausdruck letztlich inkommensurabel bleiben, sich also nur höchst unzureichend be- oder umschreiben lassen. Dieser Umstand weist nachdrücklich darauf hin, daß Bedeutungen wohl mit Bewußtseinszuständen, nicht jedoch mit sprachlichen Bedeutungen gleichgesetzt werden dürfen.“[16]

Bedeutung ist laut Fischer-Lichte also nicht das Ergebnis eines „intentional vollzogenen Deutungs- und Interpretationsproze[sses]“,[17] sie stellt vielmehr einen Bewusstseinszustand dar, eine leiblich empfunden Form der Erkenntnis, die nicht mit Sprache gleichzusetzen ist, sich ihr durchaus auch widersetzen kann:

„Es sind vielmehr häufig Bedeutungen, die sich hartnäckig sprachlicher Formulierung entziehen. Der Prozeß, in dem wir sie in Sprache zu ‚übersetzen‘ suchen, setzt immer erst nachträglich ein, um über diese Bedeutungen zu reflektierten und/oder um sie anderen zu übermitteln.“[18]

Sprache kann also nur nachgelagerte Erklärungen für aus der Wahrnehmung heraus entstandene Bedeutungen bieten. Dieser Prozess – die „Emergenz von Be-

---

13 Ebd. S. 249f.

14 Ebd. S. 245.

15 Ebd. S. 249.

16 Ebd. S. 248.

17 Ebd.

18 Ebd. S. 255.

deutung“ und ihre nachträgliche Übersetzung in ein sprachliches System[19] – gleicht der von Lévi-Strauss beschriebenen Bewegung des *wilden Denkens*. Beide nehmen ihren Ausgangspunkt bei der Wahrnehmung, bei den „Erscheinungen der Welt“. Beide unterstellen, dass zwischen den sinnlich wahrnehmbaren Phänomenen und den mit ihnen assoziierten bzw. den aus ihnen herausgelesenen Bedeutungen ein begründeter Zusammenhang besteht, der sich nachträglich mit Hilfe interpretativer Verfahren herstellen lässt.

Daraus ergibt sich die Notwendigkeit, der Wahrnehmung gesteigerte Aufmerksamkeit zukommen zu lassen, um so plötzlich auftauchende Bedeutungen festhalten zu können. Mit der „dichten Beschreibung“ und der Betonung der Wahrnehmung wird also nicht dem „Subjektivismus“ und „wissenschaftlichen Obskurantismus“ gehuldigt, sondern es wird vielmehr ihr bedeutungsgenerierender Stellenwert ernst genommen.

Mit den „dichten Beschreibungen“ versuche ich, die aufgetauchten Bedeutungen in Sprache zu übersetzen. Das heißt, dass durchaus auch Bedeutungen auftauchen können, die nicht von den Museumsmachern intendiert sind. Mit diesen kontextabhängigen Beschreibungen möchte ich die Basis offenlegen, auf der sich die „Denkbewegungen“ meines Verstehens abgespielt haben.

Establishing shot

Auf die Beschreibung meiner Annäherung an das jeweilige *wilde Museum* folgt ein erster der Filmtheorie entlehnter Analyseschritt.[20] Der Begriff des *establishing shot* bezeichnet die Eingangssequenz eines Films bzw. die erste Einstellung einer Sequenz. Auch wenn es in der Filmtheorie keine allgemeingültige Definition für den *establishing shot* gibt und seine ästhetische wie narrative Funktion von jedem Filmemacher anders ausgelegt wird, besteht doch immerhin eine Art Minimalkonsens in Bezug auf seine technische Seite: Der *establishing shot* ist eine Kameraeinstellung mit dramaturgischer Funktion. Zu Beginn des Films eingesetzt, führt der *establishing shot* in die Erzählwelt des Films ein, er gibt dem

---

19 Zur Metapher des Übersetzens vgl. Sturge, Kate: Representing Others. Translation, Ethnography and the Museum, Manchester, UK; Kinderhook (NY), USA: St. Jerome Publishing 2007. Oder auch Bal, Mieke: „Exposing the Public“, v.a. S. 536ff.

20 Die Idee, den *establishing shot* für die Ausstellungsanalyse zu nutzen, stammt von Thomas Hammacher, dem ich dafür danke, diese im Rahmen des 2006 durchgeführten Seminars „Ausstellungsanalyse“ am Institut für Volkskunde der Universität Hamburg entwickelte Idee hier anwenden zu können. Für weitere Analogien zwischen Film und Museum siehe den Sammelband Eberl, Hans-Christian; Julia Teresa Friehs; Günter Kastner; Corinna Oesch; Herbert Posch; Karin Seifert (Hg.): Museum und Film, Wien: Turia und Kant 2003.

Zuschauer eine räumliche und zeitliche Orientierung im filmischen Handlungsraum.[21] Hierfür werden meist die Kameraeinstellungen der Totale oder des Panoramaschwenks gewählt. Zu Beginn einer Sequenz hat der *establishing shot* die Funktion, Ort, Personal und Situation der in der Sequenz dargestellten Handlung einzuführen.[22] Mit dem *establishing shot* kann zudem das Genre bzw. die im Film vorherrschende Stimmung („mood“) etabliert werden.

Das museale Pendant zum *establishing shot* stellt die ‚Eingangssequenz der Ausstellung‘ dar. In Anlehnung an die Filmanalyse habe ich versucht, beim Eintreten in die Ausstellung meinen Blick zu lenken und die Eingangssituation gleichsam als Totale bzw. als Panoramaschwenk zu erfassen. Für die Analyse habe ich die Sequenz dann in ihre Einzelbilder zerlegt und danach gefragt, welche Informationen hinsichtlich Ort, Personal und Handlung sie vermitteln: Was sehe ich? In was für einem Raum bin ich? Wer ist da? Und in welcher Zeit befinde ich mich? Die Frage nach der unmittelbar am Ort wahrgenommenen Atmosphäre gab Aufschluss über „Stimmung“ und „Genre“ des Museums: Umweht mich ein Hauch von Melancholie? Tritt mir das Museum selbstbewusst, vielleicht sogar mit heroischem Stolz gegenüber? Fordert es mich auf, mich der Nostalgie hinzugeben? Oder werde ich dazu eingeladen, mich auf freudige Entdeckertour zu begeben? Bin ich in einem Historiendrama oder einem Kostümfilm gelandet? Handelt es sich um ein Epos? Einen Krimi? Um Science Fiction? Oder doch eher um einen Dokumentarfilm?

Mit diesen aus dem Repertoire des Films entlehnten Fragen habe ich versucht, erste Aufschlüsse über das „setting“ der Museumshandlung zu erhalten. Welche „Erzählwelt“ wird in der Eingangssequenz der Ausstellung etabliert? Wie sieht diese aus? Von wem wird sie bevölkert? D. h. welche Dinge und/oder Menschen sehe ich hier? Was ist deren Rolle? Und welche Rolle ist in dieser fiktionalen Welt für mich als Besucherin vorgesehen? Werde ich in die Handlung involviert? Oder bleibe ich eine distanzierte Betrachterin der in der Ausstellung präsentierten Welt?

Die Analyse der Eingangssequenz machte mir nochmals deutlich, wie wichtig die bewusste Wahrnehmung der ersten Eindrücke ist. Das künstliche Lenken und Einfrieren des Blicks, das Innehalten sowie das Hinterfragen der eigenen Wahrnehmung machte die unwillkürlich auftauchenden Assoziationen, die „emergenten Bedeutungen“ sichtbar.

An der Eingangssequenz ließ sich die Besucherorientierung des Museums sowie seine Orientierung in der Zeit ablesen: Richtet sich das Museum in die

---

21 Vgl. Mikos, Lothar: Film- und Fernsehanalyse, Konstanz: UVK Verlagsgesellschaft 2008 (2., überarbeitete Auflage). S. 196.

22 Vgl. ebd. S. 226.

Zukunft, in die Vergangenheit oder in die Gegenwart? Für wen ist das Museum gemacht, für Externe oder für Interne? Werde ich als Besucherin direkt angesprochen? Oder stellt mein Besuch eher eine Störung des üblichen Ablaufs dar? Kann ich mich im Raum orientieren? Oder fühle ich mich desorientiert und verunsichert? Wie ist der Raum konstituiert? Wie wirkt er auf mich? Worauf wird meine Aufmerksamkeit gelenkt? Welche Objekte sehe ich? Und aus welcher Zeit bzw. aus welchen Zeiten stammen sie?

Die aus der Filmanalyse entlehnte Kategorie des *establishing shot* hat sich auch als für die Ausstellungsanalyse geeignetes Instrument erwiesen. So wie man aus dem *establishing shot* das einem Film zugrundeliegende Konzept ablesen kann, so offenbart auch die Eingangssequenz einer Ausstellung, welches ‚kommunikative Register' bzw. welches ‚erzählerische Genre' ihr zugrundeliegt. Dieses Instrument eignet sich auch dann, wenn innerhalb einer Ausstellung eine neue Sequenz, also zum Beispiel ein neues Thema, eingeführt wird.

Mit dem Verfahren des *establishing shot* werden nochmals die Vorteile der performativen Perspektive für die Ausstellungsanalyse deutlich, denn gerade in der Analyse der Eingangssequenz wird die Untrennbarkeit von Wahrnehmung und Bedeutung offensichtlich. Die im ersten Eindruck vermittelten Bedeutungen sind starke Setzungen, die einen entscheidenden Einfluss auf die Rezeption einer Ausstellung haben, häufig sogar die Grundlage des Verstehens bilden. Im Alltag erfolgen diese Setzungen meist unterbewusst, in der Analyse gilt es, sich darüber bewusst zu werden, die Grundlagen des eigenen Verstehens offenzulegen.

Raum und Raumnutzung

Der nächste Schritt meines Analyseverfahrens galt dem Raum. Mit dem der Filmanalyse entlehnten Verfahren des *establishing shot* habe ich die Ausstellung ähnlich wie ein Bild betrachtet. Den sich vor mir öffnenden Raum habe ich eher als Bildraum denn als begehbaren Raum analysiert. Mit diesem nächsten Analyseschritt ging es mir darum, in den Raum einzutauchen, ihn in seiner Dreidimensionalität zu erfassen, nach seiner Organisation und Verwendung zu fragen: Wie konstituiert sich der Museumsraum? Wie ist er gegliedert? Wie und wozu wird er genutzt? Und um was für eine Art von Raum handelt es sich?

Ausgehend von den oben dargelegten Grundvoraussetzungen, dass Ausstellungen – v.a. die des *wilden Museums* – als Symbolsysteme interpretiert werden müssen und dass sich das Symbolische nur in der performativen Dimension zeigt, habe ich für die Untersuchung des Museumsraums eine Methode der Raumanalyse gewählt, die in Bezug auf die Konstitution von Raum die Handlungsperspektive berücksichtigt.

Die Soziologin Martina Löw hat eine solche Methode entwickelt.[23] In Löws Betrachtungsweise zeigt sich der Raum als Teil eines Handlungsverlaufs. Mit dieser Auffassung wendet sie sich

„gegen die in der Soziologie übliche Trennung in einen sozialen und einen materiellen Raum, welche unterstellt, es könne ein Raum jenseits der materiellen Welt entstehen (sozialer Raum), oder aber es könne ein Raum von Menschen betrachtet werden, ohne daß diese Betrachtung gesellschaftlich vorstrukturiert wäre (materieller Raum).“[24]

Für Löw ist der Raum mehr als ein Container für Dinge und Menschen und er lässt sich auch nicht allein als Produkt sozialer Handlungen fassen. Raum ist für Löw nur in der kulturellen Überformung zu denken. In ihrer Arbeit geht sie von der Vorstellung eines sozialen Raumes aus, der durch materielle und symbolische Komponenten geformt ist. Beide Bereiche sind untrennbar miteinander verbunden und bedingen sich gegenseitig. Mit Löws Raumkonzept können sowohl die gesellschaftlichen Strukturen erfasst werden, auf denen Raumvorstellungen basieren und die Räume bedingen als auch die Handlungen, durch die der Raum erst hervorgebracht wird. Diese „Dualität von Struktur und Handeln“[25] drückt sie mit dem von ihr eingeführten Begriff der „(An)Ordnung“ aus:

„Durch den Begriff der (An)Ordnung mit der hier gewählten Schreibweise wird betont, daß Räumen sowohl eine Ordnungsdimension, die auf gesellschaftliche Strukturen verweist, als auch eine Handlungsdimension, das heißt der Prozeß des Anordnens, innewohnt.“[26]

Räume sind nach bestimmten Ordnungsprinzipien gestaltet, und diese Prinzipien basieren auf gesellschaftlichen Vorstellungen, die sich aber nicht nur im Raum, sondern auch im räumlichen Handeln reproduzieren: Räume und ihre (An)Ordnungen können also als Spiegel gesellschaftlicher Strukturen interpretiert werden:[27]

---

23 Vgl. Löw, Martina: Raumsoziologie, Frankfurt am Main: Suhrkamp 2001.

24 Ebd. S. 15.

25 Löw übernimmt hier den 1988 von Anthony Giddens in „Die Konstitution von Gesellschaft. Grundzüge einer Theorie der Strukturierung“ eingeführten Begriff. Vgl. Löw, Martina: Raumsoziologie, S. 171.

26 Ebd. S. 131.

27 Ebd. S. 167.

„Wenn man also der Annahme folgt, daß Räume im Handeln konstituiert werden, dann kann nun weiter gefolgert werden, daß dieses im Alltag in Routinen organisierte Handeln gesellschaftliche Strukturen reproduziert und zwar in einem rekursiven Prozeß. Das heißt, gesellschaftliche Strukturen ermöglichen raumkonstituierendes Handeln, welches dann diese Strukturen, die es ermöglichen (und anderes verhindern), wieder reproduziert. Gesellschaftlich organisiert wird diese Reproduktion über Institutionen. In Institutionen sind gesellschaftliche Strukturen verankert."[28]

Dieses Wechselspiel zwischen Struktur und Handeln, zwischen materiellen und immateriellen, also sozialen oder gesellschaftlichen Komponenten der Raumkonstitution berücksichtigend kommt Martina Löw zu folgender Definition:

„Raum schlage ich vor, als relationale (An)Ordnung von Lebewesen und sozialen Gütern zu verstehen. Die Konzeption von Raum als Anordnung verweist auf den Prozeß des Anordnens, das Handeln sowie auf die im Handeln reproduzierten Strukturen, die Raum in institutionalisierten Formen hervorbringen."[29]

Löws Definition ist bestens für eine Analyse von Museen bzw. Ausstellungen geeignet, da Museen und Ausstellungen ein Paradebeispiel für institutionalisierte (An)Ordnungen von Dingen und Menschen in Räumen darstellen. Der Begriff der Institutionalisierung umfasst hierbei sowohl das Museum als gebauten Raum als auch die in ihm üblichen bzw. möglichen Handlungen und Verhaltensweisen. Den institutionalisierten bzw. ritualisierten Charakter von Museumsarchitektur und Museumsbesuch belegen zahlreiche Untersuchungen: Zu den einschlägigsten und am häufigsten zitierten Titeln gehören hier die Arbeiten von Tony Bennett,[30] Carol Duncan[31] sowie von Pierre Bourdieu und Alain Darbel.[32]

---

28 Ebd. S. 170.

29 Ebd. S. 177.

30 Bennett, Tony: The Birth of the Museum. Oder Bennett, Tony: „The Exhibitionary Complex", in: Boswell, David; Jessica Evans (Hg.): Representing the Nation: A Reader. Histories, heritage and museums, London, New York: Routledge 1999, S. 333-361.

31 Duncan, Carol: „Art Museums and the Ritual of Citizenship", in: Karp, Ivan; Steven D. Lavine, (Hg.): Exhibiting Cultures, S. 88-103.

32 Bourdieu, Pierre, Alain Darbel; Dominique Schnapper: Die Liebe zur Kunst: europäische Kunstmuseen und ihre Besucher, Konstanz: UVK 2006 (frz. Original „L'amour de l'art" 1966). Siehe hierzu auch Cooke, Lynne; Peter Wollen (Hg.): Visual Display. Culture Beyond Appearances, Seattle: Bay Press 1995, S. 15-29. Hooper-Greenhill, Eilean: The Educational Role of the Museum, London, New York: Routledge 1999 (2.

Seit der Entstehung des modernen, bürgerlichen Museums hat sich ein „Museumsdispositiv" entwickelt. Die Vorstellung von der „Idee Museum"[33] – Sharon Macdonald spricht von der „kulturellen Form Museum"[34] – stellt meines Erachtens eine institutionalisierte Raumvorstellung dar, die sich in fast allen Bevölkerungsschichten durchgesetzt hat. Das Wissen um Bestandteile, Aufbau, Ästhetik und Image eines ‚Museums' manifestiert sich in einem ‚Museumsdispositiv', das meines Erachtens auch bei der Einrichtung der *wilden Museen* wirksam war. Die Idee ‚Museum' beschränkt sich nicht nur auf das Sammeln und Präsentieren von Objekten, sie beinhaltet auch eine bestimmte, institutionalisierte Vorstellung des Museumsraums, ein implizites Wissen darüber, was ein Museum ist und wie es auszusehen hat, ein Gefühl für die Angemessenheit von Präsentationsstrategien bzw. für die korrekte Anwendung der kulturellen Äußerungsform ‚Museum'.

Mit der von Löw entwickelten Definition ist es möglich, die für Ausstellungen typische Wechselbeziehung zwischen institutionalisierten Raumvorstellungen, Ding-Arrangements und den hinter ihnen stehenden Ordnungen – im Sinne der Foucaultschen Episteme[35] – zu analysieren und zugleich die performative Seite der Raumkonstitution zu berücksichtigen, die sich im Herstellen von, im Umgang mit und in der Interpretation der Ding-(An)Ordnungen zeigt. In dieser Betrachtungsweise wird deutlich: Der Museumsraum ist mehr als die Summe seiner Teile, er besteht aus mehr als aus den nach bestimmten Kriterien angeordneten Objekten, er ist auch ein Raum, der durch Handlung entsteht und der sich in Handlungen zeigt, der auf gesellschaftlichen Strukturen basiert und diese gleichzeitig auch hervorbringt.

Im Alltag läuft der Prozess der Raumkonstitution, d. h. die Wahrnehmung, Interpretation und Korrelation der materiellen und symbolischen Komponenten

---

Auflage). Paul, Stefan: „Kommunizierende Räume. Das Museum", in: Geppert, Alexander C.T.; Uffa Jensen; Jörn Weinhold (Hg.): Ortsgespräche. Raum und Kommunikation im 19. und 20. Jahrhundert, Bielefeld: transcript 2005, S. 341-357 sowie folgende Beiträge im von Macdonald editierten „Companion to Museum Studies": Hein, George E.: „Museum Education", S. 340-352 und Hooper-Greenhill, Eilean: „Studying Visitors", S. 362-376.

33 So der Untertitel des 2004 von Donald Preziosi und Claire Farago herausgegebenen Sammelbands, der zahlreiche einflussreiche Aufsätze und Ansätze aus den Museum Studies beinhaltet. Preziosi, Donald; Claire Farago (Hg.): Grasping the World: the Idea of the Museum.

34 Sharon Macdonald spricht vom Museum als „cultural form". Vgl. Macdonald, Sharon: „Expanding Museum Studies: An Introduction", in: dies. (Hg.): A Companion to Museum Studies, S. 4.

35 Vgl. hierzu meine nachfolgenden Ausführungen S. 58ff.

gleichzeitig ab. Für eine Analyse, so Martina Löw, müssen die jeweiligen Komponenten getrennt und einzeln betrachtet werden, zusätzlich muss gefragt werden, in welchen Beziehungen sie zueinander stehen. Löw hat hierfür ein Verfahren entwickelt, mit dem „das Angeordnete und das Anordnende systematisch unterschieden"[36] werden können ohne dabei die Entstehung von Raum als Wechselwirkung von Struktur und Handeln aus den Augen zu verlieren. Die beiden Prozesse der Raumkonstitution benennt sie mit *Spacing* und *Syntheseleistung*:

> „Erstens konstituiert sich der Raum durch das Plazieren von sozialen Gütern und Menschen bzw. das Positionieren primär symbolischer Markierungen, um Ensembles von Gütern und Menschen als solche kenntlich zu machen (zum Beispiel Ortseingangs- und -ausgangsschilder). Dieser Vorgang wird im folgenden *Spacing* genannt. Spacing bezeichnet also das Errichten, Bauen oder Positionieren. Als Beispiel können hier das Aufstellen von Waren im Supermarkt, das Sich-Positionieren von Menschen gegenüber anderen Menschen, das Bauen von Häusern, das Vermessen von Landesgrenzen, das Vernetzen von Computern zu Räumen genannt werden. Es ist ein Positionieren in Relation zu anderen Plazierungen. Spacing bezeichnet bei beweglichen Gütern oder bei Menschen sowohl den Moment der Plazierung als auch die Bewegung zur nächsten Plazierung. Zweitens [...] bedarf es zur Konstitution von Raum auch einer *Syntheseleistung*, das heißt, über Wahrnehmungs-, Vorstellungs- oder Erinnerungsprozesse werden Güter und Menschen zu Räumen zusammengefasst. [...] Dieser Aspekt der Raumkonstitution, die Syntheseleistung, ermöglicht es, daß Ensembles sozialer Güter oder Menschen wie ein Element wahrgenommen, erinnert oder abstrahiert werden, und dementsprechend als ein ‚Baustein' in die Konstruktion von Raum einbezogen werden."[37]

Um Aufschluss über die Raumkonstitution des *wilden Museums* zu erhalten, habe ich sie unter den Gesichtspunkten des *Spacing* und der *Syntheseleistung* betrachtet. Die Untersuchung der *Syntheseleistung* konzentrierte sich vor allem auf die Nutzung des Museums durch die Museumsmacher. Wie stark bzw. auf welche Weise tragen sie zur Konstituierung des Raumes bei? Wie interagieren sie mit den Objekten? In welcher Beziehung stehen sie zu ihnen? Was drücken sie mit bzw. über die Objekte aus? Sind bestimmte Raumbereiche für bestimmte Handlungen reserviert? Was geschieht im Raum? Verändert sich der Raum, je nachdem, wer ihn nutzt? Und welche Art von Raum oder Räumen kreieren die Macher im bzw. mit ihrem Museum?

36 Vgl. Löw, Martina: Raumsoziologie, S. 158.

37 Ebd. S. 158f.

Für das *Spacing* habe ich nach den Platzierungen und Positionierungen der „sozialen Güter und Menschen“ gefragt. Ich habe mir angeschaut, wie der Museumsraum aufgeteilt und eingerichtet ist: Welche Räume oder Raumbereiche gibt es? Wie ist der Raum eingerichtet? Im Prozess des *Spacing* spielen die Objekte eine wesentliche Rolle, da sie es sind, die platziert werden. Daher habe ich gefragt, welche Objektarten es in der Ausstellung gibt und nach welchen Kriterien sie geordnet sind. Wie wurden sie im Raum angeordnet? Und in welchen Beziehungen stehen sie zueinander bzw. zu den Museumsmachern?

Mit dieser Herangehensweise ist es möglich, den Ausstellungsraum als Handlungsraum zu verstehen, als Raum, der einerseits durch die Handlung des (An)Ordnens entsteht und in dem andererseits auch gehandelt wird. Über diese Handlungen lassen sich Rückschlüsse auf übergeordnete Strukturen, auf Wert- und Weltvorstellungen ziehen. Wo sich die an der Semiotik orientierte Ausstellungsanalyse auf den Zeichencharakter von (inszenierten) Objekten beschränkt, macht Löws performativ ausgerichtetes Modell es möglich, die Nutzung der Dinge im Raum, die Motivationen und Wertvorstellungen der Museumsmacher, kurz: den Ereignischarakter von Ausstellungen in die Analyse mit einzubeziehen:

> „Indem ich Raum zunächst als bewegte (An)Ordnung von Körpern verstehe, wird die Konstruktionsleistung, die Räume bildet, zu einem wesentlichen Aspekt raumtheoretischer Überlegungen. Dies impliziert die Frage, nach welchen Relevanzkriterien Verknüpfungen hergestellt werden bzw. welches Wissen in die Verknüpfungen eingeht. [...] Der Einfluß von Raumvorstellungen sowie die Wahrnehmungsvielfalt werden ebenso berücksichtigt wie biographisches Wissen.“[38]

Löws Methode der Raumanalyse ermöglicht es, das für Ausstellungen charakteristische Wechselspiel von Raum, Objekt und Wissen analytisch zu fassen und zu beschreiben. Durch die Unterscheidung der raumkonstituierenden Prozesse des *Spacing* und der *Syntheseleistung* ist es möglich, das *wilde Museum* einerseits als materiellen Ausstellungsraum zu analysieren und andererseits als symbolischen Handlungsraum zu interpretieren. Beide Raumarten sind von institutionalisierten Raumvorstellungen beeinflusst. Meinem Verständnis vom *wilden Museum* als symbolischem Handlungsraum folgend, gilt mein Interesse aber nicht einem Vergleich der beiden Museumsformen. Ich möchte nicht die Objektpräsentationen und Displaytechniken des *wilden Museums* mit denen des *wissenschaftlichen Museums* vergleichen. Unter diesem Blickwinkel kann das *wilde*

38 Ebd. S. 132.

Museum nur als „schüchterne und stammelnde Form der Wissenschaft"[39] erscheinen, da die *wilden Museumsmacher* weder über die finanziellen Mittel noch über das professionelle Wissen von Kuratoren und Gestaltern verfügen. Meine Frage nach den institutionalisierten Raumformen, die den *wilden Museen* zugrundeliegen, zielt eher auf die dem Museum zugrundeliegenden symbolischen Formen. Welche institutionalisierten Raumformen im Sinne von symbolischen Räumen spiegeln sich im Museumsraum wider? Was für eine Art von Raum wird mittels der Idee ‚Museum' konstituiert? Handelt es sich beispielsweise um einen Erinnerungsraum? Einen Ort des Totengedenkens oder der Gemeinschaftspflege? Handelt es sich um einen Kultort? Eine Möglichkeit zur Weltflucht? Oder erweist sich das *wilde Museum* vielmehr als ein Ort der gesellschaftlichen Teilhabe und Kommentierung aktueller politischer Fragen?

Mit den Verfahren von *Spacing* und *Syntheseleistung*, d. h. mit der Betrachtung der *wilden Museen* als „relationaler (An)Ordnung von Lebewesen und sozialen Gütern", wird es möglich, die Fragen nach der symbolischen Beschaffenheit der jeweiligen Räume, nach ihrer performativen Qualität zu beantworten. Für die Analyse der *wilden Museen* habe ich mein Augenmerk also auf die „sozialen Güter", d. h. die Museumsdinge, und auf die „Lebewesen", also die Museumsmacher, gelegt: Ich habe einerseits die im Museum präsentierten Objekte untersucht, ihre Ordnung und Platzierung im Raum sowie andererseits nach den Beziehungen zwischen den Dingen und den Museumsmachern gefragt.

Die Museumsdinge: Objektarten, Objektordnungen, ihre Bedeutung und Verwendung

> „Die Eigenart des mythischen Denkens besteht, wie die der Bastelei auf praktischem Gebiet, darin, strukturierte Gesamtheiten zu erarbeiten, nicht unmittelbar mit Hilfe anderer strukturierter Gesamtheiten, sondern durch Verwendung der Überreste von Ereignissen: ‚odds and ends', würde das Englische sagen, Abfälle und Bruchstücke, fossile Zeugen der Geschichte eines Individuums oder einer Gesellschaft. […] das mythische Denken, dieser Bastler, erarbeitet Strukturen, indem es Ereignisse oder vielmehr Überreste von Ereignissen ordnet […]."[40]

Die Ausstellungen der *wilden Museen* interpretiere ich als solche „strukturierten Gesamtheiten", die die Museumsmacher aus den „Überresten" – oder wie Gottfried Fliedl sie nennt – den „Überlebseln"[41] ihrer Geschichte erarbeitet haben.

39 Lévi-Strauss, Claude: Das wilde Denken, S. 25.

40 Ebd. S. 35.

41 Fliedl, Gottfried: Baldramsdorf, s. p.

Die „odds and ends" wurden von den Museumsmachern interpretiert, klassifiziert und zu sinnhaften, strukturierten Ordnungen zusammengestellt.

Die Beziehungen zwischen Dingen und Menschen sind Gegenstand zahlreicher Untersuchungen. In den verschiedensten Fachbereichen entstanden Arbeiten, die sich mit Objekten und ihren Bedeutungen befassen: Museologie, volkskundliche Sachkulturforschung, Material Culture Studies, Ethnologie und Soziologie sind nur einige der zahlreichen Disziplinen und Teildisziplinen, in denen das Verhältnis zwischen Dingen und Menschen ausgelotet wird. Dem Sammeln als einer besonderen Spielart der Mensch-Ding-Beziehung wird dabei immer mehr Aufmerksamkeit gewidmet, v.a. in den letzten 20 Jahren kristallisierte es sich als eigener, äußerst vitaler Forschungszweig heraus.[42] Zwischen Dingen und Menschen bestehen enge, vielgestaltige Verbindungen; die Dinge haben, so Susan Pearce, eine chamäleonartige Qualität:[43] Auch wenn ihre Form unverändert bleibt, so können sie gewissermaßen verschiedene Färbungen annehmen, d. h. verschiedene Bedeutungen tragen:„Collections, like human lives, are seldom entirely all they seem, and much of their significance is on the inside."[44]

In einem Museum spielen Objekte die Hauptrolle: Das Sammeln und Ausstellen von Dingen ist das ‚Kerngeschäft' des Museums. Im Museum sind sie Medium und Darstellungsmittel zugleich. Dies gilt sowohl für das *wissenschaftliche* wie für das *wilde Museum.* Die gesammelten Museumsdinge stellen daher den Dreh- und Angelpunkt meiner Analyse dar: Sie konstituieren im Zusammenspiel mit den Museumsmachern den musealen Raum, verkörpern Ereignisse, sind Träger von Bedeutungen und ihre (An)Ordnung gestattet Rückschlüsse auf Wertsysteme und Welt-Anschauungen.

Bevor ich die einzelnen Analyseschritte genauer beschreibe, möchte ich noch einige Bemerkungen zu der von mir verwendeten Terminologie machen: In meiner Arbeit verwende ich die Begriffe Ding, Gegenstand, Objekt und Exponat. Auch wenn die Bedeutungen der Begriffe eine große Schnittmenge aufweisen, so unterscheiden sie sich dennoch in wesentlichen Punkten. So lassen sich die Begriffe zum Beispiel in der genannten Reihenfolge auf einer Skala vom Abs-

42 Susan Pearce schlug sogar vor, „Collecting Studies" als neues Forschungsfeld einzuführen. Sharon Macdonald plädiert aber dafür, das Sammeln als Teilbereich der „Expanding Museum Studies" zu behandeln, die über die Institution Museum hinausgehen und auch nicht-museale Formen des Sammelns und Ausstellens zu ihrem Gegenstand machen. Vgl. Macdonald, Sharon: „Collecting Practices", in: dies. (Hg.): A Companion to Museum Studies, S. 81-97, hier S. 95.

43 Pearce, Susan M.: On Collecting, S. 172.

44 Ebd. S. 245.

trakten zum Konkreten anordnen: Der Begriff ‚Ding' markiert dabei das eine Ende der Skala. Mit ‚Ding' meine ich eine abstrakte Vorstellung, das Konzept einer Sache. Das Ding bezeichnet keinen klar definierten Gegenstand, es trägt vielmehr immaterielle Züge, ist eher Idee als reale Tatsache. Mit Gegenstand wiederum meine ich eine konkrete Ausformung von ‚Ding', eine konkrete, klar definierbare Sache, ein materiell vorhandenes Stück. Ein Objekt wiederum bezeichnet einen Gegenstand, der Bestandteil einer Sammlung ist. Ein Objekt ist ein Gegenstand, der mit einem bestimmten Interesse oder einer besonderen Bedeutung verbunden ist. Mit Exponat schließlich meine ich einen physisch in einer Ausstellung platzierten Gegenstand.

Objektarten

Die Analyse der im *wilden Museum* vorhandenen Objektwelt habe ich damit begonnen die „odds and ends" zu betrachten, d. h., ich habe danach gefragt, welche Arten von Objekten im jeweiligen *wilden Museum* vorhanden sind und zu welchen „strukturierten Gesamtheiten" sie angeordnet wurden. Am Anfang steht also eine Bestandsaufnahme der im Museum versammelten Dinge. Auch bei diesem Analyseschritt habe ich versucht, die im Museum vorhandenen Objekte mittels einer „dichten Beschreibung" darzustellen: Um was für Objekte handelt es sich? Was sind das für Dinge, die da gesammelt, bewahrt und präsentiert werden? Sind es Original-Objekte? Oder Modelle? Werden sie noch benutzt und wenn ja wofür? Oder handelt es sich um stillgestellte Gegenstände? Aus welchem Ursprungskontext stammen die Objekte?

Ich betrachte die Objekte aber nicht als nur als Zeichen oder Repräsentanten abwesender Sachverhalte. Von dem von mir gewählten performativen Standpunkt aus kann sich das Wesen der Dinge nur in ihrer Handlungsdimension zeigen. Die Frage nach den im Museum vorhandenen Objektarten lässt sich also nicht nur allein durch die Beschreibung der Gegenstände beantworten, sie beinhaltet auch die Frage nach ihrer Verwendung. Wozu dienen die Objekte im Museum? Zur Illustration? Als Erinnerungsdinge? Werden sie als Souvenirs verwendet? Oder eher als Beweismaterial? Als Zeugen der Vergangenheit?

Die Handlungsperspektive lässt sich über die Interaktion von Museumsmachern und Dingen erschließen, darüber, wie die Dinge von den Museumsmachern erklärt bzw. interpretiert werden. Daher habe ich einerseits die im Museum vorhandenen Texte untersucht. Gibt es in den von mir untersuchten Museen überhaupt Texte? Wenn ja, was für Texte? Sind es Bereichstexte, die eher den Zusammenhang erklären, in dem eine Gruppe von Exponaten platziert ist, oder sind es Erklärungen zu einzelnen Dingen? Wie sind die Texte aufgebaut? Welchen idealen Leser setzen sie voraus? Welche Autorposition lässt sich aus ihnen herauslesen? Da allerdings in den meisten *wilden Museen* auf Texte verzichtet wird und die Museumsmacher stattdessen auf personale Vermittlung setzen, findet die Interpretation der Dinge eher in Führungen statt. Sie stellen daher eine wichtige Quelle für meine Interpretationen zu den Objektarten dar.[45]

Objektordnungen

Nach der Analyse der Objektarten habe ich die in den *wilden Museen* vorhandenen Objektordnungen betrachtet. Ich habe danach gefragt, wie, d. h. nach welchen Kriterien die Dinge in den Ausstellungen (an)geordnet sind, welche Klassifizierungen hinter den Ding-Arrangements stehen.

Lévi-Strauss' Theorie des *wilden Denkens* folgend, ist das Klassifizieren ein in allen Gesellschaften anzutreffender Denkprozess, dessen Ziel es ist, die „Erscheinungen der Welt" in eine rationale, sinnhafte Ordnung zu bringen:

> „Jede Art der Klassifizierung ist dem Chaos überlegen; und selbst eine Klassifizierung auf der Ebene der sinnlich wahrnehmbaren Eigenschaften ist eine Etappe auf dem Wege zu einer rationalen Ordnung."[46]

Ein Grundzug des *wilden Denkens* besteht laut Lévi-Strauss in der Annahme, dass zwischen allen Erscheinungen der Welt ein Zusammenhang besteht. Das Ziel des *wilden Denkens* bestünde darin, diesen Zusammenhang offenzulegen, d. h. die Struktur der Welt zu erfassen und zu erklären. Klassifikationen erweisen sich so als Denkoperationen, mit denen Modelle der Welt-Erklärung erarbeitet werden. Lévi-Strauss betont, dass es sich dabei um absolut rationale Modelle handle, auch wenn diese auf sinnlichen Eindrücken basierten:

> „In Wahrheit handelt es sich nicht darum, zu wissen, ob durch Berührung mit einem Spechtschnabel Zahnschmerzen geheilt werden, sondern vielmehr darum, ob es möglich ist, in irgendeiner Hinsicht Spechtschnabel und Menschenzahn ‚zusammenzubringen' […] und durch solche Gruppenbildungen von Dingen und Lebewesen den Anfang einer Ordnung im Universum zu etablieren. […] Diese Forderung nach Ordnung ist die Grundlage des Denkens, das wir das primitive nennen, aber nur insofern, als es die Grundlage jedes Denkens ist: denn unter dem Blickwinkel der gemeinsamen Eigenschaften finden wir zu den Denkformen, die uns fremd sind, leichter Zugang."[47]

45 Im Abschnitt „Feldforschung als „Meta-Methode" führe ich dies weiter aus.

46 Lévi-Strauss, Claude: Das wilde Denken, S. 27f.

47 Ebd. S. 20f.

Die Forderung nach Ordnung ist für Lévi-Strauss eine Grundlage jeden Denkens. Da sie eine allen Menschen innewohnende Eigenschaft darstelle, biete sie die Basis dafür, fremde Denkformen zu verstehen. Im Hinblick auf meine Analyse der im *wilden Museum* vorhandenen Objektordnungen geht es also zunächst darum, in den Ding-Arrangements nach rationalen Kriterien erstellte Klassifikationen zu sehen. Von dieser Grundannahme ausgehend kann dann gefragt werden, welche Modelle der Welt-Erklärung sie verkörpern und welche (gesellschaftlichen) Strukturen die Ding-Arrangements widerspiegeln und produzieren. In Anlehnung an Martina Löws Raumtheorie betrachte ich die Ausstellungen der *wilden Museen* daher als (An)Ordnungen, die von gesellschaftlichen Strukturen bestimmt sind und diese gleichzeitig auch hervorbringen.

Der Gedanke der wechselseitigen Bedingtheit von gesellschaftlichen Strukturen und Klassifikationssystemen ist in den Kulturwissenschaften und v.a. in der Museologie nicht neu. Zahlreiche Untersuchungen haben die Rolle des Museums bei der Durchsetzung bürgerlicher Normen und Weltbilder thematisiert.[48] Eine der einflussreichsten Publikationen, die sich mit dem Zusammenhang zwischen Ordnungs- und Klassifikationssystemen und den Strukturen des Denkens befasst, ist sicherlich Michel Foucaults Untersuchung „Die Ordnung der Dinge".[49] Darin führt Foucault den Begriff der „Episteme" ein, mit dem er die Ordnungsstrukturen des Wissens bezeichnet, die bestimmen, was zu einem gegebenen Zeitpunkt überhaupt als Wissen anerkannt wird. Foucault beschreibt die Veränderungen der Episteme über die Jahrhunderte und entlarvt damit die Vorstellung vom kontinuierlichen Wissenszuwachs und Fortschritt als Illusion.

Foucaults Interpretation der „Ordnung der Dinge" hatte großen Einfluss auf museologische Untersuchungen. Vor allem in den eher analytisch-dekonstruktivistisch ausgerichteten englischsprachigen und niederländischen Museum Studies fiel der Ansatz auf fruchtbaren Boden. Der Zusammenhang zwischen musealen Klassifkationssystemen und Weltanschauungen wurde zum Gegenstand zahlreicher museologischer Untersuchungen:[50]

---

48 Zu den prominentesten Vertretern dieser Richtung gehören Tony Bennett, Carol Duncan und Robert W. Rydell. Vgl. Bennett, Tony: The Birth of the Museum. Duncan, Carol: „Art Museums and the Ritual of Citizenship"; Rydell, Robert W.: „World Fairs and Museum", in: Macdonald, Sharon (Hg.): A Companion to Museum Studies, S. 135-151.

49 Foucault, Michel: Die Ordnung der Dinge. Eine Archäologie der Humanwissenschaften, Frankfurt am Main: Suhrkamp 1971 (franz. Original „Les mots et les choses" 1966).

50 Um nur einige Beispiele zu nennen: Macdonald, Sharon: The politics of display: museums, science, culture, London: Routledge 1999. Sherman, Daniel J.; Irit Rogoff

„Museums of anthropology, ethnology, natural history, and science and industry also frequently employed forms of classification based on evolutionary chronology and territory-based difference, thus also helping to naturalize these as ways of apprehending the world in all its manifestations, and to create rationales for selection.“[51]

Die Erkenntnis, dass die in Ausstellungen präsentierten (An)Ordnungen keine neutralen Abbilder der Realität, sondern zutiefst politische Welt-Anschauungen mit disziplinierender Wirkung sind, setzte sich in den 1990er-Jahren in der Kulturtheorie und auch in den Museum Studies endgültig durch.[52] Die Dekonstruktion der bis dahin unhinterfragten Neutralität musealer Darstellungen wurde – ausgelöst und stark geprägt durch das Werk von Michel Foucault – im Fahrwasser postkolonialer und feministischer Theorien geführt, die bereits ein Jahrzehnt zuvor für eine „Krise der Repräsentation“ innerhalb der Kulturanthropologie gesorgt hatten. Mit etwa zehn Jahren Verzögerung wurde dann auch die Repräsentation von Kultur(en) in Ausstellungen hinterfragt, die „poetics and politics of museum display“[53] gerieten in das Blickfeld von Wissenschaftlerinnen und Wissenschaftlern, die aus ihren jeweiligen Fachbereichen – aber aus einer gemeinsamen kulturwissenschaftlichen Perspektive – die Museumspraxis kritisch beleuchteten. In den 1990er-Jahren wird dann das Museum als Aus- und Verhandlungsort für Identitätsfragen endgültig entdeckt: Ivan Karp und Steven

---

(Hg.): Museum Culture. Luke, Timothy W.: Museum Politics. Power Plays at Exhibition, Minneapolis: University of Minnesota Press 2002.

51 Macdonald, Sharon: „Collecting Practices “, in: dies. (Hg.): A Companion to Museum Studies, S. 87.

52 Siehe hierzu v.a. die folgenden Sammelbände: Karp, Ivan; Steven D. Lavine (Hg.): Exhibiting Cultures. Macdonald, Sharon: Gordon Fyfe (Hg.): Theorizing Museums. Representing identity and diversity in a changing world, Oxford, Cambridge: Blackwell Publishers 1996.

53 So der Untertitel von Karp, Ivan, Steven D. Lavine (Hg.): Exhibiting Cultures. The Poetics and Politics of Museum Display. Rhiannon Mason führt an, dass die Begriffe 1977 von Henrietta Lidchi eingeführt und definiert wurden. Der Titel des Aufsatzes lautete „The poetics and politics of exhibiting other cultures“, abgedruckt in: Hall, Stuart (Hg.): Representation: Cultural Representations and Signifying Practices, London: Sage/Open University 1997. S. 151-222. Vgl. Mason, Rhiannon: „Cultural Theory and Museum Studies“, in: Macdonald, Sharon (Hg.): A Companion to Museum Studies, S. 17-32. S. 20.

D. Lavine sprechen vom Museum als „contested terrain“[54] und Sharon Macdonald bezeichnet Museen als „key cultural loci of our times“.[55]

Viele Arbeiten zielen darauf, typische museale Ordnungssysteme zu dekonstruieren, um so den Blick für die hinter ihnen liegenden Ideologien freizumachen. So wurde beispielsweise die Chronologie als Spiegel der für das westliche Denken charakteristischen linearen Zeitvorstellung und der damit verbundenen Fortschrittsideologie beschreiben:[56] Im Hinblick auf das historische Museum suggeriere die Chronologie, dass unsere heutige Gesellschaftsform, der Nationalstaat an der Spitze der Entwicklung stehe, also mithin die höchste Zivilisationsstufe darstelle. Tony Bennetts Monographie „The Birth of the Museum. History, Theory, Politics“ sowie sein viel zitierter Aufsatz „The Exhibitionary Complex“ stehen paradigmatisch für diese Forschungsrichtung. Bennett hat hier die prägende Rolle der Museen bei der Durchsetzung des Nationalstaats und bürgerlicher Verhaltenskodizes eindrucksvoll dargelegt.

Auch die Einrichtung verschiedener Museumstypen lässt Rückschlüsse auf ideologische Setzungen zu. So spiegelt beispielsweise die Unterteilung in naturkundliche und kunsthistorische Museen die für das westliche Denken charakteristische Unterscheidung von Natur und Kultur wider. Und dass die Darstellung sogenannter ‚primitiver Völker‘ und ihrer Artefakte eher dem Naturkundemuseum als dem Kunstmuseum zugeordnet wird, lässt Rückschlüsse darüber zu, wem Kultur zugesprochen wird und wem nicht, wer als ‚Kultur-‘ und wer als ‚Naturvolk‘ – im wahrsten Sinne des Wortes – angesehen wird.[57] Ein Blick in ein Naturkundemuseum offenbart weitere Ordnungssysteme: Mineralien und Fossilien, Fische und Vögel, Insekten und Paarhufer sind der taxonomischen Klassifikation gemäß verschiedenen ‚Reichen‘ zugeordnet. Die hier aufgestellten Ordnungen reproduzieren und ‚naturalisieren‘ im wahrsten Sinne des Wortes kulturell bedingte Vorstellungen, zum Beispiel von Geschlecht, Sexualität, Kul-

54 Lavine, Steven D.; Ivan Karp: „Introduction: Museums and Multiculturalism“, in: Karp, Ivan; Steven D. Lavine (Hg.): Exhibiting Cultures, S. 1-9.

55 Vgl. Macdonald, Sharon: „Introduction“, in: Macdonald, Sharon, Gordon Fyfe (Hg.): Theorizing Museums. S. 1-17, hier S. 2.

56 Vgl. u.a. Bennett, Tony: The Birth of the Museum und Bennett, Tony: „The Exhibitionary Complex“, in: Boswell, David; Jessica Evans (Hg.): Representing the Nation.

57 Vgl. hierzu Mieke Bals Analyse des American Museum of Natural History. Bal, Mieke: „Sagen, Zeigen, Prahlen“, in: dies., Kulturanalyse, S. 72-116. Roswitha Muttenthaler und Regina Wonisch zeigen dies am Beispiel des Naturhistorischen und des Kunsthistorischen Museums in Wien. Vgl. Muttenthaler, Roswitha; Regina Wonisch: Gesten des Zeigens.

tur, Geschichte, etc..[58] Dioramen wiederum unterteilen die Welt in geographische Räume und zeigen die für einen Landstrich typische Flora und Fauna. Sie sind künstliche Bilder, komponierte Tableaus, deren Konstruiertheit durch ihre natürliche Erscheinung unsichtbar bleibt: Im Museum kann der Fuchs dem Hasen gute Nacht sagen – ohne ihn aufzufressen!

Dieser kurze Streifzug durch museale Ordnungssysteme zeigt, dass hinter den Museumsdingen keine neutralen, ‚natürlichen' Ordnungen stehen, sondern dass sie auf gesellschaftlichen Strukturen beruhen bzw. durch diese hervorgebracht werden. In Museen zeigt sich damit besonders deutlich, was Lévi-Strauss meint, wenn er Klassifikationssysteme als Modelle der Welt-Erklärung bezeichnet.

Die von mir genannten Beispiele repräsentieren allesamt wissenschaftliche Ordnungssysteme. Da aber *wilde Museen* eigenständige, nicht-wissenschaftliche Formen der Erkenntnis darstellen, müssen ihnen folglich andere Ordnungsprinzipien als dem *wissenschaftlichen Museum* unterliegen. Ich gehe allerdings davon aus, dass diese Ordnungsprinzipien gleichsam als erlernte ‚Museumsdispositive' Auswirkungen auf die Einrichtung der jeweiligen *wilden Museen* haben.[59] Aus der wissenschaftlichen Perspektive mögen die Ding-Arrangements als ungeordnet erscheinen, da ihnen keine wissenschaftliche Ordnung zugrunde liegt. Aus der *wilden* Perspektive hingegen stellen sie keine ‚Un-Ordnungen' dar, sondern eigenständige Modelle der Welt-Erklärung, die für die jeweilige Gruppe von Museumsmachern vertraut, gültig und verbindlich sind.[60] Diese gruppenspezifischen Ordnungen und Welterklärungsmodelle herauszuarbeiten, ist das Ziel meiner Analyse der im *wilden Museum* vorhandenen Objektordnungen.

Da es sich um von einer Gruppe erarbeitete Ordnungen – oder wie Martina Löw sagen würde, um „relationale (An)Ordnungen von sozialen Gütern und Menschen" – handelt, habe ich auch für die Analyse der Objektordnungen auf performative Ansätze zurückgegriffen. Der Aspekt des Anordnens kann mit der alleinigen Analyse der angeordneten Dinge nicht erfasst werden, daher habe ich versucht, über Führungen und Interviews Informationen darüber zu erhalten, nach welchen Kriterien die Museumsmacher die Dinge angeordnet haben, wie

58 Vgl. den viel zitierten Artikel von Haraway, Donna: „Teddy Bear Patriarchy: Taxidermy in the Garden of Eden, New York City, 1908-1936", in: Preziosi, Donald; Claire Farago (Hg.): Grasping the World. S. 242-249. Der Artikel erschien ursprünglich 1985 in der Zeitschrift Social Text (11) 1984/85.

59 Vgl. hierzu den Abschnitt „Raum und Raumnutzung" in diesem Kapitel.

60 Für eine Darstellung der von Lévi-Strauss und Emile Benvéniste geführten Diskussion über das Verhältnis von Arbitrarität und Motiviertheit bei Saussure s. Gasché, Rodolphe: „Das wilde Denken und die Ökonomie der Repräsentation.", S. 322ff.

sie in ihren Führungen die Strukturen der im Museum präsentierten Welt erklären.

Objektverwendungen – die performative Qualität der Museumsdinge

Die Analyse der Objektarten und Objektordnungen erlauben es, Aufschluss über die verschiedenen Qualitäten der Museumsdinge sowie über die gruppenspezifischen Strukturen und Wertvorstellungen zu erhalten, die sich in und mit ihnen zeigen. Indem ich Lévi-Strauss' Beschreibung des *wilden Denkens* als einem symbolisch verfassten Denken folge, können diese Qualitäten und Strukturen nicht nur unter dem in der Museumskunde geläufigen Begriff der „Objektbedeutung" subsumiert werden. Denn ein symbolisches System – so Lévi-Strauss – verweise oder illustriere nicht, mit ihm werde gehandelt. Symbole zeigen ihre Wirkung also nur in der Handlungsdimension; sie gehören zum Bereich des Performativen.[61]

Da ich das *wilde Museum* – wie ich oben gezeigt habe[62] – nicht als Zeichensystem erfassen und analysieren will, sondern als symbolisch verfasste kulturelle Äußerungsform, kann es folglich nicht als Signifikant interpretiert werden, der auf ein Signifikat verweist. Der ‚Sinn' eines *wilden Museums* kann sich nicht durch das Decodieren von Zeichen allein erschließen. Demzufolge zielt meine Analyse auch nicht darauf, eine wie auch immer geartete verborgene Bedeutung der Museumsobjekte offenzulegen, ich will vielmehr herausfinden, wozu die Museumsdinge „bonnes à penser"[63] sind. Die Dinge sind dabei nicht als voneinander abgegrenzte Einheiten zu betrachten, sondern sie offenbaren ihre Wirkung nur in der Beziehung zu anderen Objekten, zum Raum und zu den Museumsmachern. Denn wie Marcel Hénaff in Anlehnung an Lévi-Strauss formuliert, „[e]s gibt kein isoliertes Symbol. Symbole sind immer Teil von symbolischen Systemen".[64] In meiner Analyse möchte ich daher nicht von Objektbedeutung sprechen, da dem Begriff eine zeichentheoretisch fundierte Vorstellung eines solitären Objekts mit spezifischer Bedeutung anhaftet, sondern ich möchte lieber von den im jeweiligen *wilden Museum* vorherrschenden Objektverwendungen sprechen.

Bei der Analyse der Objekte leiteten mich folgende Fragen: Was für ein Symbolsystem ergeben die Dinge? Wie funktioniert es? Wie und wozu wird es

61 Vgl. Hénaff, Marcel: „Lévi-Strauss und die Frage des Symbolismus", S. 250.

62 Siehe hierzu das Kapitel „Ausstellungsanalyse, symbolisches Denken und Performanztheorie."

63 Vgl. Lévi-Strauss, Claude: Le totémisme aujourd'hui, S. 128.

64 Hénaff, Marcel: „Lévi-Strauss und die Frage des Symbolismus", S. 267.

verwendet? Welche Welt wird damit geschaffen? Um es nochmals mit Lévi-Strauss' Musik-Metapher zu formulieren: Ich möchte die im jeweiligen *wilden* Museum gespielte ‚Musik' wahrnehmen, dafür muss ich deren ‚Aufführung' erleben. In Bezug auf meine Analyse bedeutete dies: Es reicht nicht, die Objektbedeutungen zu entziffern, es ging vielmehr darum, zu beobachten und zu interpretieren, wie und wofür das Museum genutzt wird:

> „Mythen und Musik können nicht auf eine Bedeutung reduziert werden, sie müssen auf ihrer eigenen Funktionsebene wahrgenommen werden: derjenigen der Operationen, die sich aus ihrer Form ergeben. Deshalb muss sich der Mythograph auf eine Darstellung beschränken, die die innerhalb eines mythischen Schemas zulässigen Operationen aufzeigt und aktiviert – so wie ein Dirigent seine Partitur liest und dann die Aufführung dirigiert. Ziel kann daher nicht sein, die Bedeutung der Erzählungen zu entziffern, sondern zu verstehen, wie sie eine Welt strukturieren, welche dadurch bedeutungsvoll wird."[65]

Um die Welt der *wilden Museen* gleichsam als „Mythograph" verstehen und erklären zu können,[66] bedarf es also eines Objektverständnisses, dass über die Vorstellung des Museumsdings als Zeichen hinausgeht. Es bedarf eines Objektverständnisses, das den Objekten eine symbolische, wirkungsvolle Funktion zumisst und das ihnen die Qualitäten eines Akteurs zugesteht. Solche Ansätze finden sich zunehmend in der Ethnologie, den Material Culture Studies oder der von Bruno Latour entwickelten Akteur-Netzwerk-Theorie. Und auch die Performanztheorie bietet Ansätze, mit der die zwischen Zeichen und Bedeutung existierende Kluft überbrückt werden kann. Im Werkzeugkasten dieser Ansätze habe ich für meine Untersuchung passende Instrumente gefunden, die ich im Folgenden darstellen möchte.

In den semiotisch orientierten Methoden der Ausstellungsanalyse werden Objekte selbstverständlich als Zeichen interpretiert, sie werden als Verweise, als Repräsentanten eines Sachverhalts angesehen. Die semiotische Sicht auf die Dinge ist vor allem in der museumskundlichen Literatur weit verbreitet. Viele Autorinnen und Autoren aus den verschiedensten Fachbereichen thematisieren aber immer wieder die Schwierigkeiten, die ihnen die Dinge machen: Die Dinge erweisen sich als widerspenstig, sperrig oder unbequem, sie widersetzen sich einer endgültigen und widerspruchsfreien Einordnung in feststehende Kategorien: Diese eigenwillige, ‚aktive' Qualität der Dinge, ihr nicht vollständig be-

65 Ebd. S. 271.

66 Zum Verhältnis von Ethnographie und Museologie bzw. zur Ethnographie im Museum als Forschungsfeld: Gable, Eric: „Ethnographie: Das Museum als Feld", in: Baur, Joachim (Hg.): Museumsanalyse, S. 95-119.

stimmbarer und nur schwer fassbarer Charakter ist Gegenstand vieler Texte.[67] Innerhalb der Volkskunde hat sich vor allem Gottfried Korff immer wieder der Dinge angenommen. Den Museumsdingen zum Beispiel attribuiert er die „Doppeleigenschaft“, gleichzeitig „nah und fern“ zu sein.[68] Die Museumsdinge treten uns weder als bloße Form noch als reiner Inhalt entgegen, sie erweisen sich als bedeutungsoffen und bedeutungsreich und präsentieren sich damit als uneindeutig.[69] Auf diese Eigenschaft der Dinge weist auch die britische Museologin Susan M. Pearce hin:

> „As we have already seen, objects have the capacity to be perpetually reinterpreted, re-formed within a desired contemporary context. But they also, always, carry with them the characters they acquired in their original and subsequent contexts. [...] Objects are therefore both content and interpretation, both past and present; in semiotic language they are, always, both signifier and signified. It is this quality of reality, of ‚really‘ bringing the past, as perceived in the European tradition, ‚into‘ the present, of possessing a unique capacity to re-present the past, which makes collected objects so eloquent and so desirable.“[70]

Mit der Performanztheorie und Lévi-Strauss’ Symbolismus-Begriff wird es möglich, den Graben zwischen der materiellen Erscheinung und den immateriellen Qualitäten des Dings, zwischen Zeichen und Bedeutung, zwischen betrachtetem Objekt und betrachtendem Subjekt zu überwinden. In diesem Licht erscheinen die Dinge als Akteure, die ein Geschehen unmittelbar beeinflussen, sie präsentieren sich als wirkungsvolle Symbole.

Seit den 1970er-Jahren mehren sich im kulturwissenschaftlichen Diskurs die Stimmen derjeniger, die die von der Semiotik postulierte klare Trennung von Form und Inhalt, von Zeichen und Bedeutung in Frage stellen. So plädiert beispielsweise der Philosoph Gernot Böhme in seinem Beitrag zur „Ästhetik der Atmosphären“[71] für ein neues Verständnis der Dinge: Sie seien nicht als etwas In-sich-Verschlossenes anzusehen, sondern sie seien als etwas Aus-sich-Heraus-

67 Siehe hierzu auch meine Ausführungen im Abschnitt „Semiotik als Leitdisziplin.“

68 Vgl. u. a. Korff, Gottfried: „Zur Eigenart der Museumsdinge“, S. 141.

69 Vgl. auch Scholze, Jana: Medium Ausstellung. S. 19f. Schärer, Martin R.: Die Ausstellung. S. 36f.

70 Pearce, Susan M.: On Collecting, S. 236.

71 Böhme, Gernot: „Atmosphäre als Grundbegriff einer neuen Ästhetik“, S. 21-48.

tretendes, als „ein körperliches, sinnlich gegebenes Seiendes“[72] wahrzunehmen. Die Dinge, so Böhme, haben eine unmittelbare Wirkung auf uns, ihr ‚Sein‘ strahlt gewissermaßen aus ihnen heraus. Sie verfügen über eine Präsenz, die wir unmittelbar leiblich wahrnehmen. Böhme verwendet hierfür den Begriff der „Ekstase“:

> „Es gilt also, Dinge nach den Formen ihrer Präsenz zu charakterisieren. Wir sagen mit Absicht nicht zu *bestimmen*, weil mit *bestimmen* traditionell gerade Ein- und Abgrenzen gemeint ist. Formen der Präsenz dagegen sind Weisen, durch die ein Ding charakteristisch aus sich heraustritt. Wir wollen sie Ekstasen nennen.“[73]

Auch Gudrun König attribuiert den Dingen eine spezifische Wirkung, die sich in ihrer Sichtbarkeit manifestiert. Für diese Eigenschaft der Dinge führt sie den Begriff des „Schauwerts“ ein und erweitert damit nicht nur das Vokabular, sondern auch das Konzept der volkskundlichen Sachkulturforschung. König entlehnt den Begriff bei dem Journalisten und Schriftsteller, Volkswirtschaftler und kurzzeitigen Geschäftsführer des Deutschen Werkbunds Alfons Paquet.[74] In seiner 1908 entstandenen Dissertation „Das Ausstellungsproblem in der Volkswirtschaft“ hatte er in der Eigenschaft der Dinge, sichtbar zu sein, einen spezifischen Wert erkannt: Im zunehmenden „Schauwert“ der Dinge sieht er eine wichtige Reaktion auf die moderne, industrialisierte Welt mit ihrer hohen Veränderungsrate, denn der zunehmenden Komplexität der Welt müsse man mit (im wahrsten Sinne des Wortes) anschaulichen Erklärungen begegnen. Daher folgert Paquet, dass der Schauwert eines Dings in der Moderne ebenso wichtig sei wie sein Tausch- oder Gebrauchswert. Mit der „Entdeckung“ bzw. der zunehmenden „Indienstnahme“ des Schauwerts erklärt König die „Erfindung“ und wachsende Popularität des Mediums Ausstellung um 1900, bei dem der Schauwert der Dinge je nach Bedarf und Interesse – König benennt ökonomische, politische, didaktische, musealisierende oder kommerzielle Motive – in Anspruch genommen und instrumentalisiert wurde.[75] Gudrun König sieht im Schauwert das kommunikative Potential der Dinge. Der Schauwert habe eine vermittelnde Funktion inne und

---

72 Vgl. Böhme, Gernot: „Das Ding und seine Ekstasen. Ontologie und Ästhetik der Dinghaftigkeit“, in: ders.: Atmosphäre als Grundbegriff einer neuen Ästhetik, S. 155-176. S. 157.

73 Vgl. ebd. S. 167.

74 Für eine ausführliche Darstellung siehe König, Gudrun M.: Konsumkultur, S. 183ff.

75 Vgl. ebd. S. 186.

beschreibe „einen situativen Status zwischen Subjekt und Objekt, zwischen Mensch und Ding“:[76]

„Die Hinzuziehung eines Schauwerts der Dinge berührt in der volkskundlichen Kulturwissenschaft grundlegende Analysekategorien der materiellen Kultur. Es ergänzt die Interpretamente einer Dingbedeutsamkeit in der Kultur um das Moment der Sichtbarkeit, und damit um die Dimensionen eines visuellen Kollektivbesitzes. [...] Der Schauwert mit seiner kulturellen Variabilität gibt einer Mittellage zwischen dem Ausdruck und dem Eindruck der Dinge Konturen. Weder strapaziert er Deutungsmuster, die Wirkmacht der Dinge ausschließlich in den Gegenstand selbst einzulagern, noch sie allein als appliziert zu begreifen.“[77]

Wie Böhme und König plädieren viele weitere Wissenschaftlerinnen und Wissenschaftler für eine ‚Verkomplizierung‘ der Dinge. Exemplarisch möchte ich hier Bruno Latours leidenschaftliches und in der Museumswelt stark rezipiertes Plädoyer für eine differenziertere Betrachtung der Dinge nennen:

„Allzu lange sind Objekte fälschlich als Fakten porträtiert worden. Das ist nicht nur ihnen gegenüber unfair, sondern auch unfair gegenüber der Wissenschaft, unfair gegenüber der Objektivität. Sie sind sehr viel interessanter, mannigfaltiger, ungewisser, komplizierter, weitreichender, heterogener, riskanter, historischer, lokaler, materieller und netzwerkartiger als die pathetische Version, die die Philosophen uns allzu lange von ihnen angeboten haben. Steine sind nicht bloß da, um mit dem Fuß dagegen zu stoßen, und Tische nicht, um mit der Faust darauf zu hauen. ‚Fakten sind Fakten sind Fakten sind Fakten‘? Ja, doch *überdies* sind sie noch eine Menge anderer Dinge.“[78]

Latours Akteur-Netzwerk-Theorie[79] erfreut sich v.a. seit den 1990er-Jahren einer zunehmenden Beliebtheit in den (Sach-) Kultur-, Sozial- und den Museumswissenschaften. Latour sieht in den Dingen nicht nur stumme, unveränderliche Objekte, sie verfügen über eine besondere Wirkmächtigkeit, die sie im Zusammenspiel mit menschlichen Akteuren zu Aktanten macht. Ein Aktant ist weder Ding noch Mensch, er besteht nur im Zusammenwirken der beiden Akteure, als ein in netzwerkartigen Handlungszusammenhängen stattfindendes Agieren. Latour be-

76 Ebd. S. 187.

77 Ebd. S. 188.

78 Latour, Bruno: Von der Realpolitik zur Dingpolitik, Berlin: Merve Verlag 2005. S. 26f. (Hervorhebungen im Original).

79 Vgl. Latour, Bruno: Eine neue Soziologie für eine neue Gesellschaft. Einführung in die Akteur-Netzwerk-Theorie, Frankfurt am Main: Suhrkamp 2007.

nennt beispielhaft den Aktanten „Mensch-Pistole“:[80] Er entsteht nur durch das Zusammenspiel von Mensch und Pistole und ist nicht auf einen der beiden Einzelakteure zu reduzieren. Ein Aktant bezeichnet also eine spezifische Form der Vernetzung, eine Leistung mit vermittelnder Funktion. Die materielle Kultur stellt für Latour ein unerschöpfliches Reservoir an Aktanten dar, er prägt dafür den Begriff des „Parlaments der Dinge“.[81]

In Anlehnung an Bruno Latour propagieren auch Amiria Henare, Martin Holbraad und Sari Wastell, Herausgeberinnen des 2007 erschienenen Sammelbands „Thinking Through Things. Theorising artefacts ethnographically“,[82] eine andere Sicht auf die Dinge als die semiotische. Wie Latour fordern auch sie, den für das westliche Denken typischen Dualismus von Natur und Kultur, von Gestalt und Idee zu überwinden. Die Vorstellung, dass Dinge lediglich Repräsentationen von Konzepten seien, halten sie für eine unzulässige Vereinfachung. Sie plädieren dafür, die Dinge als eigenständige Entitäten zu betrachten:

> „With purposeful naïveté, the aim of this method is to take ‚things‘ encountered in the field as they present themselves, rather than immediately assuming that they signify, represent or stand for something else.“[83]

Die semiotische Herangehensweise an Kultur führe lediglich zu einer Reproduktion, Bestätigung oder gegebenenfalls zu einer Verfeinerung bestehender Theorien und verstelle den Blick auf neue Konzepte. Die AutorInnen kritisieren das Vorgehen vieler Ethnographen, dass sie die Dinge, denen sie im Feld begegnen, bereits mit vorgefassten Theorien betrachten und fordern stattdessen, Theorien aus der Betrachtung der Dinge heraus zu entwickeln. Sie plädieren für einen Paradigmenwechsel innerhalb der Ethnographie, den sie als Wechsel von der Vorstellung von „things-as-analytics“ zur Vorstellung von „things-as-heuristics“ bezeichnen:[84]

---

80 Vgl. Latour, Bruno: Die Hoffnung der Pandora. Untersuchungen zur Wirklichkeit der Wissenschaft, Frankfurt am Main: Suhrkamp 2002. S. 211ff.

81 Vgl. Latour, Bruno: Das Parlament der Dinge. Für ein politische Ökologie, Frankfurt am Main: Suhrkamp 2001.

82 Henare, Amiria; Martin Holbraad; Sari Wastell (Hg.): Thinking Through Things. Theorising Artefacts Ethnographically, London, New York: Routledge 2007.

83 Henare, Amiria; Martin Holbraad; Sari Wastell: „Introduction. Thinking through things“, in: Henare, Amiria; Martin Holbraad; Sari Wastell (Hg.): Thinking Through Things, S. 1-31. S. 2.

84 Ebd. S. 5.

„Rather than going into the field armed with a set of pre-determined theoretical criteria against which to measure the ‚things' one already anticipates might be encountered, it is proposed that the ‚things' that present themselves be allowed to serve as a heuristic with which a particular field of phenomena can be identified, which *only then* engender theory. So, the difference between an analytic and a heuristic use of the term ‚things' is that while the former implies a classificatory repertoire intended for refinement and expansion, the latter serves to carve out things (as an appropriately empty synonym for ‚objects' or ‚artefacts') as the field from which such repertoires might emerge. Analytics parse, heuristics merely locate."[85]

Dafür – so die AutorInnen weiter – ist eine neue Haltung des Forschers der Welt gegenüber erforderlich. Es ginge darum, die im westlichen Denken vorherrschende Vorstellung der Differenz von Realität und Repräsentation aufzukündigen. Zudem müsse das relativistische Diktum von der Existenz verschiedener „Welt-Anschauungen" ersetzt werden durch ein Denken, das anstelle der Anerkennung verschiedener „Welt-Anschauungen" die tatsächliche Möglichkeit „verschiedener Welten" ermögliche. Ein solches Denken erlaube es, Andersartigkeit frei von hierarchischen Wertmaßstäben zu betrachten.

„In its traditional rendition (representation = appearance, world = reality), it is just this extra implication that makes the power of dualism so pernicious to anthropological thinking. For if cultures renders different appearances of reality, it follows that one of them is special and better than all the others, namely the one that best *reflects* reality. And since science – the search for representations that reflect reality as transparently and faithfully as possible – happens to be a modern Western project, that special culture is, well, ours."[86]

Ähnlich wie Latour, fordern auch Henare, Holbraad und Wastell, den Dualismus von Natur und Kultur, Realität und Repräsentation zu überwinden. In Bezug auf die Dinge bedeutet dies, die ontologische Unterscheidung von Form und Inhalt, von Materie und Bedeutung aufzuheben, die Dinge nicht mehr als Verkörperungen von Konzepten zu interpretieren, sondern sie vielmehr als Konzepte wahrzunehmen:

„To put it in Foucauldian terms, the point is not that discursive claims (e.g. ‚powder is power') order reality in different ways – according to different ‚regimes of truth' – but rather that they create new objects (e.g. powerful powder) in the very act of enunciating new

85 Ebd.

86 Ebd. S. 11 (Hervorhebungen im Original).

concepts (e.g. powerful powder). [...] In other words, concepts can bring about things because concepts and things just are one and the same [...].“[87]

Mit einer solchen Sicht auf die Dinge kann Differenz als Alterität anerkannt und nicht nur als eine andere, mehr oder weniger adäquate Form der Repräsentation von Welt angesehen werden. Die Differenz zeigt sich hierbei in den Dingen selbst, sie ist eine Eigenschaft des Dings, denn das Ding zeigt sich nicht nur als Material, sondern auch als Konzept.[88] Dafür ist es notwendig, die Dinge unvoreingenommen zu betrachten und aus den Beobachtungen heraus die mit den Dingen hervorgebrachten Konzepte zu erkennen:

„So the distinction between ‚things-as-analytics‘ versus ‚thing-as-heuristics‘ points toward the absolute productivity of non-definition – towards a new impulse within anthropology

87 Ebd. S. 13.

88 Auch in der volkskundlichen Sachkulturforschung gilt eine Trennung der Dinge in eine geistige und materielle Seite als nicht weiterführend. Vgl. hierzu Heidrich, Hermann: „Von der Ästhetik zur Kontextualität: Sachkulturforschung“, in: Göttsch, Silke; Albrecht Lehmann (Hg.): Methoden der Volkskunde. Positionen, Quellen, Arbeitsweisen der Europäischen Ethnologie, Berlin: Dietrich Reimer Verlag 2007, S. 33-56; Korff, Gottfried: „Mind in Matters. Anmerkungen zur volkskundlichen Sachkulturforschung“, in: Kaschuba, Wolfgang; Thomas Scholze; Leonore Scholze-Irrlitz (Hg.): Alltagskultur im Umbruch, Weimar, Köln: Böhlau 1996, S. 11-28; Köstlin, Konrad; Hermann Bausinger (Hg.): Umgang mit Sachen. Zur Kulturgeschichte des Dinggebrauchs, Regensburg: Regensburger Schriften zur Volkskunde 1983 (23. Deutscher Volkskunde-Kongreß in Regensburg vom 6. – 11. Oktober 1981). Für Beispiele volkskundlicher Sachkulturforschung siehe Hartmann, Hans Albrecht; Rolf Haubl (Hg.): Von Dingen und Menschen. Funktion und Bedeutung materieller Kultur., Wiesbaden: Westdeutscher Verlag 2000; Heidrich, Hermann (Hg.): SachKulturForschung. Bad Winsheim: Verlag Fränkisches Freilichtmuseum 2000 (Gesammelte Beiträge der Tagung der Arbeitsgruppe Sachkulturforschung und Museum in der Deutschen Gesellschaft für Volkskunde vom 15. bis 19. September 1998 in Bad Winsheim); Meiners, Uwe; Ziesow, Karl-Heinz (Hg.): Dinge und Menschen. Geschichte, Sachkultur, Museologie, Cloppenburg 2000 oder auch Korff, Gottfried, Martina Eberspächer (Hg.): 13 Dinge: Form, Funktion, Bedeutung, Stuttgart: Württembergisches Landesmuseum 1992 (Katalog zur gleichnamigen Ausstellung im Museum für Volkskultur in Württemberg, Schloss Waldenbuch vom 3. Oktober 1992 – 28. Februar 1993 / Museum für Volkskultur in Württemberg, Außenstelle des Württembergischen Landesmuseum Stuttgart).

to move beyond the development of ever more nuanced filters through which to pass phenomena, through to engagements with things as conduits for concept production."[89]

Für meine Untersuchung bedeutet dies, die Objekte im *wilden Museum* nicht nur als materielle Kulturgüter zu betrachten, deren immaterielle Seite ich in der Analyse zu entschlüsseln habe, sondern als „heuristische Dinge", d. h. als erkenntnisgenerierende Mittel. Für die Analyse der Museumsobjekte heißt das, die Dinge vorurteilsfrei, ohne vorgefertigte analytische Konzepte zu betrachten. Es geht nicht darum, die ‚Bedeutung' der Dinge zu entschlüsseln, sondern über die Dinge und deren Verwendung herauszufinden, welche Konzepte mit ihnen gedacht werden oder – um es mit Lévi-Strauss zu formulieren – welche symbolischen Welten mit ihnen konstruiert werden: Wozu sind sie „bonnes à penser"? Wie von Henare, Holbraad und Wastell vorgeschlagen, nutze ich „thinking through things" als Methode, um Aufschluss darüber zu erhalten, welche ‚Welten' mit den Dingen erdacht und realisiert werden.

FELDFORSCHUNG ALS „META-METHODE"

Um bei der Analyse den oben beschriebenen theoretischen und methodischen Grundvoraussetzungen Rechnung zu tragen, habe ich verschiedene Methoden der Datenerhebung miteinander kombiniert. Ein entscheidendes Kriterium für die Auswahl der jeweiligen Methoden war die Frage, ob mit ihnen die performative bzw. symbolische Verfasstheit des *wilden Museums* erfasst werden kann. Die zu sammelnden Daten sollten mir die Möglichkeiten eröffnen, das *wilde Museum* nicht nur visuell erfassen und interpretieren zu können, sie sollten den Untersuchungsgegenstand nicht als isolierte, statische Einheit darstellen, sondern ihn in seiner Handlungsdimension erfahrbar machen. Um solche Daten zu erhalten, war es nötig, Quellen zu generieren, die Erkenntnisse über die im *wilden Museum* agierenden Aktanten, über das Zusammenspiel von Dingen, Menschen und Räumen ermöglichten.

Als Ausgangspunkt bzw. wichtigste Quelle dienten mir die in den Museen versammelten Dinge selbst. Aber da das Objekt – um ein viel genutztes Diktum der Museumswelt zu zitieren – nicht spricht, habe ich die Dinge in ihrer symbolischen, wirkmächtigen Qualität betrachtet. In Anlehnung an die von Henare, Holbraad und Wastell propagierte Methode des „thinking through things" stellen sich die Dinge als „Enunziationen" von Konzepten dar, d. h., als durch eine kon-

89 Henare, Amiria; Martin Holbraad; Sari Wastell: „Introduction", S. 7.

krete Kommunikationssituation bestimmte Äußerungsakte. Die Autoren leiten daraus die Forderung ab, die Dinge und ihre Verwendung genau unter die Lupe zu nehmen und der Frage nachzugehen, welche Konzepte mit den Dingen jeweils realisiert werden. Für meine Forschung hieß das, zu fragen, welche Handlungen mit den Dingen bzw. durch sie vollzogen werden bzw. welche Handlungen sie ermöglichten.

Um die performative Dimension der *wilden Museen* ‚fassbar' zu machen, war es nötig, neue, über die Erfassung des ‚Ding-Inventars' hinausgehende Quellen zu generieren, die mir einen perspektivreichen Zugang ermöglichen sollten. Diese Quellen habe ich über das für die Volkskunde/Kulturanthropologie charakteristische Verfahren der teilnehmenden Beobachtung erschlossen, allerdings in einer von Brigitta Schmidt-Lauber als „locker" bezeichneten Weise.[90] Meine „Teilnahme am alltäglichen Leben der Beforschten"[91] beschränkte sich auf den im *wilden Museen* stattfindenden Ausschnitt, denn mit meiner Untersuchung wollte ich kein ‚Psychogramm' oder Persönlichkeitsbild der Museumsmacher zeichnen, sondern ich wollte Erkenntnisse über das Museummachen als kulturelle Praxis gewinnen.

Die Arbeit im Feld: Erkenntnismittel, Quellengenerierung und Datenerhebung

Für die Erkundung meines recht klar umrissenen Feldes – ein Sample von drei Museen (die ich im Anschluss an dieses Kapitel detailliert vorstellen werde) – habe ich ein Methodenbündel geschnürt, das verschiedene Beobachtungs- und Interviewverfahren umfasst. Meine Aufenthalte im Feld bestanden in mehrmaligen Museumsbesuchen, die ich in verschiedenen Rollen durchführte: In der explorativen Phase schlüpfte ich in die Rolle einer Museumsbesucherin und erkundete von dieser verdeckten, unbeteiligten Beobachterposition aus das Terrain. Nach meinem ‚Outing' als Wissenschaftlerin gegenüber den Museums-Machern wechselte ich in eine offene, teilnehmende Beobachterrolle. Während der Phase der problemorientierten Feldarbeit nahm ich mehrmals an öffentlichen oder für private Gruppen organisierten Führungen sowie an Veranstaltungen teil. Zudem führte ich mehrere Interviews mit den Museums-Machern in Form von Einzel- und Gruppengesprächen.

90 Schmidt-Lauber, Brigitta: „Feldforschung. Kulturanalyse durch teilnehmende Beobachtung", in: Göttsch, Silke; Albrecht Lehmann (Hg.): Methoden der Volkskunde. S. 219.

91 Ebd.

In der explorativen Phase protokollierte ich nach jedem Museumsbesuch meine Eindrücke. Für diesen Teil der Untersuchung habe ich verstärkt mit der Methode des Wahrnehmungsspaziergangs gearbeitet. Besonders großen Wert habe ich dabei auf die in den jeweiligen Museen wahrgenommene Atmosphäre gelegt. Dafür habe ich während der Museumsbesuche – wie Regina Bendix fordert[92] – das Feld nicht nur analytisch, d. h. kognitiv-distanziert, betrachtet, sondern ich habe auch der sinnlichen Erfahrung und damit meiner eigenen Körperwahrnehmung Raum gegeben. Nach den Museumsbesuchen habe ich meine Eindrücke in Protokollen festgehalten. Neben der Wahrnehmung der Atmosphäre habe ich auch – im Sinne von Martina Löws Definition des *Spacing* als Prozess der Raumkonstitution[93] – Beobachtungen zu den Räumen und ihrer Nutzung, zu den Platzierungen und Positionierungen der sozialen Güter und Menschen angestellt.

Der Einstieg ins Feld verlief in allen drei Museen unproblematisch. Ich hatte damit gerechnet, dass mir die Museums-Macher anfänglich mit Misstrauen begegnen, dass sie mein Forschungsvorhaben als ein Eindringen in ihre Privatsphäre empfinden oder als unerwünschte ‚Bewertung' ihrer Arbeit ablehnen würden. Daher habe ich bei meinem ‚Outing' als Forscherin versucht, mein Forschungsinteresse möglichst positiv zu formulieren: Das Ziel meiner Arbeit sei es, so erklärte ich mein Vorhaben, herauszufinden, was an kleinen, ehrenamtlich geführten Museen geleistet würde. Den Begriff des *wilden Museums* habe ich beim Einstieg ins Feld vermieden, um keine negativen Assoziationen im Sinne von unkultiviert, primitiv, etc. aufkommen zu lassen. Meine anfänglichen Bedenken erwiesen sich schnell als unbegründet: In allen drei Museen wurde ich offen und bereitwillig aufgenommen, die Kontaktpersonen signalisierten sofort ihre Bereitschaft zur Mitarbeit an meinem Forschungsvorhaben. Zwei meiner Kontaktpersonen verwiesen mich dafür direkt an den Vereinsvorsitzenden, nur in einem Fall blieb meine direkte Kontaktperson auch für die Dauer der Forschungsphase meine Ansprechpartnerin, – sie ist allerdings auch Mitglied des Vorstands und somit kein ‚einfaches Vereinsmitglied'.

Ich bat meine Ansprechpartner, an einer Führung teilnehmen zu können. Die Führungen stellen für meine Arbeit ein wichtiges Erkenntnismittel dar: Denn sie sind einerseits die ‚Performanz' oder ‚performative Realisierung' der Ausstellung und gleichzeitig fungieren sie als Kommentar, mit dem die Museums-Macher Selbstbilder und Selbstdeutungen ihres Tuns zum Ausdruck bringen.

---

92 Bendix, Regina: „Was über das Auge hinausgeht: Zur Rolle der Sinne in der ethnographischen Forschung", in: Schweizerisches Archiv für Volkskunde 102, 2006: S. 71-84.

93 Siehe hierzu den Abschnitt „Raum und Raumnutzung."

Über die Führungen wollte ich die Handlungsdimension des *wilden Museums* verstehen, erfahren, wie das Museum funktioniert, welche ‚Welt' mit ihm konstruiert wird. Die Führungen als selbstgestaltete ‚Interpretationen' der Ausstellungen durch die Museums-Macher geben den Blick auf das Zusammenwirken von Raum, Objekt und Mensch bzw. auf das Spiel der Aktanten frei. Im Sinne von Martina Löw betrachte ich die Führungen als ein Erkenntnismittel, mit dem der raumkonstituierende Prozess der *Syntheseleistung* erfasst werden kann, über den

> „[...] Ensembles sozialer Güter oder Menschen wie ein Element wahrgenommen, erinnert oder abstrahiert werden, und dementsprechend als ein ‚Baustein' in die Konstruktion von Raum einbezogen werden."[94]

Von den Führungen habe ich Audio-Aufnahmen erstellt. Die Originalaufnahmen sowie die angefertigten Transkripte habe ich als weitere Quellen für die später durchgeführte Inhaltsanalyse verwendet.

Die darauffolgende Forschungsphase war der Überprüfung und Validierung der bisher aufgestellten Hypothesen gewidmet. Ich habe mehrere qualitative Interviews mit Einzelpersonen und Kleingruppen von drei bis sechs Personen durchgeführt. Die Gespräche dienten der Reflexion und Vertiefung einzelner Themen und Problemfelder. Sie sollten Aufschluss über die Innensicht der Museumsmacher geben und ermöglichen, meine Hypothesen mit den Selbstbildern und Selbstdeutungen abzugleichen. In zwei Museen führte ich Interviews mit den Vereinsvorsitzenden durch, die mir gegenüber als offizielle Repräsentanten der Museumsmacher auftraten. In diesen Museen fand einige Zeit später ein zweites Gespräch statt, das ich als Gruppeninterview führte. Im dritten Museum führte ich das Interview mit der Person, die seit dem Erstkontakt meine Ansprechpartnerin war. Sie verwies mich für ein weiteres, vertiefendes Gespräch an ein Vereinsmitglied, eine Volkskundlerin, die das Team der Museumsmacher verstärkte. Alle Interviews fanden in den jeweiligen Museen statt.

Als Verfahren habe ich das offene, leitfragengestützte Interview gewählt. Es umfasste folgende Themenbereiche:

- *Geschichte und Entstehung des Museums*: Fragen zur Entstehung des Vereins bzw. zum Träger des Museums, zur Gründungsgeschichte, zum Aufbau und zur Einrichtung des Museums
- *Sammlung*: Fragen zur Entstehung der Sammlung und zur aktuellen Sammlungspraxis
- *Ausstellung*: Fragen zum Aufbau und Einrichtung der Ausstellung

94 Löw, Martina: Raumsoziologie, S. 158f.

- *Organisation des Museumsbetriebs*: Fragen zur Aufgabe und Zielsetzung des Vereins, zum Vereinsleben und zum alltäglichen Museumsbetrieb sowie zu Veranstaltungen und nicht-alltäglichen Museumsaktivitäten
- *Besucher*: Fragen zu den Zielgruppen, zur Besucherstruktur des Museums, zum Ablauf des Museumsbesuchs und zur Publikumsresonanz
- Persönliche und gruppeninterne Relevanz des Museums: Fragen zu Besonderheiten des Museums, seinen Alleinstellungsmerkmalen, besonderen Objekten, etc.. Fragen zur Zukunft des Museums: Wünsche, Vorstellungen und Erwartungen.

Die Audio-Aufzeichnungen und Transkriptionen der Interviews dienten mir als weitere Quellen. In den Analysen habe ich die jeweiligen Personen anonymisiert, sie werden mit einem aus ihrem Namen generierten Kürzel benannt. Meine Fragen und Beiträge sind durch meine Initialen AJ gekennzeichnet. Bei der Transkription habe ich mich an der gesprochenen Sprache orientiert und versucht, die dialektalen und persönlichen Eigenheiten der jeweiligen Sprecher wieder zu geben.

Neben den Transkripten, Beobachtungs- und Erfahrungsprotokollen habe ich verschiedenste, von den Museumsmachern erstellte Selbstdarstellungen verwendet wie Flyer, Broschüren und Internetauftritte. Als weitere Quellen habe ich Publikationen über das Museum zu Rate gezogen, die entweder von den Museumsmachern erstellt wurden oder die sie mir zur Verfügung gestellt haben. Es handelte sich hierbei um heterogene Druckerzeugnisse wie Zeitungsartikel, Jubiläumszeitschriften oder Artikel in Büchern. Als weiteres Erkenntnismittel dienten mir selbst angefertigte Fotografien, die ich als „hilfswissenschaftliche Mittel“ mit dokumentarischem Charakter eingesetzt habe.[95] Ich habe die Abbildungen im Sinne einer Erinnerungshilfe benutzt, mittels derer ich mir sowohl die konkrete Ausstellungssituation nochmals buchstäblich vor Augen führen als auch die vor Ort herrschende Atmosphäre evozieren wollte. Die Fotografien dienten mir als Mittel der Vergegenwärtigung. In den Fotografien wird das Fluide konstant und das Apräsente präsent, wie Gottfried Korff in Bezug auf Aby Warburg formuliert.[96] Das Bild erlaubt es, den explorativen Augenblick

95 Vgl. hierzu Hägele, Ulrich: „Visual Folklore. Zur Rezeption und Methodik der Fotografie in der Volkskunde“, in: Göttsch, Silke; Albrecht Lehmann (Hg.): Methoden der Volkskunde, S. 317-342.

96 Korff, Gottfried: „Vor, unter und neben der Kunst. Warburgs Methode und die volkskundliche Bildforschung“, in: Gerndt, Helge; Michaela Haibl (Hg.): Der Bilderalltag. Perspektiven einer volkskundlichen Bildwissenschaft, Münster: Waxmann 2005, S. 49-65. S. 54.

festzuhalten, um dann mittels des „langen Blicks" die hinter der Oberfläche liegenden „Gedankengebäude", die verborgenen sinnlichen und intellektuellen Räume zu erschließen.[97]

Den Prozess der Datenerhebung und Quellengenerierung habe ich in einer Art „Feldforschungstagebuch" dokumentiert. In wöchentlichen Berichten habe ich die während der Untersuchung auftauchenden Fragen und Probleme, Thesen und Hypothesen, Beobachtungen und Erkenntnisse protokolliert.

Mit der ‚Meta-Methode' der Feldforschung habe ich ein Korpus heterogener Quellen zusammengetragen, das mir einen perspektivreichen und multimethodischen Zugang zur verstehenden Interpretation der *wilden Museen* als kultureller Äußerungsform gestattet.

Interpretation der Daten als „gegenstandsbezogenes Reden"

Wilde Museen sind kulturelle Äußerungsformen, deren kommunikative Dimension sich auf vielen Ebenen realisiert: Die Ausstellung selbst stellt eine Kommunikationsform dar, die auf verschiedenen Ebenen in Erscheinung tritt.[98] Und auch auf der Ebene ihrer ‚Verwendung' präsentiert sich die Ausstellung als kommunikatives Genre: Die Vermittlung der Inhalte findet vorwiegend in Führungen statt, in der direkten Begegnung zwischen den Museumsmachern und den Besuchern. Unter der von mir gewählten performativen Perspektive präsentiert sich das *wilde Museum* als „enunziative Situation",[99] in der sich im Erzählen über Dinge bestimmte Konzepte realisieren. Um Aufschluss über die Konzepte zu erhalten, um herauszufinden, was mit der kulturellen Äußerungsform des *wilden Museums* verhandelt wird, erwiesen sich neben den Theorien der Sachkulturforschung narratologische Verfahren als besonders hilfreich. Besonders die volkskundliche Erzählforschung, bei der „Menschen und ihre Geschichten"[100] im Mittelpunkt stehen, bietet hier vielfältige Ansätze.[101]

97 Vgl. Assmann, Aleida: „Die Sprache der Dinge. Der lange Blick und die wilde Semiose", in: Gumbrecht, Hans Ulrich; Ludwig Pfeiffer (Hg.): Materialität der Kommunikation, Frankfurt am Main: Suhrkamp 1995, S. 237-251.

98 Siehe hierzu den Abschnitt „Museumsanalyse als Methoden-Bricolage."

99 Vgl. Bal, Mieke: „Exposing the Public".

100 Lehmann, Albrecht: Reden über Erfahrung. Kulturwissenschaftliche Bewusstseinsanalyse des Erzählens, Berlin: Reimer 2007.

101 Für einen Überblick siehe Brednich, Rolf Wilhelm: „Methoden der Erzählforschung", in: Göttsch, Silke; Albrecht Lehmann (Hg.): Methoden der Volkskunde. Positionen, Quellen, Arbeitsweisen der Europäischen Ethnologie, Berlin: Dietrich Reimer Verlag 2007, S. 57-77 oder Schmidt-Lauber, Brigitta: „Grenzen der Narrato-

Albrecht Lehman weist darauf hin,

„dass auch über Gegenstände in festen Formen kommuniziert wird. – D. h.: Wenn wir bei der Arbeit oder in der Freizeit über Gebrauchsgüter oder Erinnerungsstücke unseres eigenen Lebens oder des Lebens unserer Vorfahren sprechen, artikulieren wir Wertsysteme und Maßstäbe unseres Alltagsdenkens. Dieses gegenstandsbezogene Reden bedarf deshalb formaler Vorgaben der Sprache, die uns die Nutzungshinweise von Gegenständen und die ‚feinen Unterschiede' (P. Bourdieu) etwa zwischen verschiedenen Nahrungsmitteln, Getränken, Kleidung, Computern vermitteln. […] Beim gegenstandsbezogenen Reden liegt für das Fach Volkskunde ein offenes Forschungsfeld, welches von der Universitäts- und der Museumsvolkskunde gemeinsam ‚bewirtschaftet' werden sollte."[102]

Mit der Untersuchung der *wilden Museen* möchte ich einen Beitrag zu der von Lehmann vorgeschlagenen „Bewirtschaftung" dieses Feldes leisten. Im „gegenstandbezogenen Reden",[103] durch das sich das *wilde Museum* auszeichnet, artikulieren sich Wertsysteme, symbolische Ordnungen und Konzepte, sie sind die verbale Realisierung der über die Objekte konstruierten, strukturierten oder (wie Mieke Bal es formuliert) „enunzierten"[104] Welt.

Wenn ich für die Interpretation der Daten erzähltheoretische Ansätze verwende, bedeutet das nicht, in das semiotische Textparadigma zurückzufallen, denn in kulturwissenschaftlich orientierten Erzähltheorien steht die performative Seite von Erzählungen im Mittelpunkt:

„Erzählungen sind […] eine bestimmte Sorte von Sprachspielen, bzw. eine bestimmte Textsorte, eine Textsorte, die das Verständnis voraussetzt, daß die Menschen handelnd in der Welt sind. Erzählungen berichten davon, daß Menschen handeln. Menschen, die handeln, können in diesen Erzählungen ihre eigenen Formen des Handelns wiedererkennen und sie symbolisch verstehen. Erzählungen sind Texte, die so den schieren Intertextualis-

logie. Alltagskultur(forschung) jenseits des Erzählens", in: Hengartner, Thomas; Brigitta Schmidt-Lauber (Hg.): Leben – Erzählen. Beiträge zur Erzähl- und Biographieforschung, Berlin, Hamburg: Dietrich Reimer Verlag 2005, S. 145-162. Vgl. auch Drascek, Daniel; Irene Götz; Tomislav Helebrant; Christoph Köck; Burkhart Lauterbach (Hg.): Erzählen über Orte und Zeiten. Eine Festschrift für Helge Gerndt und Klaus Roth, Münster, New York, München, Berlin: Waxmann 1999.

102 Lehmann, Albrecht: „Bewußtseinsanalyse", in: Göttsch, Silke; Albrecht Lehmann (Hg.): Methoden der Volkskunde, S. 282.

103 Ebd.

104 Bal, Mieke: „Exposing the Public".

mus überschreiten, dann und nur dann, wenn man sie von einer kulturwissenschaftlichen Warte aus betrachtet."[105]

Das *wilde Museum* setzt sich aus zwei Schichten von Erzählungen zusammen, es vermittelt seine Erzählung durch zwei ‚Medien': Ein ‚objektives' Medium, das über die Dinge und ihre (An)Ordnung funktioniert und ein ‚subjektives', das sich verbal in den Erklärungen der Museums-Macher äußert. Diese Unterteilung ist allerdings eine rein analytische, denn im *wilden Museum* sind beide Äußerungsformen untrennbar miteinander verbunden. Erzählen bedeutet, Erfahrungen auszudrücken[106] und diese Erfahrungen werden mit und anhand der Gegenstände erzählt. Für meine Analyse der *wilden Museen* habe ich daher nicht streng zwischen ‚objektiven' und ‚subjektiven' Erzählungen, zwischen Dingen und Menschen unterschieden: Die symbolische Verfasstheit des *wilden Museums* verbietet ein solches Vorgehen, denn der Sinn des Symbolischen erschließt sich nur in der Performanz.

105 Müller-Funk, Wolfgang: Die Kultur und ihre Narrative. Eine Einführung, Wien, New York: Springer 2008 (Zweite, überarbeitete und erweiterte Auflage). S. 12f.

106 Lehmann, Albrecht: Reden über Erfahrung, S. 9.

Vorstellung der untersuchten wilden Museen

Portraits der drei untersuchten wilden Museen

Für die Durchführung meiner qualitativ ausgerichteten Forschung habe ich drei Museen ausgewählt, die sich hinsichtlich ihrer Größe, Entstehungsgeschichte, Thematik und Zielgruppenorientierung bzw. lokalen Verortung unterscheiden und die ich im Folgenden kurz vorstellen möchte.

McNair-Museum

Das McNair-Museum ist das Museum der ehemaligen Zivilangestellten der Alliierten. Es hat seinen Sitz auf dem Gelände der ehemaligen McNair-Kaserne in Berlin Lichterfelde und widmet sich der Dokumentation der Geschichte der zivilen Angestellten der drei West-Alliierten in Berlin. In den Ausstellungen geht es darum, die Aufgabenbereiche und Tätigkeitsfelder der Zivilangestellten zu zeigen, die sich als Teil einer Arbeits- und Lebenswelt begriffen, die 1994 mit dem Abzug der Alliierten aufgelöst wurde.

Getragen wird das Museum durch den 1993 gegründeten „Initiativkreis Berlin e.V.“, einen gemeinnützigen Verein, der heute rund 250 Mitglieder zählt. Er hatte zunächst das Ziel, für die nach dem Abzug der Alliierten arbeitslos gewordenen Zivilangestellten neue Beschäftigungsverhältnisse zu finden. Der Initiativkreis verstand sich anfänglich als „Lobby“ für die Anliegen der ehemaligen Zivilangestellten, die Trägerschaft und der Betrieb des Museums sind ihm erst nach und nach zugewachsen. Den Ursprung der ‚Museumsbewegung‘ bilden dabei mehrere Arbeitsbeschaffungsmaßnahmen (ABM), in denen die ehemaligen Zivilangestellten übergangsweise bis zum Antritt einer neuen Stelle aufgefangen werden sollten. Zwei solcher ABM wurden mit dem Ziel eingerichtet, ein „Archiv“ der Zivilangestellten anzulegen. In diesem Kontext begannen die Ehemaligen ihre Sammlungstätigkeit: Über Zeitungsannoncen und persönliche Kontakte wurden Dokumente und Gegenstände für das Archiv zusammengetragen, wie mein Interviewpartner Herr K. beschreibt:

Herr K.: „Das war dann im Dezember [1993] und da war ich bei diesen sieben Mann dabei. War erst Archivar, ein halbes Jahr, und dann Projektleiter, weil der ausgeschieden ist. Und da fingen wir an, die ersten Exemplare und alles überhaupt zu sammeln. Kontakte waren ja alle ehemaligen Zivilbeschäftigen, die wir da waren. Jeder kannte jemanden und, ja wir ham wirklich, mit einem Tisch und sieben Stühlen angefangen und haben dann angefangen…, ich bin in diesem Jahr, ich glaub, 40.000 km nur durch Berlin gefahren und hab Kollegen besucht und: ‚Habt ihr nicht was?' und 'ne Urkunde oder, oder, oder."[1]

Mit dem Anwachsen der Sammlung artikulierte sich auch der Wunsch nach einer Präsentation der Objekte. Erste mobile Ausstellungen entstanden im Rahmen der ABM, sie wurden unter anderem im Rathaus Steglitz und im Arbeitsamt des Bezirks Kreuzberg gezeigt. Diese Ausstellungen wurden nach Aussagen meines Interviewpartners sehr gut angenommen.

Nachdem die Überbrückungsmaßnahmen nicht die gewünschte Vermittlung in neue Beschäftigungsverhältnisse gebracht hatten, fühlten sich die Ehemaligen von der „offiziellen Politik […] im Stich gelassen". Die Aktivitäten der ABM-Mitglieder richteten sich nun auf ein zweites Ziel: die Gründung einer „Begegnungsstätte für alle ehemaligen Mitarbeiter der Streitkräfte und für alle interessierten Bürger dieser Stadt."[2]

1996 wurde dieses Ziel mit der Eröffnung des Museums in den McNair-Barracks erreicht. Die Kaserne war Ende des zweiten Weltkriegs auf einem ehemaligen Industriegelände errichtet worden. Das Areal mit seinen großflächigen Gebäudekomplexen wurde bereits zwischen 1937 und 1939 als Telefunken-Werk erbaut. Ihren Namen erhielt die Kaserne nach dem Generalleutnant Lesley James McNair, der im Juli 1944 in Frankreich aufgrund Beschusses durch eigene Truppen umkam.

Das Kasernengelände ist heute denkmalgeschützt. Es besteht aus mehreren Gebäudekomplexen, die teilweise untereinander verbunden sind. Seit mehreren Jahren versuchen Investoren, die ehemalige Kaserne in eine Wohnsiedlung zu transformieren: Die McNair-Kaserne an der Goerzallee wird zum „Monroe-Park", inklusive „Billy-Wilder-Promenade". Ein Fitness-Studio, ein Drogerie-

1 Interview vom 15.08.2008 (00:02:23 bis 00:02:59).

2 http://www.mcnair-museum.de/4.html (Zugriff 23.09.2009). Im April 2011 ging der Verein mit einer neuen Homepage online. D.h., alle in meiner Analyse angegebenen URL sind nicht mehr aktuell. die zitierten Texte finden sich aber zum Großteil auch in der neuen Internetpräsenz des Initiativkreis Berlin e.V. wieder.

markt sowie das „Bambooland“, eine große Indoor-Freizeitanlage für Kinder, sind die deutlich sichtbaren Zeichen dieser Umwandlung. Einige Kasernen werden zu Lofts ausgebaut, andere sollen als Schule umgenutzt werden.

Seit 1996 hat das McNair-Museum seinen Standort innerhalb des Kasernengeländes vier Mal gewechselt, davor hatten die Vereinsmitglieder bereits fünf weitere Umzüge bewerkstelligt. Bis 2006 hatte das McNair-Museum seinen Sitz im nordwestlichen Teil des Geländes, im ehemaligen „Rod & Gun-Club“ der US-Alliierten. Der Umzug an den heutigen Standort stellt also den neunten Umzug in der Vereins- und Museumsgeschichte sowie den vierten Umzug innerhalb des Kasernengeländes dar. Aufgrund der Modernisierung und Umnutzung der Kasernen soll das Museum noch einmal seine Türen schließen: Anfang 2010 sollen alle Objekte eingelagert werden, um dann nach Fertigstellung eines eigenen Museumsgebäudes, das im ehemaligen Bunker eingerichtet werden soll, ihren endgültigen und dauerhaften Standort zu finden.[3]

Das Museum ist täglich von 10 bis 16 Uhr geöffnet, der Eintritt ist kostenlos. Jeden Tag sind mindestens zwei Personen vor Ort, die im Museum Aufsicht führen und den Clubraum bewirtschaften. Von den 250 Mitgliedern ist „eine Hand voll“ regelmäßig im Museum aktiv. Nach Auskunft meines Interviewpartners lassen sich aber bei Bedarf weitere Mitglieder aktivieren.[4] Alle Museumsmacher engagieren sich ehrenamtlich im Museum.

MUSEUM ELBINSEL WILHELMSBURG

Das Museum Elbinsel Wilhelmsburg zeichnet sich durch seinen lokalen Bezug aus. Mit seiner Gründungsgeschichte und seinem Objektbestand entspricht es dem Typus eines klassischen Heimatmuseums: Es widmet sich der Geschichte Wilhelmsburgs, einem zwischen Norder- und Süderelbe gelegenen Hamburger Stadtteil, wobei es sich in erster Linie auf die Darstellung einer bäuerlichen Lebenswelt fokussiert. Ein Großteil der im Museum präsentierten Objekte sind Gebrauchsgegenstände und Arbeitsgeräte aus den für das frühe Wilhelmsburg typischen Erwerbszweigen des Gemüseanbaus, der Milchwirtschaft und des

3 Diese Pläne haben sich in der Zwischenzeit zerschlagen: Der Mietvertrag für die bisherigen Räume wurde vom neuen Eigentümer des Areals nicht verlängert, da dieser die Kasernengebäude in Wohnungen umwandeln will. Aus diesem Grund ist das Museum seit März 2011 geschlossen. Die Suche nach einem alternativen bzw. Übergangsstandort dauert an. Vgl. http://mcnair-museum.de/de/blog/ (Zugriff 27.12.2011).

4 Vgl. Interview vom 15.08.2008 (00:47:09 bis 00:47:37).

Schiffbaus sowie verschiedenes Mobiliar. Die Objekte stammen zum Großteil aus der Zeit um 1900, als die Industrialisierung die Wilhelmsburger Lebenswelt radikal veränderte: Zahlreiche alte Bauernhäuser und Katen wurden abgerissen, um Platz zu schaffen für Fabriken oder Arbeitersiedlungen.

Vor diesem Hintergrund gründete sich im Januar 1907 der „Verein für Heimatkunde in Wilhelmsburg". Seine 52 Gründungsmitglieder entstammten vorwiegend der bürgerlichen Schicht:[5] Unter den Gründungsmitgliedern finden sich acht Lehrer, darunter ein Rektor und ein Konrektor, ein Abgeordneter, ein Zeitungsverleger, ein Landmesser und ein Privatier.[6] Die Vereinsarbeit sollte die Erforschung der natürlichen und geschichtlichen Verhältnisse Wilhelmsburgs zum Ziel haben sowie das Anlegen einer heimatkundlichen Sammlung und die Vermittlung heimatkundlichen Wissens im Sinne der Volks- und Schulbildung.[7]

Der erste Standort des „Heimatmuseums", wie der damalige Name lautete, war ein Raum im Wilhelmsburger Rathaus. 1912 bezog das Museum Räume im frisch fertiggestellten Wasserturm, die es 1942 wieder räumen musste. Nachdem die Sammlungsstücke einige Jahre auf dem Dachboden des Amtshauses eingelagert waren, fanden sie schließlich 1948 ihre endgültige Aufstellung. Zunächst wurden mit der „historischen Abteilung" und der „alten Bauernstube" zwei Räume eingerichtet, in den 1960er-Jahren erfuhr die Sammlung unter dem damaligen Vereinsvorsitzenden, dem Volksschullehrer Hermann Keesenberg, eine erhebliche Erweiterung: Die Abteilungen zur Milchwirtschaft, zum Gemüseanbau und die „alte Wilhelmsburger Küche" wurden eingerichtet. Dabei zog Keesenberg immer wieder seine Schülerinnen und Schüler heran, deren Abschlussarbeiten oft in unmittelbarem Zusammenhang mit der Museumsarbeit standen.

Träger des Museums ist bis heute der „Verein für Heimatkunde Wilhelmsburg e.V.". Der Verein hat heute rund 350 Mitglieder. 2006 wurde auf der Mitgliederversammlung die Umbenennung von Verein und Museum zu „Verein Museum Elbinsel Wilhelmsburg e.V." beschlossen:

---

5 Für eine ausführliche Geschichte des Museum siehe Clausen, Sigrun: „Süße Heimat Wilhelmsburg. Heimatsehnsüchte der Gegenwart – eine kleine Bestandsaufnahme", in: Geschichtswerkstatt Wilhelmsburg Honigfabrik e.V.; Museum Elbinsel Wilhelmsburg e.V. (Hg.): Wilhelmsburg. Hamburgs große Elbinsel, Hamburg: Medien-Verlag Schubert 2008, S. 175-189 oder Falke, Ursula: „100 Jahre Museum Wilhelmsburg", in: Die Insel. Zeitschrift Museum Elbinsel Wilhelmsburg e.V. Jubiläumsausgabe, 2007: S. 11-15. Auch die Homepage bietet Informationen zur Museumsgeschichte, http://www.museum-wilhelmsburg.de/geschichte/geschichte1.html (Zugriff 12.12.2009).

6 Vgl. Clausen, Sigrun: „Süße Heimat Wilhelmsburg", S. 181.

7 Vgl. Falke, Ursula: „100 Jahre Museum Wilhelmsburg", S. 11.

„Man fand den alten Namen nicht mehr so recht zeitgemäß, vor allem auch im Hinblick auf den erhofften Modernisierungsschub durch die Internationale Bauausstellung und die Internationale Gartenschau.“[8]

Mit den für 2013 geplanten internationalen Großevents „Bauausstellung“ und „Gartenschau“ stehen der Elbinsel zwei weitere einschneidende Veränderungen bevor. Solche der Insel „von außen“ auferlegten Transformationen durchziehen ihre gesamte Geschichte. Bereits die Entstehung der Insel durch die Zusammendeichung mehrerer kleiner Inseln zur heutigen Flussinsel unter Herzog Georg Wilhelm von Braunschweig im 17. Jahrhundert stellt eine erste ‚verordnete‘ topgraphische Transformation dar. Im 19. Jahrhundert folgten dann die durch die Industrialisierung verursachten und zumeist von Hamburg aus geplanten Veränderungen wie der Bau von Kanälen, Straßen und Bahntrassen sowie Fabriken und Wohnquartieren für die Arbeiter. Wilhelmsburg wird heute in Nord-Süd-Richtung von zwei stark befahrenen Straßen – der Bundesstraße B4 (bzw. B75) und der Autobahn A 1 – sowie einer Bahntrasse durchschnitten, die nur an wenigen Stellen über Brücken oder Überführungen passiert werden können und die Insel damit faktisch in drei Teile teilen. Die drei Teile unterscheiden sich stark hinsichtlich der Bebauung und Bevölkerungsstruktur, so das Wilhelsmburg insgesamt als eher heterogener Stadtteil zu bezeichnen ist.

Wilhelmsburg ist ein Hamburger Stadtteil, der sich durch eine stark gemischte Bevölkerungsstruktur auszeichnet. Neben Siedlungen kleinbürgerlicher Einfamilienhäuser, vorwiegend im Ortsteil Kirchdorf, finden sich im Reiherstiegviertel zahlreiche gründerzeitliche Mietshäuser, in denen um 1900 vorwiegend (polnische) Arbeiter wohnten. Der städtische Wohnungskonzern SAGA-GWG vergibt in diesem Teil Wilhelmsburgs derzeit bevorzugt Wohnungen an Künstler und Studierende, um das Viertel für ‚Kreative‘ attraktiv zu machen. Bisher wohnten hier viele Migranten türkischer Herkunft. In Kirchdorf Süd wiederum wurden in den 1970er-Jahren zahlreiche Hochhäuser gebaut, in denen viele Migranten oder Familien mit niedrigem Einkommen angesiedelt wurden. Für diesen Teil Wilhelmsburgs geistert auch die Bezeichnung „das Ghetto“ durch die Medien und die Alltagssprache.[9] In Wilhelmsburg leben im Vergleich zu anderen Hamburger Stadtteilen überdurchschnittlich viele Hamburgerinnen und Ham-

8 Clausen, Sigrun: „Süße Heimat Wilhelmsburg“, S. 176.

9 Vgl. Dietz, Angela: „Fremdarbeiter, Gastarbeiter, Einwanderer – Migration in Geschichte und Gegenwart“, in: Geschichtswerkstatt Wilhelmsburg Honigfabrik e.V.; Museum Elbinsel Wilhelmsburg e.V. (Hg.): Wilhelmsburg. Hamburgs große Elbinsel, S. 97-111.

burger ausländischer Herkunft. Diese Aspekte des Insellebens sind nicht im Museum repräsentiert.

Das Museum Elbinsel Wilhelmsburg ist in der Zeit vom 1. April bis zum 31. Oktober jeden Sonntag von 14.00 bis 17.00 Uhr geöffnet. Der Eintritt ist kostenlos. Während der Öffnungszeiten steht den Besucherinnen und Besuchern das Café Eléonore zur Verfügung, das neben Kaffee und Getränken selbstgebackene Kuchen zu sehr günstigen Preisen anbietet. Im Café finden auch die vom Museumsverein geplanten Veranstaltungen statt. Der Kuchen wird von Frauen aus der Nachbarschaft des Museums gestiftet, die Einnahmen fließen in die Museumskasse. Während der Öffnungszeiten führen zwei Vereinsmitglieder Aufsicht, die auch für Fragen der Besucherinnen und Besucher zur Verfügung stehen.

BIENENMUSEUM MOORREGE

Das „Bienenmuseum Moorrege des Imkervereins Uetersen und Umgebung" wurde 2002 eröffnet. Es hat seinen Sitz in der ‚alten Moorreger Schule', einem Backsteinbau, wie er für Norddeutschland und die Entstehungszeit Ende des 19. Jahrhunderts typisch ist. Das Museum wird vom „Imkerverein Uetersen und Umgebung" betrieben, ist aber dennoch finanziell und organisatorisch vom Verein getrennt. Das Museumsteam besteht aus acht von insgesamt 55 Vereinsmitgliedern, die keine Berufs-Imker sind.[10] Neben ihrer Tätigkeit im Museum üben die meisten Museumsmacher auch ein Amt im Verein oder im Kreisverband aus.

Die Museumsmacher verstehen das Bienenmuseum als Teil der Öffentlichkeitsarbeit des Imkervereins. Vor der Eröffnung des Museums im Jahr 2002 bestand sie unter anderem darin, bei Dorffesten präsent zu sein oder Ausstellungen von zwei bis drei Tagen Dauer zu veranstalten. Zu diesen Gelegenheiten holten die Imker Gegenstände aus der privaten Sammlung eines Kollegen im 35 km entfernten Lutzhorn. Als den Imkern diese „Schlepperei" zu aufwendig wurde, beschlossen sie, ein Museum einzurichten und damit der Sammlung einen permanenten und für die Öffentlichkeit zugänglichen Standort zu verschaffen:

AJ: „Sind Sie eigentlich alle von Anfang an am Museum beteiligt?"
Herr O.. und Herr F.: „Ja, wir ja..."
Herr S.: „Ich nicht ganz, aber..."

10 Vgl. http://www.imkerverein-uetersen.de/html/wir_uber_uns.html. (Zugriff 22.02. 2010).

> […] Herr O..: „Aber wir von Anfang an und das hat, es hat auch mit der Öffentlichkeitsarbeit zu tun! Was ich nicht mehr wollte, ist – diese – ich hatt' Ihnen erzählt, 35 Kilometer nach Lutzhorn hin, die Sachen holen und Öffentlichkeitsarbeit. Das ist n Wahnsinn! Is Schlepperei! So – dann hamn wir gesagt: Dann machen wir hier n Museum und dann können die da hinkommen!“[11]

Den Raum in der alten Schulte stellt die Stadt den Imkern zur Verfügung, sie übernahm auch die Renovierung und Modernisierung des Raumes. Der Eröffnung des Museums ging eine Vorbereitungszeit von drei Jahren voraus, in der der Ausstellungsraum renoviert und eingerichtet wurde.

Das Museum ist jedes Jahr von Mai bis September geöffnet. Jeden zweiten und vierten Sonntag eines Monats steht es zwischen 14 und 18 Uhr der interessierten Öffentlichkeit offen. Schulklassen und andere Gruppen können individuelle Termine vereinbaren. Damit ist auch das Haupttätigkeitsfeld der Museumsmacher benannt: Zu den regelmäßig anfallenden Aufgaben gehören die Übernahme von Sonntagsdiensten und Führungen für angemeldete Gruppen. Die sonntags im Museum anwesenden Imker beschränken sich nicht darauf, Aufsicht zu führen. Sie gehen aktiv auf die Besucherinnen und Besucher zu, erklären Exponate und führen durch das Museum.

Das Bienenmuseum zählt jährlich etwa 400 Besucherinnen und Besucher. Ein Großteil sind Schulklassen und Kindergartengruppen aus der näheren Umgebung. In ihrem Faltblatt benennen die Imker ihre Zielgruppe:

> „Mit ihrem Museumsangebot richten sich die Imker besonders an Kinder und Jugendliche. Die Museumspädagogik ist eines ihrer Hauptanliegen. Die Betreiber des Museums wollen vor allem ökologisches Bewusstsein wecken und die Angst vor Bienen, aber auch vor Wespen und anderen Insekten nehmen. Aus diesem Grund steht die Ausstellung Schulen und interessierten Personen nach Voranmeldung jederzeit offen.“[12]

2009 erfuhr das Museum eine Erweiterung: Im Erdgeschoss der Schule wurde ein weiterer Raum eingerichtet, der vor allem für Schulungen von Jungimkern und Fortbildungen für Imker dienen soll. Neben der Aufklärung der Öffentlichkeit über das Wirken der Bienen bzw. der Insekten, sollen über die Museumsarbeit auch neue Interessenten für die Imkerei gewonnen werden.

Mit der Auswahl dieser drei Museen habe ich ein Sample mit einer großen inhaltlichen Bandbreite zusammengestellt. Mit dem McNair-Museum habe ich ein Museum ausgewählt, das einer nicht mehr existierenden Berufsgruppe ge-

11 Gruppeninterview vom 27.11.2008 (00:24:34 bis 00:25:25).

12 Vgl. Faltblatt des Bienenmuseums Moorrege.

widmet ist. Das Museum Elbinsel Wilhelmsburg weist einen lokalen Bezug auf, wohingegen sich das Bienenmuseum Moorrege einem ‚Hobby' verschrieben hat. Mit ihrer inhaltlichen Ausrichtung orientieren sich diese Museen zudem nicht ausschließlich an der Vergangenheit (was der Begriff ‚Museum' immer noch zu implizieren scheint), sondern sie sind auch an der Zukunft ausgerichtet.

Analysen

McNair-Museum – ein Ort der Sammlung für eine aufgelöste Gemeinschaft

Zugang: „Off Limits to Unauthorized Personnel/ Zugang nur für Befugte"

Der Hauptzugang zur ehemaligen McNair-Kaserne liegt an der Goerzallee, einer breiten, vierspurigen Straße, die gesäumt ist von Brachflächen. In unmittelbarer Nachbarschaft der Kaserne befinden sich ein großer Baumarkt mit Gartencenter, ein Einkaufszentrum mit Fitnessclub sowie ein Discount-Supermarkt. Alle Märkte wurden erst in jüngster Zeit eröffnet. Meine Bushaltestelle befindet sich an der Einfahrt zum Baumarkt. Mit mir steigen einige Fahrgäste aus, die offensichtlich zu einem der Märkte wollen. Es ist kalt, die Menschen knöpfen ihre dicken Wintermäntel zu, ziehen die Mützen ins Gesicht und gehen zielstrebig auf den Baumarkt zu. Rund um die Kaserne sind keine Wohnhäuser zu sehen, die Gegend wirkt unwirtlich und verlassen. Die brandneuen Märkte mit ihren grellen Farben und den auffälligen Schriftzügen und Werbebannern wirken seltsam deplaziert, fast surreal inmitten der braun-grauen erfrorenen Winterwiesen. Über dem Ort liegt eine gewisse Melancholie, von dem gesamten Ensemble aus Gebäuden, Werbebannern und Neonschriften geht eine rätselhafte, nur schlecht überspielte Müdigkeit aus.

Ich überquere die Straße und gehe zum Haupteingang der Kaserne. Von hier aus führen gut sichtbare Hinweisschilder zum Museum. Im Gegensatz zu den mehrere Quadratmeter großen, an den Fassaden angebrachten farbigen Werbebannern der Investoren, die das Gelände als Monroe-Park ausweisen und für die hier entstehenden neu ausgebauten, modernen Lofts werben, sind die weißen, schmalen Wegweiser des Museums, die die Mittelallee säumen, schlicht und zurückhaltend.[1]

1 Bei meinem ersten Besuch des Museums im Jahr 2005 trug die über das Kasernengelände führende Mittelallee keinen Namen. Im September 2007 wurde ihr der Name

In schwarzer Schrift, von einem roten Rahmen umgeben, weisen Pfeile die Richtung zum „McNair Museum“. Ich gehe an der Fassade eines Kasernenblocks vorbei, gehe unter zwei durch Brücken verbundene Gebäude durch und gelange dann auf einen weiten, asphaltierten Hof. Mein Weg führt mich vorbei an trockenen, verwilderten Grünstreifen, mein Blick streift hin und wieder Haufen von Bauschutt und Arbeitsgeräte, Anzeichen von Bauarbeiten. Mein Besuch im Januar 2009 fiel auf einen Samstag, an dem die Arbeit offensichtlich ruhte, auf dem Gelände waren kaum Geräusche zu hören, es herrschte tiefe Ruhe. Dieses Gefühl von Ruhe und Stille wurde zusätzlich durch die dicke Schneedecke verstärkt, die in den Tagen zuvor gefallen war.

In der Mitte des asphaltierten Hofs liegt ein schneebedeckter Erdhügel, an dessen Stirnseite groß und unübersehbar Schriftzug und Logo des „Initiativkreis Berlin e.V.“ prangen. Das Schild ist auf einen aus Waschbetonplatten konstruierten Verschlag für Mülltonnen montiert. Es gibt keine weiteren Hinweise auf das Museum wie Plakate oder Werbebanner. Rechts von dem Erdhügel stehen vier schneebedeckte Picknick-Bänke auf dem Asphalt.[2] Das Ensemble wird von einem großen, rot gestrichenen Burg-Replikat mit der Aufschrift „42 ENCR CO“ begrenzt, das wie ein Spielgerät für Kinder wirkt. Die Situation auf dem Hof wirkt weniger öffentlich als auf dem Rest des Geländes, ich habe den Eindruck, in eine privatere Sphäre eingetreten zu sein.

Ein in der Mitte des verfügbaren Raumes aufgestelltes Verkehrsschild und eine auffällig in den Farben blau, weiß und rot bemalte Bude lenken meinen Blick nach rechts. Das Gebäude auf der rechten Seite des Hofes hat große und hohe vergitterte Fenster und verfügt über eine blaue Eingangstür aus Stahl, zu der eine Treppe hinaufführt. Vor der Tür befindet sich eine Art Rampe, die von einem auskragenden Dach bedeckt wird.

„Billy-Wilder-Promenade“ gegeben, ein direkter Bezug zum „Monroe-Park“, wie die Wohnanlage in Anspielung an die ‚amerikanische Vergangenheit‘ des Kasernengeländes genannt wurde.

2 Im Sommer rundeten Sonnenschirme und eine rote Kinderrutsche das Bild ab.

Abbildung 1: Zugang zum McNair-Museum

Foto: Angela Jannelli, Januar 2009

Der Weg zum Museum führt zwischen zwei Blumenkübeln aus Waschbeton hindurch. Im linken Kübel steckt ein Schild – offensichtlich aus der Kasernenzeit – mit der zweisprachigen Aufschrift: „Off Limits to Unauthorized Personnel/Zugang nur für Befugte".[3] Hinter dem Durchgang steht die in den amerikanischen Farben bemalte Bude. Sie wird bei den vom Initiativkreis veranstalteten Festen, wie zum Beispiel dem großen Volksfest zum 4. Juli, als Verkaufsstand verwendet. Nach wenigen Schritten gelange ich zu einer Treppe aus Gitterrost, die auf die Laderampe Richtung Eingangstür hinaufführt. Die große, blaue Metalltür ist geschlossen. Ich öffne sie und stehe direkt in der Ausstellung.

Establishing shot: „Welcome Home to the Outpost of Freedom"

Unmittelbar hinter der Eingangstür beginnt die Ausstellung: *in medias res*. Ich stehe in der rechten hinteren Ecke eines großen, mit grauen und braunen Nadelfilz-Fliesen ausgelegten Raumes, den ich von meinem Standpunkt aus nicht voll überblicken kann. Vor mir tut sich ein großer und langer Korridor auf, der auf der rechten Seite von einer Wand und auf der linken Seite von mehreren Ausstellungskabinetten begrenzt wird. Der Gang, der sich unmittelbar links vom Eingang erstreckt, ist durch eine Absperrung blockiert (ein Element einer Straßen-

3 Bei einem weiteren Besuch im Mai 2007 war der Durchgang durch ein weiteres Ensemble von Verkehrsschildern markiert: zwischen einem „Durchfahrt verboten" und einem „Stop"-Schild war der Hinweis „außer US-Fahrzeuge" montiert.

sperre der „MP – Military Police"), der Weg führt also zwangsläufig geradeaus, zu beiden Seiten flankiert von Exponaten.[4]

Abbildung 2: Eingangssituation des McNair-Museums

Foto: Angela Jannelli, Januar 2009

Ich zögere zunächst, den Raum zu betreten, denn mein erster Eindruck vermittelt mir, in einen privaten Bereich einzudringen. Ist hier jemand? Bin ich allein? Ich spüre den Impuls, mich bemerkbar zu machen, um nicht als Eindringling wahrgenommen zu werden. Der Gedanke, dass es sich um ein Museum handelt und damit ja per se öffentlich zugänglich ist, zerstreut meine Zweifel. Mein Blick fällt auf ein Flipchart, das auf der linken Seite aufgestellt ist. Eine mit grünem Edding geschriebene Begrüßung lautet: „Welcome Home to the Outpost of Freedom".

Vor mir liegt der ca. 2,5 m breite und 15 m lange Gang. Er mündet in ein Kabinett, über dessen gesamter Breite ein großer Schriftzug aus goldenen Lettern prangt: GUARD BATTALION. Der Anfang des Schriftzugs ist durch eine vorgelagerte Installation verdeckt. Zur rechten Seite wird der Gang von zwei Schaufensterpuppen flankiert, die Uniform tragen. Zwei „Star-Spangled Banner" – eines hängt von der Decke, das andere ist auf einem Ständer an der linken Sei-

4 In der an meinen Besuch anschließenden Führung durch die Ausstellung teilt mir mein Gesprächspartner mit, dass der Eingang ursprünglich an der entgegengesetzten Seite eingerichtet war, wo sich eine zweite Tür befindet. Da dieser Bereich nicht vom Clubraum – dem Aufenthaltsraum der Museumsmitarbeiter – aus einsehbar war, verlegten die Vereinsmitglieder den Museumseingang an seine jetzige Position.

te des Gangs drapiert – bilden starke Farbakzente im sonst eher von Grau-, Braun- und Grüntönen dominierten Raum.

Die dem Eingang am nächsten stehende Schaufensterpuppe ist weiblich. Sie ist dem Besucher zugewandt aufgestellt, ihre Haltung ist arabesk, fast manieriert und bildet einen irritierenden Kontrast zur Uniform, die sie trägt. Die zweite Puppe ist männlich. Sie wurde am Ende des Korridors platziert und trägt ebenfalls Uniform. Im Kabinett selbst erkenne ich eine weitere Schaufensterpuppe, die auch olivgrüne Kleidung trägt. Die Wände des Korridors sind fast komplett bedeckt mit ‚Flachware' verschiedenster Art: Fotografien, Schilder, gerahmte Kleinstobjekte. Auf der linken Seite des Gangs öffnet sich ein eigenständiges Kabinett, in dem größere Objekte zu einer Installation arrangiert wurden. Von der Eingangsposition aus sind sie nicht deutlich zu erkennen.

Die Fülle von Objekten ist immens, ihre Ordnung erschließt sich mir nicht, ich kann den Anfang der Ausstellung nicht ausmachen. Ich stehe mittendrin im McNair-Museum und vermisse einen Tresen oder eine Garderobe, einen Raum des Übergangs und Ankommens, eine Schwellen-Situation, die mir ein behutsames Eintreten ermöglichen würden. Stattdessen eröffnet sich unmittelbar vor mir der lange Gang, ein Ausweichen nach links ist durch die Absperrung nicht möglich. Ich habe das Gefühl, einen Ort zu betreten, der nicht für mich bestimmt ist, einen privaten Ort, an dem ich nicht zu Hause bin. Dieser Eindruck wird noch verstärkt von den uniformierten Schaufensterpuppen, die wie Wächter auf mich wirken.

Diese Aufstellung – die vorgegebene, zielgerichtete Laufrichtung, die den Weg flankierenden „Wächter" sowie die auf den ersten Blick überwältigende und undurchschaubare Fülle von Objekten – suggerieren mir, dass ich einen Ort betrete, der nicht für mich gemacht wurde. Ich bin eine Fremde, die eine neue, mir nicht vertraute Welt betritt. Das Flipchart mit der Aufschrift „Welcome Home to the Outpost of Freedom"[5] unterstreicht diesen Eindruck. „Welcome Home" ist eine Begrüßung für jemanden, der zurückkommt. Dies impliziert, dass dieser Jemand bereits hier gewesen sein muss und folglich mit dem Ort vertraut ist. Der Ort führt sich als „Outpost of Freedom" ein, wie Berlin von den Angehörigen der US-Streitkräfte genannt wurde. Im Kalten Krieg galt Berlin als wichtiger symbolischer Ort, es war der von den US-Amerikanern geschützte, gehaltene und verteidigte „Vorposten der Freiheit" im Kampf gegen den Kommunismus. Die Begrüßung setzt folglich einen Besucher mit ‚Insiderwissen' voraus. Mit dieser Eingangssequenz werden ‚Eingeweihte' begrüßt, Menschen, die einmal am „Outpost of Freedom" zu Hause waren und die folglich über eine vergleich-

5 Im Interview mit Herrn K. erfahre ich, dass das Schild für ein Veteranentreffen aufgestellt wurde, das am Wochenende zuvor im McNair-Museum stattgefunden hatte.

bare biographische Erfahrung wie die Museumsmacher verfügen. Verbindendes Element ist die gemeinsame Vergangenheit „beim Ami“, d. h., der Dienst in der bzw. für die US-Armee.

DIE MUSEUMSRÄUME: TREFFPUNKT UND BEGEGNUNGSSTÄTTE

Das McNair-Museum gliedert sich in zwei Funktionsbereiche: Links vom Korridor erstreckt sich der Ausstellungsbereich. Am rechten Ende des Korridors öffnet sich der „Clubraum“: Ein weiter Durchgang führt hier in einen großen, mit Tischen und Stühlen möblierten Raum. Der Clubraum ist mit einer Theke und drei großen, gut gefüllten Kühlschränken ausgestattet. Die Wände sind mit hölzernen Paneelen verkleidet, an denen große handgemalte Plakate mit Namen und Wappen einzelner Regimenter angebracht sind. Gerahmte Fotografien in mehreren Formaten und aus verschiedenen Zeiten sind an und über den Paneelen angebracht. Sie zeigen Aufnahmen der McNair-Kaserne in schwarz-weiß und Farbe. Zusätzlich ist der Raum mit Stoffbahnen und einer Draperie in den US-amerikanischen Farben dekoriert. Fünf Tische mit jeweils fünf Stühlen sind im Raum verteilt, an der Stirnseite, zur Theke hin, befindet sich ein hoher Tisch mit Barhockern. Auf der gegenüberliegenden Seite schließen zwei Couchgarnituren den Raum ab. Auf und hinter der Theke stehen allerlei Gegenstände, die darauf hindeuten, dass der Ort regelmäßig frequentiert wird: eine Kaffeemaschine, Wasserkocher und Thermoskannen, ein großes Sortiment an Plastikbechern sowie ein Tablett mit Zucker und Milch für den Kaffee. Bei meinem Besuch Anfang Januar 2009 sorgen noch Lichterketten, ein geschmückter Weihnachtsbaum, ein Adventskranz und ein Leuchtobjekt mit dem Schriftzug „Merry Christmas“ für Behaglichkeit. Diese Dekorationsartikel sowie ein Kaugummiautomat, eine Musikanlage, die von amerikanischen Wimpeln und anderem Zimmerschmuck geziert wird, verleihen dem Raum eine belebte und gepflegte, kneipenähnliche Atmosphäre. Der Clubraum wird von Vereinsmitgliedern und deren Freunden oft und gerne frequentiert.[6] Bei jedem meiner Besuche boten mir die Museumsmacher an, mich vor dem Rundgang mit einem Kaffee zu stärken und nach dem Ausstellungsbesuch luden sie mich ein, mich noch auf ein Getränk zu ihnen zu setzen.

6 Während meiner Feldforschung konnte ich dies wiederholt beobachten. Obwohl ich oft die einzige Museumsbesucherin war, war ich bei weitem nicht der einzige Gast.

Das Museum als „Media-Projekt“

Die Museumsmacher sind mir bei allen meinen Besuchen mit großer Offenheit, Herzlichkeit und Freundlichkeit begegnet. Ihre Gastfreundschaft markierte aber zugleich auch die Grenze zwischen Insidern und Outsidern: Ich war in den Räumen des „Initiativkreis Berlin Stiftung e.V.“ zu Gast, ich gehörte nicht zur Zielgruppe des Vereins. Auf der Startseite der Homepage des McNair-Museums sprechen die Vereinsmitglieder die Zielgruppen ihrer Aktivität an: „Liebe Mitglieder, Freunde und Gäste des Vereins“. Hier werden die Adressaten der Vereinsarbeit direkt benannt: „Mitglieder“ und „Freunde“ kommen an erster, die „Gäste“ an dritter und letzter Stelle. Diese Reihenfolge lässt auf eine Hierarchie in der Wichtigkeit schließen und die gewählten Anreden deuten zudem auf das besondere Verhältnis zwischen Machern und Nutzern hin. Die Begriffe „Mitglieder“ und „Freunde“ implizieren eine persönliche Verbundenheit mit dem Verein, und zu einem „Gast“ besteht üblicherweise ein innigeres Verhältnis als zu einem „Besucher“. Im Museumskontext überrascht der Begriff „Gast“, im museumstypischen Jargon ist eher der Begriff „Besucher“ üblich.

Mit dieser Anrede werden aber nicht nur die Adressaten klar benannt, auch die Sprecherposition wird offengelegt: Als Sprecher tritt hier der „Verein“ auf, nicht das „McNair-Museum“. In Mieke Bals Terminologie zeigt sich hier das McNair-Museum als „object“, über das der Verein als „expository agent“ zu seinen Adressaten, den Mitgliedern, Freunden und Gästen spricht.[7] Das McNair-Museum erscheint hier als ‚Medium‘ und nicht als ‚Sender‘. Es ist ein Medium, das in erster Linie vereinsinterne Botschaften vermittelt und erst in zweiter Linie ein Instrument zur ‚Veröffentlichung‘ von Vereins-Inhalten für ein allgemeines Publikum. Diese mediale Funktion des Museums wird direkt auf der Startseite der Museumshomepage benannt. Im Anschluss an die oben zitierte Anrede heißt es:„Das McNair-Museum ist das Media-Projekt des Initiativkreis Berlin e.V.“[8] Der „Initiativkreis Berlin e.V“. nutzt das Museum als Medium, der Schwerpunkt der Vereinsaktivitäten liegt dabei auf der internen Kommunikation, nicht der externen. Dass das McNair-Museum als ‚Insider-Museum‘ konzipiert ist, bestätigt auch ein Blick auf die Zielsetzung des Vereins, die ich hier zitieren möchte:

> „Der Initiativkreis Berlin Stiftung e.V. sieht seinen Schwerpunkt in der besonderen moralischen und sozialen Verantwortung gegenüber den zivilen Angestellten bei den Alliierten. Eine Dauerausstellung in den Räumen des Initiativkreis Berlin Stiftung e.V. (Mc Nair

7 Die Terminologie entwickelte Mieke Bal in: Double Exposures. Für eine Zusammenfassung vgl. Bal, Mieke: „Exposing the Public“.

8 http://www.mcnair-museum.de/1.html (Zugriff 21.09.2009).

Museum) dokumentiert die vielfältige Geschichte der zivilen Angestellten, die zwischen 1945 und 1994 bei den drei westlichen Alliierten beschäftigt waren."[9]

Die Ausstellung stellt folglich nur einen Bereich der Vereinsarbeit dar, sie ist Kommunikations- und Dokumentationsmittel des Vereins. Und auch räumlich gesehen stellt sie nur einen Teil der Vereinsarbeit dar. Der Sinn und Zweck des McNair-Museums geht über das bloße „Deponieren und Exponieren"[10] von Objekten hinaus, es ist auch Dokumentationsmittel und „Media-Projekt", d. h. es ist ein Kommunikations- und Repräsentationsmittel, um den erklärten Vereinszweck zu erreichen.

Das Museum als Widmung und Gabe

Der Schwerpunkt der Aktivitäten des Initiativkreises besteht nach eigener Aussage darin, der „besonderen moralischen und sozialen Verantwortung gegenüber den zivilen Angestellten bei den Alliierten"[11] nachzukommen. Doch worin besteht diese? Was verstehen die Vereinsmitglieder und Museumsmacher darunter? Und wie äußert sich diese moralische und soziale Verantwortung im alltäglichen (Museums-)Betrieb? Auch hier gibt ein Blick auf die Homepage des Museums Aufschluss:

> „Die Exponate des McNair-Museum [sic] und diese Website sind den Frauen und Männern gewidmet, die über einen Zeitraum von fast 50 Jahren mit ihrer Arbeit einen Beitrag zur Sicherung der Freiheit in den Westsektoren Berlins geleistet haben. Darüber hinaus ist das McNair-Museum Treffpunkt und Forum ehemaliger Soldaten und Zivilbeschäftigter der Alliierten-Streitkräfte [sic]."[12]

Das Museum ist „Treffpunkt und Forum" der Ehemaligen, Exponate und die Website werden als Widmungen bezeichnet. Eine Widmung ist ein Zeichen des Dankes und der Verbundenheit. Sie kann eine Geste der Ehrerbietung, der Freundschaft und der Verehrung sein. Ihre Funktion besteht darin, eine Verbindung zwischen dem Autor und der Person, der die Widmung zuerkannt ist, zu etablieren oder eine bereits bestehende Beziehung zu intensivieren.[13] Wie Gérard

9 Ebd. (Zugriff 09.01.2009).

10 Vgl. Korff, Gottfried: Museumsdinge. Deponieren – Exponieren.

11 http://www.mcnair-museum.de/1.html (Zugriff 09.01.2009).

12 http://www.mcnair-museum.de/1.html (Zugriff 09.01.2009).

13 Vgl.: Stört, Diana: „...aus Herz und Hand des Freundes" – Untersuchungen zu Form und Funktion der handschriftlichen Widmung im 18. Jahrhundert am Beispiel der Gleim-

Genette bemerkt, ist die Zueignung eines Werks an eine bestimmte Person oder Gruppe nicht zwangsläufig eine Geste der Selbstlosigkeit. Mit ihr verbunden ist oft genug der Wunsch nach Reziprozität, nach einer monetären oder moralischen Gegenleistung:

„Erwähnt man als Auftakt oder Schlußtakt eines Werkes eine Person oder eine Sache als vorrangigen Adressaten, so wird sie zwangsläufig als eine Art idealer Inspirator einbezogen und auf die eine oder andere Weise angerufen, wie einst der Sänger die Muse anrief. ‚Für Soundso' enthält immer ein gewisses ‚Durch Soundso'. Der Adressat der Zueignung ist gewissermaßen immer verantwortlich für das ihm zugeeignete Werk, dem er *nolens volens* ein Quentchen seiner Unterstützung und damit seiner Anteilnahme zukommen läßt."[14]

Indem die Vereinsmitglieder den sichtbaren, manifesten, repräsentativen und öffentlichkeitswirksamen Teil der Vereinsaktivitäten – Exponate und Website – den Soldaten und Zivilangestellten widmen, etablieren sie eine Beziehung zwischen sich bzw. dem Verein und den Ehemaligen: Die Widmung ist ein Zeichen des Dankes und der Verbundenheit, die die Museumsmacher gegenüber den Ehemaligen empfinden. Gleichzeitig kann sie auch ausdrücken, dass die Ehemaligen den Museumsmachern als ‚Inspirationsquelle' oder Maßstab für die inhaltliche wie formale Angemessenheit der Repräsentation dienen. Mit der Widmung können die Museumsmacher aber auch einen Teil der „besonderen moralischen und sozialen Verantwortung" an die Ehemaligen abtreten und sie zur Anteilnahme und Unterstützung quasi verpflichten.

In der Zueignung des Museums an die Ehemaligen offenbart sich ein vielschichtiges soziales und emotionales Beziehungsgeflecht. Die Widmung kann als „Gabe" im Sinne von Marcel Mauss[15] interpretiert werden:

„Der Gabentausch hat vor allem die Funktion, soziale Beziehungen aufzunehmen oder zu bekräftigen. In diesem Sinne sind Gaben als ‚tie-signs' anzusehen. Mauss hat ausdrücklich auf den Kreislauf von Geben, Nehmen und Erwidern hingewiesen, in dem sich soziale Beziehungen verwirklichen. Der Akt des Gebens ist nach dieser Auffassung nicht einmalig und folgenlos, sondern zieht Verpflichtungs- und Schuldverhältnisse nach sich. Der Emp-

bibliothek zu Halberstadt, Magdeburg: http://www.goethezeitportal.de/fileadmin/PDF/db/wiss/gleim/stoert_widmung.pdf 2004 (Magisterarbeit, Zugriff 23.09.2009). S. 10-30.

14 Genette, Gérard: Paratexte, Frankfurt am Main, New York: Campus Verlag 1989. S. 133.

15 Vgl. Mauss, Marcel: Die Gabe. Form und Funktion des Austauschs in archaischen Gesellschaften, Frankfurt am Main: Suhrkamp 1984 (2. Auflage; Erstausgabe 1950).

fänger einer Gabe ist gehalten, diese zu erwidern. Das, was zunächst als ein rein freiwilliges Geschenk erscheint, erweist sich aus dieser Perspektive als Pflicht."[16]

Die Vereinsarbeit und das Museum erscheinen in diesem Licht gesehen, als eine Form der Beziehungsarbeit. Das Engagement der Museumsmacher stellt eine ‚Gabe' an die Ehemaligen dar, die von diesen im Idealfall mit Anteilnahme und Unterstützung als ‚Gegengabe' beantwortet wird. Das Museum ist ein Ort der Beziehungspflege. Die ‚Gabe' der Museumsmacher besteht darin, den Ehemaligen einen Ort zur Verfügung zu stellen, den sie für die Pflege und den Fortbestand ihrer Gemeinschaft nutzen können. Die ‚Gegengabe' der Ehemaligen müsste folglich darin bestehen, diese ‚Gabe' anzunehmen und zu erwidern, indem sie beispielsweise das Museum erhalten und nutzen. Über das „Medium Museum" wird also ein sozialer Raum etabliert, der durch Dinge und Menschen konstituiert und durch eine „Ökonomie der Aufmerksamkeit"[17], d.h. durch symbolische Handlungen erhalten wird.

Die „besondere moralische und soziale Verantwortung", die zu tragen sich der Verein zum Ziel gesetzt hat, liegt darin, die Gemeinschaft der Ehemaligen zu erhalten. Die Museumsmacher haben dafür die Vereinsräume und das Museum bereitgestellt und sie sorgen dafür, dass die Räume angenehme Aufenthaltsorte darstellen: Hier wird die Geschichte der Zivilangestellten in ihren materiellen Erscheinungen bewahrt und in Ehren gehalten. Und auch die sozialen Beziehungen werden aufrecht erhalten, denn die Museumsmacher pflegen das immaterielle Gut der ‚Gemeinschaft'.

Das Museum als Begegnungsstätte

Der Aspekt der Gemeinschaftspflege erscheint umso wichtiger, wenn man bedenkt, dass die Gemeinschaft der ehemaligen Zivilangestellten keinen ‚natürlichen' Ort mehr besitzt: Mit dem Abzug der Alliierten aus Berlin verloren die Zivilangestellten nicht nur ihren Arbeitsplatz, sondern auch ihr Arbeitsumfeld: Kasernen wurden aufgelöst, Büros, Werkstätten und andere Gebäude wurden zum Großteil abgerissen, die frei gewordenen Flächen wurden teilweise neu bebaut. Die Arbeitswelt der Zivilangestellten existiert nicht mehr, aber mit Verein und Museum haben sich die Ehemaligen einen dauerhaften Ort, einen verlässlichen Treffpunkt geschaffen, an dem die Gemeinschaft aufrecht erhalten werden

16 Adloff, Frank; Steffen Mau (Hg.): Vom Geben und Nehmen. Zur Soziologie der Reziprozität, Frankfurt am Main, New York: Campus Verlag 2005. S. 13.

17 Vgl. Franck, Georg: Ökonomie der Aufmerksamkeit: ein Entwurf, München [u. a.]: Hanser 1998.

kann. Vor diesem Hintergrund erscheint es mir nur konsequent, dass die Museumsmacher am Ende jeder Seite ihrer Museums-Homepage auf ihren monatlich stattfindenden Frühschoppen hinweisen.

Dem Aspekt der Beziehungspflege wurde im Laufe der Museumsgeschichte buchstäblich immer mehr Platz eingeräumt: In den Vorgängerausstellungen gab es keinen Clubraum, stattdessen verfügten sie über verschiedene Sitzgruppen und Sitzgelegenheiten, einzelne ‚Inseln' der Kontaktpflege und Geselligkeit, die über die Ausstellung verteilt waren. In den früheren Ausstellungen waren Tische, Stühle oder Couchgarnituren in verschiedenen Räumen platziert. Im Rahmen meiner Museumsbesuche zwischen 2004 und 2009 konnte ich beobachten, wie diese ‚Inseln' immer größer und zusammenhängender gestaltet wurden. Im heutigen McNair-Museum sind sie zum Clubraum zusammengewachsen, ein eigenständiger, von der Ausstellung getrennter Raum. Hier spielt sich der Großteil der Vereinsaktivitäten ab, der Clubraum ist der am stärksten frequentierte Ort des McNair-Museums: Er wird für die monatlich stattfindenden Frühschoppen genutzt und hier finden auch die Treffen von Veteranen und verschiedenen Gruppen von Zivilbeschäftigen statt, auch private Feierlichkeiten von Mitgliedern, wie zum Beispiel Geburtstage oder Taufen, werden hier ausgerichtet:

Herr F.: „Wir können schon dem lieben Gott danken, dass wir überhaupt sowas hier haben, finden Sie nirgends, finden Sie nirgends! Alle, die neu herkommen, sagen: ‚Och!'. Auch die Familienfeiern, die dann hier stattfinden, von Mitgliedern, das ist auch nicht von der Hand zu weisen. Sollen die alle zuhause im Wohnzimmer feiern? Hier sagen die: ‚Ok, ich habe am Sonntag Taufe.' – Gut, dann ist geschlossene Gesellschaft, dann machen die hier ihre Taufe, ham se Musik und dann wenn noch irgendwelche guten, auswärtigen Gäste da sind oder so, dann kommt P[...] auch meistens noch her oder unser W[...] und dann machen die noch 'ne individuelle Führung hier – ja und schon hamn wir wieder neue Freunde, ein zwei Mitglieder...“[18]

Der Clubraum ist der zentrale Ort des Vereinslebens und erfüllt die Funktionen eines Treffpunkts, eines Vereinsheims und einer „Begegnungsstätte“, wie Herr K. im Interview äußert:

Herr K.: „Ja, ein wichtiger Punkt ist die Zielsetzung, für unsere alten Kollegen – für alle Kollegen aus den drei Bereichen, den alliierten Bereichen – 'n Anlaufpunkt zu haben. Nicht dass man sich in 'ner Kneipe trifft. Das geht 'n paar Jahre gut, dass man kegeln geht oder sowas. Aber hier hat jeder die Möglichkeit..., jeder weiß das: Freitags kommen hier immer viele Kollegen an, einige sind ja noch berufstätig, und den letzten Sonntag im Mo-

18 Interview vom 05.01.2009 (00:37:42 bis 00:38:32).

nat machen wir 'n Frühschoppen und unsere Feten. Also, überhaupt: 'n Anlaufpunkt. Sie müssen bedenken: Wenn Sie bei Siemens sind oder sonst wo waren und hörn denn auf, ja? dann haben Sie immer noch Ihr Siemens da, oder treffen sich mit Kollegen oder sonst wie. Und bei uns war ja gar nischt mehr da, ja? Und deswegen ist des als erstes, an Hauptstelle is det für unsere Kollegen da zu sein, die auch zu betreuen, wenn Krankenhaus, Beerdigung, ... Machen wir alles mit! Ja, is schon... und det wird immer heftiger jetzt, weil wir ja alle älter werden. Det is eigentlich det Hauptziel ... Und die fuffzig Jahre Geschichte zu dokumentieren ... Gibt ja det Alliiertenmuseum, wat die militärische Seite eben halt vertritt, aber es haben ja fast 250.000 Deutsche bei den drei West-Alliierten gearbeitet, angefangen '45 über die Luftbrücke, Mauerbau und [unverständlich] ... Das festzuhalten und zu dokumentieren, das sind so die beiden Ziele. [...] [Im Gegensatz zum Alliiertenmuseum], hat das hier 'n janz anderes Fluidum, hier gibt's 'n Bierchen, 'n Käffchen zu trinken, allet, man plauscht..., Bilder. Et is richtig 'ne Begegnungsstätte. Man könnt' es och – ach nee, det ist falsch! – 'ne [lacht] – 'ne Kneipe nennen. Aber et is 'ne Begegnungsstätte halt."[19]

Aus dem Zitat geht die zentrale Bedeutung des Museums für die Gemeinschaftspflege hervor. Es ist ein fester Anlaufpunkt und verlässlicher Treffpunkt für die Ehemaligen, es ist ein Sammelbecken für die materiellen und immateriellen Dinge, aus denen die Welt der Alliierten und Zivilangestellten bestand. Als vorrangiges Ziel der Vereins- bzw. der Museumsarbeit wird die Kontaktpflege benannt:

Herr K.: „Wir sind ja nicht nur 'n kleines Museum, sondern auch 'ne Begegnungsstätte, 'n Treffpunkt. Wir machen dufte Feten hier, machen Frühschoppen, usw. Und halten diesen Laden eben jeden Tag freiwillig mit zwei Leuten auf, von 12 bis 16 Uhr, Sonnabend wie Sonntag, Feiertags, immer!"[20]

Die Analyse der Raumnutzung und Verwendung des Museums zeigt, dass das McNair-Museum viel mehr als seine Ausstellung ist. Es ist Vereinsheim, Treffpunkt, Forum und Begegnungsstätte. Damit präsentiert es sich als ein sozialer Ort, der *auch* über eine Ausstellung verfügt, die allerdings – so wurde während meiner Beobachtungen deutlich – im alltäglichen Vereinsleben eine eher periphere Rolle spielt. Die während meiner Besuche anwesenden Vereinsmitglieder hielten sich kaum dort, sondern vorwiegend im Barbereich bzw. Clubraum auf. Die Ausstellung wurde kaum frequentiert. Im heutigen Museum muss sie auf dem Weg zum Clubraum kaum noch betreten werden, denn der größte Teil der

19 Führung vom 15.08.2005 (00:48:29 bis 00:51:36).

20 Führung vom 15.08.2005 (00:46:05 bis 00:46:20).

Ausstellungsfläche erstreckt sich zur linken Seite des zum Clubraum führenden Korridors und kann damit buchstäblich ‚links liegen gelassen' werden. Angesichts der Raumnutzung stellt sich die Ausstellung eher als Nebenprodukt oder ‚Anhängsel' der Vereinstätigkeit dar. Warum, so stellt sich mir die Frage, halten die Museumsmacher dann überhaupt an ihr fest? Eine Antwort auf diese Frage bietet eine Analyse der Museumsdinge.

DIE MUSEUMSDINGE: BEZIEHUNGSREICHE DINGE

Mit dem McNair-Museum hat sich der „Initiativkreis Berlin e.V." einen Ort der Gemeinschaftspflege geschaffen. Mit seiner Ausstellung und dem Clubraum bietet das Museum den Ehemaligen einen verlässlichen und dauerhaften Treffpunkt. Im alltäglichen Vereinsleben wird der Clubraum allerdings häufiger genutzt als die Ausstellung. Die im Vereinsziel formulierte Aufgabe, der „besonderen moralischen und sozialen Verantwortung gegenüber den zivilen Angestellten bei den Alliierten" nachzukommen, könnten die Vereinsmitglieder auch alleine durch das Betreiben des Clubraums erfüllen. Warum also halten sie an der Ausstellung fest? Warum wird ihr sogar die größte Fläche der Vereinsräume zugesprochen? Die Ausstellung nimmt etwa drei Viertel der vorhandenen Fläche ein, der Clubraum belegt das verbleibende Viertel. Angesichts der Diskrepanz zwischen Flächenbelegung und Raumnutzung stellt sich die Frage, warum so viel Raum auf das Sammeln und Zeigen von Objekten verwandt wird, wenn diese im Vereinsalltag kaum wahrgenommen oder betrachtet werden? Warum geben die Mitglieder einen Großteil der knappen Vereinsbeiträge für die Raummiete aus? Wäre es nicht wesentlich effektiver, kleinere und günstigere Räume zu mieten, eine kleinere Ausstellung zu präsentieren, um dafür mehr Geld für das vorrangige Vereinsziel, die Gemeinschaftspflege aufwenden zu können? Diese Fragen stellen sich umso dringender, denkt man an die im wahrsten Sinne des Wortes bewegte Museumsgeschichte zurück: Seit der Gründung im Jahr 1993 ist der Initiativkreis nebst Museum neun Mal umgezogen. Mit jedem Umzug standen die Vereinsmitglieder vor dem Problem, neue Flächen zu finden und die Ausstellung immer wieder neu aufzubauen. Am Ausstellen wurde immer festgehalten, die für die Exponate vorgesehenen Flächen wurden sogar mit jedem Umzug vergrößert. Welchen ‚Mehrwert' bietet den Vereinsmitgliedern die Ausstellung bzw. die Exponate, warum nehmen sie die mit dem Deponieren und Exponieren von Dingen verbundene Mühe auf sich?

Objektarten: „Alles original!“ – Souvenirs aus der „alten Zeit“

In der oben zitierten Selbstdarstellung bezeichnen die Museumsmacher ihre Ausstellung als Dokumentationsmittel:

„Eine Dauerausstellung in den Räumen des Initiativkreis Berlin Stiftung e.V. (Mc Nair Museum) dokumentiert die vielfältige Geschichte der zivilen Angestellten, die zwischen 1945 und 1994 bei den drei westlichen Alliierten beschäftigt waren.“[21]

Den Objekten scheint folglich ein Zeugniswert hinsichtlich der „vielfältigen Geschichte der zivilen Angestellten“ zuzukommen.

Im McNair-Museum begegnete ich einer Vielzahl unterschiedlichster Gegenstände. Die meisten Exponate erwiesen sich als Originalobjekte aus der „alten Zeit“, wie Herr K. die Ära der Alliierten in Berlin nennt.[22] Ihr Ursprungskontext beschränkt sich allerdings nicht nur auf die ‚Welt‘ der zivilen Angestellten, in die Sammlung sind auch zahlreiche Exponate aus der ‚Welt‘ der Alliierten integriert, es gibt keine klare Trennung zwischen Gegenständen der Militär- und der Zivilangestellten, an vielen Stellen verschmelzen die Exponate zu einer gemeinsamen Inszenierung. Dies gilt vor allem für den Bereich der US-Alliierten.[23] Beispielhaft lässt sich dies an der Ausstellungseinheit zur „Maintenance Division“ beschreiben, die der Tätigkeit der Zivilangestellten in der Instandsetzungseinheit der US-Armee gewidmet ist. Hier finden sich neben einem Militär-Jeep und dem Zylinder eines Panzers auch Schreibmaschinen und Telefone aus den Büros der „Amis“ (wie die Zivilangestellten ihren Arbeitgeber häufig nennen), verschiedene Hinweis- und Verbotsschilder aus den Werkstätten sowie Fotografien, die die ehemaligen Mitarbeiter an ihrem Arbeitsplatz oder bei privaten Aktivitäten zeigen. Auch Urkunden und Uniformteile sowie Straßenschilder vom Kasernengelände finden sich in diesem Abschnitt.

Die Ausstellung reflektiert damit, wie die damalige Situation von den Zivilbeschäftigten erlebt wurde. In den Interviews betonten Herr K. und seine Museumskollegen immer wieder die guten und freundschaftlichen Beziehungen, die

21 Vgl. http://www.mcnair-museum.de/4.html (Zugriff 23.09.09).

22 Vgl. Führung vom 15.08.05 (00:09:36; 00:26:26) und vom 05.01.09 (00:15:16).

23 Der ‚US-militärische‘ Objektbestand wurde im Laufe der Jahre immer stärker erweitert und zwar in dem Maß, in dem auch die US-Veteranen das Museum als Treffpunkt zu nutzen begannen. Siehe dazu auch die folgenden Abschnitte „Objektordnung: „Mit dem Herz gemacht“ sowie „Objektverwendung: Erinnerungsdinge“ und das Kapitel „Das McNair-Museum: Geschichten vom „Sich-Sammeln“

zwischen „dem Ami“ und den deutschen Zivilangestellten herrschten, sowie die flachen Hierarchien am Arbeitsplatz:

> Herr K.: „[Unsere Ausstellung] hieß ja am Anfang ‚Wie aus Feinden Freun…‘ [berichtigt sich] oder ‚Wie aus Besatzern Freunde wurden‘, nicht? Denn am Anfang, ’45, kamen die Alliierten ja als Besatzer hier rein, nicht? War eben halt so. […] Und det wandelte sich natürlich, wissen Sie ja, mit ’48 Spaltung und Kalter Krieg, und so kam denn die Nähe, ‚Wie aus Besatzern Freunde wurden‘. Kann man wirklich, kann ich wirklich unterschreiben, auch jeder, der da gearbeitet hat. Das war ein super Arbeitsplatz, ja? War ’n tollet Verhältnis, war anders – mit den Amerikanern war wahrscheinlich det allerbeste Verhältnis, immer.“[24]

Die gemeinsame Präsentation von ‚zivilen‘ und ‚militärischen‘ Dingen in der Ausstellung reflektiert zudem auch die sehr banale Tatsache, dass viele Gegenstände, mit denen die Zivilbeschäftigten in ihrem Arbeitsalltag zu tun hatten im Besitz der Alliierten waren, d. h., dass bereits im Ursprungskontext keine klare Unterscheidung zwischen den Gegenständen der Militärs und der zivilen Angestellten bestand.

Eine klare Trennung existiert allerdings in Bezug auf Exponate der unterschiedlichen Alliierten: Die Objekte der Briten, Franzosen und US-Amerikaner werden nicht zu einem gemeinsamen Bild der Zivilangestellten zusammengefügt, sondern jede Nationalität erhält ihre „Ecke“.[25] Der Großteil der Exponate stammt aus US-amerikanischem Kontext, die britischen oder französischen Streitkräfte bzw. Zivilbeschäftigten sind nur durch wenige Objekte vertreten. Damit reflektiert der Objektbestand auch die Mitgliederstruktur des Vereins, dem zum Großteil Zivilangestellte und Veteranen der US-Armee angehören.[26]

---

24 Gruppeninterview vom 05.01.09 (00:27:36 bis 00:28:13).

25 Die Museumsmacher benennen die „Ecke“ als ein Ordnungsprinzip. So sprechen sie beispielsweise von der „Franzosen-Ecke“, der „britischen Ecke“ oder der „Telefunken-Ecke“.

26 Vgl. Führung vom 15.08.2005 (00:17:29 bis 00:17:55) und (01:02:13 bis 01:02:44).

Abbildung 3: Die „Engländer-Ecke“

Foto: Angela Jannelli, Mai 2007

Die Ausstellung des McNair-Museums besteht vorwiegend aus Artefakten und Dokumenten, die sowohl das Arbeitsleben der Soldaten und Zivilangestellten als auch ihre Freizeitaktivitäten abbilden: Es finden sich Auszeichnungen und Urkunden, Ausweise und Arbeitsbücher, Hinweis- und Verbotsschilder, Fahnen und Flaggen, Zeitungsartikel und Zeichnungen, Plakate und Fotografien, Kleidung (v.a. Uniformen) sowie (unbrauchbare) Munition. Das Arbeitsleben der Zivilbeschäftigten und Soldaten wird durch zahlreiche „Relikte“ aus den Werkstätten, Büros und Kasernen abgebildet, Einrichtungsgegenstände wie Schreibtische, Bürostühle oder Sessel erinnern an das ehemalige Arbeitsumfeld. Die Freizeitgestaltung wird über Kleidung, Sportartikel, Geschirr, Getränkedosen und Flaschen, sowie über Pokale und verschiedenste Andenken repräsentiert. In der Führung werden die meisten dieser Dinge als private Erinnerungsstücke vorgestellt. Aber auch offizielle bzw. ‚semi-offizielle‘ Repräsentationsobjekte sind in großer Anzahl vorhanden: Standarten und Fahnen, Kompagnie-Abzeichen, Erinnerungsbücher, die anlässlich von (Dienst-) Jubiläen oder anderen denkwürdigen Ereignissen veröffentlicht bzw. von Einzelpersonen zusammengestellt wurden, Fotorahmen mit Gruppenfotos und Schnappschüssen von privaten Feiern oder offiziellen Feierlichkeiten sowie gruppenspezifische Zeitschriften. Viele dieser privaten, semi-offiziellen und offiziellen Erinnerungsstücke hatten bereits in ihrem Ursprungskontext die Funktion eines Ausstellungsstücks, auch wenn der Rahmen, in dem sie gezeigt wurden kein musealer, sondern vielmehr ein gemeinschaftsstiftender war. Im McNair-Museum erleben diese Erinnerungsstücke gewissermaßen eine Zweitnutzung als Exponate.

Einige der ausgestellten Dokumente sind Kopien, die Originale – so erfahre ich in der Führung – sind beim jeweiligen Besitzer. Die Kopien sind nicht extra als Reproduktionen gekennzeichnet, die Unterscheidung von Original und Kopie spielt für die Museumsmacher offenbar keine nennenswerte Rolle. Alle Objekte sind unterschiedslos als authentische Objekte präsentiert, die die „alte Zeit" dokumentieren sollen.

Diese authentischen Objekte aus dem Leben der Zivilangestellten und der Militärs werden durch einige wenige Objekte mit dezidiert ‚didaktischer' Funktion ergänzt: Eine interaktive Karte Berlins zeigt beispielsweise den ehemaligen Mauerverlauf sowie die ehemaligen Standorte und Kasernen der Alliierten. Wenn man einen Knopf drückt, soll ein Lämpchen den genauen Standort des ausgewählten Orts auf der Karte anzeigen. Das Exponat war allerdings bei keinem meiner Ausstellungsbesuche funktionstüchtig. Und ich bin nicht sicher, ob es kaputt oder einfach nur nicht eingesteckt war. Dasselbe gilt auch für eine Medienstation in einem dem Guard Battalion gewidmeten Kabinett. In eine selbst gebaute Mediensäule ist ein Monitor eingelassen. Auf ihm, so informiert die Objektbeschriftung, sollen Bilder die Geschichte des 6941st Guard Battalion zeigen. Auch hier stellt sich mir die Frage, ob die Station nicht funktioniert oder nur nicht eingesteckt ist. Als weiteres didaktisches Objekt ist noch ein ca. 1,5 m^2 großes Modell der Kraftwagen- und Panzerwerkstatt in der ehemaligen Andrews-Kaserne[27] zu nennen. Es ist mit viel Sorgfalt und Liebe zum Detail gebaut und steht in dem der Maintenance Division gewidmeten Bereich. Im Interview erläutert Herr K., dass diese Objekte vor der Existenz des McNair-Museums entstanden seien. Das Museum bzw. der „Initiativkreis Berlin e.V." ist aus verschiedenen Arbeitsbeschaffungsmaßnahmen hervorgegangen, mit denen die arbeitslos gewordenen Zivilangestellten aufgefangen werden sollten. Sämtliche didaktischen Exponate sind im Rahmen der ABM hergestellt worden. Dies gilt auch für die wenigen Objektbeschriftungen, die in der Ausstellung zu finden sind.

In der Welt der *wissenschaftlichen Museen* haben didaktische Exponate und Objektbeschriftungen die Funktion, Erklärungen und Erläuterungen für Dinge oder Vorgänge zu liefern, einen Sachverhalt anschaulich und verständlich zu machen bzw. die jeweiligen Artefakte zu kontextualisieren. Über sie kommuniziert das Museum mit dem Besucher, vermittelt sein Wissen. Im McNair-Museum wurde diese traditionelle Form der musealen Kommunikation nur im Rahmen der ABM gepflegt. Nach dem Auslaufen der Maßnahmen und der Gründung des Vereins wurden keine weiteren Beschriftungen oder didaktischen

27 Ein weiteres Modell zeigt eine Kampfsituation im Feld. Es macht auf mich den Eindruck einer privaten Bastelarbeit und wurde in keiner der Führungen erwähnt.

Exponate mehr erstellt: Die ,Kommunikation mit außen' wurde zugunsten der ,Kommunikation nach innen' eingestellt. Nachdem die Hoffnung gescheitert war, die Gemeinschaft der Zivilangestellten in einem ,realen' Arbeitsverhältnis fortbestehen zu lassen, hat sich der Verein neu ausgerichtet als Treffpunkt für Ehemalige. Das McNair-Museum will nicht ein Informationszentrum für Fremde sein: Es will Beziehungspflege leisten und nicht Geschichtsdidaktik. In einer auf der Homepage veröffentlichten Rede betont der Vereinsvorsitzende deutlich diesen Aspekt:

Herr K.: „Unsere früheren Kollegen fühlten sich von der offiziellen Politik trotz aller Überbrückungsmaßnahmen im Stich gelassen und hatten das Vertrauen verloren. Nach diesem Rückschlag [= dem Scheitern des ursprünglichen Vereinsziels, Hilfe bei der Suche nach neuen Beschäftigungen zu leisten] rückte unser zweites Vorhaben in den Vordergrund. Eine Begegnungsstätte für alle ehemaligen Mitarbeiter der Streitkräfte und für alle interessierten Bürger dieser Stadt sollte geschaffen werden, um damit die Geschichte der Zivilbeschäftigten bei den alliierten Besatzungsmächten, die für uns zu Schutzmächten wurden, zu dokumentieren, damit sie nicht der Vergessenheit anheimfällt."[28]

Im McNair-Museum freut man sich über Besucher, aber sie stehen nicht im Mittelpunkt der Museumsaktivitäten. Besuchszahlen als Erfolgsmesser – wie dies für die meisten etablierten, *wissenschaftlichen Museen* üblich ist – spielen hier keine Rolle. Dies zeigt sich in Herrn Ks Antwort auf meine Frage nach den jährlichen Besuchszahlen:

Herr K.: „Mhm, ja, wat ham wa? Naja, wenn ich jetzt [nachdenkend] die Veteranen – sag ich mal – mit zuzähle, die da mit – schon mit ... 500 Leuten kommen, ... die Schulklassen und... eigentlich trudeln jeden Tag so drei bis vier Leute ein, manchmal mehr – manchmal auch keiner. Wenn det Wetter schlecht is, Sommerzeit... [Pause] Also Amis, allet wat Amis is, die kennen uns jetzt, durch diesen Verein in den Staaten und so weiter. Die kommen alle her, jeder will ja sehen, wo er stationiert war und – denen schließen wir auch die Räumlichkeiten auf und allet. Nö, det is schon sehr jut."[29]

Doch obwohl sich der Initiativkreis nach innen gewandt hat und das ,Sich-den-Anderen-Erklären' nicht das primäre Kommunikationsziel ist, wird weiterhin ge-

28 http://www.mcnair-museum.de/4.html (Zugriff 23.09.09).

29 Interview vom 15.08.2005 (00:53:58 bis 00:54:35). Anlass meiner Frage war die Erwähnung von Herrn K, dass das McNair-Museum vom Deutschen Museumsbund angeschrieben worden sei, mit der Bitte, an der jährlichen „Statistischen Gesamterhebung an den Museen der Bundesrepublik Deutschland" teilzunehmen.

sammelt. Das heißt, die Objekte müssen – wenn sie nicht der Repräsentation nach außen dienen – von interner Relevanz sein.

Familiäre Dinge

Der Wert der Dinge liegt in ihrer „Familiarität". Der Begriff erscheint mir treffend, da er einerseits Vertrautheit und Ungezwungenheit impliziert und andererseits auch Konnotationen zu sozialen Bindungen freisetzt. Die Bedeutungskomponente der Vertrautheit und Ungezwungenheit liegt in der „Alltäglichkeit" der Dinge, die im McNair-Museum versammelt sind. So wird der Zweck der Ausstellung folgendermaßen benannt:

„In der Ausstellung erhalten Besucher einen Überblick aus dem täglichen Leben der Zivilangestellten der Alliierten Streitkräfte in Zusammenarbeit mit den Soldaten und Vertretern der Vereinigten Staaten von Amerika, Großbritannien [sic] und Frankreichs."[30]

Wie die Museumsmacher auf ihrer Homepage benennen, zeigt die Ausstellung das „tägliche Leben". Die unter der Rubrik „Der Verein" als Ziel benannte Dokumentation der „vielfältigen Geschichte" wird hier also als Alltagsgeschichte der Zivilangestellten und alliierten Streitkräfte spezifiziert. Dies spiegelt sich auch in den ausgestellten Objekte wider: Im McNair-Museum sind die alltäglichen Dinge der Zivilbeschäftigten aufbewahrt, hier sind viele Gegenstände versammelt, die den Ehemaligen durch wiederholten Gebrauch vertraut geworden sind. Die zweite, soziale Bedeutungskomponente von „Familiarität" lässt sich daran ablesen, dass die Dinge im McNair-Museum vor allem einen persönlichen und weniger einen dokumentarischen Erinnerungswert haben. Dies zeigt sich immer wieder in den Führungen, wenn die faktischen Informationen zugunsten von persönlichen Geschichten in den Hintergrund rücken:

Herr K.: „Das is hier 'ne Schreibmaschine. Also wie gesagt, in dem Business was ich da 'n bisschen betrieben habe. Wat heißt betrieben![31] Wir hatten 6000 Büromaschinen zu warten, wir waren 'ne Abteilung von fast zehn Mann, ja? Mit Auszubildenden. Das is 'ne Schreibmaschine von der Abhörstation vom Teufelsberg. Die konnten ja bis Moskau lauschen. Und die Jungs, das war die [buchstabiert auf Englisch] USASAFSB, das war ein Bataillon von hoch ausgebildeten Amis, die hieß ‚United States Army Security Agency Field Station Berlin'. Und die konnten alle... natürlich Deutsch, natürlich Russisch. Und die saßen da oben mit Kopfhörern und hörten, wat da übern Äther kam. Hier war Endlospapier drinne, das wurde gleich eingetippt, was die da hörten, und sollte es Russisch sein,

30 http://www.mcnair-museum.de/1.html (Zugriff 23.09.09).

31 Die Unterstreichung weist auf die besonders starke Betonung des Wortes hin.

konnte man die Umschaltung drücken und dann schrieb man Russisch. Oder Englisch. Also das is wirklich 'ne richtige Rarität, diese Schreibmaschine."
AJ: „Hab ich auch noch nie irgendwo gesehen."
Herr K.: „Nee, sowas gibts glaub ich auch nich … Und ich hab sie auch nur gerettet, als die sich auflösten, die Field Station. Und da hat ich 'n kleines Museum bei mir eingerichtet, in der Dienststelle, von manuellen Schreibmaschinen, Rechenmaschinen, Shredders, damit die mal sehen, wat vor der Elektronik war. Denn zum Schluss – jede Schreibmaschine, war ja alles nur noch elektronisch, bis zu den Computern dann ran. Und da hat einer mir die gebracht, hat gesagt: ‚Mensch P[…], hier, is doch für deine Sammlung schön.' Dadurch bin ich dazu gekommen. Alte Telefone usw. [Es geht nahtlos weiter zur nächsten Objektgruppe] Kleine britische Ecke ham wer nochmal. Mike – äh – sehr netter Kollege, auch seit drei Jahren tot, der war 'n Warn Officer bei den Briten, verliebte sich dort inne Sekretärin, in Spandau war der stationiert, und wollte aus der Armee raus nach 19 Jahren, musste er 5000 D-Mark Strafe zahlen, dadurch kam er aus der britischen Armee raus, hat denn für die amerikanische Armee 27 Jahre gearbeitet, als Zivilbeschäftigter. Und kriegte auch mal so 'n Orden, wie ich eben zeigte, diese drei da vorne. Aber da musste der Buckingham Palast die Einwilligung geben, dass er den Orden annehmen darf vom Amerikaner."[32]

In den Führungen wird deutlich, dass vor allem die persönliche Bedeutung des Objekts für erzählenswert erachtet wird, sein dokumentarischer Wert ist zweitrangig. Dies zeigt sich auch exemplarisch am folgenden Ausschnitt:

Herr K.: „Denn – ja, naja hier haben wir mal so 'n bisschen Reuter dokumentiert, und Kennedy, als der in Berlin war. Das is zum Beispiel, is gerade gestorben, vor einem Jahr, war 'n Warn Officer, 30 Jahre US-Armee, mit 'ner Deutschen verheiratet, hier geblieben, und war denn 15 Jahre noch Zivilbeschäftigter. Als der wegging, haben wir dem dieses Gewehr gebaut, mit 'nem Knoten im Lauf, ja, wir waren, wir hatten noch 'nen Waffenshop, wir konnten das alles machen, ja."[33]

Die Dinge sind ‚familiär', weil die Museumsmacher mit ihnen vertraut sind und weil sie die Menschen kennen, die mit diesen Dingen zu tun hatten. In den Dingen sind persönliche Erinnerungen und Erlebnisse enthalten, sie sind die sichtbaren Elemente von Geschichten aus der Vergangenheit; von Geschichten, die für

32 Führung vom 15.08.2009 (00:32:03 bis 00:34:12) In den in den Führungen und Interviews präsentierten Erzählungen greift Herr K. sehr häufig auf die Figurenrede zurück, ein Stilmittel, das für dramatische Wirkung sorgt und die ‚erzählte Person' plastisch hervortreten lässt.

33 Führung vom 15.08.2009 (00:18:17 bis 00:18:45).

die Museumsmacher bedeutend sind, die erzählenswert sind und die deshalb in den Führungen weitergegeben werden. Die Familiarität der Dinge konstituiert sich auch durch ihren ‚Beziehungsreichtum': Sie repräsentieren vergangene und immer noch bestehende soziale Beziehungen, über sie sind die Museumsmacher mit anderen Ehemaligen verbunden – und umgekehrt.

Der Sammlungswert der Dinge begründet sich in ihrer Authentizität – sie sind echt, „alles original US".[34] Als Originale gehören sie gleichzeitig der „alten Zeit" und der Gegenwart an. Diese Eigenschaft, die Vergangenheit in die Gegenwart zu transportieren, ist für Susan Pearce das ‚Alleinstellungsmerkmal' von Objekten:

> „The material nature of objects means that they, and they alone, have the capacity to carry the past physically into the present. An object which was once part of a Roman kitchen or a Polynesian settlement or a 1930s cinema retains the reality of that historical involvement, even though it may also be the subject of many fresh interpretations and reinterpretations. The object is, in colloquial speech, the ‚real thing', it has sincerity, validity and authenticity."[35]

Den Dingen wohnt eine zeit- und raumüberschreitende Kraft inne. Diese doppelte Präsenz der Dinge, die – verstärkt durch ihre Authentizität und ihren in vielen Jahren des Gebrauchs erworbenen Bedeutungsreichtum – macht sie als Sammlungsgegenstände begehrenswert und verleiht ihnen einen sozialen Wert:

> „In part objects take their glow of desirability from exactly that inherent historical contact which we have just discussed, for it is this accumulated meaning which gives an object much of its social value."[36]

Neben dem sozialen Wert spielen laut Pearce auch die individuellen Werte eine große Rolle, wenn es darum geht, was ein Ding sammelnswert und -würdig macht. In den ‚familiären Objekten' des McNair-Museums fällt meines Erachtens beides zusammen. Wie die oben angeführten Beispiele zeigen, überlagern sich im ‚familiären Objekt' gruppenspezifische und individuelle, routinisierte und außergewöhnliche Erinnerungen. Auf diese Weise wird ein Ding bedeutend und wertvoll, sein Erinnerungswert besteht in seiner personalisierten, emotionalen, identitätsstiftenden und narrativen Kraft. Das Changieren zwischen Vergan-

---

34 Herr K. in der Führung vom 15.08.2005: „Und denn natürlich worauf ich besonders stolz bin: die ganze Ausrüstung. Es ist alles original US!" (00:34:28 bis 00:34:30).

35 Pearce, Susan M.: On Collecting, S. 170f.

36 Ebd. S. 172.

genheit und Gegenwart sowie die emotionale Kraft der persönlichen Erinnerungen zeigt sich exemplarisch am Beispiel des „Souvenirs“:

„Souvenirs are past life, past loves, past happiness or sorrow; they are, for all of us, the past which makes the present. […] Souvenirs possess the quality held by all objects to be at once a genuine part of the past where they played a part, and a genuine part of the present where they can be the focus of a variety of feelings; they both attach themselves metonymically to their original context and present metaphorical potential in the present.“[37]

Die Objekte im McNair-Museum sind Souvenirs aus der „alten Zeit“, der untergegangenen und unwiederbringlich vergangenen Welt der Alliierten. Damit umweht die Dinge auch immer ein Hauch von Nostalgie, für Pearce ebenfalls ein Charakteristikum des Souvenirs:

„[…] objects have the capacity to serve as the unique trace of genuine experience. But they are experience worked upon by feeling. They become the vehicles for a nostalgic myth of contact and presence in which a selected view of the personal past is vaunted over the grey and difficult present.“[38]

In den Führungen und Gesprächen mit den Vereinsmitgliedern kommt immer wieder zum Vorschein, wie positiv die „alte Zeit“ besetzt ist, ein nostalgischer Unterton schwingt nicht nur zwischen den Zeilen mit:

Herr K.: „Weil der Arbeitsplatz eben nett gestaltet war, man hatte das Sagen, Wissen und alles und es wurde einem nicht reingeredet. Wir waren zum Beispiel 'ne Einheit mit 200 Leuten ungefähr. Wir haben von der Handfeuerwaffe bis zum Panzer – alle Waffen, alle technischen und taktischen Geräte, wurden bei uns repariert. Da war ein Lieutenant Cornel, ein Major, ein Warn Officer, zwei Sergeants, tja, und das war es! […] Das war ein herrliches...! Wir sind immer einmal im Monat zusammen kegeln gegangen, wir sind abends in 'ne Kneipen und alles – ah herrlicher…! Das war ein wunderschönes Leben… [leiser] Muss ich sagen…“[39]

Der Abzug der Alliierten und der damit verbundene Verlust des Arbeitsplatzes sowie der Gemeinschaft von Militär- und Zivilangestellten werden immer wieder als markante Wendepunkte benannt:

---

37 Ebd. S. 244.

38 Ebd.

39 Gruppeninterview vom 05.01.09 (00:22:24 bis 00:24:56).

Herr K.: „Also was wir sind: Wir sind die ehemaligen Zivilbeschäftigten bei den drei Westalliierten. Wir hatten auch mal…, als wir uns gegründet hatten, eigentlich '93, eigentlich nur um 'ne Vertretung zu haben, 'ne Lobby. Wir waren ja 12.000 Zivilbeschäftigte bei den drei Westalliierten und dass wir irgendwo 'n kleinen Zusammenhalt haben… Und… ja, aber wir sind untergegangen, das gab's gar nicht, ja!? Wir sind 7.000 Mann letztlich am 30. September 94, alle in die Arbeitslosigkeit marschiert. […]“[40]

Auch wenn über dem McNair-Museum ein unübersehbarer Hauch von Nostalgie weht, kann den Museumsmachern nicht im Sinne der Kompensationstheorie unterstellt werden, dass sie in einem „grey and difficult present“[41] lebten und sich die Gegenwart durch den wehmütigen Blick zurück auf die goldene Vergangenheit erträglich träumten. Für alle Beteiligten, so wurde während meiner Ausstellungsbesuche deutlich, ist die Vergangenheit abgeschlossen. In den Interviews und Führungen erweckten die Museumsmacher nie den Eindruck, am liebsten die Uhr zurück drehen zu wollen oder in einer imaginierten „alten Zeit“ zu leben. Dies wurde besonders am Fest des 4. Juli deutlich, dem amerikanischen Unabhängigkeitstag, der im McNair-Museum groß gefeiert wird. Ich hatte eine kleinere Ansammlung von Vereinsmitgliedern erwartet, die sich den Nachmittag mit Grillen, Bier trinken und Plaudern vertreiben würden. Meine Überraschung war groß als ich mich stattdessen auf einem Volksfest wiederfand mit Buden, Bands und verschiedensten Vorführungen. Auf dem Hof waren Zelte und Bierbänke aufgebaut, auf einer Bühne spielte eine Country-Band, der Hof war von etlichen Militärfahrzeugen gesäumt. Ein befreundeter Verein von Sammlern historischer Militärfahrzeuge hatte für diese Art der ‚Dekoration‘ gesorgt. Etwa 400 Besucher aller Altersgruppen, von denen viele Amerikanisch sprachen, bevölkerten den Hof, dazwischen immer wieder uniformierte Männer. Wie sich im Laufe meines Besuchs herausstellte, waren einige von ihnen ehemalige Zivilangestellte, die zur Feier des Tages noch einmal in ihre alte Uniform geschlüpft waren, andere entpuppten sich als Mitglieder des Militärfahrzeugvereins, die die zu ihren Fahrzeugen passende Kleidung trugen. Wieder andere waren aktive Soldaten der US-Armee. Der Höhepunkt des Fests bestand in einer feierlichen Zeremonie, bei der US-amerikanische Soldaten den Star Sprangled Banner hissten. Die Stimmung war fröhlich und ausgelassen und hatte durchaus karnevaleske Züge: Wer war ‚echt‘ und wer ‚verkleidet‘? Das Verwirrspiel begann bereits am Eingang zum Kasernengelände: Hier waren zwei ‚Wachtposten‘ postiert, die den Verkehr regelten und manche Besucher nach ihren Ausweisen fragten. Wie sich später herausstellte, waren es ehemalige Angehörige des Guard Battalion,

40 Führung vom 15.08.2005 (00:01:07 bis 00:01:53).

41 Vgl. Pearce, Susan M.: On Collecting, S. 244.

die die frühere Zugangssituation zur Kaserne nachstellten. In diesem Kontext wirkte das Verkleiden und ‚So-tun-als-Ob' auf mich wie ein karnevaleskes Vergnügen und nicht wie eine nostalgische, rückwärtsgewandte Vergangenheitsverklärung.[42] Ähnlich äußerte sich auch Herr K., als ich ihn einige Wochen später auf die ‚verkleideten Ehemaligen' ansprach:

> Herr K.: „Ja, da waren etliche [in Uniform] dabei. Und die finden das natürlich dann auch gut, nochmal ihre alte Uniform anzuziehen und da vorne den Verkehr zu regeln [lacht] oder da, in dem Moment nach dem Ausweis zu fragen. Ja – aber die waren denn auch wirklich dabei. Also ich würd mir so 'ne Uniform nicht anziehen, ich war nicht dabei oder so, ja [...] Ich war nie Uniformträger und ich werd mir sowas nicht anziehen [lacht] Ja, nee! Aber die waren's ja nun mal. Und das ist Vergangenheit, history, und wenn die das mögen, ihre alte Uniform nochmal anzuziehen [lacht] – ja!"[43]

Die „Souvenirs" im McNair-Museum sind meines Erachtens nicht deshalb bedeutsam, weil sie eine kompensatorische Funktion erfüllten. Sie sind bedeutsam, weil ihnen eine evokative, narrative Kraft innewohnt. Mit dem Sammeln der ‚Originalgegenstände' werden zwar einerseits tatsächlich Fragmente einer untergegangenen Welt ‚gerettet', es eröffnet sich damit aber gleichzeitig auch die Möglichkeit, dem Gestern gegenüberzutreten, die Vergangenheit aus der Distanz zu betrachten und zu begreifen:

> „Part of the souvenir's capacity to create narratives of the past lies in its ability to help us make sense of situations and experiences which are essentially beyond our control. [...] The souvenir of a lifetime serves to make time itself personal, familiar and tamed."[44]

Mit dem Sammeln der Dinge können die Ereignisse gedeutet werden, man kann sie sich aneignen, ihnen retrospektiv Sinn verleihen. Mit dem Sammeln wird zwar einerseits zum Ausdruck gebracht, dass die Vergangenheit bedeutend ist, gleichzeitig wird sie aber auch gemeinsam mit den Objekten ‚musealisiert', d. h. sie erhält eine neue Qualität, ihr wird ein neuer Sinn zugewiesen.[45] Die Vergan-

---

42 Diese Art des Spiels könnte vermutlich auch mit dem Label „Camp" oder „reenactment" versehen werden. Ich möchte es allerdings an dieser Stelle bei dem Verweis belassen, eine Vertiefung des Aspekts könnte eine Studie zu den vielfachen Ausprägungen des (historischen) Spiels leisten.

43 Interview vom 16.08.2005 (00:11:26 bis 00:12:01).

44 Pearce, Susan M.: On Collecting, S. 244.

45 Vgl. Zur Musealisierung von Objekten Flügel, Katharina: Einführung in die Museologie, S. 25f.

genheit rückt somit in den Bereich einer ‚mythischen Vorzeit', in der die Gemeinschaft der Ehemaligen ihren Ursprung hatte. Das McNair-Museum wird so zum Ort, an dem die Erinnerung an diese bedeutende Zeit aufrecht erhalten und gepflegt wird.

„Souvenirs toll out ‚never again' and as they do so they move the authentic into the domain of the significant, where the past is endowed with satisfactory meaning. Turning-points emerge from the flow of time, and are seen as dramatic, whether happy or sad; periods of the past become stretches of pastoral content or vacant misery contributing to the flow of life, and so personal narratives are made, supported in their ‚truth' by the ‚real' objects to which they refer, and a personal past is created. Origin stories are told of a past which is not repeatable but is reportable, in narratives which spiral backwards and inwards into the interior of a life. Gradually, the souvenir itself becomes the point of the story, and where once it was a product of life, now life is used to explain it."[46]

Die Kraft und Bedeutsamkeit der Dinge liegt meines Erachtens darin, dass sie die Vergangenheit – wie Susan Pearce schreibt – „reportable" machen, d. h., dass man über die Objekte die Vergangenheit erzählen und deuten kann. Diese narrative Energie des Souvenirs wiegt meines Erachtens im McNair-Museum schwerer als der von Pearce betonte Wunsch nach Kompensation einer vermeintlich tristen Gegenwart durch die Beschwörung eines vergangenen „goldenen Zeitalters". Es geht um das Erinnern, nicht um das Wiederholen der Vergangenheit. Gesammelt wird also nicht zu dem Zweck, die Vergangenheit zu rekonstruieren, es geht vielmehr darum, einen der Gemeinschaft angemessenen Erinnerungsraum zu schaffen. Die ‚familiären Objekte' verfügen als Souvenirs aus der „alten Zeit" über die hierfür notwendige emotionale und evokatorische Kraft.

Diese Kraft der Dinge potenziert sich in Objekten wie Fahnen, Uniformen oder Abzeichen, die schon im Ursprungskontext einen gemeinschaftsstiftenden Charakter hatten. Dies gilt umso mehr für den militärischen Bereich, in dem eine ‚Einheit' nicht zuletzt auch durch solche Symbole mit gemeinschaftsstiftendem Charakter gebildet wird. Das McNair-Museum vereint viele solcher Symbol-Objekte in sich: Fahnen, Uniformen, Orden und Auszeichnungen, Logos und auch selbst gemalte Embleme einzelner Einheiten, die schon in der ursprünglichen Verwendung zur Erinnerung und Identifikation verwendet wurden. Die gemeinschaftsstiftende Wirkung ist ungebrochen, sie scheint sogar ‚ansteckend' zu sein, jedenfalls erweisen sich die Dinge als ein starker Anziehungspunkt des Museums für die Ehemaligen:

46 Pearce, Susan M.: On Collecting, S. 244.

Herr K.: „Das Guard Battalion, das war ja ne große Einheit [...] Und wie es so ist, die trafen sich in den Enzianstuben, die einen; und die anderen wieder da..., einmal im Monat, so 'n Zusammenhalt, mit Kegeln, aber das ist auf Dauer nichts, ja? Und irgendwie kam denn der eine mal von der Kompagnie und: ‚Och, ist das schön hier!', und: ‚Och, hier sind unsere Fahnen!' und: ‚Das is ja auch schön'... So, nun langsam sind sie alle hergekommen, und das sind die, die den letzten Sonntag im Monat den Frühschoppen, am meisten bevölkern."[47]

In McNair sind die Dinge versammelt, die bedeutsam für die Gemeinschaft der Ehemaligen sind. Es sind ‚familiäre', d. h. vertraute und beziehungsreiche Gegenstände, Souvenirs mit narrativer Kraft, die Erinnerungen und Erzählungen provozieren. Indem gesammelt wird, wird der Erinnerungsraum immer weiter bestückt. Und ganz im Sinne des Gabentauschs wird mit dme Netz der Erinnerungen auch das Netz der Beziehungen wird immer dichter gewoben: je mehr Souvenirs desto mehr Erinnerungen und desto mehr persönliche Beziehungen.

Das Sammeln und Ausstellen lässt sich nicht auf eine kompensatorische Funktion reduzieren, es kann nicht als Symptom dafür gedeutet werden, die Vergangenheit nicht loslassen zu wollen oder zu können. Es hat auch eine produktive, zukunftszugewandte Seite, die sich über den großen sozialen Wert der Dinge im McNair-Museum manifestiert. Dieser Wert ist so groß, dass die Dinge als unbedingt bewahrenswert erscheinen:

Herr K.: „Nee, kaufen tun wir grundsätzlich nicht. Nee, nee. Dauerleihgabe oder Schenkung. Nee, kaufen nicht. Aber wir verkaufen auch nichts. Da kann einer sagen: ‚Das möcht ich haben'. nee! Weg geben wir auch nichts mehr! Was wir haben, hamwer!"[48]

Dinge, von denen man sich nicht leichter Hand, sondern nur schweren Herzens trennen kann, bezeichnet die Ethnologien Annette Weiner als „inalienable possessions":

„Some things, like most commodities, are easy to give. But there are other possessions that are imbued with the intrinsic and ineffable identities of their owners which are not easy to give away. Ideally, these inalienable possessions are kept by their owners from one generation to the next within the closed context of family, descent group, or dynasty. The

47 Interview vom 16.08.2005 (00:12:03 bis 00:13:03).

48 Führung vom 05.01.2009 (00:28:50 bis 00:29:18).

loss of such an inalienable possession diminishes the self and by extension, the group to which the person belongs.“[49]

In den im McNair-Museum versammelten Dingen manifestieren sich die sozialen Beziehungen, das Sammeln kann demnach nicht eingestellt werden. Nicht mehr weiter zu sammeln hieße, soziale Beziehungen zu kappen, zuzulassen, dass die Erinnerungen von Kollegen buchstäblich auf dem Müll landen würden:

Herr K.: „Es ist auch so, dass viele – sag ich mal, die jetzt alt werden und die da liebevoll das gesammelt haben, ihre Urkunden oder weiß der Teufel was für [unverständlich]. Also die Kinder hamn ja kein Interesse, oder hamn da ja keine... und so weiter, ja!? Und denn sagen die: ‚Ah, eh das ganz verschwindet, das geb ich mal lieber zum Initiativkreis.‘ Wir könnens ja nicht mehr aushängen! Wir sind ja so [lacht] vollgepflastert! [...] Und die geben das denn zu uns und wir archivieren das erst mal. Vielleicht werden wir ja noch mal ’n bisschen größer oder so oder kriegen ’n Raum mehr, dann können wir’s ja ausstellen.“[50]

Objektordnung: „Mit dem Herz gemacht“

Das McNair-Museum zeichnet sich durch eine beeindruckende Fülle von Exponaten aus. Die Objekte haben sich als Souvenirs aus der „alten Zeit“ gezeigt, mit dem Sammeln der Dinge wird ein dichtes Netz persönlicher Beziehungen gewoben, die über das Erzählen in Erinnerung gerufen werden. Das Museum ist ein Erinnerungsraum, daher ist es nur folgerichtig, dass möglichst viele ‚Souvenirs‘ zu sehen sind. Laut eigener Auskunft sind bis auf wenige Doubletten alle Objekte der Sammlung ausgestellt:

Herr K.: „Ich sag mal: Die [gemeint ist ein Museum in Dahlem, das die Museumsmacher im Rahmen der ABM als Fortbildungsmaßnahme besucht haben] stellen ein Fünftel aus und vier Fünftel liegt unten drin! Die schönsten Sachen!“
AJ: „Wie ist das bei Ihnen? Sie haben ja auch ein Archiv?“
Herr K.: „Ja, nee. Dat Schöne is alles da. Das sind Sachen, die sind doppelt oder so was.“[51]

In der Ausstellung sind die „schönen Sachen“ präsentiert und damit auch die ‚schönen Erinnerungen‘. Die Vereinsräume sind für die Präsentation möglichst

49 Weiner, Annette B.: Inalienable Possessions, The Paradox of Keeping-While-Giving, Berkley, Los Angeles, Oxford: University of California Press 1992. S. 6.

50 Interview mit Herrn K vom 15:08:2005 (00:56:22 bis 00:58:21).

51 Interview vom 16.08.2005 (01:08:55 bis 01:09:03).

vieler Objekte bzw. Erinnerungen optimal ausgenutzt. Es gibt nur sehr wenig leere Flächen und auch an den Wänden findet sich nur wenig ‚Weißraum' zwischen den Fotografien, Urkunden, Schildern und anderer ‚Flachware'. Der Erinnerungsraum ist buchstäblich dicht. Doch wie ist dieser Raum organisiert? Nach welchen Prinzipien ist er gegliedert?

Als externer Besucher steht man dieser Objektfülle beeindruckt aber ratlos gegenüber. Der Ausstellungsraum weist eine kabinettartige Struktur auf, die verschiedenen, von Stellwänden eingefassten Objektgruppen lassen auf eine thematische Anordnung der Exponate schließen. Die hinter der Ordnung stehende Logik erschließt sich dem Besucher allerdings nicht ohne weiteres. Es ist nicht erkennbar, nach welchen Kriterien die Objektpräsentation organisiert ist. Bei meinen Ausstellungsbesuchen habe ich zwar einige formale und inhaltliche Ähnlichkeiten zwischen den Exponaten einer Gruppe erkannt, welches Thema sie zusammenhält, hat sich mir erst in den Führungen erschlossen. Dieser hermetische Eindruck wird dadurch bekräftigt, dass es kein Leit- und Informationssystem gibt. Im McNair-Museum finden sich keine großen, auffälligen Überschriften, Bereichs- oder Gruppentexte und es gibt auch nur wenige Objektbeschriftungen, die die Bedeutung einzelner Exponate oder Exponatensembles erläutern.

Dass sich externe Besucher nicht zurechtfinden, erklärt sich mit der Eigenschaft des Museums, als Erinnerungsraum genutzt zu werden. Wer beim Initiativkreis „zu Gast"[52] ist, dem fehlt die persönliche Erfahrung mit den Gegenständen. Die Bedeutung der Objekte sowie die hinter ihrer Gruppierung stehende Ordnung erschließen sich ihm nur, wenn er von Mitgliedern oder Freunden des Initiativkreises durch die Ausstellung geführt wird. Erst in den Erzählungen der Museumsmacher offenbart sich der Erinnerungswert der Dinge und es wird auch deutlich, dass die Aufstellung der Exponate – analog zu ihrer persönlichen Bedeutung – einer erfahrungsbasierten Ordnung folgt.

Die Ausstellung ist thematisch geordnet, wobei jedem Thema eine „Ecke" gewidmet ist. Im McNair-Museum finden wir die „Ami-Ecke", die „Franzosen-Ecke", die „britische Ecke", eine „RIAS-" und eine „Telefunken-Ecke", die „Ecke für das deutsch-amerikanische Volksfest", usw. Der thematische Zusammenhang der Objekte konstituiert sich durch ihren Ursprungskontext: In den jeweiligen „Ecken" sind die Dinge versammelt, die schon in der „alten Zeit" auf die eine oder andere Weise zusammengehörten. Der Ausstellung liegt also eine lebensweltliche Ordnung zu Grunde, die sich aus der Familiarität der Dinge ergibt. Das Ordnungsprinzip basiert auf der früheren, alltäglichen Verwendung der Dinge und passt sie in die ihnen vertraute Umgebung ein. Im McNair-Museum

52 Vgl. den Abschnitt „Establishing shot: „Welcome Home to the Outpost of Freedom"

ist nicht die wissenschaftliche Klassifikation der Dinge ausschlaggebend, wichtig ist vielmehr, dass sie sich zu einem stimmigen bzw. stimmungsvollen Gesamtbild fügen:

> Herr K.: „Is ja nichts Wissenschaftliches, n bisschen 'ne Reihe haben wir versucht oder themenartig das so 'n bisschen zu machen, aber wir sind alles keine … Fachleute, ja? So wie Trotnow [damaliger Leiter des Alliiertenmuseums Berlin, Anm. AJ], das is ja richtig wissenschaftlich, dem sein Museum, das Alliiertenmuseum, ja aber das war auch gar nicht unsere Absicht, wir ham's einfach mit'm, aus'm Herzen raus gemacht und wie et aussieht..."[53]

Die Ausstellung im McNair-Museum ist nach persönlichen, alltags- und erfahrungsbasierten Ordnungskriterien organisiert. Es ist einerseits das gleiche Thema, der frühere lebensweltliche Kontext und ursprüngliche Verwendungszusammenhang der Dinge, die die Objektordnung bestimmen. Andererseits ist bei der Platzierung eines Objekts auch entscheidend, „wie es aussieht", d. h. es wird geprüft, ob es ‚offensichtlich' an die ihm zugedachte Stelle passt und ob es sich in das Gesamtbild einfügt. Ausschlaggebend für die Zusammenstellung der Exponate sind also die Alltagserfahrungen, die die Museumsmacher als Zivilbeschäftigte mit den Gegenständen gemacht haben. Diese Erfahrung aus erster Hand zeichnet das McNair-Museum nach eigener Auskunft aus, sie wird als wichtigstes Alleinstellungsmerkmal benannt:

> Herr K.: „[…] aber wir haben's eben mit'm Herz gemacht und unser Vorteil ist natürlich das Insiderwissen, nicht? Das kann uns keiner nehmen! Wir haben Kollegen hier, die haben '45, '46 sogar, hier angefangen, ja? Und das is 'n Fundus, die können wirklich sagen, wie das war, was war und das alles."[54]

Entscheidend für die Positionierung eines Objekts – so lässt sich aus der in den Interviews mehrfach verwendeten Herz-Metapher schließen – ist die emotionale, persönliche Empfindung und nicht eine analytische Entscheidung oder Klassifikation. Die Ordnung muss als richtig, schlüssig und harmonisch empfunden werden, sie muss die (vergangene) Lebenswelt der Zivilangestellten angemessen repräsentieren, die Dinge müssen sich zu einem stimmigen Erinnerungsbild fügen.

Über die Zuordnung von Objekten zu bestimmten „Ecken" bzw. Themen entscheiden persönliche, gruppenspezifische Kriterien. Die Ausstellung wird da-

53 Interview vom 15:08:2005 (00:56:22 bis 00:58:21).

54 Herr K. im Gruppeninterview vom 05.01.2009 (00:11:58 bis 00:12:14).

ran gemessen, ob sie als Tableau der Erinnerung funktioniert: Ist das aus den einzelnen Dingen komponierte Gesamtbild stark genug, um Erinnerungen zu evozieren und um damit für die Gruppe der Ehemaligen relevant zu sein? Die große Bedeutung, die die persönlichen Beziehungen im McNair-Museum haben, wird in folgendem Interviewausschnitt deutlich. Während mich Herr K. durch die Ausstellung führt, kreuzte immer wieder Herr B. unseren Weg und versuchte, sich in das Gespräch einzuklinken:

Herr B. [zu mir]: „Waren Sie im Alliiertenmuseum?“
[Ich nicke]
Herr B.: „Und wie empfanden Sie das, als Sie da reinkamen?“
Herr K. [wirft schnell ein]: „Das is alles wissenschaftlich.“
AJ [gleichzeitig mit K]: „Ähhh – das is alles... äh …“
Herr B.: „unpersönlich!“
AJ: [dankbar für die Vorlage wiederhole ich] „Ja, unpersönlich.“
Herr B.: „Unpersönlich, spricht nicht an.“
Herr K.: „Ja, wie ’n Museum halt is, ja? Ich meine, gar kein Vorwurf draus zu machen! Bloß wir sind was anderes. Wir sind ’ne Begegnungsstätte mit ’nem Museum. Das ist auch unsere Zielvorstellung.“[55]

Auch für den Bereich der Objektordnung lässt sich also die große Bedeutung der persönlichen Beziehungen festhalten. Die ‚familiären Dinge‘ werden in vertrauten Objektverwandtschaften zusammengestellt. Ihre erinnerungsevozierende und gemeinschaftsstiftende Kraft wird so zusätzlich gesteigert. Dies möchte ich im Folgenden anhand der Analyse eines Objektensembles zeigen. Hier wird deutlich, dass die genaue Kenntnis der ‚Verwandtschaftsbeziehungen‘ – ganz ähnlich wie im ‚richtigen Leben‘ – etwas ist, das nur ‚Familienmitglieder‘ verstehen (und vielleicht, so möchte ich hinzufügen, auch nur für sie relevant ist).

Das Porträtfoto eines älteren Mannes, gerahmt in einem dunklen mit einer Goldkante verzierten Holzrahmen, hängt in der Mitte einer Stellwand. Auf ihr sind mehrere gerahmte Fotos und Zeitungsartikel zu sehen, zwei gerahmte Fahnen mit Emblem und Schriftzug der Einheit „Supply and Service, US Army Berlin“, in der Ecke steht eine Puppe in Uniform. Rechts neben den Fotos des älteren Mannes im grauen Anzug sind drei Fotos in identischen Rahmen gruppiert: Das in der Mitte zeigt einen Grabstein, links und rechts darunter sind Aufnahmen der Beisetzung platziert. In einem dritten Rahmen schließlich ist ein Zeitungsartikel in englischer Sprache präsentiert, der sich als Nachruf des porträtierten Mannes erweist. Das Objektensemble dieser Stellwand bleibt für den „Gast“

55 Herr K. und Herr B. in der Führung vom 15.08.05 (00:51:20 bis 00:52:04).

rätselhaft. In welchem Zusammenhang stehen das Porträt, die Fahnen, die Luftaufnahme einer Kaserne, die Zeitungsartikel über verschiedene Männer und die Uniform? In der Führung erfahre ich, dass in dieser „Ecke" Souvenirs zusammengestellt sind, die an bestimmte Einheiten und das ‚Schicksal' einzelner Zivilangestellter erinnern. Die Geschichte des porträtierten Mannes nimmt in diesem Teil der Führung einen großen Stellenwert ein. Nachdem Herr K. schnell und routiniert erzählend von einer Objektgruppe zur anderen gegangen ist, wird er angesichts dieses Objektensembles gleichsam aus dem Text gerissen:

Herr K.: „Das war 'ne Nachschubeinheit, ‚Quartermaster' nannte die Einheit sich. Da hab ich mal angefangen, ganz am Anfang. Und nannte sich dann ‚Supply and Service Division'. Und die haben uns ihre Fahnen, die letzten übergeben. Da isses. Ja, haben die mir gegeben: [Herr K. wechselt in die Figurenrede] ‚Hier Peter, hier isses gut aufgehoben, nimm du sie mal.' Ja? [...] Transportation Division, 'n bisschen [hält kurz inne, wechselt zum nächsten Objekt, einem Foto von „Mister L" und spricht dann lauter weiter] Ja, so enden Karrieren! Dieser Mensch hier in der Mitte, Mister L [...], war der Vorsitzende der Jüdischen Gemeinde der Amerikaner in Berlin. Ein ganz mächtiger Boss, ja!? Und der war im Range fast eines Oberst, der sollte sogar General werden, der Reserve, wollt er nicht, dann hätt er nämlich aus Berlin raus müssen. Der war von 45 an hier. Denn isser gestorben, in Israel aufm Besuch, und ist hier in Berlin beerdigt worden. Seine Verwandten kamen aus New York. Der war reich! Der soll sogar drüben vier, vier große Supermärkte gehabt haben, in den Staaten! Und sein ganzes Hab... – das is alles, das hat 'n Kollege – das [zeigt auf die Schaufensterpuppe] war seine Uniform, seine Auszeichnungen, seine Medaillen, seine Orden – aufm Flohmarkt gefunden! Ja, nu hat der das gekauft und hat das uns jetzt zur Verfügung gestellt."[56]

Im McNair-Museum sind die Dinge so gruppiert, dass sie starke Erinnerungsbilder ergeben. Dies wird einerseits durch die lebensweltliche und erfahrungsbasierte Zusammenstellung der Exponate erreicht: Die Dinge finden sich in der ihnen und ihren Verwendern vertrauten Umgebung wieder. Ihr Zusammenhang erschließt sich aber nur den ‚Insidern', was dem Erinnerungsbild andererseits seine gemeinschaftsstiftende Kraft verleiht. Die Art der Objektpräsentation dient der Stärkung der persönlichen Beziehungen. Objektensembles wie das oben dargestellte sind für Angehörige der Alliierten ein beredtes Bild, aus dem sie vielschichtige Erinnerungen ablesen können. Ihnen sind die ‚Verwandtschaftsverhältnisse' zwischen den Objekten bekannt. Die Bezüge zwischen den Dingen

56 Führung vom 05.01.2009 (00:08:46 bis 00:12:20). Mit der Verknüpfung von persönlicher Erinnerung und überindividueller, allgemeinmenschlicher Dimension weist diese Sequenz narrative Strukturen des Memorats auf.

müssen für die Ehemaligen nicht extra benannt oder offengelegt werden, sie sind selbstverständlich. Dies erklärt auch, warum die Exponate im McNair-Museum nach der ABM-Zeit nicht mehr mit Objekttexten versehen wurden. Sie müssen nicht für Außenstehende verständlich sein, sie müssen für die Ehemaligen bedeutend sein. Diese Art der Objektpräsentation kann als Spiel mit codierten Objekten gedeutet werden. Nur die Ehemaligen kennen den Code, wissen um die Bedeutung der Objekte und ihre Beziehung zueinander, nur sie können die Botschaft der Erinnerung entschlüsseln. Eine solche Präsentation stellt Komplizenschaft her oder – wie es im Falle der ehemaligen Zivilangestellten der Alliierten treffender formuliert ist – sie sorgt für das Bestehen der Kameradschaft.

Das Beispiel zeigt aber auch den zentralen Stellenwert des McNair-Museums als Erinnerungsraum. In der Führung wird deutlich, dass das Museum als adäquater Aufbewahrungsort für die „familiären Dinge“ angesehen wird. Die Fahnen der „Supply and Service Division“ werden Herrn K anvertraut, denn im Museum sind sie „gut aufgehoben“. Und die Geschichte von Herrn L wird als tragische Begebenheit mit glücklichem Ausgang erzählt: Die nicht angemessen gewürdigten und auf dem Flohmarkt gefundenen Hinterlassenschaften dieses einst mächtigen und reichen Mannes wurden von einem Kollegen gerettet und dem Museum überlassen. Hier haben sie nun den ihnen angemessenen Platz gefunden, hier wird die Erinnerung an den Mann gepflegt und seine Leistung gewürdigt.

Die kommunikative Absicht von Arrangements wie dem oben beschriebenen zielt nicht auf eine Bewusstmachung abstrakter, theoretischer Sachverhalte, mit solchen Objektensembles soll keine ‚metakommunikative‘ oder ‚didaktische‘ Botschaft für Fremde vermittelt werden. Sie dienen vielmehr der internen Kommunikation und funktionieren über die Evokation gemeinsamer Erinnerungen. Sie sind keine Abbildung einer theoretischen oder abstrakten Wissensordnung, die außerhalb des Erfahrungshorizonts bzw. der Lebenswelt der ehemaligen Zivilangestellten liegt. In der Ausstellung materialisiert sich nicht die Geschichte der Zivilbeschäftigten im Sinne einer offiziellen Geschichtsschreibung. Die Sammlung verkörpert vielmehr die Geschichten der Menschen, die z.T. über Jahrzehnte bei den Alliierten beschäftigt waren und deren Identität zu einem großen Teil durch dieses in vielerlei Hinsicht besondere Arbeitsverhältnis bestimmt war. Im McNair-Museum wird die Erinnerung an diese Zeit gepflegt und in Ehren gehalten. Hier wird der Gemeinschaft der Zivilangestellten und der US-Veteranen gedacht.

Die Objektordnung kann folglich buchstäblich als ‚Vergesellschaftung‘ der Objekte bezeichnet werden: Die Exponate werden zu erinnerungsmächtigen Objektnachbarschaften gruppiert, als „familiäre Dinge“ stehen sie in einem bedeutungsvollen ‚Verwandtschaftsverhältnis' zueinander. Es geht darum, stimmige Erinnerungsbilder zu kreieren und zu einem Erinnerungsraum zusammenzufügen, in dem die persönlichen Erlebnisse und Beziehungen der Ehemaligen im Vordergrund stehen. Im McNair-Museum ist die Ordnung der Dinge „mit dem Herz gemacht".

Objektverwendung: Erinnerungsdinge

Das McNair-Museum will nicht Repräsentationsort sein, es hat sich als Erinnerungsraum gezeigt. Seine Bedeutung entfaltet es in erster Linie für die Gemeinschaft der Ehemaligen, nicht für externe Besucher. Der Initiativkreis tritt als Sachverwalter der Erinnerung auf: Mit dem Betrieb des Museums stellt er den Ehemaligen einen dauerhaften und verlässlichen Ort zur Verfügung, ist ihnen Treffpunkt und Begegnungsstätte. Und über das Sammeln und Präsentieren der „familiären Dinge" ist das Museum ein Sammelbecken für persönliche Erinnerungen. Hier wird an die Männer und Frauen erinnert, „die über einen Zeitraum von fast 50 Jahren mit ihrer Arbeit einen Beitrag zur Sicherung der Freiheit der Westsektoren Berlins geleistet haben."[57] Die Exponate sind ihnen gewidmet und können damit als Huldigung oder als Geste der Wertschätzung gelesen werden. Die Erinnerung an die Ehemaligen folgt nicht der abstrakten Darstellung ihrer Aufgaben und Tätigkeitsfelder, im Mittelpunkt stehen vielmehr die persönlichen Geschichten, die auch in den Führungen großen Raum einnehmen. An den Objekten interessiert nicht ihre historische Zeugenschaft für Outsider, als Souvenirs haben die Dinge eine gruppenspezifische, persönliche Bedeutung.

Die Bedeutung des Museums als gemeinschaftsrelevanter Erinnerungsraum zeigt sich überdeutlich im Umgang mit verstorbenen Vereinsmitgliedern. In der Ausstellung sind zahlreiche Porträts ehemaliger Zivilbeschäftigter und Veteranen zu sehen. An einigen Rahmen ist ein schwarzer Trauerflor angebracht. Die Museumsmacher gedenken ihrer Toten. Diese Geste verdeutlicht nochmals, wie eng das Erinnern und die Pflege der persönlichen Beziehungen im McNair-Museum miteinander verwoben sind, denn ohne das Erinnern der Lebenden erlischt die Erinnerung an die Toten. Für Aleida Assmann ist mit dem Begriff Totengedächtnis „die Verpflichtung der Angehörigen gemeint, die Namen ihrer Toten im Gedächtnis zu behalten und gegebenenfalls der Nachwelt zu überliefern."[58]

---

57 Vgl. http://www.mcnair-museum.de/1.html (Zugriff 07.10.2009).

58 Assmann, Aleida: Erinnerungsräume, S. 33. Im Totengedächtnis sieht Assmann sogar den „anthropologischen Kern" des kulturellen Gedächtnisses (ebd.).

Abbildung 4: Erinnerung an verstorbene Kameraden

Foto: Angela Jannelli, Januar 2009

Die Ehemaligen gedenken ihrer verstorbenen Kollegen und erhalten die persönliche Beziehung zu einzelnen ehemaligen Kollegen über den Tod hinaus aufrecht. Die Vereins- und Museumsarbeit stellt dabei eine säkularisierte Form des Totengedenkens dar.[59] Das McNair-Museum ist ein Erinnerungsraum, der vielfältige Formen des Gedenkens umfasst, einer von ihnen ist das Totengedenken.[60] Das Erinnern erstreckt sich aber auf die gesamte, mit dem Abzug der Alliierten aus Berlin untergegangene Lebenswelt der Zivilangestellten und Veteranen. Über die Museumsarbeit wird folglich neben der Beziehungspflege auch Trauerarbeit geleistet.

---

59 Vgl. Assmann, Aleida: Erinnerungsräume, S. 33-61. In der „Fama und Historia", in Denkmälern, Monumenten und Relikten sowie im historischen Museum des 19. Jahrhunderts sieht Assmann die klassischen säkularisierten Formen des Totengedenkens.

60 Aleida Assmann weist im Zusammenhang mit dem Totengedenken auf die Bedeutung des Totenmahls hin: „Essen und Trinken ist die Elementarform der Gemeinschaftsbildung, am Grab wird sie zur rituellen Vereinigung der Lebenden mit den Toten." (Erinnerungsräume, S. 33). Ich will die Analogiebildung zwischen den ursprünglichen Formen des Totengedenkens und den Formen der Erinnerung im McNair-Museum hier nicht überstrapazieren, möchte aber dennoch auf die große Bedeutung hinweisen, die der Clubraum im Vereinsalltag als „Kneipe" spielt. Vgl. dazu das Kapitel „Die Museumsräume: Treffpunkt und Begegnungsstätte."

In seiner Untersuchung des Handwerksmuseums Baldramsdorf kommt auch Gottfried Fliedl zu einem solchen Schluss: In dem Kärntner Museum sind über Jahre hinweg verschiedene Schenkungen von Einzelpersonen zu einer großen, heterogenen Sammlung zusammengewachsen. Träger des Museums ist ein Verein, die Museumsarbeit wird ehrenamtlich geleistet. Die Sammlung umfasst vorwiegend Objekte aus Gewerbe und Handwerk sowie traditionelle heimatkundliche Stücke aus der Stadtgeschichte. Fast alle Objekte sind ausgestellt, was dem Museum eine gewisse Unübersichtlichkeit, aber auch seinen Charme verleiht.[61] Im Handwerksmuseum sieht Fliedl

„eine Art Welt des Abschieds. Eine Welt des Abschieds vom Nutzen der Dinge und einer von versunkenen Arbeits- und Lebensweisen, Abschied von denen, deren Werkzeug und Arbeitsprodukte die Dinge einst waren. Die Sammlung ist tatsächlich das Medium einer Art von kollektiver Trennungsarbeit."[62]

Fliedl begründet dies mit der spezifischen Qualität der Objekte im Museum. Er sieht in ihnen „Denkmäler" und „profane Reliquien"[63] bzw. – im psychologischen Jargon gesprochen – „transitionale Objekte". Solche Übergangsobjekte haben v.a. in Trennungsprozessen und der Trauerarbeit einen wichtigen Stellenwert, da sie als „Vertreter" von Personen oder Situationen deren endgültiges Verschwinden hinauszögern können.

„In dieser Funktion sind solche Objekte höchst ambivalent, weil sie eine Art Dauer des Abschieds und der Trennung herstellen. Sie bewirken ein Andauern der Trauerarbeit, die nicht zum Abschluß kommen kann."[64]

Die Museumsobjekte in Baldramsdorf sind für Fliedl solche Übergangsobjekte: Es sind Dinge aus einer untergegangenen Welt, die hier gesammelt und zu sehen sind; Dinge, die gleichzeitig im „Gestern" und im „Heute" sind und sich damit in einem eigentümlichen „Schwebezustand zwischen den Zeiten und Identitäten"[65] befinden:

„Hier liegt die engste Analogie zwischen Übergangsobjekt im strengen psychoanalytischen Sinn und dem Museumsding: In seiner Funktion, die Trennung hinauszuschieben,

61 Fliedl, Gottfried: Baldramsdorf. S. 3.

62 Ebd. S. 3f.

63 Ebd. S. 7.

64 Ebd. S. 1.

65 Ebd. S. 5.

dem Abschied Dauer zu verleihen, die Objekte der Trennung zugleich als ein Stück innerlicher, privater und persönlicher Wirklichkeit *und* äußerlicher Museumsrealität in Schwebe zu halten."[66]

In dieser Art der unabgeschlossenen Trauerarbeit sieht Fliedl aber im Gegensatz zur Kompensationstheorie nach Marquard und Lübbe kein Zeichen der Unfähigkeit, mit dem modernisierungsbedingten Vertrautheitsschwund klarzukommen, sondern er betont das widerständige Element einer solchen Sammlungs- und Ausstellungspraxis:

„Das Aufheben der Reste entspringt einem Sich-Nicht-Völlig-Abfinden-Können mit dem Verschwinden, mit der darin implizierten Destruktion, die sich ja nicht einfach nur gegen Sachen richtet, sondern gegen das Ganze des eigenen Lebenszusammenhanges."[67]

Baldramsdorf und Berlin-Lichterfelde liegen meines Erachtens sehr nahe beieinander. Auch das McNair-Museum bietet den Ehemaligen eine „partielle Rückkehrmöglichkeit"[68] in ihr altes Leben, ein Wiedersehen mit den Dingen der „alten Zeit" und im Falle des Fests zum 4. Juli auch ein Wieder-Hineinschlüpfen in die frühere Berufs- und Lebenswelt. Wie ich in der Analyse gezeigt habe, besetzen die Objekte eine schillernde Position zwischen Vergangenheit und Gegenwart, sie sind „Souvenirs" aus der alten Zeit und ‚verkörpern' damit vertraute Erinnerungen und Beziehungen. Und sie sind die einzigen materiellen Überreste aus der Welt der Zivilangestellten der Alliierten, das Einzige, was bis in das Heute gerettet werden konnte. Für die Baldramsdorfer Sammlungsgegenstände führt Fliedl den Begriff „Überlebsel" ein:

„Wenn wir eine winzige semantische Verschiebung vornehmen, verstehen wir vielleicht eher, warum die ‚baldramsdorfer Sammler' so pfleglich mit ihren Resten umgehen: für sie sind die Dinge, um den englischen, fast, aber eben nicht ganz analogen Begriff zu gebrauchen, ‚survivals', das, was man in der deutschen Übersetzung als ‚Überlebsel' bezeichnen könnte. In unserem Fall sind die Überlebsel in gewisser Weise Objekte, denen die Sorge und Anstrengung des Aufbewahrens gilt, Objekte der Selbstthematisierung."[69]

Das „Retten" spielt auch eine große Rolle für die Sammlungstätigkeit der Mitglieder des Initiativkreises. In den Führungen und Interviews weist Herr K.

66 Ebd. S. 6.

67 Ebd. S. 8.

68 Ebd. S. 5.

69 Ebd. S. 13f.

mehrmals darauf hin, dass es sich hier um gerettete Objekte handelt, dass die Dinge vor dem Untergang bewahrt wurden:

Herr K.: „Das ist auch alles Original, drüben aus den Mess Halls rausgeholt, die Bars und alles was… – Damals war ja noch viel in den Kasernen hier drinnen: die ganzen Fliesen hier, alles, alles… Aber mit Erlaubnis von den Besitzern, ja!? Ob das die Küchen... das is aus den Küchen der Amerikaner, es is alles fast original ja!? Ja, selbst der Fernsehständer [lacht]! Ja, wir haben wirklich – äh, ja Gott sei Dank, dadurch haben wir es gerettet, nicht?“[70]

Die „Überlebsel“ sind wertvoll, als „Objekte der Selbstthematisierung“ spielen sie eine wichtige Rolle im Prozess der Trauerarbeit bzw. bei der Bewältigung von einschneidenden Erlebnissen. Diesen Aspekt der Museumsarbeit bezeichnet Fliedl als „Selbstethnologisierung“. Mit der Übergabe an das Museum machen die Baldramsdorfer Schenker ihre Sachen zu „Überlebseln“, sie halten fest am Eigenen und formulieren damit auch gleichzeitig den Anspruch, dass es sich bei den eigenen Erfahrungen um bewahrenswerte kulturelle Leistungen handelt, die „im kulturellen Haushalt der Gegenwart ihren Platz und Aufmerksamkeit verdienen.“[71] Für Fliedl sind die Dinge damit „Indizien des Widerstands gegen den Fortschritt“ und „einer zu Unrecht verschütteten Erfahrung“.[72]

Dieser Aspekt trägt auch die Museumsarbeit des McNair-Museums. Allerdings sehe ich in der „Selbstethnologisierung“ nicht allein einen Akt des Widerstands. Das Sammeln und Ausstellen von Dingen eröffnet eine Bandbreite von Handlungsmöglichkeiten, die jenseits von bzw. zwischen Affirmation und Widerstand stehen. Mit dem Museum wird ein Raum geschaffen, in dem verschiedene Spielarten der Erinnerung möglich sind.

Das McNair-Museum: Geschichten vom „Sich-Sammeln“

Das McNair-Museum ist der Ort, an dem die für die Gemeinschaft der ehemaligen Zivilangestellten bedeutenden Dinge versammelt sind. Es ist ein Raum für Souvenirs an Menschen und Situationen, die Dinge sind zu starken Erinnerungsbildern arrangiert, deren narrative Kraft in den Führungen deutlich wird. Das

70 Gruppeninterview vom 05.01.2009 (00:14:03 bis 00:14:36).

71 Fliedl, Gottfried: Baldramsdorf. S. 14.

72 Ebd. S. 14.

McNair-Museum hat sich als Ort der Erinnerungs- und Gemeinschaftspflege gezeigt. Die im Museum versammelten Dinge eröffnen den Vereinsmitgliedern Erinnerungs- und damit auch Verhandlungsspielräume, denn sie wollen geordnet, gedeutet und bewertet werden und sie sollen letztendlich den ihnen angemessenen Platz im Erinnerungsbild einnehmen.

Das Potential der Dinge, in die Rolle von ‚Verhandlungssachen' zu schlüpfen, hat James Clifford in seinem viel zitierten Aufsatz „Museums as Contact Zones" eindrücklich beschrieben.[73] Der Aufsatz beruht auf Cliffords Erfahrungen als Teilnehmer einer 1989 im Portland Museum of Art stattgefundenen Zusammenkunft von Museumsangestellten, Anthropologen und Angehörigen des Tlingit-Stammes. Das Treffen war vom Museum anberaumt worden, um gewissermaßen Informationen ‚aus erster Hand' über die Objekte des Sammlungsbestands der „Nordwestküsten-Indianer" einzuholen. Clifford beschreibt die überraschende Entwicklung des Zusammentreffens: Anders als von den Kuratoren und Anthropologen erwartet, erläuterten die Stammesältesten nicht die Herstellung oder ursprüngliche Verwendung der Objekte, sondern sie nahmen die Dinge zum Anlass für das Erzählen von Geschichten und das Singen von traditionellen Stammesliedern. Es waren nicht die Dinge, die im Mittelpunkt der Erzählungen standen, sie wurden vielmehr als „aides-mémoires"[74] genutzt, mit denen in Form von Geschichten und Liedern, Erinnerungen und Gefühle aber auch politische Ansprüche und Erwartungen an das Museum formuliert wurden.[75]

In Anlehnung an James Clifford kann auch das McNair-Museum als „contact zone" bezeichnet werden: Hier geht es darum, einen Raum zu schaffen und dauerhaft zur Verfügung zu stellen, in dem die Ehemaligen mit ihrer Vergangenheit in Kontakt treten können. Das McNair-Museum ist ein Raum des Erinnerns. Die Vergangenheit ist hier nicht objektiviert, sie erscheint nicht als verbriefte und versiegelte Zeit, sondern sie tritt vielmehr als lebendiger Erinnerungsraum in Erscheinung, in dem die „alte Zeit" immer wieder neu narrativ verfasst und realisiert wird:

---

73 Clifford, James: „Museums as Contact Zones", in: ders.: Routes. Travel and Translation in the Late Twentieth Century, Cambridge (Mass.) [u. a.]: Harvard University Press 1997, S. 188-219.

74 Ebd. S. 189.

75 Im Mittelpunkt von Cliffords Aufsatz stehen *wissenschaftliche Museen* und damit auch die Machtfrage, die unweigerlich zwischen „Sammlern" und „Gesammelten" auftaucht. In einem *wilden Museum* wie dem McNair-Museum mit seiner in erster Linie gruppeninternen Relevanz steht die Machtfrage nicht im Mittelpunkt.

Herr K.: „Das ist natürlich der Vorteil von uns: Wenn Sie mal das Gästebuch durchlesen, ja? Da steht wirklich drin ‚Alliiertenmuseum nur Schrott, nur Müll, hier ist das wahre Leben!‘ Und klar, hier kommen Amis aus den Staaten – da sind 1.500 Amis drüben, Berlin-Veteranen – die kommen alle vier Jahre her, nächstes Jahr wieder [...]. Und wenn die hierher kommen und: ‚Ach, wo warst Du?‘ – ‚Ach da war ich ja auch!‘ und: ‚Ach, da warste!‘. Gehense da rein, da sind Leute aus Ostdeutschland Wachtposten, die können Sie nicht ansprechen, der sagt: ‚Weeß ick nich...‘ Is ja auch nicht seine Aufgabe, der soll ja nur gucken, da is das hier ’n ganz anderes Fluidum, hier gibt's ’n Bierchen, ’n Käffchen zu trinken, alles, man plauscht, Bilder. Es ist – richtig ’ne Begegnungsstätte.“[76]

Im Erinnerungsraum des McNair-Museums sind die Souvenirs aufbewahrt, die „familiären Objekte“ sind hier für alle sichtbar und zugänglich. Sie bilden den gemeinsamen Referenzrahmen für die Erinnerungen der Ehemaligen, der Zivilangestellten wie der Veteranen. Die Objekte sind für sie „Verhandlungssachen“, über die man reden und sich verständigen kann, über die auch die Erfahrung von Verlust und Trauer thematisiert und verarbeitet werden kann. Im Erinnerungsraum McNair-Museum wird die Vergangenheit buchstäblich zugänglich, die Ehemaligen können hier mit ihr in Kontakt treten und der Geschichte vom Verlust der Arbeitswelt eine produktive Geschichte des Erinnerns entgegensetzen.

Diese zukunftsgerichtete, produktive Facette des Erzählens über Dinge steht auch im Mittelpunkt von Andrew Moutus Aufsatz „Collections as a Way of Being“.[77] Der Aufsatz ist Teil des Sammelbands „Thinking Through Things“,[78] in dem verschiedene Texte versammelt sind, die alle einen neuen methodischen Umgang mit Dingen zum Inhalt haben: Betrachtet man Dinge als Bedeutungen und nicht als bloße Signifikanten, so eröffnen sich neue Erkenntnismöglichkeiten in Bezug auf das Verhältnis von Menschen und Dingen.[79] In seinem Beitrag über eine Ausstellung zum Aitape Tsunami von 1998 legt Moutu das sinn- und beziehungsstiftende Potential der Dinge offen. Seine Herangehensweise beschreibt er dabei wie folgt:

„While some physical objects are involved in the discussion that follows, the argument is not about collectible art forms of the kind one finds in museums, but rather traverses along the level of concepts and uses objects as conceit to draw out the conceptual capacity of

76 Herr K. im Interview vom 15.08.05 (00:50:38-00:52:04).

77 Moutu, Andrew: „Collections as a Way of Being“, S. 94.

78 Vgl. Henare, Amiria; Martin Holbraad; Sari Wastell (Hg.): Thinking Through Things.

79 Henare, Amiria; Martin Holbraad; Sari Wastell (Hg.): Thinking Through Things. v.a. der Abschnitt ‚Things-as heuristic‘ v. ‚things-as-analytic‘. S. 5f. Vgl. hierzu auch den Abschnitt „Objektverwendungen – die performative Qualität der Museumsdinge.“

collections to organise and create the possibilities for re-conceiving meaning and reconfiguring social relations.“[80]

In seinen Beispielen zeigt sich Sammeln als ein Prozess, an dessen Ursprung eine Verlusterfahrung steht. Das Sammeln von Dingen beschreibt Moutu als ein „Sich-Sammeln“, im buchstäblichen wie im übertragenen Sinn. Über das Zusammentragen und Ordnen von Dingen kann einem Geschehnis nachträglich Sinn verliehen und unterbrochene oder gestörte soziale Beziehungen können neu geknüpft werden. Am Beispiel der Ausstellung über den Aitape Tsunami, die drei Jahre nach der Katastrophe im *Papua New Guinea National Museum and Art Gallery* gezeigt wurde[81] erläutert Moutu die zahlreichen Facetten und Spielarten von „Ver-Sammlungen“ jeglicher Art, d. h. von Menschen und Dingen, sowie das ihnen innewohnende sinn- und beziehungsstiftende Potential:

„The discussion so far has brought into focus several instances in which collections appear. For instance, the collection of artefacts that were assembled in the exhibition; the collection of people who gathered in the museum during the opening of the exhibition; as well as the people who collected themselves after the tsunami. Because the exhibition was a story of recollection and projection in the midst of devastating loss, despair and hope, it was inevitable that it would recall anguish and affliction, since the realities of such experiences could not have been denied or suppressed. It was a story the National Museum was able to reconstruct and tell through the collection of artefacts assembled through collective effort.“[82]

Sammlungen wie die zum Aitape Tsunami entstehen nicht durch die kontinuierliche Anhäufung von Objekten, sondern sie gründen in einer einmaligen, tiefgreifenden Verlusterfahrung. Es ist der Verlust, der ein Sich-Sammeln erst möglich und nötig macht. Moutu beschreibt das Sich-Sammeln als einen Prozess der „Neu-Zusammensetzung“ (reconfiguration), an dessen Ursprung die Erfahrung des Verlusts steht. Eine Sammlung ist demnach nicht nur „collection“, sondern immer auch „re-collection“, d. h. Erinnern. Im Zusammentragen von Dingen sieht Moutu aktive Erinnerungsarbeit.

Neben dem oben angeführten dramatischen Tsunami-Beispiel skizziert Moutu eine weitere, sehr alltägliche Form des „Sich-Sammelns“: Ein Redner wird

80 Moutu, Andrew: „Collections as a Way of Being“, S. 94.

81 Der Titel der Ausstellung lautete: The Aitape tsunami three years on: an exhibition commemorating the third anniversary of the disaster.

82 Moutu, Andrew: „Collections as a Way of Being“, S. 96.

durch die Frage eines Studenten in seinem Redefluss und Gedankengang unterbrochen, bevor er fortfahren kann, muss er sich zunächst „sammeln“:

„Figuratively, a question can be as devastating as a tidal wave, which first drowns the speaker and then allows him to make a comeback. What collection reveals in this context is the movement back and forth in time. The question interrupts the flow, causes the speaker to retrace his steps and then allows him to respond. The movement of thought between loss and the response, the moment of displacement and re-conceptualisation is where time becomes constitutive of collections. Through the momentary displacement, time enfolds itself and springs forward, collection picks itself up and strides on after the lapse.“[83]

An diesem Beispiel wird die viel beschriebene Eigenschaft der Dinge deutlich, zwischen den Zeiten zu changieren. Moutu geht hier allerdings einen Schritt weiter, indem er den Prozess des Sammelns nicht nur auf Objekte beschränkt, sondern auf alle (mentalen) Bewegungen zwischen Vergangenheit und Gegenwart. In Moutus Konzept erscheint das Sammeln selbst als identitätsstiftender Prozess. Hebt man wie Moutu die Unterscheidung zwischen materieller und immaterieller Welt auf und betrachtet Dinge als Konzepte, so zeigt sich, dass über das „Sich-sammeln“ nicht nur Dinge zusammengetragen werden, sondern dass sie auch neu zusammengesetzt werden, so dass sie ein kohärentes Bild eines ‚Ichs‘ oder einer Gruppe ergeben, das auch für die Zukunft tragfähig ist. Für Moutu sind Sammlungen – wie er es im Titel seines Beitrags benennt – „a way of being“.

Den von Moutu beschriebenen Aspekt des Sich-Sammelns sehe ich auch im McNair-Museum realisiert. Am Ursprung des gesamten Museums-Prozesses steht der Verlust, nicht nur des Arbeitsplatzes, sondern einer gesamten, als einzigartig empfundenen Lebenswelt: aus privilegierten Angestellten werden Arbeitslose. Die Entscheidung, „sich zu sammeln“ kann meines Erachtens nicht nur als widerständiger Akt gegen das Verschwinden interpretiert werden; sondern das „Sich-Sammeln“ als „way of being“ ist eine produktive Art, mit dem Verlust umzugehen. Mit dem Museum wird eine – im wahrsten Sinne des Wortes – ‚Sammelstelle‘ eingerichtet, ein Erinnerungsort geschaffen. Das McNair-Museum ist ein Ort, an dem die gewaltsam aufgelöste Gemeinschaft der Zivilangestellten und Alliierten gepflegt werden kann. Mit den Dingen werden hier die Erfahrungen und die Erinnerungen an Freunde und Kollegen bewahrt und lebendig erhalten.

83 Ebd. S. 103.

Die Geschichte der Sammlung unterstreicht die große soziale Bedeutung der Objekte: Die Sammlung des McNair-Museums ist über die Jahre gewachsen und wurde in Gemeinschaftsarbeit zusammengetragen. So haben beispielsweise die Vereinsmitglieder Fundstücke aus den verlassenen Kasernen in die Vereinsräume ‚transloziert' und viele Ehemalige haben ihre Erinnerungsstücke dem Museum überlassen. In den Führungen zeigt sich, dass die Geschichten der Ehemaligen oft als erzählenswerter erachtet werden, als zum Beispiel die ursprüngliche Funktion eines Objekts:[84]

AJ: „Welches sind denn Ihre Lieblingsstücke?"
Herr K.: „Die VD-Poster,[85] die Schreibmaschine natürlich, weil es aus meinem Bereich is… Ja, eigentlich schon hier, diese schönen Aufnahmen, die wir hier haben, mit dem Guard Battalion, dass das gerettet worden is! Wissen Sie – is ja eigentlich normalerweise alles aufn Müll gegangen, wenn nicht irgendeiner gesagt hätte: ‚Mmh, Mensch, das nehm ich mit, das heb ich mal auf.' Und dann natürlich, worauf ich besonders stolz bin, die ganze Ausrüstung! Es ist alles original US! Das waren Standard-Sitze, gibt's alles nicht mehr. Haben wir neulich fürs Kino verborgt, fürn alten Film. Haben wir 700 Euro für gekriegt. Ja, das is alles Original. Die vier Stühle sind vom Chief of Staff, also vom Dritthöchsten in Berlin. Hat auch irgendeiner... Und das absolute Highlight is natürlich diese Fahne. Gucken Sie mal, da oben is sie abgebildet, ... können Se das sehn? Das ist das Hauptquartier, da standen die gesamten Fahnen der einzelnen Staaten und links die der Berlin-Brigade. Und die hat Gott sei Dank der Gärtner mitgenommen, als das unterging, ganz zum Schluss. Der hat die mitgenommen und die hat er uns erst zur Verfügung gestellt… Aber denn: auch arbeitslos, dem ging's schlecht, und da wollt er sie verkaufen. Und da hamwer ihm, hat hier einer von uns gesagt: ‚Gut, ich geb dir zweitausend Mark dafür. Lasse uns.' Der hat uns die gesponsert. Ja. [Geht weiter] Und die kleine Story zu dem Kiddy Train zum Abschluss.....[…]"[86]

Mit dem Zusammentragen, Ordnen und Interpretieren der Dinge ‚sammeln sich' die Ehemaligen. Einerseits kann das Sammeln als widerständiger Akt gegen das Verschwinden interpretiert werden. Durch das massenhafte Anhäufen von Dingen und durch die ‚Teilrekonstruktion' der Welt der Zivilangestellten im McNair-Museum, bleibt die Vergangenheit buchstäblich manifest und präsent. Andererseits ist mit dem Sich-Sammeln auch ein Ordnen und Deuten der Dinge

---

84 Vgl. dazu den Abschnitt: „Objektordnung: „Mit dem Herz gemacht"

85 Damit sind US-amerikanische Aufklärungsposter gemeint, die die Soldaten in der unmittelbaren Nachkriegszeit zur Verhütung von Geschlechtskrankheiten (= **v**eneral **d**esease) aufforderten.

86 Führung vom 15.08.2005 (00:34:26 bis 00:35:59).

und Geschehnisse verbunden. Es ist aktive Erinnerungsarbeit und Gemeinschaftspflege. Mit dem Sammeln bzw. der Sammlung wird ein Handlungsraum eröffnet, in dem soziale Beziehungen etabliert und aufrecht erhalten werden können. Mit dem Museum haben sich die Vereinsmitglieder eine neue, wichtige Aufgabe geschaffen: Sie sind die Sachverwalter der „alten Zeit" und sorgen für den Fortbestand der Gruppe.

Über die Museumstätigkeit eröffnet sich den Mitgliedern zudem eine Möglichkeit, ihren sozialen Status zu verändern: Aus Arbeitslosen werden Kulturschaffende, über die Museumsarbeit erhöhen die Museumsmacher ihr soziales und kulturelles Kapital. So werden beispielsweise die Repräsentanten des Vereins zu Empfängen oder Ausstellungseröffnungen eingeladen, das Museum wird in Reiseführern und Stadtteilmagazinen als Sehenswürdigkeit gelistet, die Originalexponate werden als Film-Requisiten gemietet und die Museumsmacher sind als Gastgeber gefragt:

Herr K.: „[…] man muss es auch sehen, wir sind ja 'n Aushängeschild für den [= Investor für das Areal der McNair-Kaserne]. Hier war zum Beispiel der Vater Jackson, wissen Se, der Vater von Michael Jackson, ja? Und denn: [..],Oh, Mann, Herr K.[…], können Sie nicht hinten 'n bisschen Kanapees machen und und und? Bisschen Prosecco und alles und wir kommen denn?' – ‚Jajaja, machen wer'. Wir haben auch Bilder, mit dem ollen Jackson da stehen […]. Aber dadurch sind wir für den [Investor] auch 'n Aushängeschild. Und die unterstützen uns halt."[87]

Das Museum bzw. die Sammlung eröffnet also zahlreiche neue „ways of being": Man ist ehemaliger Zivilangestellter, Sachverwalter der Vergangenheit und Agent der Erinnerung, Betreiber eines Gemeinschaftsortes, Pfleger von sozialen Beziehungen und Kulturschaffender. Für viele der Vereinsmitglieder ist das Museum ein positiver Ort, es ist Treffpunkt und Begegnungsstätte, Kneipe und Erinnerungsort, es ist ein Ort der Selbstvergewisserung und der Selbstbestätigung und es ist schlicht und ergreifend ein auf vielfache Weise persönlich bedeutender Ort:

AJ: „Als letzte Fragen: Was bedeutet Ihnen das Museum hier, oder der Initiativkreis?"
Herr K.: „Viel, sehr viel. Ja. Weil es ja allen… J[…] is, [spricht J. direkt an] 74 bist du, J[…]? – Und bringt sich so ein! Macht den ganzen Einkauf, macht Dienst, einmal die Woche, ja, und alles. Der könnte seine Zeit auch anders verbringen. Aber es war unser Arbeitsleben halt, J[…] hat 40 Jahre bei der US-Armee gearbeitet, ja. Ich 32 Jahre, ja!? Ausgelernt, hingegangen, arbeitslos geworden mit 53. Alle… Das is die Motivation, ja?

87 Interview vom 16.08.2005 (00:07:24 bis 00:08:07).

Aber es macht auch viel Spaß, mit den, unseren Amis weiter zusammen, die Feten und was wir machen, alles. Das is auch…"
Herr B.: „Man kommt zusammen, freut sich."
Herr K.: „Freut sich, ja. Macht auch Spaß, so ist das nicht, ja. Aber bedeuten tut es mir sehr viel, und allen, ja. Also, ich würde das nicht untergehen lassen oder in irgendeinem Fundus verschwinden lassen."
Herr B.: „Da würden wir also ziemlich große Tränen weinen."
Herr K.: „Ja, nee, da würde ich wirklich viel für machen."[88]

Mit dem im McNair-Museum gepflegten Narrativ des „sich Sammelns" können viele Geschichten erzählt bzw. Dinge realisiert werden: Es bietet die Gelegenheit, mit Verlust und Trauer umzugehen, soziale Beziehungen aufrechtzuerhalten und zu pflegen und es bietet zudem die Möglichkeit, eine Identität als „ehemaliger Zivilangestellter" aufzubauen, die sich nicht auf die Verlustgeschichte vom Verlieren des Arbeitsplatzes und dem Untergehen der Arbeitswelt gründet und die über das Sammeln und Ausstellen materialisiert, objektiviert und damit auch ‚manifest' wird.

88 Führung vom 15.08.2005 (01:12:28 bis 01:13:29).

Museum Elbinsel Wilhelmsburg – ein Heimatmuseum ohne Heimat

ZUGANG: EINE UNERWARTETE IDYLLE

Das Museum Elbinsel Wilhelmsburg befindet sich in Kirchdorf, einem Viertel im Süden der Hamburger Elbinsel. Ob mit den öffentlichen Verkehrsmitteln oder mit dem Fahrrad, zum Museum zu gelangen ist von Hamburg aus immer ein kleiner Ausflug. Auf dem Weg ins Museum zeigt sich Wilhelmsburg von vielen Seiten: Nimmt man das Fahrrad, fährt man durch den Freihafen, das industriell geprägte Reiherstiegviertel mit seiner dichten, gründerzeitlichen Bebauung und den rot geklinkerten Wohnblöcken. Der Weg führt vorbei an Hochhaussiedlungen, über die Gleisanlagen der Fern- und S-Bahn – quer durch Wilhelmsburg verläuft Hamburgs mehrspurige Nord-Süd-Verbindung für Güter und Menschen – und vorbei an sorgfältig gepflegten Einfamilienhäusern, dekoriert mit Wagenrädern, Rosenkugeln, Keramikfiguren und sorgfältig geschnittenen Hecken. Dem Museum nähert man sich von Norden, über die Kirchdorfer Straße, eine rot geklinkerte, ruhige und von Bäumen gesäumte Straße. Nimmt man die öffentlichen Verkehrsmittel, nähert man sich dem Museum von Süden. Vom S-Bahnhof aus führt eine circa fünfminütige Busfahrt an Hochhaussiedlungen, kleineren Mietshäusern und Einfamilienhäusern vorbei. Das Museum erreicht man über den „Sophie-Dorothea-Stieg", einen rot geklinkerten Fußweg, der auf ein historisches Gebäudeensemble zu führt: das 1660 erbaute Küsterhaus und die Kreuzkirche mit ihrem kleinen Friedhof fügen sich zu einem idyllischen Bild und vermitteln den Eindruck einer längst vergangenen, dörflichen Vergangenheit. Die bunt gedeckten Tische und die mit dicken, farbigen Polstern bestückten Stühle des Dorfkrugs auf der gegenüberliegenden Seite holen die Idylle in die Gegenwart und verstärken den Eindruck der Behaglichkeit und Gemütlichkeit. Bei meinem ersten Besuch im Museum war die Verwunderung groß, als ich nach der Fahrt vorbei an Industrieflächen und Hochhaussiedlungen auf dieses hübsche

Backstein-Ensemble stieß. Ich hatte nicht erwartet, in Wilhelmsburg sorgfältig restaurierte, historische Bauwerke zu finden. Der Weg zum Museum führt über die autofreie Kirchdorfer Straße, vorbei an Küsterhaus und Kirche, entlang einer dichten Reihe von Bäumen und Sträuchern, die einen schmalen Wassergraben säumen. Durch die Bäume schimmert das helle Gelb eines Gebäudes, in dem ich das Museum vermute. Wenige Meter weiter zeigt mir ein Aufsteller mit der Aufschrift „Café und Museum heute geöffnet", dass ich hier richtig bin.

Abbildung 5: Blick auf das alte Amtshaus mit Kaffeegarten

Foto: Christoph Bellin, bildarchiv-hamburg.de

Vor mir öffnet sich ein größerer, gepflasterter Hof, an dessen Ende steht ein stattliches, zweistöckiges Haus mit weißen Fensterrahmen und -sprossen und einer großen, zweiflügeligen, dunkelgrün gestrichenen Eingangstür, zu der vier Stufen hinaufführen. Das Haus wirkt herrschaftlich, wie ein kleines Gutshaus oder der Sitz von niederem Landadel. Die linke Seite des Hofes wird von einem Schuppen, einer Art offener Garage begrenzt, in dem große landwirtschaftliche Geräte ausgestellt sind. Davor sind Tische und Stühle gruppiert, an denen ältere, sorgfältig gekleidete Damen und Ausflügler in bunter Freizeitkleidung sitzen und Kaffee trinken. Im Hof stehen Autos und Fahrräder, die Tür zum Museum ist offen. Die gesamte Szenerie wirkt einladend und freundlich.

Bevor ich den Hof betrete, werfe ich einen Blick auf ein weißes Emaille-Schild, das links von der Einfahrt aufgestellt ist. Die Verwirrung ist groß, als ich lese:

„Gemäß Friedhofsgesetz hat sich jeder entsprechend der Würde des Ortes zu verhalten. Das Radfahren ist untersagt, Hunde dürfen auf Friedhöfen nicht mitgeführt werden, ausgenommen sind Führhunde für Blinde."

Erst jetzt bemerke ich, dass das Museum auf beiden Seiten von Teilen des Friedhofs gesäumt wird. Die Gräber sind hinter großen und dichten Baumgruppen verborgen und von meinem Standpunkt aus kaum zu sehen. Daher vermittelt das Schild den Eindruck, sich auf das Museumsgelände zu beziehen, es als Friedhof auszuweisen. Liegt hier die Vergangenheit begraben? Oder ist hier nur die Zeit stehen geblieben? Ruht hier die Vergangenheit oder wird sie künstlich am Leben erhalten? Idyllische Szenerie oder stillgestellter Ort?

Establishing shot: die durcheinander geratene Idylle

Der erste Raum des Museums ist die „Diele", ein mit einem dunklen Steinboden belegter Raum. Von hier aus öffnen sich fünf Durch- und Zugänge zu anderen Ausstellungsbereichen, eine Holztreppe führt nach oben in den ersten Stock. Die Diele ist mit einem dunklen Steinboden belegt, der dem Raum etwas Dunkles, Ernstes und Würdevolles vermittelt.

Die Diele fungiert als zentraler Verteiler des Museums. Sie wirkt eher wie ein Durchgangs- als wie ein Ankunftsraum. Der erste Eindruck beim Betreten des Gebäudes vermittelt ein für viele Heimatmuseen charakteristisches Bild: Dem Betrachter präsentiert sich eine Überfülle von Objekten, deren Ordnung zunächst nicht klar ist und verwirrend wirkt. Der Blick auf die in der Diele ausgestellten Objekte sowie auf die Gegenstände in den von hier aus einsichtigen Museumsräumen lässt die Vielfalt der Themen und die große Objektfülle des Museums erahnen. In der Diele selbst sind sehr heterogene Objekte ausgestellt, sowohl hinsichtlich ihrer Entstehungs- und Verwendungszeit als auch hinsichtlich ihres Verwendungszusammenhangs. Auf der linken Seite dominiert ein großer, mit wuchtigen Schnitzereien besetzter Holzschrank den Raum, unter der Treppe steht eine Feuerspritze, an der Wand hängt ein lederner Löscheimer, im rechten Teil der Diele sind zwei große, dunkle Holztruhen aufgestellt, darauf sind verschiedene Zeitschriften, Bücher und Faltblätter ausgelegt. Eine Bank unter dem Fenster lässt sich nicht eindeutig als Ausstellungsstück oder Sitzmöbel erkennen. An der Wand hängt die vergrößerte Reproduktion eines Stichs mit der Aufschrift: „Stillhorn Adelicher Sitz".

Neben der Eingangstür schließlich hängt ein in einem Rahmen gefasstes Relief der Elbinsel an der Wand. Es ist aus Holz gefertigt und in verschiedenen, sichtlich nachgedunkelten Grüntönen bemalt. Am Fuß der Treppe hängen Hinweisschilder, die darüber informieren, was die Besucher im oberen Stockwerk erwartet: „Wilhelmsburger Schulen, Gemüsewirtschaft, Küche, Schiffbau". Die Hinweisschilder sind in einer altmodischen, für die 1950er/1960er-Jahre charakteristischen Typographie gestaltet. Im Treppenaufgang hängen leicht vergilbte bzw. ältlich erscheinende Farbfotografien und Vergrößerungen kolorierter Postkarten von Gebäuden, denen bereits aus der Ferne eine historische Anmutungsqualität anhaftet. Hinter den Durchgängen sind weitere Gegenstände sichtbar: ein Sturmflutpegel und eine hölzerne, altertümliche Waschmaschine rahmen den Treppenabgang zum Keller, heimelig anmutende Bauernmöbel blitzen durch eine geöffnete Tür, Texttafeln signalisieren, dass auch der mit „Milchwirtschaft" überschriebene Raum viele Informationen zu bieten hat. Und der Blick ins modern gestaltete und gut besuchte Café lädt zum Verweilen ein, macht Lust auf eine Tasse Kaffee und den von Frauen aus der Nachbarschaft selbst gebackenen Kuchen.

Was verbindet all diese Dinge? Worum geht es im Museum Elbinsel Wilhelmsburg? Was hält den Barockschrank, die Feuerwehr, das Relief, die Waschmaschine und den „Adelichen Sitz Stillhorn" zusammen? Die hier versammelten Objekte kreieren eine Atmosphäre, die zwischen Idylle und Unordnung, zwischen Heimatmuseum und Antiquitätengeschäft, zwischen Landgasthof und Dachboden oszilliert. Privat oder öffentlich? Wohlfühlort oder Bildungsinstitution? Wie ist dieser Auftakt zu interpretieren?

Eine einfache Antwort auf diese Fragen findet man nicht. Die mit dieser Eingangssequenz präsentierte Situation der Heterogenität ist charakteristisch für das Museum. Das Museum Elbinsel Wilhelmsburg befindet sich einer Transformationsphase. Die für Übergangssituationen charakteristische Unschärfe zeigt sich auf vielen Ebenen der musealen Präsentation: Im Verlauf dieses Kapitels möchte ich dies anhand einer Analyse der textuellen Selbstdarstellungen, des Umgangs mit Sammlungsobjekten sowie durch eine Analyse der Nutzung der Museumsräume erläutern.

REPRÄSENTATIONEN EINER INSEL: WOHNORT, HEIMAT ODER ZUHAUSE?

In den Interviews erwähnten meine Gesprächspartnerinnen mehrmals, dass innerhalb des Heimatvereins verschiedene Vorstellungen zirkulieren, wofür das Museum steht und welche Aufgaben es erfüllt.[1] Das Museum erweist sich damit als umkämpftes Feld, als „contested terrain“,[2] auf dem sich verschiedene Vorstellungen und Interessen manifestieren und artikulieren. Bereits in der Museumsdiele, die die Eingangssequenz des Museums darstellt, lässt sich dies ablesen, wie ich durch einen Vergleich der beiden textlichen Selbstdarstellungen, die der Museumsverein zu diesem Raum veröffentlich hat, darlegen möchte.

Auf der Homepage des Museums und in der Museumsdiele selbst finden sich Texte mit Informationen zum Raum und den dort gezeigten Exponaten. Aus den Selbstdarstellungen lässt sich herauslesen wie sich die Autoren/Sprecher verorten und welche Vorstellung sie von ‚der Wilhelmsburger Identität‘ haben. Die in den Texten ausgewählten und beschriebenen Exponate sowie ihre Einordnung in verschiedene Kontexte ermöglichen es, Rückschlüsse auf die dahinter stehenden Identitätskonstruktionen und -zuschreibungen zu ziehen.

Wissensformen

Ausstellungs- und Internettext stammen von unterschiedlichen AutorInnen: Der Ausstellungstext wurde von Frau C. geschrieben, sie ist Mitte 30, Volkskundlerin und Vereinsmitglied. Die Ausstellungstexte verfasste Frau C. im Auftrag des Museumsvereins als Honorarkraft. Andere Tätigkeiten für das Museum übernimmt Frau C. ehrenamtlich. Die Internettexte stammen von Herrn R, basieren aber auf Texten, die ein verstorbenes, laut Erzählungen sehr charismatisches und in Wilhelmsburg weithin bekanntes Vorstandsmitglied geschrieben hatte. Herr R ist frühpensionierter Lehrer und engagiert sich ehrenamtlich für das Museum. Er ist ein agiler, jugendlich wirkender Mann, der sich ein zweites Standbein als

1 Für eine Übersicht über die Diskussion des Heimatbegriffs und seine Veränderungen im Zuge der Globalisierung vgl. Bortz, Harald: Heimat Berlin. Großstadtkultur, Regionalgeschichte und Materielle Kultur in kleinen Museen, Diss. Humboldt Universität zu Berlin 2004, Onlinedokument: http://edoc.hu-berlin.de/dissertationen/bortz-harald-2004-02-17/PDF/Bortz.pdf (Zugriff 17.04.2009).

2 Vgl. Karp, Ivan, Steven D. Lavine (Hg.): Exhibiting Cultures, S. 1. Vgl. auch Macdonald, Sharon, Gordon Fyfe (Hg.): Theorizing Museums, S. 9ff.

Schauspieler/Darsteller aufgebaut hat. Im Museumsverein ist er für die Öffentlichkeitsarbeit zuständig, er erfüllt diese Aufgabe ehrenamtlich.

Mit diesen beiden Selbstdarstellungen präsentiert das Museum Elbinsel Wilhelmsburg seinen Besucherinnen und Besuchern zwei unterschiedliche Sichtweisen auf das Museum, auf die Elbinsel Wilhelmsburg und ihre Bewohner. Ausstellungs- und Internettext bieten unterschiedliche Lesarten dafür an, wie die Gegenstände im Museum zu betrachten sind und wofür sie stehen.

Zunächst zum Ausstellungstext:

„Willkommen im Museum Elbinsel Wilhelmsburg!
Unser Museum ist im alten Amtshaus von 1724 untergebracht. Das Amtshaus ist der Nachfolgebau der Burg Stillhorn.
Erbaut wurde die Burg um 1620. Sie gehörte dem Adelsgeschlecht der Groten. Damals war der ‚Adeliche Sitz Stillhorn' ein stattliches Wasserschloss mit Burggraben, Toren und einer Holzbrücke. Rechts oben an der Wand hängt die Reproduktion eines sehr bekannten **Stichs von Merian**. Er zeigt den ‚Adelichen Sitz Stillhorn' wie er um **1650** den **Groten** gehörte.
Ab 1672 war das Gebäude dann der offizielle Sitz von Herzog Georg Wilhelm und seiner Familie. Gewohnt haben Sie [sic] hier allerdings nie. Herzog Georg Wilhelm deichte mehrere einzelne Inseln, die er den Groten abgekauft hatte, zusammen und nannte sie ‚Wilhelmsburg'.
Heute ist von dem Vorgängerbau nur noch das Kellergewölbe erhalten.

Barockschrank von 1756
Der wuchtige, dunkle Kleiderschrank an der linken Seite ist aus Eichenholz. Er ist aus einer Reihe von Einzelteilen gefertigt – man kann ihn auseinandernehmen und wieder zusammensetzen. Die üppigen, geschwungenen Formen, vor allem der Aufsatz, lassen erkennen, dass der Tischler vom Barockstil beeinflusst war.
Der Messingbeschlag wiederum ist im Rokokostil gestaltet, was man an der feinen Ausarbeitung der verspielten Form und an der Asymmetrie erkennt."[3]

Mit diesem Text wird der Leser bzw. Besucher zunächst verortet: Eingeführt wird die Geschichte des Gebäudes sowie die Entstehung der Elbinsel Wilhelmsburg. Der in der Diele ausgestellte Barockschrank wird in einem eigenen Abschnitt vorgestellt, der sich auf die Erklärung seiner stilistischen Merkmale bezieht. Durch den Einführungstext entsteht ein Gefühl für den Ort, an dem sich das Museum befindet. Die herzogliche Gründungsgeschichte der Insel, das Amtshaus auf den Grundmauern des „stattlichen Wasserschlosses", der große

3 Alle Hervorhebungen im Original.

Kleiderschrank mit seinen Barock- und Rokoko-Merkmalen verleihen dem Ort eine Atmosphäre des Besonderen. Sie entheben ihn aus dem Alltäglichen und Profanen und gründen ihn in einer „edlen" Vergangenheit. Die in der Diele ausgestellten Exponate stützen diesen Eindruck: Der im Text erwähnte Stich zeigt die Ansicht eines großen Gebäudes mit reich verzierten Türmchen und Giebeln. Ein mit 1906 datiertes Relief aus der Vogelperspektive zeigt eine grüne, von Wasserläufen durchzogene, nahezu unbebaute Insel.

Das hier vermittelte Wissen bewegt sich auf einer ‚Fakten-' oder ‚Sachebene'. Die Geschichte des Ortes wird in traditioneller geschichtswissenschaftlicher Manier durch Daten und die Benennung der (politischen) Akteure erzählt. Die Bedeutung des Schranks wird aus einer kunsthistorischen Perspektive erklärt, indem seine Stilmerkmale erläutert werden. Diese faktischen Informationen stehen für eine klassische Vorstellung des wissenschaftlichen Wissens: Es ist objektiv, personenungebunden und kann somit von jedem erworben werden. Es ist eine Sache der Übung, Daten mit Ereignissen verknüpfen und Stilmerkmale decodieren zu können. Das wissenschaftliche Wissen ist erlernbar und (scheinbar) nicht exklusiv.

Auffällig am Ausstellungstext ist, dass in beiden Abschnitten Erläuterungen für das ‚Wie ist es geworden?' gegeben werden. In dieser Selbstdarstellung dominiert der ‚konstruktive Charakter' in den Beschreibungen von Gebäude, Schrank und Insel. Zudem sind die Brüche thematisiert, die sich durch die Geschichte der Insel ziehen.

Welche Vorstellungen von Identität stehen hinter diesen Wissens- und Geschichtskonzepten? Welche Schlussfolgerungen kann man daraus in Bezug auf die vorausgesetzte Wilhelmsburger Identität ableiten? Wird hier Wilhelmsburg als Stadtteil im Wandel präsentiert? Als Ort, der immer schon von Veränderungen gekennzeichnet ist? Und ist man ein ‚Wilhelmsburger', wenn man die relevanten historischen und kulturellen Fakten kennt und ‚Bescheid weiß'? Steht hinter dem Ausstellungstext eine Vorstellung von Gemeinschaft als Wissensgemeinschaft? Und ist das Museum der Ort, an dem dieses identitätsstiftende Wissen erworben werden kann?

In diesem Punkt ist ein Vergleich mit den im Internettext präsentierten Wissenskonzepten und Identitätskonstruktionen aufschlussreich. Unter dem Menüpunkt „Sammlungen" erscheint die Seite „Diele", auf der sich neben den Abbildungen von Barockschrank und Truhe folgender Text befindet:

> „Wenn man das Amtshaus betritt, kommt man zuerst in die Diele. Hier steht ein gewaltiger Kleiderschrank im Barockstil, wie er früher häufig auf der Vordiele der Bauernhäuser

stand, mit der Jahreszahl 1756. An der Wand hängt ein lederner Eimer für die Feuerbekämpfung, wie er in jedem Haus in Wilhelmsburg hing.
Hier steht auch die erste Feuerspritze für die vier Mann nötig waren, um sie zu bedienen. Sie wurde in der 2. Hälfte des 19. Jahrhunderts angeschafft und löste den Ledereimer ab.
Ein großes Relief von Wilhelmsburg, von zwei Lehrern der Schule Bonifatiusstraße 1906 angefertigt, zeigt unsere Insel als ein damals noch vorwiegend landwirtschaftlich genutztes Gebiet mit den Häuserreihen an den Deichen.
Wer Wissenswertes über die Geschichte Wilhelmsburgs kaufen möchte, findet in der alten Truhe auf der Diele Literatur und anderes Informationsmaterial zum günstigen Preis.“[4]

Das hier vermittelte Wissen bewegt sich weniger auf der abstrakten ‚Sachebene‘ wie der Ausstellungstext, sondern vielmehr auf einer konkreten ‚Handlungsebene‘. Die meisten der beschriebenen Gegenstände werden nicht mit ihren stilistischen Merkmalen oder mit genauen Datierungen vorgestellt, sie werden in ihren ursprünglichen Verwendungszusammenhang eingeordnet. Die Verbindung der beschriebenen Exponate zu einer bestimmten Lebensweise ist hier wesentlich enger als im Ausstellungstext. Er ist stärker objektzentriert. Der eher lebensweltlich orientierte Internettext setzt viel stärker auf die Evokation einer ‚Gemeinschaft‘. Dies zeigt sich besonders deutlich an der Erwähnung der für die Feuerbekämpfung eingesetzten Objekte, die im Ausstellungstext keine Erwähnung finden. Die Feuerbekämpfung wurde bis ins 19. Jahrhundert von Nachbarn bzw. der Dorfgemeinschaft gemeinsam erledigt.

Interessant ist in diesem Zusammenhang, dass der Verweis auf „Wissenswertes über die Geschichte Wilhelmsburgs“ delegiert wird an die im Museum ausgelegte Literatur. Geht es zu weit, zu sagen, dass das ‚harte‘, abstrakte und theoretische Wissen aus dem Text ausgelagert wird? Dass der Internettext sich eher im Bereich des Fiktionalen als des Faktionalen ansiedelt? Sicher ist, dass die Grenze zwischen Dokumentation und Erzählung in diesem Text zwar nicht ausgelöscht aber doch verwischt ist. Die subjektiven, beschreibenden Anteile sind hier höher als im Ausstellungstext, der sich eher in einem objektiv-berichtenden Stil präsentiert.

4 http://www.museum-wilhelmsburg.de/sammlungen/sammlung01.html (Zugriff 10.03. 2009).

Wer spricht?[5] Sprecherpositionen und Sprechgemeinschaften

Die stilistische Form des Internettexts ist eher szenisch, Wort- und Themenwahl sind evokativ. Die anschaulichen Beschreibungen und die häufige Verwendung von (Aktions-) Verben lassen vor dem inneren Auge lebendige, bewegte, ja dramatische Szenen entstehen. Der Sprecher positioniert sich hier als Teil einer Lebenswelt, einer Gemeinschaft, die sich auf gemeinsame Erlebnisse bzw. Erfahrungen gründet.

Im Ausstellungstext äußert sich der Sprecher von einer deutlich auktorialen Position[6] aus, er ist eher Chronist als Erzähler. Der Sprecher des Internettexts ist wesentlich stärker in das Geschehen involviert, seine Erzählposition ist personal. Die beiden Sprecher der Texte vertreten damit verschiedene Sprechgemeinschaften.[7] Wie die oben durchgeführte Analyse der in den Texten repräsentierten Wissensformen gezeigt hat, lokalisiert sich der Sprecher des Ausstellungstexts folglich als Teil einer Wissensgemeinschaft, der Sprecher des Internettexts hingegen als Teil einer auf gemeinsamen Erfahrungen basierenden Erinnerungsgemeinschaft.

Dies zeigt sich deutlich an den Textstellen, in denen sich die Sprecher direkt positionieren: Im Ausstellungstext äußert sich der Sprecher mit der Aussage „unser Museum“, auf der Homepage mit der Formulierung „unsere Insel“. Beide Sprecher definieren sich als Teil eines Kollektivs, im Ausstellungstext aber identifiziert sich der Sprecher als Museumsmacher, im Homepagetext als ‚Insulaner‘, d. h. als Wilhelmsburger.

Der Sprecher des Ausstellungstextes positioniert sich als Teil des Museums, und damit einer mit Institutionalisierung und Wissenschaftlichkeit assoziierten Sprechgemeinschaft. Mit „unsere Insel“ positioniert sich der Sprecher des Internettexts als ‚Zugehöriger‘ zur Gruppe der Wilhelmsburger. Er spricht im Namen

5 Vgl. Jaschke, Beatrice, Charlotte Martinz-Turek; Nora Sternfeld (Hg.): Wer spricht? Autorität und Autorschaft in Ausstellungen, Wien: Turia und Kant 2005 oder auch Martinz-Turek, Charlotte, Monika Sommer (Hg.): Storyline. Narrationen im Museum, Wien: Turia und Kant 2009.

6 Zum typologischen Modell der Erzählsituationen vgl. Stanzel, Franz Karl: Theorie des Erzählens. Göttingen: Vandenhoeck und Ruprecht 1981.

7 Sprechgemeinschaften definieren sich nicht durch eine gemeinsame Sprache wie dies Sprachgemeinschaften tun, sondern durch die Kommunikation ihrer Mitglieder und ein gemeinsam verwendetes Repertoire von Zeichen. „Sprechgemeinschaften sind also nicht rein linguistisch bestimmt, sondern durch eine Mischung von sprachlichen und sozialen Faktoren.“ Vgl. Auer, Peter: Phonologie der Alltagssprache: eine Untersuchung zur Standard/Dialekt-Variation am Beispiel der Konstanzer Stadtsprache. Konstanz 1990. S. 17.

der Wilhelmsburger, einer Sprechgemeinschaft, die im Text durch den (in der Vergangenheit konstituierten) Handlungsvollzug konstituiert wird. In diesem Sinne rückt im Internettext das Alltägliche, für Wilhelmsburg Typische in den Mittelpunkt der Beschreibung: In vielen Wilhelmsburger Vordielen standen große Schränke, in jedem Haus hingen Ledereimer, das Relief zeigt die typische landwirtschaftliche Prägung. Im Gegensatz dazu konzentriert sich der Ausstellungstext auf das Besondere, Nicht-Alltägliche: Die ‚Museumsstimme' erwähnt die kunsthistorisch bemerkenswerten, stilistischen Merkmale des Schranks und die ‚adlige' Gründungsgeschichte der Insel. Ein Sprecher berichtet aus einer nahen, involvierten, personalen ‚Insider-Perspektive' von der Lebenswelt der Wilhelmsburger, der andere präsentiert aus der distanzierten, unbeteiligten, auktorialen ‚Outsider-Perspektive' Fakten aus der Geschichte.

Das Museum Elbinsel Wilhelmsburg: zwischen kommunikativem und kulturellem Gedächtnis

Die Analyse der Eingangssequenz des Museums ergibt im Hinblick auf die ausgestellten Objekte und die veröffentlichten Selbstdarstellungen ein durch Vielschichtigkeit und Bedeutungsoffenheit gekennzeichnetes Bild. Die in der Diele gezeigten Exponate sind unterschiedlicher Provenienz, sie gehören verschiedenen Themenkreisen an und in den beiden Erklärungen werden zwei Sprechgemeinschaften sichtbar, die entweder durch Wissen oder persönliche Erfahrung und Erinnerung konstituiert werden. Damit zeigen sich im Museum zwei Strategien der Identitätskonstruktion. Claude Lévi-Strauss würde diese beiden Denkweisen vermutlich als Varianten des *wissenschaftlichen* und des *wilden Denkens* bezeichnen, die sich im Museum begegnen und überlagern, als zwei Weltsichten. In der Eingangssequenz zeigen sich zwei Arten, wie die Erscheinungen der Welt interpretiert werden können, die im Museumsalltag aufeinander stoßen und sich bisweilen auch reiben. Die hieraus entstehenden Konflikte entzünden sich in den meisten Fällen anlässlich der Honorarfrage. Frau C. erhält als Volkskundlerin immer wieder kleinere, vergütete Werkverträge, was nicht von allen Vereinsmitgliedern vorbehaltlos akzeptiert wird:

> Frau C.: „Es gibt schon welche, auch im Vorstand, die sich darüber freuen, dass es diese Schilder [gemeint sind die von Frau C. erstellten Ausstellungs- und Objekttexte] jetzt gibt und dass die Bibliothek neu sortiert wurde […] und die auch begreifen können, dass es eben wirklich auch eine Arbeit ist, die man nicht einfach so mal machen kann […]. Und da gibt es natürlich auch Leute, die das nicht begreifen und nicht einsehen können, dass ich für das bezahlt werde was ich tue. Also es gibt auch dieses […] typisch unprofessio-

nelle [...]: ‚Wieso, wir waren hier immer alle ehrenamtlich!‘ Und: ‚Ich wollte doch jetzt die Fotos eigentlich sortieren, warum macht das denn jetzt Frau C.?‘“[8]

Eine Erklärung für diese im Museum verlaufende Konfliktlinie bieten die Forschungen von Jan und Aleida Assmann zum kollektiven Gedächtnis. Im Spiegel der Gedächtnisforschung wird sichtbar, dass sich das Museum Elbinsel Wilhelmsburg mit seiner 100-jährigen Geschichte derzeit an einer kritischen Schwelle befindet. Es steht am Übergang vom kommunikativem zum kulturellen Gedächtnis.

Definition des kommunikativen und kulturellen Gedächtnisses

Die Unterscheidung zwischen dem kommunikativen und dem kulturellen Gedächtnis wurde von Jan und Aleida Assmann in die kulturwissenschaftliche Gedächtnisforschung eingeführt. Sie bezeichnen damit zwei Ausprägungen des kollektiven Gedächtnisses:

„Das kommunikative Gedächtnis umfaßt Erinnerungen, die sich auf die rezente Vergangenheit beziehen. Es sind dies Erinnerungen, die der Mensch mit seinen Zeitgenossen teilt. Der typische Fall ist das Generationen-Gedächtnis. Dieses Gedächtnis wächst der Gruppe historisch zu; es entsteht in der Zeit und vergeht mit ihr, genauer: mit seinen Trägern. Wenn die Träger, die es verkörperten, gestorben sind, weicht es einem neuen Gedächtnis.“[9]

Das kommunikative Gedächtnis umfasst etwa drei bis vier Generationen bzw. 80 bis 100 Jahre. Es ist an Personen gebunden, denn es wird durch die direkte Kommunikation zwischen Menschen weitergegeben und ist damit immer subjektiv:

„[Das kommunikative Gedächtnis] gehört in den Zwischenbereich *zwischen* Individuen, es bildet sich im Verkehr der Menschen untereinander heraus. Ohne Kommunikation läuft hier nichts, und Kommunikation läuft ihrerseits nicht ohne Affekte, ohne Liebe, Interesse, Anteilnahme, Gefühle der Verbundenheit, den Wunsch dazuzugehören, aber auch Haß, Feindschaft, Mißtrauen, Schmerz, Schuld und Scham. Die Affekte geben unseren Erinnerungen Prägnanz und Horizont.“[10]

---

8 Interview mit Frau C. vom 12.12.08: (00:49:57 bis 00:52:16).

9 Assmann, Jan: Das kulturelle Gedächtnis. Schrift, Erinnerung und politische Identität in frühen Hochkulturen, München 1992. S. 50.

10 Assmann, Jan: „Körper und Schrift als Gedächtnisspeicher. Vom kommunikativen zum kulturellen Gedächtnis“, in: Csáky, Moritz, Peter Stachel (Hg.): Speicher des Gedächtnisses, Teil 1, S. 200.

Tradiert wird das kulturelle Gedächtnis durch Erzählungen, die durch Mitglieder der Gruppe weitergegeben werden. Das Publikum des Erzählers umfasst dabei maximal die ihm nachfolgenden zwei bis drei Generationen. Durch seine Personengebundenheit ist das kommunikative Gedächtnis biographisch geprägt, es sind persönliche Erinnerungen, die in ein Generationengedächtnis einfließen.[11]

> „Die Teilhabe der Gruppe am kommunikativen Gedächtnis ist diffus. Zwar wissen die einen mehr, die anderen weniger, und das Gedächtnis der Alten reicht weiter zurück als das der Jungen. Aber es gibt keine Spezialisten und Experten solcher informellen Überlieferungen, auch wenn Einzelne mehr und besser erinnern als andere. Das Wissen, um das es hier geht, wird zugleich mit dem Spracherwerb und der Alltagskommunikation erworben. Jeder gilt hier als gleich kompetent."[12]

Sollen diese Erinnerungen generationenübergreifend bewahrt werden, bedarf es einer von Personen unabhängigen Speicherstruktur, die Jan und Aleida Assmann als kulturelles Gedächtnis definieren. Das kulturelle Gedächtnis hat eine personenunabhängige und damit institutionelle Form. Es wird mittels fester Objektivationen, wie Feste, Rituale, oder andere zeremonielle, alltagsenthobene Formen tradiert. Das kulturelle Gedächtnis „spricht sich nicht von selbst herum", wie Jan Assmann prägnant konstatiert, „es bedarf sorgfältiger Einweisungen".[13] Daher wird es von speziell geschulten Trägern verwaltet und weitergegeben.

Unter dem kulturellen Gedächtnis verstehen Jan und Aleida Assmann etwa ein Archiv oder einen Speicher, in dem durchaus auch Dinge ‚gelagert' werden, die für die konkrete Bewältigung des Alltags keine Rolle spielen:

> „In Schriftkulturen wächst überlieferter, in symbolische Formen ausgelagerter Sinn zu riesigen Archiven an, von denen nur mehr oder weniger beschränkte zentrale Teilbereiche wirklich gebraucht, bewohnt und bewirtschaftet werden, während sich darum herum Bereiche des nicht mehr Gebrauchten ablagern, die im Grenzfall dem vollkommenen Verschwinden und Vergessen gleichkommen."[14]

In diesem Zusammenhang führt Aleida Assmann die Unterscheidung zwischen Speicher- und Funktionsgedächtnis ein, die für sie zwei Modi der Erinnerung darstellen:

---

11 Vgl. Pethes, Nicolas: Kulturwissenschaftliche Gedächtnistheorien, Hamburg: Junius Verlag 2008. S. 63.

12 Assmann, Jan: Das kulturelle Gedächtnis, S. 53.

13 Ebd. S. 54.

14 Assmann, Jan: „Körper und Schrift als Gedächtnisspeicher", S. 207.

„Der wesentliche Schritt über die Polarisierung oder Gleichsetzung der Konzepte Gedächtnis und Geschichte hinaus besteht darin, das Verhältnis von bewohntem und unbewohntem Gedächtnis im Sinne zweier komplementärer Modi der Erinnerung aufzufassen. Das bewohnte Gedächtnis wollen wir das *Funktionsgedächtnis* nennen. Seine wichtigsten Merkmale sind Gruppenbezug, Selektivität, Wertbindung und Zukunftsorientierung. Die historischen Wissenschaften sind demgegenüber ein Gedächtnis zweiter Ordnung, ein Gedächtnis der Gedächtnisse, das in sich aufnimmt, was seinen vitalen Bezug zur Gegenwart verloren hat. Dieses Gedächtnis der Gedächtnisse schlage ich vor, *Speichergedächtnis* zu nennen. Nichts ist uns geläufiger als die permanente Abfuhr des Vergessens, das unwiederbringliche Verlorengehen von bewertetem Wissen und vitalen Erfahrungen. Unter dem weiten Dach der historischen Wissenschaften können solche unbewohnten Relikte und besitzerlos gewordenen Bestände aufbewahrt, aber auch so wieder aufbereitet werden, daß sie neue Anschlußmöglichkeiten zum Funktionsgedächtnis bieten."[15]

Das Museum und seine Bedeutung im kollektiven Gedächtnis

Museen – zumindest *wissenschaftliche Museen* – sind offizieller Bestandteil des kulturellen Gedächtnisses: Das Museum ist eine Institution, die für die Tradierung von Vergangenheit in Form von Objekten verantwortlich ist. Es verwahrt das materielle Kulturgut einer Gemeinschaft, die materiellen Zeugen der Vergangenheit. Mit seinen Kustoden, Kuratoren, Restauratoren und Museumspädagogen hat das Museum seine speziell geschulten Träger, die für die Verwaltung und Weitergabe des kulturellen Gedächtnisses sorgen. Das Depot ist als Abbild des *Speichergedächtnisses* zu interpretieren, Ausstellungen sind die jeweilige Aktualisierung, sie sind demnach ein Abbild des *Funktionsgedächtnisses*. In der Institution Museum sind beide Modi der Erinnerung präsent. Und auch zwischen dem Museumsbesuch – mit seiner Alltagsenthobenheit und seinen typischen Verhaltensweisen – und dem Ritual, sehen viele Museologinnen und Museologen zahlreiche Analogien.[16]

Betrachtet man durch die Brille der Assmannschen Definitionen das Museum Elbinsel Wilhelmsburg, so zeigt sich, dass hier (noch) die Charakteristika des kommunikativen Gedächtnisses überwiegen: Die Wissensvermittlung wird vorwiegend durch Führungen, also im Medium der Mündlichkeit, realisiert. Es gibt

15 Assmann, Aleida: Erinnerungsräume, S. 134. Vgl hierzu auch Korff, Gottfried: „Speicher und/oder Generator. Zum Verhältnis von Deponieren und Exponieren im Museum", in: ders.: Museumsdinge. Deponieren – Exponieren, S. 41-56.

16 Vgl. u. a. Bennett, Tony: The Birth of the Museum.; Duncan, Carol: „Art Museums and the Ritual of Citizenship"; Hooper-Greenhill, Eilean: The Educational Role of the Museum; Bourdieu, Pierre; Alain Darbel; Dominique Schnapper: Die Liebe zur Kunst.

keine offiziellen oder institutionellen Beschränkungen für das, was als „Wilhelmsburger Wissen" definiert wird. Prinzipiell kann jeder im Heimatverein Mitglied werden oder sich im Museum engagieren.[17] Das von Jan Assmann aufgestellte Kriterium, dass die Teilhabe einer Gruppe am kommunikativen Gedächtnis diffus sei, wird hier erfüllt. Auch hinsichtlich des tradierten Wissens lässt sich das Museum Elbinsel Wilhelmsburg dem kommunikativen Gedächtnis zurechnen, denn hier dominiert ein Erfahrungswissen, das „zugleich mit dem Spracherwerb und der Alltagskommunikation erworben [wird]. Jeder gilt hier als gleich kompetent."[18]

Im Internettext wird die Zugehörigkeit zum kommunikativen Gedächtnis deutlich – auch wenn dieser im Medium der Schriftlichkeit realisiert ist. Das Wissen, das hier repräsentiert wird, ist ein Alltagswissen, ein Erfahrungswissen. Berücksichtigt man die Struktur des Vereinsvorstands, so wird deutlich, dass alle seine Vertreter mehr oder weniger unmittelbare persönliche Erfahrungen mit den ausgestellten Objekten verbinden und/oder dass sie einen biographischen Bezug zum Museum haben: Wie ich in den Interviews erfahren habe, lassen sich die meisten Vorstandsmitglieder der dritten Generation nach Museumsgründung zurechnen. Als Kinder haben sie folglich noch erlebt, wie die heute im Museum ausgestellten Geräte benutzt wurden:

Frau H.: „… also erzählen tu ich auch gerne von der Küche, weil ich das schon faszinierend finde: Ich bin ja nun schon so alt, dass ich ja noch ohne all die Geräte groß geworden bin, ich bin ja noch mit dem Waschbottich im Waschhaus groß geworden, wenn auch nicht hier in Hamburg, aber ich hab zeitweilig aufm Dorf gelebt. Ich hab die Windeln meiner Tochter noch im Waschkessel aufm Herd gekocht, ich habe keine Spülmaschine gehabt zu Hause früher, ich habe meine Schlagsahne noch mit der Hand geschlagen […] Also mir ist diese Zeit eben noch sehr vertraut, wie man als Hausfrau vor 50 Jahren gelebt hat. Ich kenn noch die Zeit aufm Dorf, wo eben im Herbst eingekocht wurde und gesaftet wurde und wo geerntet wurde […]. Ich bin viel auch bei Klassenkameraden gewesen: Wilhelmsburger Arbeiter. Die wohnten früher in 2-Zimmer-Wohnungen: der Aufenthaltsraum war die Küche, in diesen Blocks hier überall. Und es gab einen Handstein in der Küche, es gab einen Küchentisch, wo 'ne Schublade zum Rausziehen war mit zwei Schüsseln

17 Die Mechanismen der Ein- und Ausgrenzung im Museum Elbinsel Wilhelmsburg sind nicht institutioneller Natur, sondern basieren auf den subtilen und streitbaren Kriterien der Zugehörigkeit, die zum Beispiel in der Diskussion um die Umbenennung des Museums virulent wurden: Die Bezeichnung „Heimatverein" wurde aufgegeben zugunsten der topographischen Bezeichnung „Museum Elbinsel Wilhelmsburg". Vgl. dazu die Darstellung bei Clausen, Sigrun: „Süße Heimat Wilhelmsburg", S. 176f.

18 Assmann, Jan: Das kulturelle Gedächtnis, S. 53.

zum Abwaschen; und es gab das Klo im Treppenhaus, aufm Treppenabsatz. Und was meine Enkelkinder besonders witzig finden: die Geschichten mit dem Nachttopf. Dass neben jedem Bett eigentlich ein Nachtschrank stand mit einem Nachttopf. Weil nämlich das Klo so weit weg und so kalt war. Ne, also das sind so Geschichten, die ich noch wirklich erlebt hab, nicht? […] Oder auch diese Plumpsklos oder all das, das ist für mich noch – noch lebendig eigentlich. Also von daher bin ich fast ein Zeitzeuge inzwischen! [lacht]"[19]

Die biographische Verbindung zum Museum muss aber nicht zwangsläufig durch persönliche Erfahrungen mit Gegenständen, wie sie im Museum ausgestellt werden, konstituiert werden. Für viele Vereinsmitglieder realisierte sich eine persönliche Verbindung in der Schulzeit über den Wilhelmsburger Realschullehrer und Heimatforscher Hermann Keesenberg. Für das Museum Elbinsel Wilhelmsburg ist Herr K.eesenberg eine prägende Figur. Er leitete das Museum von 1946 bis 1982, unter seiner Ägide wurde es ab 1948 im Amtshaus eingerichtet. Die von Keesenberg konzipierten Ausstellungen sind bis heute fast unverändert geblieben.[20] Keesenberg sorgte für eine enge Verzahnung von Schule und Museum. So war es beispielsweise nicht unüblich, dass die für Realschüler damals obligatorische Abschlussarbeit einen praktischen Nutzen für das Museum hatte.[21] Als ausgesprochen guter Erzähler soll der Lehrer seine Zuhörer – darunter unzählige Schüler – nachhaltig für das Museum begeistert haben.[22] Die biographische Bindung der heutigen Vereinsmitglieder an das Museum kann al-

19 Interview vom 23.09.2008 (00:52:02 bis 00:55:18).

20 Der Ausbau des Cafés auf Kosten des Sammlungsraums zu den landwirtschaftlichen Geräten stellt die größte und einschneidenste Veränderung im Erscheinungsbild des Museums dar.

21 Die im Museum ausgestellte „Wilhelmsburger Küche" ist beispielsweise im Rahmen einer Abschlussarbeit entstanden. Im Museum liegt dazu die von einer Schülerin liebevoll gestaltete Dokumentation mit dem Titel „Ich helfe beim Zusammenstellen einer neuen Abteilung im Wilhelmsburger Heimatmuseum" aus. Vgl. auch das Interview mit Frau H. vom 23.09.2008: „Und der Herr Keesenberg war Schulleiter, und früher war das ja so, dass die Realschüler eine Semesterarbeit im 10. Schuljahr abgeben mussten. Und dies kleine Bauernhäuschen ist eine Schülerarbeit. […] Oder es liegt nebenan in der Küche ein Heft, […] das ist eine Semesterarbeit von einer Schülerin. Die also die Küchengeräte alle gesammelt hat und überall noch gesucht hat und überall über den Gebrauch dieser Küchengeräte geforscht und gesucht hat und das aufgeschrieben hat, in einer wunderschönen Handschrift." (00:45:14 bis 00:46:28).

22 Vgl. Clausen, Sigrun: „Süße Heimat Wilhelmsburg", S. 176 und Interview mit Frau C. vom 12.12.2008 (00:41:50 bis 00:43:00).

so auch durch mehrmalige und – glaubt man den Berichten – nachhaltig beeindruckende Museumsbesuche entstanden sein. Bei beiden Varianten steht die für das kommunikative Gedächtnis konstitutive persönliche Erfahrung im Vordergrund, ein an die Person des Lehrers gebundenes und in der direkten Kommunikation weitergegebenes Wissen über Objekte, ihre Verwendungsweisen und den im Museum konstituierten Erinnerungsraum „Wilhelmsburg".

Im Falle des Ausstellungstexts ergibt sich ein anderes Bild: Wie die Analyse zu den Wissensformen und Sprechgemeinschaften gezeigt hat, ist er dem Bereich des objektiven, personenungebundenen, wissenschaftlichen und institutionell verwalteten Faktenwissens zuzuordnen. Der Ausstellungstext erfüllt damit alle Kriterien, die ihn als Teil des kulturellen Gedächtnisses ausweisen. Berücksichtigt man biographische Informationen über die Autorin, so wird der Befund gestützt: Die gebürtige Kielerin zog erst nach Ende ihrer Ausbildung nach Wilhelmsburg. Es bestehen demzufolge keine persönlichen, biographisch begründeten Bezüge zum Museum. Als Volkskundlerin ist Frau C. allerdings mit der Institution Museum, mit materieller Sachkultur und mit der Diskussion um Heimat vertraut. Sie verfügt damit über ein professionell begründetes Verhältnis zur ‚Geschichte'.

Mit Frau C. ist folglich eine „speziell geschulte Trägerin" des kulturellen Gedächtnisses am Werk, die durch die Weitergabe des Faktenwissens für eine „sorgfältige Einweisung" der Wissbegierigen sorgt.[23] Die von ihr gewählte Form ist die der Schriftlichkeit – Frau C. selbst macht keine Führungen im Museum, als Selbständige könnte sie dies nicht ehrenamtlich leisten –, was von Jan und Aleida Assmann als weiteres Merkmal des kulturellen Gedächtnis beschrieben wird:

> „Erst im Medium der Schrift ereignet sich jener ‚take off' des kulturellen Gedächtnisses, der den Horizont der symbolisch gespeicherten Erinnerung weit über den Rahmen des als Bindungsgedächtnis funktionalisierten Wissens hinauswachsen läßt."[24]

Frau C. erhielt neben der Redaktion der Ausstellungstexte auch den Auftrag, ein Inventar der Sammlungsobjekte des Museums der Elbinsel Wilhelmsburg zu erstellen. Der Objektbestand war bis dahin nicht systematisch erfasst. Frau C. erstellte eine Datenbank, in der neben der Bezeichnung eine Abbildung der Objekte sowie Verwendungszweck und -zeitraum festgehalten wurden. Die Inventarisierung ist meines Erachtens als paradigmatischer Schritt für den Übergang des Museums vom kommunikativen zum kulturellen Gedächtnis zu werten.

23 Vgl. Assmann, Jan: Das kulturelle Gedächtnis, S. 54.

24 Assmann, Jan: „Körper und Schrift als Gedächtnisspeicher", S. 207.

Durch das Erstellen des Inventars wird das veränderliche, an Personen und Erfahrungen gebundene Wissen fixiert, es wird in eine objektive, dauerhafte und unveränderliche Form gebracht. Das an die Objekte gebundene Wissen wird damit von der Mündlichkeit in die Schriftlichkeit übertragen.

Das Museum bzw. der Heimatverein wurde 1907 gegründet. Es befindet sich heute demnach genau am Ende des Zeitraums von 80 bis 100 Jahren bzw. von drei bis vier Generationen, den laut Jan und Aleida Assmann das kommunikative Gedächtnis umfasst. Das Museum Elbinsel Wilhelmsburg befindet sich folglich im Übergang vom kommunikativen zum kulturellen Gedächtnis. Wie die Analyse gezeigt hat, lassen sich noch beide Formen des kollektiven Gedächtnisses im Museum nachweisen. Für die Zukunft wird vermutlich eine fortschreitende Verschiebung in den Bereich des kulturellen Gedächtnisses auszumachen sein. Sie wird höchstwahrscheinlich mit einer zunehmenden Professionalisierung einhergehen, d. h., an die Stelle der ‚Insider' mit subjektivem Erfahrungswissen werden wahrscheinlich ‚Outsider' mit objektivem Faktenwissen treten.[25]

Innerhalb des Vorstands äußert sich die Schwellensituation als Krisenbewusstsein, als Sorge um den Fortbestand des Museums und um die möglichen Nachfolger des derzeitigen Vorstands:

Frau H.: „Aber für mich wäre auch wichtig, andere Kreise zu erschließen, weil das [= die Gäste des Cafés AJ] sind natürlich alles alte Menschen, wie wir hier im Vorstand auch. Wie schaffen wir es, eine Kontinuität hier zu schaffen? Ich denke, das ist eine Frage, eine riesengroße Frage. Wie schaffen wir junge Leute hierher? Wie [...] schaffen wir andere Bevölkerungsschichten, die so eine Aufgabe weiterführen? Ich meine, kommt Zeit, kommt Rat aber --- wir sehen das, wir sind fast alle zwischen 65 und 70 – oder 80 sogar... Wie wird das weitergeführt? Und da denke ich, hat diese Öffnung [= die Einrichtung des Cafés AJ] eine wichtige Funktion. Dass man sagt: Wie gewinnen wir neue Mitarbeiter oder wie gewinnen wir hier Interessenten, die das auch spannend finden? Und – wie gesagt – ein Thema wäre eben auch: Kann man Migranten hier mit einbeziehen? Kann man hier vielleicht irgendwann auch Migrantenkultur mit ausstellen? Ich weiß es nicht! Ich weiß es nicht..."[26]

---

25 Holger Kleins Studienarbeit zur Entwicklung der Heimatmuseen legt eine zunehmende Professionalisierung nahe. Klein extrapoliert anhand der exemplarischen Untersuchung fünf norddeutscher Heimatmuseum eine paradigmatische, vier Phasen umfassende Karriere des Heimatmuseums: 1. die Sammlung wird gegründet, 2. Umzug in ein öffentliches Gebäude, 3. Das Museum expandiert, 4. Ziel erreicht (z.B. Eröffnung eines eigenständigen (Spezial-) Museums. Vgl. Klein, Holger: Heimatmuseen bei der Entwicklung, maschinenschriftliches, vervielfältigtes Handout, ausgearbeitet im Rahmen eins Referats, Institut für Volkskunde, Universität Hamburg 1986.

26 Interview vom 23.09.2008 (01:02:50 bis 01:05:19).

Wie das Museum Elbinsel Wilhelmsburg sich in Zukunft entwickeln wird, ist heute noch nicht abzusehen. Denkbar sind viele Szenarien: von der unveränderten Weiterführung über die Schließung aufgrund von Nachwuchsmangel oder die ‚Überführung' in ein wissenschaftliches Museum bis hin zur Umwandlung in ein Nachbarschaftsmuseum im Sinne der *New Museology*. Eine Wahrnehmung dieser Krisen- bzw. Übergangssituation ist auch bei den Museumsmachern festzustellen. So äußerten meine beiden Interviewpartnerinnen wiederholt ihre Gedanken zur Zukunft des Museums:

Frau H.: „Ich denke wir stehen an einer, an einer Bruchstelle [..]. Das sag <u>ich</u> jetzt, also das ist nicht offizielle Meinung, aber – ich sehe, dass so, wie dieses Haus jetzt ist, dass so viele Aufgaben da sind, dass das wahrscheinlich auf Dauer – wenn man das weiter ausbauen möchte – nicht ehrenamtlich geführt werden kann. Wir haben zum Beispiel überlegt: Diesen Herbstmarkt, den wir vor 14 Tagen hatten, das ist so viel Arbeit, dass das unser Team eigentlich fast nicht mehr schaffen kann. Es sei denn, man hätte irgendwelche Menschen, die dann noch mit dazu stoßen. Die Frage ist, ob man hier auch eine staatlich geförderte Stelle einsetzen könnte, mit einem Museumspädagogen, mit einem ausgebildeten Menschen, der also hier die Verwaltung und Struktur und so was macht. Denn es ist eine Menge Arbeit [...]. Wenn Sie unseren ersten Vorsitzenden fragen: [...] die Zuschüsse von der Kulturbehörde einzufordern, die Bauvorschriften zu beachten und mit den Leuten, die Auflagen, die hier kommen [...] – es ist eine Menge Verwaltungsarbeit. Und dafür muss jemand gefunden werden. Und [es ist] die Frage, ob man so etwas nicht tatsächlich auch in eine bezahlte Stelle umwandeln könnte. Das könnte ich mir vorstellen. Ob das dann noch den Charme hat, wie es jetzt ist – dass man eben sagt, das können wir nicht leisten, das machen wir nicht ...?"[27]

Die Zukunft ist offen, die Analyse der gegenwärtigen Situation zeigt, dass im Museum mehrere Wissensformen (Sach- und Erfahrungswissen) sowie Stimmen und Sprechgemeinschaften (‚Museumsmenschen' und ‚Wilhelmsburger') ihren Platz finden. Mit Aleida Assmanns Worten gesprochen lässt sich also festhalten, dass im Museum Elbinsel Wilhelmsburg sowohl die Tätigkeit des Speicherns als auch die des Erinnerns Platz haben:

„Mit beiden Tätigkeiten waren unterschiedliche Gegenstände verbunden: Speichern war auf ein objektives Wissen bezogen, das man sich durch Lernen aneignen kann. Erinnern dagegen auf eine subjektive Erfahrung, die immer schon ein Teil des Selbst ist. Auf dieser

27 Interview vom 23.09.2009 (01:14:32 bis 01:16:12).

Stufe trennt sich der mögliche Inhalt des Gedächtnisses also in die beiden Felder des Sachwissens und des Erfahrungswissens."[28]

Durch die Struktur der Sammlung erfüllt das Museum Elbinsel Wilhelmsburg Aleida Assmanns Kriterien des Speichers. Seit der Einrichtung und Erweiterung des Museums im Amtshaus durch Rektor Keesenberg in den 1950er-Jahren sind die Ausstellungen fast unverändert geblieben. Die Objekte sind Relikte einer vergangenen Zeit, sie haben ihren vitalen Bezug zur Gegenwart verloren. In den Ausstellungen verharren sie im Zustand der Latenz. Die Ausstellungen des Museums der Elbinsel Wilhelmsburg können daher als Ausformung des Speichergedächtnisses angesehen werden. Die Objekte sind aber nicht dazu verdammt, im Zustand der Latenz zu verharren:

„Nichts ist uns geläufiger als die permanente Abfuhr des Vergessens, das unwiederbringliche Verlorengehen von bewertetem Wissen und vitalen Erfahrungen. Unter dem weiten Dach der historischen Wissenschaften können solche unbewohnten Relikte und besitzerlos gewordenen Bestände aufbewahrt, aber auch so wieder aufbereitet werden, daß sie neue Anschlußmöglichkeiten zum Funktionsgedächtnis bieten."[29]

Aleida Assmann weist darauf hin, dass diese Trennung der Komplexität des kulturellen Gedächtnisses nicht gerecht wird, weshalb sie die beiden Wissensformen um das Bildungswissen ergänzt:

„Es liegt in der Mitte zwischen dem Sachwissen, mit dem es die Erlernbarkeit teilt, und dem Erfahrungswissen, mit dem es durch den Faktor der Identitätsbildung verbunden ist. Identität ist unter diesem Gesichtspunkt nicht nur individuell auf das beschränkt, was einem durch Herkunft und äußere Umstände ‚zufällt', sondern erstreckt sich auch auf kollektive und kulturelle Zusammenhänge; diese kulturelle Identität ist das, wohinein wir durch entsprechende Sozialisation hineinwachsen, zu der wir uns durch Formen der aktiven Aneignung wie Studium und Lernen Zugang und Zugehörigkeit erwerben."[30]

In der Vermittlung von Bildungswissen sehen meine Interviewpartnerinnen Frau H. und Frau C. eine vorrangige Aufgabe des Museums. Im Zentrum ihrer Überlegungen steht die Frage, wie sich die hundertjährige Sammlung des Museums

---

28 Assmann, Aleida: „Speichern oder Erinnern? Das kulturelle Gedächtnis zwischen Archiv und Kanon", in: Csáky, Moritz; Peter Stachel (Hg.): Speicher des Gedächtnisses, Teil 2, S. 16f.

29 Assmann, Aleida: Erinnerungsräume, S. 134.

30 Ebd. S. 17.

und die damit verwobenen Vorstellungen des ursprünglichen oder typisch ‚Wilhelmsburgischen' mit einer zeitgemäßen Definition von Wilhelmsburger Identität vereinbaren lässt.

Im Museum Elbinsel Wilhelmsburg sind Speichern und Erinnern unter einem Dach vereint. Durch den Depotcharakter der Sammlung können die Objekte den Modus der Erinnerung wechseln, ohne verändert oder umgestellt werden zu müssen. Das Museum ist ein ‚Materialspeicher', der verschiedene Bindungsgedächtnisse und Ressourcen für Wir-Identitäten umfasst, ein Schauplatz für das ‚staging' unterschiedlicher sozialer Verortungen. Es ist ein weites, umkämpftes Feld, auf dem sich verschiedene Ansichten über Vergangenheit, Gegenwart und Zukunft, verschiedene Vorstellungen von Identität und Gruppenzugehörigkeit artikulieren und auch miteinander konkurrieren können. Durch das Vorhandensein beider Modi der Erinnerung – des Speicher- und des Funktionsgedächtnisses bzw. des Speicherns und des Erinnerns – wird der konstruktive Charakter von Erinnerung deutlich. Der ‚Transfer' vom Speicher- in das Funktionsgedächtnis vollzieht sich vor allem in den Führungen, wie ich im weiteren Verlauf des Kapitels anhand der Raumnutzung und Objektbedeutungen erläutern möchte.

DIE MUSEUMSRÄUME: SOZIALER TREFFPUNKT UND SCHÖNES AMBIENTE

Das Museum Elbinsel Wilhelmsburg verfügt über acht Ausstellungsräume, die auf zwei Etagen verteilt sind. Für die Präsentation von Objekten werden zudem zwei Flure bzw. Vorräume und das Treppenhaus genutzt. Zusätzlich zu den Ausstellungsräumen ist im Erdgeschoß eine Kaffeestube in einem großen, hellen und modern gestalteten Raum eingerichtet. Das Café Eléonore (benannt nach Eléonore d'Olbreuse, Gemahlin von Herzog Georg Wilhelm, dem Namensgeber und Landesherrn Wilhelmsburgs) war bei meinen Besuchen im Museum immer stark frequentiert. Zu den Gästen zählten vorwiegend ältere Damen und Herren sowie Ausflügler auf Fahrradtour, die eine Pause im Museum machten. Im Sommer können die Gäste auch unter Lindenbäumen auf dem Museumshof Platz nehmen. Das Café ist der belebteste und am intensivsten genutzte Raum im Museum. Jeden Sonntag verkaufen ehrenamtliche Mitarbeiterinnen selbst gebackenen Kuchen zu sehr moderaten Preisen. Die Einnahmen fließen in die Vereinskasse. Neben dem Kaffeebetrieb wird das Café Eléonore auch für verschiedene Veranstaltungen genutzt: für Lesungen und Vorträge auf Hoch- oder Plattdeutsch, für Märkte, Film- und Theateraufführungen. Auch private Feiern wie Geburtstage oder Klassentreffen finden im Café statt.

Abbildung 6: Blick in das Café Eléonore

Foto:http://www.museum-wilhelmsburg.de

Das Café kann direkt von der Diele aus betreten werden, die Ausstellung muss nicht dafür durchquert werden. Die Einrichtung des Cafés im Jahr 2007 gehört zu den einschneidensten Veränderung des Museums seit seinem Umzug ins Amtshaus im Jahr 1948. Es ist die Erweiterung einer bereits 1981 eingerichteten kleinen Kaffeestube. Für das Café Eléonore wurden die zuvor hier ausgestellten landwirtschaftlichen Großgeräte in die „Remise" ausgelagert, einen schlichten, garagenartigen Pavillon, der extra dafür auf dem Museumshof errichtet wurde.

Das Café ist ein wichtiger Anziehungspunkt für das Museum. Nach Schätzungen meiner Interviewpartnerinnen kommen an den Sonntagen mindestens 30 bis 40 Besucherinnen und Besucher nur wegen des Cafés ins Museum.[31] Das Café Eléonore hat auch seine Stammgäste: einen Kreis älterer Damen aus der Nachbarschaft, für die das Café ein verlässlicher Treffpunkt ist:

Frau H.: „Und die [bereits 1981 eingerichtete Kaffeestube] ist einfach gut angenommen worden. Und zwar überwiegend von den Nachbarn hier. Die kommen hierher zum Treffen. Und wenn man da draußen, im Sommer, unter den Linden sitzt, da im Grünen, ist es ja auch sehr idyllisch! Und [...] wir haben viele ältere Damen, die so um halb zwei schon da sitzen und warten [lacht], dass der Kaffee endlich fertig ist und dass der Kuchen endlich kommt. Also wir haben viele Stammkunden, die hier aus der Nachbarschaft kommen. Also ich denke auch, dass viele Rentnerinnen dabei sind, die nicht so ein hohes Einkommen haben und die einfach den relativ preiswerten Kaffee und Kuchen hier genießen. Es ist beides, also man trifft hier Leute, die man kennt, und es ist nicht so teuer, es ist bei-

31 Vgl. Interview vom 23.09.2008 (01:02:46)

des... Und weil das so gut ankam, da haben wir uns entschieden, dieses Café zu vergrößern. Und es kommt auch richtig gut an."[32]

Für die Damen aus der Nachbarschaft ist das Museumscafé ein verlässlicher Ort. Es stellt einen gemeinsamen Bezugspunkt dar, einen informellen und nichtkommerziellen Ort, an dem soziale Kontakte gepflegt werden können. Das Café hat für die Frauen aus der Nachbarschaft die Bedeutung eines sicheren, unveränderlichen und angenehmen Treffpunkts. Diese Funktion erfüllt es meiner Beobachtung nach auch für die Museumsmacher selbst. Während meiner Besuche im Museum Elbinsel Wilhelmsburg habe ich wiederholt gesehen, dass das Café für Besprechungen genutzt wurde, zum Beispiel zur Vorbereitung von Veranstaltungen. Immer wieder setzten sich auch die diensthabenden Aufsichten auf eine Tasse Kaffee zu Besuchern, die offenbar zu deren Bekanntenkreis zählten.[33] Das Museum ist sowohl für die Museumsmacher als auch für die Besucher ein Ort, an dem man ohne großen finanziellen oder organisatorischen Aufwand soziale Kontakte pflegen kann. Als unveränderlicher und verlässlicher Ort hat es damit eine wichtige Treffpunktfunktion.

Die im Café Eléonore stattfindenden Veranstaltungen nehmen im Museumsprogramm einen immer größeren Raum ein. Mit der Saison 2009 haben sie mit der Reihe „Kultur im Museum – Kultur am 3. Sonntag" eine Art von Institutionalisierung erfahren. Die Reihe wird von meiner Interviewpartnerin Frau H. organisiert. Die Programmgestaltung basiere aber darauf, dass jeder seine Ideen verwirklichen könne. Durch das Engagement im Museum habe sich ein Netzwerk gebildet, man treffe immer wieder interessante Menschen, die man frage, ob sie sich vorstellen könnten, mitzumachen. Die Ideen stelle man dann bei einer Vorstandssitzung vor und meistens könne man machen, was man wolle. Konflikte gäbe es lediglich dann, wenn es um Geld gehe, zum Beispiel für Werbung und Öffentlichkeitsarbeit oder um Honorare.[34]

Mit dem Café hat das Museum Elbinsel Wilhelmsburg auch einen Raum erhalten, in dem Dinge realisiert werden können, die die Museumsmacher interessant finden und die als sinnvolle, d. h. sozial wie intellektuell befriedigende Beschäftigung empfunden werden:

32 Interview vom 23.09.2008 (00:14:16 bis 15:50).

33 Vgl. Erinnerungsprotokoll vom 26.10.2008.

34 Erinnerungsprotokoll vom 26.10.2008.

Frau H.: „Also ich finde es wichtig, etwas zu tun, wenn man älter ist. Also ich hab das vorhin nicht erzählt, ich bin 1940 geboren, ich bin also wirklich Rentnerin inzwischen. [...] Und man kann nicht Zuhause nichts tun, wenn man sein Leben lang aktiv war.“[35]

Das Museum bietet den Rahmen, in dem Aktivitäten realisiert werden können, die als sinnvoll und persönlich befriedigend empfunden werden. Es ist ein Forum, das auf vielfältige Art und Weise genutzt werden kann: Im Museum finden Lesungen statt, die zwischen Unterhaltung und (Hobby-) Wissenschaft changieren, es gibt hier Vorträge und Theaterstücke zu historischen, gegenwärtigen oder ‚zeitlosen‘ Themen, Veranstaltungen auf Hochdeutsch und Platt und an mehreren Tagen im Jahr verwandelt sich das Museum in einen Oster-, Handwerker-, Antik- oder Adventsmarkt. An den Markttagen ist der Forums-Charakter des Museums besonders deutlich. Die Exponate werden zu diesen Gelegenheiten zu Präsentationsflächen, die angebotenen Waren werden auf den in der Ausstellung gezeigten Tischen, Truhen und Schränken ausgelegt oder direkt an einzelne Objekte gehängt. Die Aussteller besetzen die Stühle und Bänke der Bauernstube und in der Wilhelmsburger Küche werden Perlenketten und Selbstgestricktes auf dem Küchentisch ausgelegt.[36]

Abbildung 7: Für die Märkte werden Exponate zu Warendisplays

Foto: Angela Jannelli, April 2009

35 Interview vom 23.09.2008 (00:08:13 bis 00:09:12).

36 Vgl. Besuchsprotokoll vom 05.04.2009 anlässlich des Ostermarkts.

An den Markttagen und anlässlich verschiedener Veranstaltungen wird das Museum zur Kulisse, es wird dann zum stimmungsvollen Rahmen für die im Museum stattfindenden Aktivitäten. Diese Funktion des Museums thematisieren die Museumsmacher auch in einigen Selbstdarstellungen und Veranstaltungsankündigungen wenn beispielsweise das „schöne Ambiente" des Museums betont wird:

„Im MUSEUM ELBINSEL WILHELMSBURG öffnet der traditionelle und von Ulla Falke ins Leben gerufene **Antikmarkt** von **10 bis 17 Uhr** wieder seine Türen.
Dort findet man alles, was wir aus Omas Zeiten kennen: alte Möbel, Wäsche, Geschirr, Kristall, Puppen und vieles mehr.
Eine wahre Fundgrube für den Sammler und Liebhaber alter Dinge.
Die 16 Aussteller kommen aus der näheren Umgebung, sowie aus dem weiteren Umland Hamburgs.
Wo lässt sich etwas schöner präsentieren, bewundern und erwerben als dort, wo schon viele alte und schöne Sachen zu bewundern sind?
Ein schöneres Ambiente als das Museum Elbinsel Wilhelmsburg lässt sich so schnell nicht finden. Für viele Besucher ist der Wilhelmsburger Antikmarkt ein wahres Muss und sie kommen seit Jahren regelmäßig ins Museum Elbinsel Wilhelmsburg. Natürlich haben die Besucher auch die Gelegenheit, sich vor, zwischendurch oder nach dem Gang durch den Antikmarkt im schönen Café Eléonore auszuruhen und den wunderbaren selbstgebackenen Kuchen bei einer Tasse Kaffee zu genießen."[37]

Auch auf der Homepage des Museums wird in einem Text, der über die Möglichkeit informiert, sich im Museum trauen zu lassen, das schöne und behagliche Ambiente hervorgehoben:

„**Wer seine Hochzeit plant und noch nicht genau weiß ....**
in welchem Rahmen sie stattfinden soll, findet ein besonders schönes Ambiente im Museum Elbinsel Wilhelmsburg vor.
Alle Räume stehen auch zur Besichtigung zur Verfügung.
Die Trauzeremonie findet in der Bauernstube statt, deren Einrichtungsgegenstände aus dem 19. Jahrhundert stammen und den Raum sehr gemütlich machen. [...]"[38]

37 Ankündigungstext des Antikmarkts, E-Mailing vom 25.01.2009 (Hervorhebungen im Original).

38 http://www.museum-wilhelmsburg.de/aktuell/aktuell3.html (Zugriff 20.05.2009; Hervorhebungen im Original).

Das Museum wird als behaglicher, angenehmer Ort beschrieben. Vor Ort wird dieser Eindruck maßgeblich durch das Café mitbestimmt, das zum Verweilen, Plaudern und Genießen einlädt. Das Museum Elbinsel Wilhelmsburg mit seinem Café stellt sich so als ein Ort dar, an dem man sich gerne aufhält, an dem soziale Kontakte gepflegt und eigene Interessen entfaltet werden können. Es präsentiert sich damit sowohl für die Museumsmacher als auch für die Museumsbesucher als ‚Wohlfühlort', wie auch meine Interviewpartnerin Frau C. bestätigt:

Frau C.: „Ich denk schon, dass das für die Leute hier... Ja, es geht ganz viel um Gefühle dabei. Also ich glaube, es geht [...] nicht darum, [...] die Gegenstände in ihren sozialen und kulturellen Bezug [...] einzubetten. Das interessiert, glaube ich, die meisten Leute überhaupt nicht. Sondern das ist wirkliche dieses – die kommen hier rein: ‚Oh, oh, wie schön! Oh!' und dann geht's sofort bei ganz vielen – also vor allem bei den älteren natürlich – los: ‚Also, das hatten wir ja damals auch noch!' Und: ‚Ach, und das war ja auch...' [...] Und wenn man dann auch noch seinen Kaffee hier schön trinken kann und dann auch noch seine Bekannten hier immer trifft [...] – für ganz viele ist das der Grund hier sonntags herzukommen. Zumindest für die Einheimischen ist es nicht [der Wunsch], sich mit irgendwelchen Gegenständen wirklich auseinanderzusetzen, sondern ich glaube, das sind Wohlfühlräume für die Leute."[39]

Die traditionellen musealen Aufgaben – also das Sammeln, Bewahren, Forschen und Präsentieren – spielen im Museum Elbinsel Wilhelmsburg nur eine untergeordnete Rolle. Es bietet vielmehr einen stimmungsvollen Rahmen, ein „schönes Ambiente", es sind die sozialen Komponenten, die im Vordergrund der Museumsarbeit stehen. In erster Linie wird das Museum als fester Anlaufpunkt genutzt. Es ist ein angenehmer Ort, der für die vielfältigsten Gelegenheiten – Veranstaltungen wie Feierlichkeiten – genutzt werden kann. Und trotz dieser Flexibilität in der Nutzung ist es durch seine seit Jahrzehnten unveränderte Sammlung ein Sinnbild für Kontinuität und Verlässlichkeit. Dies scheint mir gerade für Wilhelmsburg ein wichtiges Kriterium zu sein, da die Elbinsel im letzten Jahrhundert durch die Industrialisierung, Hafenerweiterung, die Sturmflut von 1962 sowie durch stadtplanerische Entscheidungen zahlreiche einschneidende Veränderungen erfahren hat.[40] Welche Bedeutung kommt aber in diesem Kontext den Museumsdingen zu?

---

39 Interview vom 12.12.2008 (00:28:32 bis 00:29:51).

40 Mit der Internationalen Bauausstellung und der Internationalen Gartenschau, die beide 2013 ihren Abschluss finden sollen, stehen für Wilhelmsburg weitere Veränderungen an.

DIE MUSEUMSDINGE: REQUISITEN DER ERINNERUNG

Das Museum bezog seinen heutigen Standort, das Amtshaus, im Jahr 1948. Unter der Ägide von Hermann Keesenberg wurden hier nach und nach verschiedene Räume eingerichtet. Seine heutige Gestalt erhielt das Museum in den 1960er-Jahren und bis auf die Einrichtung des Cafés blieb es seither nahezu unverändert. Den Ausstellungen wurden über die Jahrzehnte lediglich hin und wieder einzelne Objekte zur Ergänzung des Ensembles hinzugefügt, die dem Museumsverein von Privatpersonen überlassen wurden. So wurde zum Beispiel die „Wilhelmsburger Küche“ um einen Eisschrank ergänzt.[41]

Objektarten: „alte und schöne Sachen“[42]

Die meisten Objekte im Museum Elbinsel Wilhelmsburg sind auf die Zeit um 1900 zu datieren. Sie entstammen einer bäuerlich geprägten Lebenswelt, wie sie für das vorindustrielle Wilhelmsburg charakteristisch war, insbesondere für die Ortsteile Kirchdorf und Moorwerder im östlichen Teil der Insel. Neben den der bäuerlichen Lebenswelt gewidmeten Bereichen gibt es im Museum noch eine Abteilung zum Schiffbau sowie eine zur heimischen Tierwelt. Die Schiffbau-Abteilung versammelt Exponate von bzw. über Werften, die vorwiegend im Westteil von Wilhelmsburg ansässig waren. Hier werden vorwiegend Werkzeuge der Schiffszimmerer gezeigt, Rahmen mit Fotografien und Dokumenten zu den verschiedenen Werften sowie Gegenstände von Seefahrern, wie beispielsweise die Mütze eines Walfängers oder Mitbringsel aus „exotischen“ Ländern. In der Abteilung zur Tierwelt dienen verschiedene präparierte Säugetiere und Vögel als Repräsentanten der Wilhelmsburger Fauna.

Der Großteil der im Museum gezeigten Exponate sind Originale, zumeist handelt es sich um Gebrauchsgegenstände wie Werkzeuge und andere Utensilien aus der Arbeitswelt. Sie werden hin und wieder durch ‚didaktische Exponate‘ wie Reliefs, Modelle oder schematische Darstellungen ergänzt, die bereits mit der Absicht zu ‚zeigen‘ und zu erläutern hergestellt worden sind. Diese Objekte dienen der Kontextualisierung der Originalobjekte. Mit ihrem Anspruch auf ‚Wahrheit‘ sorgen sie gleichzeitig für eine Steigerung und Beglaubigung der Authentizität der anderen Objekte. In Mieke Bals Terminologie sorgen die didakti-

41 Vgl. Interview mit Frau H. vom 23.09.2008 (00:47:22).

42 Vgl. die Ankündigung des Antikmarkts im Museums-Newsletter vom 25.01.2009: „Wo lässt sich etwas schöner präsentieren, bewundern und erwerben als dort, wo schon viele alte und schöne Sachen zu bewundern sind?“

schen Exponate für die Steigerung der im Museum gepflegten „Wahrheitsrede“, denn sie nehmen den „Diskurs, der die Wahrheit, der sich der Betrachter unterwerfen soll, in Anspruch“. Der für Museen charakteristische „Diskurs des Realismus“[43] wird über die Integration solcher didaktischer, ‚wahrheitsredender‘ Exponate etabliert und gefestigt.

Mit den Bereichen Landwirtschaft, Schiffbau und Milchwirtschaft werden traditionelle Wilhelmsburger Erwerbszweige vorgestellt. Mitte der 1960er-Jahre kam mit der Küche noch ein weiterer ‚Arbeitsplatz‘ hinzu. Der Bereich ‚Wohnen‘ wird durch das Wilhelmsburger Wohnzimmer abgedeckt, das seit Gründung des Museums Bestandteil der Ausstellungen ist und heute unter der Bezeichnung „Bauernstube“ firmiert. Im hinteren Bereich dieses Raumes finden sich zudem Trachten und Kleidungsstücke sowie Objekte und ‚Kuriositäten‘ aus der Geschichte Wilhelmsburgs. Neben verschiedenen Kanonenkugeln ist beispielsweise eine Truhe präsentiert, die zur Zeit der napoleonischen Besetzung als Schatztruhe gedient haben soll. Der Raum wird dominiert von drei Porträts. Sie zeigen Herzog Georg Wilhelm – Namensgeber der Insel –, seine Gemahlin Eléonore d’Olbreuse – Namensgeberin des Cafés – sowie deren Tochter Sophie Dorothea – die „einstmals Gräfin von Wilhelmsburg, die Großmutter Friedrich [sic] des Großen und eine Stammutter des englischen, hannoverschen und preußischen Königshauses [wurde].“[44]

Das Museum Elbinsel Wilhelmsburg: ein typisches Heimatmuseum

Damit entspricht der Objektbestand dem für ein Heimatmuseum um 1900 typischen Inventar, wie es in zahlreichen Ratgebern beschrieben wird. In seinem „Wegweiser für ländliche Wohlfahrts- und Heimatpflege“ listet beispielsweise der Lehrer und spätere Volksschriftsteller, Publizist und Volkskundler Heinrich Sohnrey auf, welche Abteilungen ein Heimatmuseum idealerweise umfassen sollte:

„1. Möbel und sonstige Haus- und Küchengeräte; 2. landwirtschaftliche Geräte; 3. Gegenstände, die an Flachsbau, Flachsverarbeitung und Tuchverfertigung erinnern; 4. Gegenstände aus dem Hirten- und Schäferleben; 5. Gegenstände aus dem Jägerleben; 6. Prähistorische Funde; 7. Gegenstände, die an Einrichtungen im Leben der Dorfgemeinde erinnern; 8. Beleuchtungsgegenstände; 9. alte historische Trachten; 10. eine heimatliche Münzsammlung; 11. Gegenstände, die an geschichtliche Ereignisse erinnern; 12. Abbildungen und Photogra-

43 Bal, Mieke: „Sagen, Zeigen, Prahlen“, S. 83.

44 http://www.museum-wilhelmsburg.de/geschichte/geschichte5.html (Zugriff 20.05. 2009). Durch diese Exponate erfährt die Wilhelmsburger Lokalgeschichte ihre buchstäbliche „Adelung“ und sie wird untrennbar mit der Weltgeschichte verbunden.

phien vom Orte, von Häusern und Personen; 13. Aufsätze, Bücher und sonstige Werke von Personen, die einst in dem Dorfe wohnten oder aus ihm stammten, Ortsgeschichten, Bücher, Aufsätze und Aufzeichnungen, die den Ort und das örtliche Leben betreffen, Gemeindeakten, Gemeinde- und Wüstungsbücher, wertvolle Bibeln und andere alte Schriften, die einst in dem Orte gelesen und gebraucht wurden; 14. Urkunden, Lehn- Fehde-, Ablaß-, Kauf-, Vertrags-, Schenkungs-, Wappen-, Lehr-, Gesellen und Meisterbriefe auf Pergament und Papier; 15. Ortspläne, geologische Karte, Flurgemarkungs- und Reliefkarte; 16. Aquarien, Terrarien, präparierte Tiere, eine heimatliche Pflanzen- und Mineraliensammlung; 17. Tier- und Pflanzenversteinerungen; 18. Gegenstände, die an den Aberglauben der früheren und jetzigen Zeit erinnern; 19. Erzeugnisse des häuslichen Kunstfleißes; 20. alte wertvolle Gefäße: Zinn-, Porzellan-, Ton- und Glaswaren und andere Gruppen.“[45]

Der Sammlungsbestand des Museums Elbinsel Wilhelmsburg entspricht im Wesentlichen diesem umfassenden, idealen Sammlungskonzept. Durch seinen Objektbestand wird es zu einem typischen Vertreter der sich um 1900 etablierenden Gattung Heimatmuseum. Für diesen Museumstyp ist laut Martin Roth eine „beschönigende Darstellung des flachen Landes und des bäuerlichen Lebensraumes“ charakteristisch. Durch die agrarromantische Brille betrachtet, würde ein idealisierendes Trugbild einer bäuerlichen Lebenswelt geschaffen, „mit dem die soziale Realität des städtischen Industrieproletariats überblendet werden sollte.“[46] Das Heimatmuseum bezeichnet Roth als Vehikel, mit dem implizit „Großstadtfeindlichkeit und Ignoranz der sozialen Wirklichkeit“[47] transportiert würden.

Andreas Kuntz zeichnet ein ähnliches Bild: Agrarromantik und Heimatbewegung deutet er als

„Gegenbewegung zum ländlichen Elend, welches die Landbewohner vor allem nach der Aufhebung der Schutzzölle nach 1890 verstärkt zur Landflucht und damit ins großstädtische Elend treibt, und als Reaktion auf die Industrialisierung, welche gewohnte Lebenszusammenhänge zerstört und eine traditionslose Arbeiterschaft hervorbringt. [...] Heimat, als der Ort der Kindheit sowie der gewohnten Lebensprozesse und zwischenmenschlichen

45 Sohnrey, Heinrich: Wegweiser für ländliche Wohlfahrts- und Heimatpflege. Berlin 1900. S. 437. Zur Systematik des Heimatmuseums siehe auch Eidmann, Heinrich: Heimatmuseum, Schule und Volksbildung. Leipzig 1909, beide zitiert nach: Döring, Carla Elisabeth: Das kulturgeschichtliche Museum. Geschichte einer Institution und Möglichkeiten des Selbstverständnisses, dargestellt am Beispiel „Heimatmuseum“, Frankfurt am Main 1977. S. 68.

46 Für beide Zitate vgl. Roth, Martin: Heimatmuseum, S. 32.

47 Ebd. S. 33.

Beziehungen, wird glorifiziert, die ökonomische und sozio-kulturelle Benachteiligung im ländlichen Lebensbereich dadurch verschleiert."[48]

Eine Betrachtung des Objektbestands des Museums Elbinsel Wilhelmsburg bestätigt die für Heimatmuseen charakteristischen romantisierenden und idyllisierenden Tendenzen. Die Sammlung besteht vorwiegend aus Originalen, die mehrheitlich aus dem Bereich der Land- und Milchwirtschaft sowie aus Schiffbau und Haushalt stammen. Die Exponate sind sorgfältig aufgearbeitet, so dass vorhandene Gebrauchsspuren weitestgehend getilgt und die Objekte in eine Art „Neuzustand" versetzt wurden. Die Spuren von Mühsal und Armut sind damit verwischt, den Exponaten sieht man die Kraftanstrengungen kaum an, die für die mit ihnen verrichteten Tätigkeiten aufgewendet wurden. Mit ihrer sauberen und aufgearbeiteten Erscheinung liefern die Exponate nur eingeschränkte Informationen zu den Lebens- und Arbeitsbedingungen um 1900. Dies gilt auch für das Wilhelmsburger Wohnzimmer bzw. die Bauernstube, die in erster Linie einen Eindruck von Behaglichkeit und Gemütlichkeit vermittelt.[49]

Als ‚authentische Objekte' werden die Exponate im Museum Elbinsel Wilhelmsburg mit einer Zeugenschaft belegt, die von einer einfachen aber tätigen Lebensweise künden. In Wilhelmsburg – so vermittelt es das Museum – war man rege und fleißig, Land und Vieh haben genug Ertrag geliefert, um alle satt zu machen und allen zu einem bescheidenen Wohlstand zu verhelfen. Regsamkeit und Fleiß beförderten auch die Entwicklung des Handwerks, wie die Abteilungen zum Schiffbau sowie die Truhen, Tische und Schränke in der Bauernstube und Diele bezeugen. Kurzum: In Wilhelmsburg lebte man gut und zufrieden und sein Glück genoss man in christlich gebotener Bescheidenheit und Stille.[50]

Wilhelmsburg um 1900 gehörte allerdings auch zu Hamburgs Zentren der Industrialisierung. Das Reiherstiegviertel im Nordosten der Insel hatte sich vom Werftstandort zum Industrie- und Arbeiterviertel entwickelt.[51] Die Gründung des Heimatvereins und die Einrichtung des Museums stehen damit ganz im Zeichen der Kompensationstheorie nach Odo Marquardt und Heinrich Lübbe: Das Museum ist ein Ort, mit dem der änderungsbedingte Vertrautheitsschwund kompen-

48 Kuntz, Andreas: Das Museum als Volksbildungsstätte, Marburg: Jonas Verlag 1980, S. 42.

49 Diesen Punkt werde ich im folgenden Abschnitt zu den Objektordnungen weiter ausführen.

50 Eine handgeschriebene Bibel aus dem Jahr 1736 gehört zu den wertvollsten Exponaten des Museum. Sie ist in einer eigenen Vitrine in der „Bauernstube" ausgestellt.

51 Vgl. Markert, Margret: „Eine Insel wird zum Industriegebiet – Portrait des Reiherstiegviertels", in: Geschichtswerkstatt Wilhelmsburg Honigfabrik e.V., Museum Elbinsel Wilhelmsburg e.V. (Hg.): Wilhelmsburg. Hamburgs große Elbinsel, S. 41-58.

siert wird, an dem veraltete Objekte aus dem Mahlstrom der Zeit gerettet und bewahrt werden können.[52]

„Das Museum wurde im Jahr 1907 vom damals gegründeten ‚Verein für Heimatkunde in Wilhelmsburg' ins Leben gerufen. Die ersten Sammlungsstücke fanden Aufstellung in einem Raum des Rathauses, das 1903 gebaut wurde. Zu damaliger Zeit hatten sich viele Industriebetriebe im Reiherstiegviertel in der Nähe des Hamburger Hafens niedergelassen. Bauernhäuser und Katen mussten weichen, um Wohnraum für die Beschäftigten der Betriebe zu schaffen. Dabei fielen viele alte Möbel, Kleidungsstücke und Geräte an. Antiquitätensammler gab es kaum. So konnten die Vereinsmitglieder wertvolle alte Stücke bergen und der Nachwelt erhalten."[53]

Der ersten Sammlungswelle um 1900 folgte eine weitere nach dem Zweiten Weltkrieg:

Frau H.: „Wir haben jetzt ja praktisch die Sachen von vor hundert Jahren hier. Oder – es ist nochmal ein Großteil hinzugekommen nach dem Krieg, weil da viele Häuser zerstört waren und überall Sachen rumstanden. Also die Leute, die hier jetzt seit 40 Jahren im Vorstand sind, die erzählen, dass sie ganz viele Sachen in der Nachkriegszeit [...] mit aufgenommen und restauriert haben und dann hier in die Sammlung mit eingeordnet haben."[54]

Die letzte große Erweiterung erfuhren Sammlung und Museum in den 1960er-Jahren mit der Einrichtung der Abteilungen Milchwirtschaft, Gemüsebau und „Wilhelmsburger Küche" durch Hermann Keesenberg. Der heutige Museumsverein sammelt nicht mehr aktiv. Nur noch vereinzelt gelangen Gegenstände in die Sammlung. Entscheidendes Kriterium hierfür ist, dass noch kein vergleichbares Objekt im Museum vorhanden ist und dass es sich in eines der bestehenden Ensembles integrieren lässt. Ein Gegenstand wird folglich nur noch dann aufgenommen, wenn er sich in die Ausstellung einfügt. Das Sammeln dient hier der Vervollständigung eines Bildes, das ein imaginiertes bäuerliches bzw. handwerklich geprägtes Wilhelmsburg um 1900 zeigt. Entwicklungen, die nach dieser Zeit stattfanden, sind im Museum nicht durch Objekte vertreten.[55] Im Museum scheint die Zeit stehen geblieben zu sein – irgendwo „vor 100 Jahren".

52 Vgl. u. a. Lübbe, Hermann: Der Fortschritt und das Museum. Oder Zacharias, Wolfgang (Hg.): Zeitphänomen Musealisierung.

53 http://www.museum-wilhelmsburg.de/geschichte/geschichte1.html (Zugriff 26.05.2009).

54 (Interview vom 23.09.2008, 00:47:22 bis 00:50:02).

55 Ausnahme ist der kleine Ausstellungsbereich zur Sturmflut 1962. Diesem einschneidenden Ereignis wurde in der „Waschküche" Platz eingeräumt. Die Katastrophe

Das Gefühl der Zeitlosigkeit wird durch die Objektbeschriftungen verstärkt. Im Museum finden sich zwei Arten von Objekttexten: ältere, vermutlich in den 1960er-Jahren von Rektor Keesenberg verfasste und neuere, die von 2004 an von einer Volkskundlerin verfasst wurden. Diese Schildchen sind auf blauem Papier gedruckt und in Plexiglas gefasst. Sie heben sich damit deutlich von den Objekten ab und sind als modernes Beschriftungssystem zu erkennen. Neben der Bezeichnung des Gegenstands und einer groben Datierung finden sich im Text vor allem Informationen zur Verwendung des Gegenstands. Die ‚ursprünglichen' Objekttexte sind von Hand geschrieben und informieren lediglich über den Namen des ausgestellten Geräts. Im Ausstellungsbereich zum Gemüseanbau werden weitere Erklärungen zum Verwendungszusammenhang durch Zeichnungen gegeben, eine Datierung fehlt hier. In den neueren Texten ist jedes Objekt datiert, die Angaben umfassen allerdings vorwiegend große Zeitspannen wie „19. Jahrhundert", oder „Benutzung bis ins 20. Jahrhundert". Nur wenige Exponate werden mit einer genauen Jahreszahl benannt.

Im Museum Elbinsel Wilhelmsburg tritt die Zeit vorwiegend als Zeitraum in Erscheinung. Sie wird hier nicht als Zeitstrahl präsentiert, auf dem sich einzelne, klar definierte Zeitpunkte abheben. In den Selbstdarstellungen wie auch in den Führungen wird diese Zeitordnung deutlich: Die zeitliche Zuordnung der Objekte erfolgt vorwiegend über die Attribute „alt", „früher" oder mit einem „vor 100 Jahren". Das Museum präsentiert sich damit als ein Raum für die „alten Dinge von früher":

> Frau H.: „Das Bild dort oben hat eine Schulklasse gemacht, […] mit einem Lehrer zusammen, vor 100 Jahren. Und vor 100 Jahren haben die geguckt, welche Häuser hier in Wilhelmsburg sind. […] Da sind alle Häuser [drauf], die vor 100 Jahren hier standen. Und vor 100 Jahren gab es viel, viel weniger Häuser als jetzt. All die großen Häuser dort gab es noch nicht. Aber: Zu der Zeit wurden ganz viele Wohnungen gebaut und deswegen wurden die alten Bauernhäuser abgerissen, und alles was in den Bauernhäusern stand, das sollte weggeworfen werden und dann hat der Bürgermeister der Stadt gesagt: ‚Schade! Das muss jetzt nicht weggeworfen werden, das sammeln wir erst mal im Rathaus.' […] und später wurde dann der Verein gegründet, zu dem wir heute noch gehören, und man hat alle diese alten Sachen gesammelt, zum Beispiel solch einen großen Schrank."[56]

Mit seinen seit über 50 Jahren sorgsam bewahrten und unangetastet wirkenden Originalobjekten präsentiert das Museum das „alte Wilhelmsburg" als einen idyllischen, zeitlosen und unveränderlichen Raum. Es hält eine topographische

---

taucht im Museum aber lediglich als ‚Annex' auf, in den Selbstdarstellungen wie z.B. der Beschreibung des Museums auf der Homepage, wird sie nicht erwähnt.

56 Führung von Frau H. für eine 3. Klasse am 23.09.2008 (00:07:38 bis 00:08:45).

Vorstellung von Vergangenheit bereit, ein „past [as] a foreign country"[57], das betreten und besucht werden kann.[58] Ein Museumbesuch könnte folglich auch als Zeitreise beschrieben werden, als kurzzeitiges, eskapistisches Vergnügen. Im Sinne Foucaults würde sich das Museum Elbinsel Wilhelmsburg damit als eine durch Heterochronie gekennzeichnete Heterotopie darstellen.[59] Eine Analyse der im Museum vorherrschenden Präsentationstechniken verstärkt diesen Eindruck der verräumlichten Zeitlosigkeit.

Objektordnungen: begehbare Bilder

Im Museum Elbinsel Wilhelmsburg sind die Objekte zu lebensweltlichen Ensembles arrangiert, eine in Heimatmuseen der Jahrhundertwende gebräuchliche Form der Vermittlung. Das Wilhelmsburger Wohnzimmer bzw. die Bauernstube sowie die Küche sind Paradebeispiele einer ‚stimmungsvollen Inszenierung', wie sie zum Beispiel von der Heimatbewegung für Dorf- und Heimatmuseen empfohlen wurde:

> „Wenn andere Museen auf streng wissenschaftliche Gründlichkeit sehen, so sollten die Heimatmuseen ihr Hauptgewicht auf die Entfaltung von Gemütswerten legen."[60]

Das Ziel sollte die Rekonstruktion der Objekte in ihrem häuslichen Ambiente sein, die Gegenstände sollten in ihrem ästhetischen Gesamtzusammenhang gezeigt werden, um so ein möglichst plastisches und lebendiges Bild der Vergangenheit zu zeichnen.[61]

---

57 Vgl.: Lowenthal, David: The past is a foreign country.

58 Vgl. dazu auch Dicks, Bella: Culture on Display. Dicks beschreibt die Herstellung von „visitability of culture" als eines der Kennzeichen der Moderne. Der kulturelle Wert eines Ortes ist erst dann voll entwickelt bzw. konsumierbar, wenn er sich als besuchbare ‚Destination' präsentiert. „Culture is central to the production of visitability, for it enables a place to become somewhere to go". (ebd. S. 1). Siehe hierzu auch den Abschnitt „Spuren des Wilden im heritage-Konzept".

59 Vgl. Foucault, Michel: Die Heterotopien = Les hétérotopies; Der utopische Körper = Le corps utopique: zwei Radiovorträge, Frankfurt am Main: Suhrkamp 2005.

60 Eidmann, Heinrich: Das städtische Museum in Darmstadt. In: GemBl 12 (1910), S. 48, zitiert nach: Kuntz, Andreas: Das Museum als Volksbildungsstätte, Marburg: Jonas Verlag 1980, S. 43.

61 Vgl. Korff, Gottfried: „‚Culturbilder' aus der Provinz? Notizen zur Präsentationsabsicht und -ästhetik des Heimatmuseums um 1900", in: ders., Museumsdinge. Deponieren – Exponieren, S. 55.

Im Wilhelmsburger Museum sind Bauernstube und Küche in quasi-naturalistischer Manier arrangiert und evozieren das Bild von authentischen Wohnräumen. Mit solchen musealen Inszenierungen sollen die aus ihrem ursprünglichen Gebrauchskontext gerissenen Objekte wieder in einen Kontext eingebettet werden.[62] Mit der Darstellungsform der rekonstruktiven Inszenierung soll ein stimmiges Gesamt- bzw. Genrebild geschaffen werden, das die Besucher emotional anspricht:

„Solche und ähnliche Inszenierungen wollen durch den Aufbau konkreter Situationen Erlebnisse, Stimmung und emotionale ‚Teilnahme' schaffen. Das Einzelobjekt verschwindet in einem Arrangement, wobei auch Kopien und Rekonstruktionen ihren Platz haben können, damit ein ‚Gesamtbild' entsteht. Die Objektgruppen dienen als Medium, das die Gefühle bündelt und auf die Vergangenheit projiziert. Diese wird immer als Wirklichkeit, als erlebbare Rekonstruktion einer Vergangenheit, ‚so wie sie wirklich gewesen ist', verstanden. [...] Text- und Bilderläuterungen sind vom Genrebild häufig deutlich getrennt oder in eine Broschüre verwiesen. Sehr oft ist solchen Inszenierungen eine nostalgisch-verklärende Vergangenheitssicht eigen."[63]

Diese Merkmale finden sich in den Ausstellungen des Museums Elbinsel Wilhelmsburg wieder. Auch hier verschwindet das Einzelobjekt im emotional ansprechenden Arrangement. Die Objektgruppen haben das Potential, eine ‚heimelige', ‚gemütliche' und ‚heile' Vergangenheit zu evozieren, sie in ein idyllisches Licht zu tauchen. Die Inszenierung verfehlt ihre Wirkung nicht: Das Museum präsentiert sich als idyllische Szenerie mit stimmungsvollem Ambiente. Der Konstruktionscharakter und das Fragmentarische der Erinnerung oder des Heimatbegriffs bleiben unerwähnt. Die Ausstellungen tragen einige Merkmale einer „nostalgisch-verklärenden Vergangenheitssicht".

Eine weitere Präzisierung dieser Präsentationsform und ihrer Implikationen findet sich bei Barbara Kirshenblatt-Gimblett: Sie führt den Begriff der „in-situ installations" ein und beschreibt die zwei Modi, in denen sie sich präsentieren können, den metonymischen und den mimetischen:

„The notion of in situ entails metonymy and mimesis: the object is a part that stands in a contiguous relation to an absent whole that may or may not be recreated. The art of the metonym is an art that accepts the inherently fragmentary nature of the object. [...] The art of mimesis, whether in form of period rooms, ethnographic villages, recreated environments, reenacted rituals, or photomurals, places objects (or replicas of them) in situ. In-

62 Vgl. Scholze, Jana: Medium Ausstellung, S. 201.

63 Schärer, Martin R.: Die Ausstellung, S. 125.

situ approaches to installation enlarge the ethnographic object by expanding its boundaries to include more of what was left behind, even if only in replica, after the object was excised from its physical, social and cultural settings."[64]

Im Museum Wilhelmsburg dominiert der mimetische Darstellungsmodus. Die Küche mit dem gedeckten Tisch vermittelt den Eindruck, als ob die Familie nur eben hinausgegangen sei. In der Bauernstube würde man sich nicht wundern, wenn plötzlich die Großmutter hereinkäme und die Teekanne vom Ofen nähme.

Abbildung 8: Die Wilhelmsburger Küche

Foto: Angela Jannelli, Oktober 2009

Die lebensweltliche Rekonstruktion verfügt über großes narratives Potential, denn sie regt dazu an, die Szenerie in Gedanken zu beleben. Diese narrative Qualität trägt dazu bei, die Spuren der Konstruiertheit zu tilgen, die diese stimmungsvollen Bilder in sich tragen. Damit präsentieren sich die Ausstellungen

64 Kirshenblatt-Gimblett, Barbara: „Objects of Ethnography", in: Karp, Ivan; Steven D. Lavine (Hg.): Exhibiting Cultures, S. 388f.

des Museums Elbinsel Wilhelmsburg als begehbare Bilder.[65] Sie sind Kulissen der Erinnerung, die den Museumsnutzern die imaginären Räume einer idyllischen Vergangenheit eröffnen:

„Die zusammengetragenen Überreste schufen weniger ‚realistische' Verbindungen in die Vergangenheit als vielmehr historische Fantasiewelten. So entstand im Museumsraum die Illusion von der Kontinuität und Fortsetzbarkeit einer einst realen Lebensweise."[66]

Vor diesem Hintergrund ist es auch nicht verwunderlich, dass die in *wissenschaftlichen Museen* übliche Distanz zwischen Objekt und Besucher in Wilhelmsburg auf ein Minimum reduziert bzw. zum Teil sogar ganz aufgehoben ist. Die Möbel zum Beispiel sind in Benutzung. Wenn in der Bauernstube Veranstaltungen stattfinden, so werden die ausgestellten Tische und Stühle selbstverständlich benutzt. Auch bei den im Museum angebotenen standesamtlichen Trauungen sitzt das Brautpaar in der Bauernstube. Bei den regelmäßig im Museum stattfindenden Märkten tritt die ‚Benutzbarkeit' des Museums noch deutlicher zu Tage: alle Exponate werden als Warenträger behandelt. Sie verlieren ihre museale Eigenschaft als ‚Wissensding' oder ‚Merkwürdigkeit' und werden wieder zu Gebrauchsdingen mit einem festen Bestandteil im Alltag. Die in Wilhelmsburg tätige Volkskundlerin Sigrun Clausen beschreibt diesen ‚Effekt' in einem Artikel zum 100-jährigen Jubiläum des Museums anschaulich:

„Das Museum Elbinsel Wilhelmsburg […] erfreut sich unter Eingeweihten großer Beliebtheit. Dabei sind es jedoch weniger die Objekte in der Ausstellung, die jeden Sonntag in der Saison aufs neue die Besucher anlocken. Nein, es ist das historische Ambiente des alten Amtshauses von 1724, in dem sich das Museum heute befindet, ist die Möglichkeit, dort Kaffee zu trinken und zuverlässig Bekannte zu treffen. Heimelig, ländlich-friedlich – in der Tat sind die Kaffeetische unter den alten Linden auf dem Museumsvorplatz ein Ort, der auch die nüchternste Kulturwissenschaftlerin zu der Assoziation verleitet, früher möge vielleicht doch alles schöner, ruhiger und besser gewesen sein. Mühelos kann sich der Besucher an diesem Ort in das Kirchdorf von 1700 imaginieren – und prompt: wohlfühlen. Auch das Innere des Gebäudes mit seinen dicken Mauern, den Holzfußböden, den dunklen, alten Möbeln erzeugt einen solchen Effekt. Immer wieder lässt sich da beobachten, dass Menschen nicht einzelne Objekte studieren, sondern vom Gesamteindruck emotionalisiert werden und weniger ins Nachdenken, sondern ins Schwärmen geraten."[67]

---

65 Darauf weist auch Sigrun Clausen in ihrem Beitrag zum Museum Elbinsel Wilhelmsburg hin. Vgl. Clausen, Sigrun: „Süße Heimat Wilhelmsburg", S. 183.

66 Ebd. S. 183.

67 Ebd. S. 182f.

Das gemütliche Ensemble, das idyllische Genrebild täuscht allerdings über seine Konstruiertheit und über Diskontinuitäten hinweg, in der Zeitlosigkeit seiner Darstellung übertüncht es gesellschaftliche Veränderungen oder Spannungen. Die mimetische Rekonstruktion verklärt die Sicht auf die Vergangenheit und taucht die sozialen Verhältnisse und Lebensbedingungen in ein warmes, heiteres Licht. Mit dieser Form der Inszenierung wird ein geschlossenes Bild geschaffen, eine homogene Gesellschaft entworfen und es wird die Vorstellung einer ursprünglichen, natürlichen und unveränderlichen Kultur evoziert:

> „Such displays, which tend toward the monographic, appeal to those who argue that cultures are coherent wholes in their own right, that environment plays a significant role in cultural formation […]. In-situ installations, no matter how mimetic, are not neutral. They are not a slice of life lifted from the everyday world and inserted into the museum gallery, though this is the rhetoric of the mimetic mode."[68]

Die Objektordnungen im Museum Elbinsel Wilhelmsburg folgen dem rekonstruktiven, mimetischen Paradigma und damit kann im Museum auch die heutige Realität von Wilhelmsburg als multiethnischer Stadtteil ausgeblendet werden.[69] Das Museum präsentiert sich inmitten eines im permanenten Wandel begriffenen Stadtteils als unveränderlicher Ort. Irgendwo um 1900 (oder ist es, wie Sigrun Clausen meint, um 1700?) ist es im ‚freeze' erstarrt. Veränderungen, Krisen und Probleme sind ausgeblendet, die Vergangenheit erscheint im Museum buchstäblich als ein unveränderlicher Zeitraum.

Aber indem Veränderungen ‚ausgesperrt' sind, präsentiert sich das Museum auch als sicherer und verlässlicher Ort. Diese Bedeutung ist gerade für Wilhelmsburg wichtig, unterliegt der Stadtteil doch seit Jahrhunderten einem zumeist von außen bewirkten Wandel.

Objektverwendung: Erinnerungsdinge

Mit den rekonstruktiven in-situ-Präsentationen im Museum Elbinsel Wilhelmsburg wird ein homogenes und geschlossenes Bild der Vergangenheit evoziert, das zu einer idyllisierenden, nostalgisch-verklärten Sicht auf das ‚Damals' einlädt. Allerdings übersteigt die Menge der ausgestellten Objekte bei weitem eine ‚wirklich naturalistische' oder authentische Rekonstruktion. Bei ihrem Bestreben

68 Kirshenblatt-Gimblett, Barbara: „Objects of Ethnography", S. 389.

69 Diese Realität kann zwar aus dem Museum ausgesperrt, aber nicht vollständig getilgt werden. Schaut man z.B. aus dem ‚Küchenfenster', so eröffnet sich eine spannende Blickbeziehung zur den Hochhaussiedlungen von Kirchdorf Süd.

nach der Vervollkommnung des Bilds schießen die Museumsmacher also über das Ziel hinaus: Die Überfülle der Exponate trägt weniger zur Schließung des Bilds bei, sie wirkt eher wie eine Art Verfremdungseffekt. Die Vielzahl der Objekte produziert einen Bedeutungsüberschuss, der das Bild öffnet und verhandelbar macht.

Die vorhandene Objektfülle macht die Ausstellungen zur Bühne im Korffschen zweifachen Sinn: „und zwar [zur] Bühne in einem dem Wort eigentümlichen, im Schwäbischen noch erhaltenen Doppelsinn, nämlich als Lager, Speicher und als Schaubühne".[70] Hierin sieht Gottfried Korff auch eine der Ursachen für die Popularität des Museums um 1900: Es ist sein Doppelcharakter als Deponier- und Exponieranstalt, als Berge- und Schauraum, der um 1900 erkannt wird und das Medium (vermutlich bis heute) so attraktiv macht. Dieser Doppelcharakter tritt in den *wilden Museen* noch deutlicher zu Tage, da sie die für *wissenschaftliche Museen* charakteristische, um 1900 stattfindende Trennung von Depot und Ausstellung bzw. Studien- und Schausammlung nicht vollzogen haben.[71] Es sind die übermäßig vielen Objekte, die gleichsam Risse in das geschlossene Bild bringen und die Idylle als ein „Schauspiel der Erinnerung"[72] bewusst machen.

Es ist gerade der Doppelcharakter der *wilden Museen* als Berge- und Schauraum, der die Möglichkeit zur Interpretation eröffnet. Durch die Überfülle der Objekte präsentiert sich die Vergangenheit nicht als sorgsam komponiertes Stück, in dem sich die einzelnen Stimmen verdichten und gegenseitig verstärken und schließlich einen harmonischen Wohlklang produzieren. Durch die Überfülle mischen sich auch disharmonische Stimmen in den Chor, die Vielstimmigkeit und Dissonanzen rücken ins Bewusstsein. Der durch die Objektfülle produzierte Bedeutungsüberschuss eröffnet Konnotationsvielfalt und damit verschiedene Sinnzusammenhänge und Deutungsmöglichkeiten.

70 Korff, Gottfried: „‚Culturbilder' aus der Provinz", S. 50.

71 Vgl. Kuntz, Andreas: Das Museum als Volksbildungsstätte, S. 64ff. Das Museum Elbinsel Wilhelmsburg befindet sich an der Schwelle vom Übergang vom kommunikativen zum kulturellen Gedächtnis, vom *wilden* in das *wissenschaftliche Denken* bzw. vom Speicher- zum Funktionsgedächtnis. Dies manifestiert sich im Interview mit Frau C. in Form ihres Wunsches, im Museum weniger auszustellen, um damit museumspädagogischen Ansprüchen nachzukommen. Vgl. Interview vom 12.12.2008 (00:32:39 bis 00:36:46).

72 Vgl. Jeudy, Pierre-Henry: „Der Komplex der Museophilie", in: Zacharias, Wolfgang (Hg.): Zeitphänomen Musealisierung, S.120.

In diesem Zusammenhang sind die Führungen von großer Bedeutung,[73] denn wie Wolfgang Müller-Funk konstatiert ist „[d]as zentrale Medium des kollektiven Gedächtnisses [...] die mündliche Erzählung."[74] Durch das erinnernde Erzählen über die unveränderlichen Museumsdinge wird die Differenz zum Heute manifest. Vor der Kontrastfolie des Früher zeichnet sich das Heute ab. Auf diese Weise rücken Veränderungen in den Blick und können thematisiert werden.

Im Medium der Führung wird die performative Qualität von Erinnerung deutlich.[75] In den Führungen vollzieht sich der Transfer von einem Modus der Erinnerung in den anderen, sie sind der exemplarische Ausdruck für den Übergang vom Speicher- ins Funktionsgedächtnis. Die Exponate werden aus der Latenz des Speichers geholt und in eine aktuelle Erzählung eingebunden, sie werden in der Führung mit aktuellen Bezügen und Bedeutungen belegt. Die Überfülle der Exponate eröffnet die Möglichkeit, die Erzählungen zu variieren, dem Publikum bzw. der Situation anzupassen. Betrachtet man die Ausstellung im Korffschen doppelten Wortsinn als Bühne der Erinnerung oder im Sinne Fischer-Lichtes als performativen Akt, so erhält das Exponat eine neue Qualität: Es ist nicht die Führung, die eine Erklärung zu den Objekten bietet, sondern es sind die Exponate, die Anlässe für Erzählungen schaffen.

Die Objekte zeigen sich damit nicht länger als Repräsentanten einer vergangenen Wirklichkeit. Sie sind nicht Zeichen oder Zeugen der Vergangenheit, sondern sie sind vielmehr Stichwortgeber in einer heutigen Erzählung über ein (imaginiertes) früheres Wilhelmsburg. Betrachtet man das Museum und seine Nutzung aus der performativen Perspektive, so präsentieren sich die Exponate als Akteure, die im Zusammenspiel mit dem Raum und den Museumsnutzern – Vereinsmitgliedern wie Besuchern – dafür sorgen, dass die ‚Aufführung der Erinnerungsstücke' stattfinden kann.[76] Alan Radley wählt für die Veränderlichkeit

---

73 Führungen stellen eine weitere wichtige Nutzung der Museumsräume dar. Sie werden nach Vereinbarung angeboten und vorwiegend von Klassen benachbarter Schulen sowie von privaten Gruppen wie Vereinen, Freizeitgruppen oder kleineren Festgesellschaften gebucht. Es gibt keine öffentliche Führung, an der interessierte Besucher ohne Voranmeldung teilnehmen könnten.

74 Vgl. hierzu Müller-Funk, Wolfgang: Die Kultur und ihre Narrative, S. 260.

75 Vgl. ebd. In diesem Zusammenhang v.a. Kapitel 10: Erzählen und Erinnern. Zur Narratologie des kulturellen und kollektiven Gedächtnisses. S. 251-269.

76 Vgl. dazu: Gielen, Pascal: „Museumchronotopics: on the representation of the past in museums", in: Museum and Society 2 (3), 2004: S. 147-160 oder Jannelli, Angela; Thomas Hammacher: „Das Museum als Erfahrungsraum".

der Erinnerung bei gleichbleibendem Anlass der Erinnerung den Begriff des „Re-Framing“:[77]

„Der ‚neue Rahmen‘ verleiht den zeitlich konstanten Dingen neue Bedeutung, auch wenn Gegenstand und Ausgangspunkt der Erinnerung sich nicht ändern.“[78]

Das Museum – in seiner Ganzheit als Gebäude, Sammlung und Nutzung – stellt somit einen Fundus von Objekten dar, die in die unterschiedlichsten Erzählungen eingebunden und damit auch für verschiedene Zwecke genutzt werden können. Das Museum ist „Bühne der Erinnerung“, die Objekte haben darin die Rolle von Requisiten der Erinnerung.[79]

DAS MUSEUM ELBINSEL WILHELMSBURG ALS GEGENERZÄHLUNG UND HETEROTOPIE

In den Führungen, im Zeigen und Erklären der Objekte für Besucher, interpretieren die Museumsmacher die Geschichte Wilhelmsburgs, sie belegen die Exponate mit Bedeutungen, zum Teil auch mit persönlichen Erinnerungen, und verleihen damit der Vergangenheit retrospektiv einen Sinn. Das Erzählen über die Gegenstände eröffnet die Möglichkeit, aus der Gegenwart in einen imaginierten Raum zurückzutreten, die Dinge aus der Distanz zu betrachten und sie in eine logische Struktur zu bringen:

„Objekte und die durch sie ausgelösten Erinnerungen ermöglichen dem Individuum auch, die Differenz zwischen der (anonymen) Geschichte und der eigenen Lebensgeschichte zu

77 Radley, Alan: „Artefacts, Memory and a Sense of the Past“, in: Middelton, David (Hg.): Collective Remembering, London: Sage 1990, S. 46-59, zitiert nach: Hahn, Hans Peter: Materielle Kultur. Eine Einführung, Berlin: Dietrich Reimer Verlag 2005. S. 39.

78 Hahn, Hans Peter: Materielle Kultur, S. 39.

79 Die langfristige emotionale Bindung von Personen an Gegenstände ist wesentlich für ‚Erinnerungsobjekte‘ und wird mit zunehmendem Alter intensiviert. Dies könnte – neben der spezifischen Zeit- und Finanzsituation von Rentnern sowie den im Laufe eines Lebens angesammelten Objekten – ein weiterer Grund sein, warum sich in *wilden Museen* vorwiegend ältere Menschen engagieren. Vgl. Hahn, Hans Peter: Materielle Kultur, S. 40.

erkennen. In dieser Hinsicht leisten Gegenstände nicht nur einen Beitrag zur Konstituierung des gegenwärtigen Selbst, sondern auch für die eigene Vergangenheit."[80]

Im Erzählen können die Dinge geordnet und die Geschehnisse in einen kausalen Zusammenhang gebracht werden. Für den Prozess der Erinnerung nimmt es damit eine wichtige Funktion ein:

> [Die zentrale Rolle des Erzählens für die Erinnerung] „ergibt sich nicht nur aus der Tatsache, dass Erinnerungen meist erzählend zum Ausdruck kommen. Vielmehr lässt sich die These formulieren, dass Erzählschemata nicht nur die Verbalisation, sondern bereits die Elaboration von Erinnerungen organisieren. Erzählung wird dabei verstanden als eine sprachliche Form, die aus den kommunikativen und kognitiven Bedingungen der lebensweltlich-zwischenmenschlichen Interaktion sowie des menschlichen Erlebens und Handelns hervorgeht."[81]

Durch seine kommunikative Grundstruktur[82] ist das Museum ein Erzählort par excellence. Dies gilt besonders für das Museum Elbinsel Wilhelmsburg als *wildes Museum*, in dem Führungen eine wichtige Rolle spielen. Das Museum bietet demnach den Museumnutzern – Machern wie Besuchern – eine Bühne für die Aufführung des Schauspiels der Erinnerung. Mit den in ihm vorhandenen Objekt- und Präsentationsarten bietet es eine räumliche Struktur, die die Differenz zwischen Vergangenheit und Gegenwart spürbar werden lässt und damit erst ermöglicht, über die Vergangenheit zu reden. Das Museum als zeitloser, unveränderlicher Ort bietet die Möglichkeit, die Differenz zwischen Gestern und Heute ‚gefahrlos' zu spüren.

80 Hahn, Hans Peter: Materielle Kultur, S. 40.

81 Markus, Sandra: „‚Schreiben heißt: sich selber lesen'. Geschichtsschreibung als erinnernde Sinnkonstruktion", in: Wischermann, Clemens (Hg.): Vom kollektiven Gedächtnis zur Individualisierung der Erinnerung, Stuttgart: Franz Steiner Verlag 2002, S. 163.

82 Vgl. Hooper-Greenhill, Eilean (Hg.): Museum, Media, Message, London, New York: Routledge 1999. Flügel, Katharina: Einführung in die Museologie, S. 95ff.

Abbildung 9: Blick aus dem Fenster der „Wilhelmsburger Küche“ auf die Hochhäuser von Kirchdorf-Süd.

Foto: Angela Jannelli, Oktober 2009

Die Erfahrung der Distanz ist laut Aleida Assmann ein wesentliches Merkmal von Gedenkorten, ganz im Gegensatz zu Generationenorten, die vielmehr durch Kontinuität, d. h. eine langfristige, mehrere Generationen übergreifende Bindung von Menschen an Orte geprägt sind:

„Ganz anders verhält es sich mit dem Gedenkort, der durch Diskontinuität, das heißt: durch eine eklatante Differenz zwischen Vergangenheit und Gegenwart gekennzeichnet ist. Am Gedenkort ist eine bestimmte Geschichte gerade nicht weitergegangen, sondern mehr oder weniger gewaltsam abgebrochen. Die abgebrochene Geschichte materialisiert sich in Ruinen und Relikten, die sich als fremde Überreste von der Umgebung abheben. Das Abgebrochene ist in Überresten erstarrt und steht beziehungslos zum örtlichen Leben der Gegenwart, das nicht nur weitergegangen, sondern über diese Reste auch achtlos hinweggegangen ist.“[83]

Im Museum Elbinsel Wilhelmsburg ist die Distanz zwischen der bäuerlichen Vergangenheit und postindustriellen Gegenwart deutlich zu spüren. Im Museum sind die Relikte des bäuerlichen Wilhelmsburg bewahrt, die im Museum präsentierte Geschichte bricht im Wesentlichen um 1900 ab, die Beziehung zum örtli-

83 Assmann, Aleida: Erinnerungsräume, S. 309.

chen Leben manifestiert sich nicht in den hier bewahrten Objekten. Sie tritt nur in der Performanz, im Reden über die Dinge in Erscheinung:

AJ: „Und wofür steht das Museum Elbinsel heute? Wie würden Sie das beschreiben?"
Frau H.: [nach einer längeren Pause] „Tja, einen Teil haben Sie eben gesehen: Kinder Sachbegegnungen erleben zu lassen, einen anderen Ort. Ich weiß nicht, wie gut das immer glückt, aber auch so ein bisschen einen Blick in die Geschichte, ein erstes Gefühl für Geschichte ermöglichen. [...] Ja, ich überlege gerade, auch wenn die Hamburger hierher kommen... also es steht [...] auch ein bisschen für die Geschichte Wilhelmsburgs insgesamt, und auch dafür, wie Politiker eigentlich mit Geschichte umgehen. Dass man eben in Hamburg nur die Nase rümpft über diesen Stadtteil. Also, mir ist es so oft passiert: ‚Du wohnst in Wilhelmsburg? Äh, kann man denn da wohnen?' Und zwar schon vor der Zeit, als hier überwiegend Gastarbeiter wohnten. Und also dass – für die Hamburger – südlich der Elbe einfach ‚der Balkan anfing', wie das schon früher immer hieß, weil hier auch viele Polen waren. [...] Und ich finde, einfach einen kritischen Blick – also wenn ich Führungen mache – einen kritischen Blick wichtig auf den Umgang mit Geschichte, auf den Umgang mit Orten. [...] Also, Stadtentwicklung einfach auch mal kritisch anzugucken, für erwachsene Menschen. Was machen die eigentlich? Die legen hier eine Autobahn durch, eine S-Bahn und die Bahn und die legen hier nochmal eine Reichsstraße durch, an drei verschiedenen Trassen! Die zerschneiden eine Insel in 1, 2, 3, 4 Teile! Und es gibt kaum Verbindungen zwischendurch! Und das ist eigentlich eine gewachsene Einheit gewesen! So – was macht die Stadtentwicklung? Und – es steht ja an im Moment: Es gibt im Westen die A7 und es gibt hier auf der Insel die A1 und mit der Hafenentwicklung sollen hier Straßen gebaut werden, es sollen Querverbindungen entstehen. Wo legen Sie die hin? Legen Sie die in das jetzt schon bestehende Industriegebiet? Wo legen Sie die Straßen hin? Oder was wird mit dem nicht mehr gebrauchten alten Hafen gemacht? Also mit dem toten Industriegelände? Also die Hafenbecken werden jetzt ja nicht mehr so gebraucht wie sie früher gebraucht wurden, mit Stückgut. Sondern mit den Containern ist ja eine völlig neue Entwicklung passiert. Was passiert mit dem alten Hafengelände? Wird da jetzt Industrie und Straße gebaut oder wird das tatsächlich der Sprung über die Elbe von der Hafencity, über die Elbe weg; und wächst dann die Stadt hier irgendwann mal zusammen? Ich mein, ich hab keinen Einfluss darauf, aber – wenn ich mit Menschen rede, dann sag ich durchaus: ‚Ja – was passiert da eigentlich?'"[84]

Die Differenz zwischen Vergangenheit und Gegenwart ist in vielen Heimatmuseen eklatant. Dies könnte auch eine Erklärung für die in diesem Museumstyp so häufig vorzufindende nostalgisch-verklärende Vergangenheitssicht bieten. So konstatiert zum Beispiel David Lowenthal, dass die Nostalgie (ebenso wie das

84 Interview vom 23.09.2008 (00:33:01 bis 00:36:23).

Heimatmuseum, A.J.) eine Erscheinung der Moderne sei. Durch Nostalgie werde die Erfahrung der Diskontinuität zwischen Vergangenheit und Gegenwart gesteigert, die Auswirkungen der Vergangenheit auf die Gegenwart würden nivelliert.[85] Eine nostalgische Sicht auf die Dinge blendet Veränderungen aus und hält die Lücke zwischen der scheinbar intakten Vergangenheit und der Gegenwart permanent offen. Grundbedingungen für die Entstehung von Nostalgie sind ein lineares Zeitverständnis, das erst die Erfahrung der Differenz von Vergangenheit, Gegenwart und Zukunft ermöglicht; das Gefühl, in einer defizitären Gegenwart zu leben und eine zunehmende Verfügbarkeit von Objekten, Bildern und Texten, die die vorgestellte Vergangenheit scheinbar beglaubigen und zeigen, „wie es wirklich war".[86] Die Sehnsucht nach der Vergangenheit, wie Lowenthal, Shawn und Chase die Nostalgie auch nennen, ist für die spätindustrielle Gesellschaft deshalb so attraktiv, weil die Vergangenheit eben abgeschlossen ist. In der Retrospektive ist sie leicht zu betrachten und zu beschreiben.

Eine pauschale Verurteilung der Nostalgie wie dies Lowenthal, Shawn und Chase tun, übersieht dabei die produktiven Möglichkeiten der Vergangenheitsbetrachtung sowie die Tatsache, dass Erinnern nur im Modus des Narrativen realisiert werden kann.[87] Das Tun der Museumsmacher erschöpft sich meines Erachtens nicht darin, sich gegenwartsvergessen einer „Sehnsucht nach Vergangenheit" hinzugeben. Gerade die oben zitierte Interviewpassage verdeutlicht die produktive Dimension des Museums. Es ist der schöne, nostalgisch-verklärte Ort, der für die nötige ‚Sicherheit' oder ‚Rückversicherung' sorgt, um die Unterschiede zwischen Gestern und Heute aushalten zu können, um den Blick auf die Differenzen zu lenken und mit ihnen umzugehen. In ihrer Definition des Gedenkorts weist Aleida Assmann auf die produktiven Seiten der Differenzerfahrung hin:

> „Ein Gedenkort ist das, was übrigbleibt von dem, was nicht mehr besteht und gilt. Um dennoch fortbestehen und weitergelten zu können, muß eine Geschichte erzählt werden, die das verlorene Milieu supplementär ersetzt. Erinnerungsorte sind zersprengte Fragmente eines verlorenen oder zerstörten Lebenszusammenhanges. Denn mit der Aufgabe und Zerstörung eines Ortes ist seine Geschichte noch nicht vorbei; er hält materielle Relikte fest, die zu Elementen von Erzählungen und damit wiederum zu Bezugspunkten eines

85 Lowenthal, David: „Nostaliga tells it like it wasn't". Vgl. auch Lumley, Robert (Hg.): The Museum Time-Machine, London, New York: Routledge 1988.

86 Vgl. Shaw, Christopher, Malcolm Chase (Hg.): The Imagined Past, S. 2-4.

87 Vgl. Müller-Funk, Wolfgang: Die Kultur und ihre Narrative, S. 251ff.

neuen kulturellen Gedächtnisses werden. Diese Orte sind allerdings erklärungsbedürftig; ihre Bedeutung muß zusätzlich durch sprachliche Überlieferung gesichert werden.“[88]

Im Wilhelmsburger Museum sind es die Führungen, in denen die materiellen Relikte Stichwortgeber von Erzählungen werden und als Bezugspunkte eines neuen kulturellen Gedächtnisses dienen.

Die im Museum gespeicherten Objekte bieten Anknüpfungspunkte für Geschichten. Das Museum als Ort des von Dingen gelenkten Erzählens stellt sich auch als Ort der Sinngebung und der Aushandlung von persönlicher wie sozialer Identität dar:

„Die Ordnung des erzählten wie zu erzählenden Geschehens bzw. des Erinnerten ist somit eine Funktion des Erzählens und nicht dem Geschehen selbst immanent. Im Vorgang des Erinnerns bzw. des Erzählens konstruiert der Erzähler über die Kohärenz der Geschichte seine eigene Identität genauso wie er auf sie über bestimmte Wahrnehmungsmuster zurückgreift. Das Phänomen der Erinnerung, das Konzept der Vergangenheit sowie das Schema der Erzählung stehen in einem komplementären Verhältnis, sie bedingen einander, stützten sich gegenseitig und stellen eine untrennbare Einheit in der Lebensgeschichte des Menschen dar.“[89]

Das Museum Elbinsel Wilhelmsburg weist für mich alle Qualitäten des Gedenkorts auf. Die von den Machern kultivierte Idylle, die sich in Form von stimmungsvollen Arrangements präsentiert, bietet ein scheinbar geschlossenes Bild. Die für das Museum charakteristische Überfülle an Objekten sorgt aber für einen Bedeutungsüberschuss, der Neuinterpretationen und Gegenwartsbezüge ermöglicht. Grundvoraussetzung dafür ist die Erfahrung der Differenz zwischen Gegenwart und Vergangenheit, die im Museum durch seine scheinbare ‚Veränderungsresistenz‘ gefahrlos gemacht werden kann. Die Differenz wird durch das Erzählen überbrückt, das sich im Museum vor allem in den Führungen manifestiert. Im Erzählen über die Vergangenheit kann die Distanz zur Gegenwart in den Blick genommen und überbrückt werden. Veränderung kann thematisiert und auch hinterfragt werden. Damit eröffnet das Museum als Gedenkort neue narrative Räume: Sowohl dem gegenwärtigen eher negativen Image des Stadtteils als auch dem von der Internationalen Bauausstellung skizzierten positiven Zukunfts-Szenario eines dynamischen, kreativen, multikulturellen, ästhetischen und prosperierenden Stadtteils wird das Bild eines unbestimmten ‚Früher‘ entgegengesetzt. Damit bietet das Museum die Möglichkeit zu Erzählungen vom ‚alten

88 Assmann, Aleida: Erinnerungsräume, S. 309.

89 Markus, Sandra: „‚Schreiben heißt: sich selber lesen‘“, S. 163.

Wilhelmsburg', in denen ein heterotoper, ja utopischer Ort heraufbeschworen wird und die als Gegenerzählungen zum ‚heutigen' wie dem für die Zukunft ‚verordneten' Wilhelmsburg dienen. Das Museum Elbinsel Wilhelmsburg ist ein typisches Heimatmuseum, dem allerdings die Selbstverständlichkeit von Heimat abhanden gekommen ist. Diese Kluft zwischen dem im Museum evozierten Heimatbild und dem heutigen Wilhelmsburg wird im Museum durch das Erzählen über die Museumsdinge überbrückt.

Bienenmuseum Moorrege – „Willst du Gottes Wunder sehn, musst du zu den Bienen gehn!“

Zugang: „Wo Bienen fliegen, ist die Welt in Ordnung“[1]

Das Bienenmuseum in Moorrege hat von Mai bis Oktober an jedem zweiten und vierten Sonntag eines Monats geöffnet. Das Museum zu besuchen, ist für mich ein richtiger Sonntagsausflug. Ich habe ein Auto gemietet, die Route ausgedruckt und fahre von Hamburg aus in Richtung Norden aufs Land. Die Straßen werden immer schmaler, die Siedlungen immer dörflicher, die Landschaft immer ländlicher. Schließlich komme ich in Moorrege an. Kurz hinter dem Ortsschild sehe ich einen schmalen, grünen Wegweiser zum Museum. Er sieht eher wie ein Straßenschild aus, weshalb ich ihn nicht sofort als Wegweiser interpretiere. Schnell noch rechts abgebogen, führt die Straße zunächst an Wohnhäusern vorbei und wird dann zu einem schmalen Landsträßchen. Rechts von mir öffnen sich die Felder, links von mir versperrt ein Deich die Sicht. Leichte Verunsicherung regt sich in mir. Bin ich noch richtig? Habe ich Moorrege schon verlassen? Habe ich das Museum übersehen? Ich fahre noch einige Zeit geradeaus, sehe in der Ferne Häuser und Bäume und erreiche schließlich den historischen Dorfkern. Aus dem Augenwinkel sehe ich am rechten Straßenrand das Bienenmuseum. Ein schöner, alter Klinkerbau aus der Gründerzeit, das frühere Schulhaus von Moorrege. Auf einem weißen Schild weist ein gelber, in Schreibschrift gestalteter Schriftzug auf das Museum hin. Ein Bienchen mit niedlichem Gesicht unterstützt die Botschaft: Hier ist das „Bienen & Imkerei Museum Moorrege“. Vor dem Gebäude steht ein

1 Schlusssatz eines Ausstellungstextes, in dem die Bedeutung der Bienenhaltung erläutert wird.

Briefkasten, am Gebäude selbst ist ein öffentliches Telefon und ein schwarzes Brett angebracht, was dem Gebäude einen öffentlichen Charakter verleiht.

Abbildung 10: Das Bienen- und Imkereimuseum Moorrege

Foto: Angela Jannelli, Oktober 2008

In Moorrege scheint alles seine Ordnung zu haben. Der Rasen vor den Häusern und auf den Grünstreifen ist gemäht, Bäume und Beete sind gepflegt, die Häuser sind gut in Schuss. Ich habe den Eindruck, dass hier alles geregelt ist, dass jeder weiß, wie man sich zu verhalten hat. Diese Ordnung sollte ich besser nicht stören und darauf achten, mein Auto ordentlich zu parken. Der neben dem Gebäude liegende Hof, den ich als Museumsparkplatz interpretiert hatte, erscheint mir auf den zweiten Blick privat zu sein. Ich möchte nicht gleich bei meinem ersten Besuch unangenehm auffallen und beschließe, den Wagen irgendwo anders abzustellen.

Zwei Stufen führen hinauf zu einer Tür, deren dunkelgrüner Lack makellos ist. Der rechte Flügel steht offen, ich trete ein und stehe in einem kleinen Treppenhaus. Links von mir führt eine Treppe in den ersten Stock. Auf dem nach unten führenden Treppenabsatz stehen ein Rasenmäher und Gartenschuhe. Dieser Eindruck von Privatheit irritiert mich. An der der Eingangstür gegenüberliegenden Wand befindet sich eine Tür. Sie ist geschlossen. Ein Pfeil und die Aufschrift „Museum 1. Stock" auf einem Hinweisblatt weisen mich nach oben. Links von der Tür hängt ein vermutlich von Kindern mit viel Liebe zum Detail gemaltes Hinweisschild, auf dem nochmals der Museumsname zu lesen ist. Daneben hängt ein weiteres Kinderbild: Aus einem blauen Himmel scheint eine große Sonne auf Bienen und Blumen. In der linken Bildecke ist ein Imker zu sehen. Die Überschrift weist das Bild als ein Dankeschön des DRK-Kindergartens (DRK = Deutsches Rotes Kreuz) von Holm aus.

Ich gehe die Treppe hinauf. Plakate des Deutschen Imkervereins bieten Informationen über Bienen, Honig und die Imkerei. Vom Treppenabsatz führt ein Gang zum Museumseingang. Rechterhand sind etliche Dinge abgestellt: Tische, Stühle, Bienenkästen, linkerhand eine weiße, mit Postern über Bienen bestückte Wand.

Establishing shot: ein einladendes Museum

Das Bienenmuseum besteht aus einem einzigen, großen aber dennoch recht überschaubaren Raum.[2] Ich bin überrascht: Das also ist das Bienenmuseum? Ich hatte ein größeres Museum mit mehreren Räumen erwartet. Stattdessen erstreckt sich vor mir ein einziger Raum mit zahlreichen, in drei Reihen aufgestellten Exponaten. Der Ausstellungsraum wirkt angenehm und einladend und strahlt eine gelöste und ‚heimelige‘ Ruhe aus. Die Atmosphäre ist friedlich und freundlich, sie versetzt mich in eine aufgeschlossene Stimmung, erwartungsvoll betrete ich den Ausstellungsraum.

Eine Fensterreihe auf der linken Seite taucht den Raum in helles, angenehmes Licht. Der Dielenboden ist sorgfältigst aufgearbeitet, es riecht gut. Der Raum ist gut gefüllt mit Exponaten. Entlang aller Wände stehen Objekte, im Raum verlaufen parallel zu den Fenstern drei Reihen mit Exponaten. Die meisten sind aus Holz, so dass der Raum von Holztönen dominiert wird. Ab und an mischt sich ein dunkelgrünes Objekt oder eine gelb gestrichene Vitrine dazwischen. An den Wänden hängen in rahmenlosen Bildhaltern präsentierte Fotokopien und Plakate. An der dem Eingang gegenüberliegenden Wand prangt ein langes gelbes Banner aus Stoff, das fast die gesamte Breite der Wand überspannt. Auf dem Banner ist ein Bienenkorb aus Stroh abgebildet, um den Bienen kreisen. Links daneben ist in Fraktur-Buchstaben zu lesen „Imkerverein Uetersen und Umgebung“. Unter dem Banner hängt eine große Wandtafel, ein Relikt aus der Vergangenheit des Gebäudes als Schule. Auf der Tafel sind ein Text und ein Schaubild zur Honigentstehung angebracht.

2 Zum Zeitpunkt der Datenerhebung bestand das Museum nur aus einem Raum. Mit der Saison 2009 wurde im Erdgeschoß ein weiterer Raum eröffnet, der v.a. für Schulungen genutzt werden soll.

Abbildung 11: Blick in den Ausstellungsraum

Foto: Angela Jannelli, Oktober 2008

Auf der linken Seite des Raumes, etwa einen Meter abgerückt von den Fenstern, sind ein Tisch und zwei gelb gestrichene Pultvitrinen platziert, auf bzw. in denen zahlreiche Kleinobjekte liegen. Auf der rechten Wand, gegenüber von den Fenstern steht eine Schaufensterpuppe in Imkerkleidung. Sie ist vor einem mit Reet gedeckten „Regal" platziert, das einem historischen Bienenstand nachempfunden ist, wie ich ihn zum Beispiel aus dem Freilichtmuseum am Kiekeberg kenne. Der Bienenstand ist mit verschiedenen Bienenkörben aus Stroh bestückt. An seiner Schmalseite wird er von einem runden, hohen und schlanken, gusseisernen Ofen begrenzt, der mit einem Palmettenfries geschmückt ist. Er gehört offenbar zum ursprünglichen Inventar des Klassenzimmers. Vor dem Ofen steht ein weiteres rundes Objekt aus Metall, das sich bei näherer Betrachtung als Honigschleuder entpuppt.

Zwischen dem Bienenstand und den an der Fensterseite aufgestellten Vitrinen verläuft eine weitere Reihe von Exponaten, die an der Stirnseite von einem in einer Vitrine präsentierten, aufgeschnittenen Strohkorb begrenzt wird. Auf der Vitrine steht ein Modell, das einen Querschnitt durch eine Biene zeigt. Hinter den Korbhälften sind auf einer Art Bank vier hölzerne Bienenkästen aufgebockt. Vor dem Bienenkorb, durch einen etwa einen Meter breiten Gang getrennt, steht ein Tisch mit sechs Stühlen. Der Tisch ist leer und wird nicht als Präsentationsfläche genutzt.

Direkt neben mir steht ein weiterer Tisch, ein kleiner, schmaler Schreibmaschinentisch, wie er früher in Büros genutzt wurde. Darauf liegen Informationsmaterialien über die Imkerei und das Bienenmuseum aus. Der Tisch erfüllt die

Funktion eines Empfangstresens und markiert die Schwelle zwischen ‚drinnen und draußen‘. Weiteres Informationsmaterial liegt in zwei Regalen, die an der Stirnseite des Raumes aufgestellt sind. Die Regale sind nur spärlich gefüllt, obenauf stehen Kartons und ein kleiner Bienenkorb aus Stroh. Dieser durch die Tische und Regale konstituierte Bereich wirkt wie ein laufend benutzter Raum, der sich ständig verändert und nicht zum eigentlichen Ausstellungsbereich gehört.

Die Ausstellung wirkt aufgeräumt und ordentlich, trotz der Objektfülle ist der Raum übersichtlich und überschaubar. Auch wenn sich mir die Gliederungsprinzipien nicht sofort erschließen, habe ich den Eindruck, dass hier alles seine Ordnung hat. Der Raum wirkt auf mich wie eine Mischung aus gut geführtem Lager, Vereinsheim und Schaudepot.

Bevor ich meine ersten Eindrücke sortieren kann, kommt ein älterer Mann auf mich zu. Er trägt graugrüne Kleidung, wie ich sie von Jägern oder Wanderern kenne. Ich werde freundlich, mit Handschlag, begrüßt und willkommen geheißen. Diese sehr direkte und persönliche Begrüßung überrascht mich. Aber die anfängliche Verunsicherung legt sich schnell, der aufsichtführende Herr S.tellt sich als Imker vor. Ich solle mich umschauen – er deutet in den Raum – er beantworte mir gerne alle Fragen. Aber anstatt mich dann die Exponate alleine erkunden zu lassen, fragt er, wie ich vom Museum erfahren hätte und verwickelt mich in ein Gespräch, das über die gesamte Dauer meines Ausstellungsbesuchs von über zwei Stunden nicht abreißt. Während meines Ausstellungsbesuchs kommen immer wieder neue Besucher hinzu, die schnell integriert und in das Gespräch involviert werden. Die anwesenden Besucher und Besucherinnen stellen Fragen, die der Imker gerne und geduldig beantwortet. Innerhalb unserer kleinen Besuchergruppe entspinnt sich ein Gespräch über Bienen, in das sich die einzelnen Beteiligten nach Belieben ein oder ausklinken können.

Mit dieser Eingangssequenz präsentiert sich das Bienenmuseum als freundlicher Ort, als eine offene, an Besuchern interessierte Institution, auch wenn sich für den uneingeweihten Besucher die Exponate und die hinter ihrer Gruppierung stehenden Ordnungsprinzipien nicht von selbst erschließen. Zahlreiche Hinweisschilder haben bereits vor dem Betreten der Ausstellung die Besucherorientierung der Museumsmacher deutlich gemacht. Die durch den Schreibtisch hergestellte Schwellensituation markiert einen Übergangsraum, in dem sich Besucher orientieren und einfinden können. Die Kommunikationsabsicht der Museumsmacher manifestiert sich in der direkten Begrüßung der Besucher durch die aufsichtführenden Imker. Sie gehen auf die Besucherinnen und Besucher zu, zeigen ihnen persönlich die im Museum präsentierten Objekte und weihen sie ein in die

'Geheimnisse der Imkerei'. Die Imker überbrücken damit aktiv die Differenz zwischen 'Insidern' und 'Outsidern'.

„HIER IST LEBEN DRINNE!" – DAS BIENENMUSEUM ALS 'KULTORT' DER WISSENSGEMEINSCHAFT DER IMKER

Das Bienenjahr gibt den Rhythmus vor

„Wenn im Mai bei den Bienen der Schwarmtrieb erwacht, öffnet auch das Bienenmuseum in Moorrege für Besucher seine Türen."[3]

So stellt sich das Museum auf seiner Homepage und im wortgleichen Faltblatt seinen (zukünftigen) Besuchern vor. Das Bienen- und Imkereimuseum Moorrege ist lediglich im Sommerhalbjahr, von Mai bis September geöffnet. Dies ist auch der Zeitraum, in dem die Entwicklung der Bienenvölker ihren Höhepunkt erreicht und in dem Pollen und Honig produziert werden. Die Museumsaktivitäten orientieren sich damit am Bienenjahr.

Für die Museumsmacher, die alle selbst als Freizeitimker tätig sind, bedeutet der Museumsbetrieb eine zusätzliche Arbeitsbelastung während der Sommermonate. Neben den Tätigkeiten der Imkerei, die in dieser Zeit ihren Höhepunkt erreicht, müssen die Imker auch Aufsichten und Führungen im Museum übernehmen:

Herr F.: „[...] wenn das Museum im Gange ist, läuft die Imkerei auf Hochtouren! Das ist ja immer im Sommer, ne!? Und dann werden wir an den Bienen gebraucht! Und insofern ist das dann immer eine sehr, sehr harte Zeit! Wenn man diese Zeit, dann, hier..., den Nachmittag, wenn man <u>den</u> opfern muss! Die Sonne scheint, es ist heiß!"
Herr S.: „Davor war's nass!"
Herr F.: „Der Raps, der blüht! Und die Bienen warten da auf uns! Das ist dann immer n bisschen schlecht, ne!?"
Herr O..: „[... Die Führungen] müssen wir genau abstimmen, weil die Bienen, gerade wenn nachher Schwarmtrieb ist und so, dann muss da dran gearbeitet werden – hängt vom Wetter ab! Wenn es regnet, dann sag ich: 'Können wir morgen sofort machen!'"
Herr S.: „Dann haben wir Zeit!"[4]

3 Vgl. Museumsfaltblatt und Museumshomepage www.imkerverein-uetersen.de/html/museum.html (Zugriff 05.08.2009).

4 Gruppeninterview vom 27.11.2008 (00:18:35 bis 00:19:37).

Dass die Museumsmacher das Museumsjahr nicht antizyklisch zum Bienenjahr organisieren, liegt daran, dass sich im Bienenmuseum Moorrege buchstäblich alles um die Bienen dreht: Zentrales Exponat und Höhepunkt der Ausstellung ist ein Bienenschaukasten, in dem die Besucher ein Bienenvolk ‚live‘ beobachten können. Die Öffnungszeiten des Museums orientieren sich damit direkt an der Aktivität des Bienenvolkes. Wenn im Bienenschaukasten das Leben pulsiert, dann erreicht auch die Museumsarbeit ihren Höhepunkt, wenn sich die Bienen im Herbst für die Winterruhe bereit machen, schließt das Museum für die Öffentlichkeit und während der Winterruhe ruht auch die Museumsarbeit.[5] Die Museumsbienen werden dann an einen zum Überwintern geeigneten Ort gebracht, denn im Bienenschaukasten könnten sie nicht überleben. Damit nehmen die Bienen im Museum nicht nur die thematische Hauptrolle ein, sie geben auch den Rhythmus vor.

Der Bienenkasten ist auf der linken Raumseite direkt vor den Fenstern platziert. Über einen ‚Kanal‘, der den Kasten mit dem Fenster verbindet, können die Bienen nach außen gelangen. Der Bienenkasten ist in der Regel geschlossen. Er zeigt sich dann als eine dunkelbraune, hohe und schmale Holzkiste, über deren Inhalt ein Hinweisschild informiert: „Bienenschaukasten“. Für Besucher wird der Kasten geöffnet. Der aufsichtführende Imker öffnet dann auf jeder Breitseite eine Tür und macht so den Blick frei auf das unergründliche und faszinierende Gewusel tausender Bienen. Das Schaubienenvolk ist die Sensation des Museums, die von den Museumsmachern auch sehr effektvoll in die Führungen eingeflochten wird:

Herr O..: „Da ich ja nun so viel von den Bienen erzählt hab, muss ich ja die richtigen Bienen mal vorstellen [Pause, geht zum Schaukasten] Die sind ja hier im Schaukasten. [öffnet die Verschlüsse] Jetzt kommt die Überraschung! [Pause] Ich erzähl nicht nur von den Bienen, wir haben auch welche hier! [öffnet die Türen des Bienenschaukastens – aus der Gruppe hört man zahlreiche überraschte ‚Ohs!‘ und ‚Ahs!‘] Und das ist... [allgemeines Gemurmel, Zwischenruf aus Gruppe: ‚Wahnsinn!‘], das ist nu [Pause] unser Bienenstock!“[6]

---

5 In der Winterpause wird das Museum nur in Ausnahmefällen geöffnet, z.B. wenn sich eine größere Gruppe für eine Führung anmeldet oder wenn einem potentiellen Jungimker ein erster Einblick in die Imkerei gegeben werden soll. Auch Umbau- oder Renovierungsarbeiten finden während der Winterruhe statt.

6 Führung vom 30.09.2008 (01:10:58 bis 01:11:10). Die Führung fand im Rahmen eines Ausflugs von GrundschullehrerInnen statt. Sie dauerte über zwei Stunden. Nachdem Herr O. bereits fast eineinhalb Stunden über Bienen und die Imkerei erzählt hatte, lüftete er dramaturgisch höchst effektvoll das Geheimnis des Bienenschaukastens. Die

Die Museumsmacher wissen um die Faszination, die von den Bienen ausgeht. Ihre Führungen sind so konzipiert, dass der Blick in den Schaukasten den dramaturgischen Höhepunkt darstellt. Der Stellenwert des Objekts und seine Bedeutung für das Museum werden von den Museumsmachern offen benannt:

AJ: „Was würden Sie sagen, was ist denn das wichtigste Objekt hier im Museum?"
Herr S.: „Das wichtigste eigentlich, ist der Schaukasten."
Herr F.: „Das kommt darauf an…Ja, das ist auch ein bisschen altersbedingt. … Ja, aber alles in allem denk ich auch, der Schaukasten, der wird sehr viel frequentiert, von Jung und Alt."
Herr O..: „Aber auch die Honigschleuderung und so, aber auch dies Schleudern, da sind denn die Kinder… – mögen sie immer gerne drehn! […] Aber auch, wieder andere… – so 'n Strohkorb – es ist verschieden!"
Herr F.: „Jaja, das ist schon sehr verschieden, aber der Bienen-, der Schaukasten…"
Herr S.: „Der Schaukasten is..."
Herr F.: „… das ist so ein bisschen der Magnet hier, ne? Die Kinder wissen ja, wenn sie hierher kommen, dass 'n Schaukasten da ist. Die reden vom…, wenn sie ankommen, reden sie vom Schaukasten!"
Herr S.: [imitiert lachend Kinder] „Und wo, wo ist der Schaukasten?"
Herr F.: „Die haben dann keine Ruhe! Da müssen sie erst hin! Und wenn sie einmal dastehen, dann sehen sie nix mehr hier! Dann, dann bleiben sie da die ganze Zeit stehen!"
Herr O..: „Und deshalb mach ich das immer so..."
Herr S.: [imitiert weiter Kinder] „Wo sind denn die Bienen?"
[alle lachen laut und herzlich]
Herr O..: „... wenn die Gruppe erst mal hier ist: ‚Hier hinsetzen', sach ich, ‚und da bleiben!' [imitiert Besucher] ‚Ja haben wir auch Bienen hier?' Ich sach: ‚Die zeig ich zum Schluss! Erst mal müsst ihr hier zuhören!' Und dann nehm ich die Türen ab und dann, dann muss ich aufpassen! Die reißen sich dann darum, wer zuerst an der Scheibe ist! Dann wollen sie die Königin sehen, da ist dann was los!"[7]

Mit dem Bienenschaukasten steht ein lebendes Exponat im Zentrum des Museums. Es präsentiert sich damit nicht nur als Aufbewahrungsort für ‚alte' Objekte, sondern als ein belebter und lebendiger Ort. Das Schauvolk als ‚lebendes Objekt' bedarf der aktiven und kontinuierlichen Fürsorge durch die Imker, eine Aufgabe, die im Museum gemeinschaftlich erfüllt wird. Am Schaukasten wird

bei den BesucherInnen spürbaren Ermüdungserscheinungen waren nach Öffnung des Kastens wie weggeblasen und Herr O. wurde von den LehrerInnen mit Fragen überhäuft.

7 Gruppeninterview vom 27.11.2008 (00:52:28 bis 00:53:47).

deutlich, dass das Museum nicht nur ein Raum für die Be- und Verwahrung der Vergangenheit ist, sondern dass es – wie ich im Folgenden zeigen werde – in erster Linie ein Ort für die Pflege des kollektiven Wissens der Imkergemeinschaft ist, ein Ort, der sich ganz dem ‚Dienst an der Biene‘ verschrieben hat.

Abbildung 12: Der Bienenschaukasten

Foto: Angela Jannelli, Oktober 2008

Blick zurück nach vorn – das Museum als Instrument der Traditionssicherung

Eine Facette der Museumsarbeit besteht darin, im Museum einen Aufbewahrungsort für die ‚alten Dinge‘ der Imkerei zu haben: In der Ausstellung sind zahlreiche „Beutetypen“ zu sehen, also Bienenkörbe und -stöcke unterschiedlicher zeitlicher und regionaler Provenienz. Neben den ‚alten‘ Sachen finden sich aber auch etliche Exponate, die die moderne Imkerei zeigen. Zudem dienen Modelle, Schaubilder und Lehrtafeln dazu – scheinbar zeitlose – allgemeingültige Informationen über Bienen und Honigproduktion zu vermitteln. Auch wenn der Großteil der Exponate aus ‚altem‘ Imkergerät besteht, ist der Fokus der Museumsarbeit aber dennoch kein retrospektiver. Die ‚alten‘ Exponate mögen quantitativ in der Überzahl sein, in den Führungen allerdings liegt der Schwerpunkt auf der modernen Imkerei. Und im Interview wird deutlich, dass der Blick der Museumsmacher in die Zukunft gerichtet ist, denn ihre Absicht ist es, jüngere Menschen für Bienen zu begeistern, um so den Fortbestand der Imkerei zu sichern. Die Imker verstehen ihr Museum als ein Instrument der Öffentlichkeitsarbeit, die das ‚Rekrutieren‘ von Jungimkern zum Ziel hat:

Herr O.: „Ich hatte Mal die dritte Klasse hier, also so 'n drittes Schuljahr, und da war auch so 'ne ganz Plietsche bei, und die kam gar nicht von den Bienen, von dem Schaukasten los, und fragte dies und jenes. Und dann hatte ich denn den Sonntag darauf [...] Dienst und dann kam die mit ihren Großeltern hier an! ‚Oma, nu komm mal mit!' Und dann hat die über Bienen erzählt! Und das, war für mich so 'n Genuss! Die hat allerhand mitbekommen, nicht? Ja, und wir wollen ja..."
Herr F.: „Ja, das ist schon schön, manchmal!"
Herr O.: „... einmal aufmerksam machen. Wir haben gesagt, [...], wenn die Imkerei nicht eingehen soll, dann müssen wir an die Schulen rangehen, und das ist so dieser Sinn mit gewesen, nicht!?"
[die Museumsmacher erzählen begeistert von weiteren Erlebnissen mit Kindergruppen]
Herr O.: „[...] Aber es sind so Erlebnisse, die sie mit Kindern – auch für die Kinder! Und wir hoffen immer, dass aus jeder Gruppe mal vielleicht einer Imker wird..."
Herr S. und Herr F.: „Ja!"
Herr O.: „... oder auch zurückkommt. Das ist der Sinn dabei. Und wenn wir nicht auf uns aufmerksam machen..."
Herr S.: „Die Begeisterung muss man wecken, nicht!? Das, das ist so, ne!?"
Herr F.: „Wir hoffen ja auch, dass wir das darum ein bisschen anstoßen können, weil die Imkerei zurückgeht! Was das Personal angeht, kommt ja kein richtiger Nachwuchs mehr..." [...]
Herr F.: „Das ist sehr wichtig! Das geht nachher, wenn, wenn Sie nachher zur Freundin schauen oder nachher im Aufbau sind, im Familienaufbau und so, dann ist die Zeit nicht da! Aber wenn sich das alles n bisschen gesetzt hat, nachher, dann kommen sie, dann kommt der eine und andere zurück, und das ist ja auch das, wo wir mit... – ja, weshalb wir auch so agil sind hier – in der Hoffnung, dass wir den einen und anderen wieder rankriegen an die Imkerei, nicht!? Das ist ja eigentlich der tiefere Sinn, nachher!"[8]

Mit dem Museum wenden sich die Museumsmacher in erster Linie an Kinder und Jugendliche. Die Ausrichtung auf diese Zielgruppe erklären die Imker mit Verweis auf eigene biographische Erfahrungen. Alle kamen bereits im Kindesalter mit der Imkerei in Kontakt und sehen dort den Beginn ihrer bis heute andauernden Begeisterung:

Herr O.: „Ich war mit zehn Jahren, da war ich schon mal mit bei, aber dann wurden sie [= die Bienen] abgeschafft, weil ich fix gestochen wurde. Aber ich da irgendwie wieder..., hab ich Bienen gesehen und den Duft! Das ist wie ne Droge, nech!? Da kommst du nicht von ab, nech!?"

8 Gruppeninterview vom 27.11.2008 (00:15:31 bis 00:24:03).

Herr F.: „Ja, irgendwie später kommt das wieder! Mir ist das ja auch so ergangen: In der Schulzeit hab ich meinem Schulmeister immer mitgeholfen, aufm Dorf. Sagt er immer: ‚W[...], du musst kommen! Da ist ein Schwarm abgezogen.‘ Das weiß ich noch so! Und dann sind wir beide los, ne!? Und irgendwann nachher, im fortgeschrittenen Alter: ‚Ja, nu gehst Du bald nach Hause und was ist eigentlich? ... Bienen! Ja! Ja, das gab's, da war doch was!‘ Und dann kann man sich da so richtig drin festbeißen nachher, da kommt man nicht wieder von frei, ne!? Aber ich denke auch, das ist, ich glaube, dieses Wachrütteln im jungen Alter, das ist sehr wichtig!“
Herr O.: „Ja, das ist wichtig!“[9]

Das Ziel der Museumsmacher ist es, die Imkerei lebendig zu erhalten. Der Weg dahin führt über das Weitergeben der Bienen-Begeisterung, das die Imker über das Museum erreichen wollen. Die Kinder von heute sollen als reife Erwachsene die Imker von morgen sein. Das Engagement der Museumsmacher ist folglich eine ‚langfristige Investition‘, die – wie im obigen Zitat deutlich wird – mit Hinblick auf einen Zeithorizont von 40 bis 50 Jahren getätigt wird. Die meisten Museums-Imker sind bereits im Rentenalter, es ist nicht gesichert, dass sie die ‚Rendite‘ ihrer ‚Investition‘ persönlich erleben werden. Für mich stellt sich hier die Frage, woher sie ihren Antrieb nehmen, welche Motivation diesem über den Horizont des eigenen Lebens hinausgehenden Engagement zu Grunde liegt?

„Das ist Berufung!“

Die Antwort auf die Frage nach dem Antrieb der Museumsmacher findet sich im Museum selbst und zwar bereits in seiner ersten ‚Sequenz‘: Im Eingangsbereich des Museums sind vier Tafeln aufgehängt, vier gerahmte Ausdrucke auf weißem Papier, aufgelegt auf grünen Karton. Diese Tafeln fungieren wie ein ‚Intro‘ zur Ausstellung, vier aus Text und Bild bestehende Zeitschnitte informieren über die Geschichte der Bienenhaltung. Die Überschriften lauten: „Bienen im alten Ägypten“, „Bienen bei den alten Griechen“, „Bienen bei den Römern“ und „Bienen in Mitteleuropa“. Mit dieser Form der Chronologie ordnet sich das Bienenmuseum in eine überzeitliche Tradition ein. Die Geschichte der Bienenhaltung wird gleichgesetzt mit den traditionellen ‚großen Etappen‘ der westlichen Zivilisationsgeschichte, die hier das narrative Muster für die Erzählung der Bienenhistorie bilden. Inhaltlich heben die Texte auf den göttlichen Charakter der Biene und die heilende Wirkung der Bienenprodukte ab: Sie informieren über die mythologische und symbolische Bedeutung der Bienen, ihre Rolle in Dichtung und Kunst, die Faszination der (politischen) Philosophen und Staatsmänner

9 Gruppeninterview vom 27.11.2008 (00:22:44 bis 00:23:32).

für den Bienenstaat sowie über die jahrtausendealte medizinische Verwendung von Honig und Bienengift. Lediglich der Text über Bienen im Mitteleuropa der Neuzeit beschränkt sich auf die Aspekte der Haltung und Bewirtschaftung. Beschlossen wird diese Reihe von einer Tafel, auf der unter einem Porträt Albert Einsteins folgendes Zitat zu lesen ist:

„Albert Einstein sagte schon: ‚Wenn die Bienen von der Erde verschwinden, dann hat der Mensch nur noch 4 Jahre zu leben. Keine Bienen mehr, keine Bestäubung mehr, keine Pflanzen mehr keine Tiere mehr, keine Menschen mehr…'"

Bienen – so erfahren es die Museumsbesucher – sind also existentiell: Ohne Bienen kein Leben. Aus den Tafeln wird ersichtlich, dass die Biene in der ‚alten Zeit' als göttliches oder mystisches Wesen mit magischen bzw. ‚wunderbaren' Eigenschaften verehrt wurde. In der durch ein rationalistisches Weltbild gekennzeichneten Moderne hingegen ist ihre existentielle Bedeutung an das heutige Weltbild angepasst: Der Text über „Bienen in Mitteleuropa" würdigt vor allem die ökonomische und ökologische Bedeutung der Bienen.

Neben dem Einstein-Zitat, das als ‚Beweis' für die existentielle Bedeutung der Bienen gelesen werden kann, hängt der Meisterbrief eines Berufsimkers. Aus dieser Objektnachbarschaft können Rückschlüsse auf das Selbstverständnis der Imker gezogen werden: Als Halter und Pfleger der Bienen tragen sie dafür Sorge, dass die Bienen ihre lebenswichtige und lebenserhaltende Tätigkeit ausführen können, ergo: dass die Welt weiter besteht. Und das Bienenmuseum präsentiert sich damit als Ort, an dem alle Facetten der Bienenhaltung, das Wissen um die Bienenpflege erklärt und erläutert werden. Das Selbstverständnis der Imker als Hüter eines Wesens, das für den Fortbestand des Lebens eminent wichtig ist, wird in einem weiteren, prominent platzierten Ausstellungstext deutlich:

„[…] Ohne Freizeitimker hätten wir in den Ballungsräumen der Industrienationen so manche Kulturwüste mehr. Meßbar ist der Erfolg eines Imkers natürlich am einfachsten über die Menge seiner Honigernte. Volkswirtschaftlich gesehen ist dies aber weitgehend unbedeutend. Die große Bedeutung der Bienenhaltung liegt auf einer ganz anderen Ebene: dem Umweltschutz nämlich, und hier sind die Bienen tatsächlich von einem direkten volkswirtschaftlichen Nutzen, der sich in finanziellen Dimensionen gar nicht fassen läßt. **Wo Bienen fliegen, ist die Welt die Ordnung.**"[10]

10 Der Text hängt im Format A3 an der noch aus Schulzeiten im Raum hängenden Wandtafel (Hervorhebung im Original). Rechts neben dem Text befindet sich ein Schaubild zur Honigentstehung. Beide Erläuterungen informieren über den „Nutzen" der Bienenhaltung, den messbaren (Honig) und den unschätzbaren (Umwelt).

Die Bienen – so erfahren wir im Museum – halten die „Welt in Ordnung“ und sorgen damit für den Fortbestand des irdischen Lebens. In dieser Haltung offenbart sich für mich eine quasi-religiöse Komponente: Die Bienen sind göttlich, sie sind Träger des ‚Mysteriums des Lebens‘. War es in den Ausstellungstexten über die ‚alten‘ Ägypter, Griechen und Römer noch möglich, den göttlichen Charakter der Biene offen zu benennen, so wird im Text über Mitteleuropa das ‚göttliche Mysterium‘ unter wissenschaftlichen Vorzeichen erläutert. Im entmystifizierten, aufgeklärten Mitteleuropa wird die Bedeutung der Biene nicht mehr symbolisch, d. h. religiös oder kulturell verankert, sie wird nun ökonomisch bzw. ökologisch begründet. Doch egal, in welchem Kleid sie sich präsentiert, die Bedeutung der Biene – so zeigt die Ausstellung – bleibt existentiell für den Fortbestand der Welt.

Wenn ich die sakrale Perspektive beibehalte, so haben die Imker die Funktion von ‚Priestern des Bienenkults‘. Sie stehen im Dienst der Bienen, ihnen obliegt die Pflege und Fürsorge der Tiere, sie kennen deren Gewohnheiten und wissen ihre Verhaltensweisen zu deuten, sie sind die in das ‚Mysterium Biene‘ Eingeweihten. Wenn ich an die Museumsmacher als Individuen denke, fällt es mir allerdings schwer, diese Interpretation mit unerschütterlicher Gewissheit zu formulieren, habe ich die Imker doch als durch und durch ‚grundsolide‘, vernünftige und weit jenseits jeglichen ‚Esoterik-Verdachts‘ stehende Männer kennengelernt. Betrachte ich jedoch die im Museum ausgeübte kulturelle Praxis durch die Brille der symbolischen Handlungen, so offenbaren sich für mich unübersehbare Ähnlichkeiten zum Bereich des Sakralen: Die Überzeugung, mit der die Imker von ihrer Aufgabe sprechen, erinnert mich an die Intensität religiösen Glaubens[11] und die Leidenschaft und Hingabe, mit der sie von den Bienen erzählen, offenbart für mich Parallelen zur religiösen Devotion. Auch auf der semantischen Ebene zeigen sich diese Ähnlichkeiten, denn die Vergleiche oder Metaphern, die die Imker in ihren Berichten und Erzählungen über Bienen oder die Imkerei wählen, stammen häufig aus dem sakralen Bereich:

AJ: „Haben Sie eigentlich jemals daran gedacht, [mit dem Engagement im Museum] aufzuhören? Ist es Ihnen irgendwann mal zu viel...“

Herr O., Herr F. und Herr S. [werfen gleichzeitig ein]: „Nö! Nein! Nö!“

Herr F.: [bestimmt] „Nein!“

Herr O.: „Das ist Berufung!“

Herr F.: „Nein, dazu hängen wir zu sehr daran!“

11 Die Begeisterung der Imker für die Bienen war in den Führungen und Interviews deutlich zu spüren. Als Besucherin konnte und wollte ich mich ihr kaum entziehen. Die Hingabe und Leidenschaft der Imker, der unbedingte Glaube an die Wichtigkeit ihrer Tätigkeit, haben mich sehr beeindruckt.

Herr S.: „Das geht gar nicht!“ [lacht]
Herr O.: „Also...“
Herr F.: „Nee, also das, das können wir uns glaub ich noch nicht... Also ich könnt mir das nicht vorstellen, nein!“
Herr O.: „Nee, nee, das kann man nicht!“
Herr F.: „Irgendwie hängt man dran, ne!?“
Herr O.: „Und äh, es ist... “
Herr F.: „Gar nicht mal, dass man hier die Leistung reingesteckt hat, das isses nicht...“
Herr S.: „Das ist aber ’n Verwachsen, das Ganze…“
Herr F.: „Es ist – die Biene selbst, ne!? Ich mein, ich lebe nur für die Biene! Ich könnte ohne Biene nicht sein, ne!? Und ich glaube, das macht das Ganze auch so ’n bisschen aus. Hier fühlt man sich sofort zu Hause, wenn man hierher kommt. Das ist irgendwie anders, als wenn ich in irgendeine Stube komme oder so, ne!?“
Herr O.: „Hier ist Leben drinne!“[12]

Aus ihrer Devotion für Bienen machen die Museumsmacher keinen Hehl. So berichten sie zum Beispiel auch wiederholt mit Bewunderung und Faszination von den wundersamen Eigenheiten und ‚Kenntnissen‘ der Bienen:

Herr O.: „Nee, nee, die, die [Bienen] wissen schon wie die Anordnung [der Waben] sein muss, das ist ja dies Phänomen bei der Biene, deshalb ... unser Spruch: ‚Willst Du Gottes Wunder sehn, musst Du zu den Bienen gehn!‘“[13]

Die Bewunderung der Imker erstreckt sich auch auf die Organisation des Bienenstaats. Sie schwärmen vom perfekt auf die Bedürfnisse des Bienenvolks abgestimmten Zyklus eines Bienenlebens, von den wundersamen Heilkräften des Honigs oder von der ‚Intelligenz‘ der Bienen:

O: „[…] Also Sie sehen, […] die brauchen unheimlich viel Wasser, die Bienen! […] Sie können da einen Gartenteich hin bauen: Da gehen die Bienen nicht rein, wenn er denen nicht zusagt! Die gehen lieber irgendwo inne Pfütze oder […] der Nachbar baut ’n Haus, hat ausgeschachtet, und unten kommt so ’n bisschen Grundwasser, das durchsickert. Da sitzen die in der Reihe drin und holen – da sind Mineralien drin! Ich sag ja immer: hochintelligentes Tier! Also ich kann ihnen nicht sagen: ‚Du musst jetzt das Wasser nehmen!‘ Das wird nichts!“[14]

---

12 Gruppeninterview vom 27.11.2008 (00:55:20 bis 00:58:23).

13 Führung vom 30.09.2008 (00:00:18 bis 00:00:32).

14 Eines zahlreicher Beispiele aus der Führung vom 30.09.2008 (01:23:00 bis 01:23:44). Vgl. auch Gedächtnisprotokoll meines Museumsbesuchs vom 28.09.2008.

In den Führungen und Interviews wird immer wieder deutlich, dass das Verhältnis zwischen Imker und Biene ein hierarchisches ist: Es sind die Bienen, die die Regeln vorgeben, ihnen gegenüber erfüllt der Imker eine dienende bzw. fürsorgende Rolle. Seine Aufgabe ist es, den Tieren optimale Lebensbedingungen zu bieten. Der unbedingte ‚Dienst‘ an den Bienen offenbart sich auch daran, dass das Bienenjahr den Lebensrhythmus bestimmt und zwar sowohl den des Museums als auch den der Imker. Die Bienenhaltung, so betonen die Imker wiederholt im Interview, nimmt die oberste Priorität ein, ihr sind alle anderen Lebensbereiche untergeordnet.

Herr F.: „[…] Die [Ehefrau] muss schon Verständnis aufbringen! Von wegen im Sommer in Urlaub fahren und so – das ist einfach nicht! Das ist einfach nicht. […] aber man muss auch hinter seinen Bienen stehen! Und dann ist das ganz anders, ne!? Da [= bei einem bereits vorher erwähnten Kollegen] laufen die Bienen ja nur so am Rande mit!“
Herr O.: „Ja, am Rand vorbei! Der fährt in Urlaub!“
Herr S.: [spricht in der Rolle des Kollegen]: „‚Machen wir mal n bisschen Honig‘, das war's!“
Herr F.: „Man muss für die Bienen da sein!“[15]

Die Unterordnung unter die Bedürfnisse der Bienen wird nicht in Frage gestellt. Sie wird wie ein ehernes Gesetz dargestellt, dem sich alle Imker zu unterwerfen haben. Die Bienen diktieren die Regeln, die für die Gemeinschaft der Imker verbindlich und unumstößlich sind. Aus der sakralen Perspektive gesehen, wären sie damit einer Glaubens- oder Wissensgemeinschaft vergleichbar, die sich dem Dienst der Bienen verschrieben hat.[16] Um ihrer „Berufung“, der Fürsorge und Pflege der Bienen, nachkommen zu können, müssen die Imker die Eigenheiten der wundersamen Insekten kennen. Es ist die genaue Kenntnis der Biene und ihrer Bedürfnisse, die die Teilhabe an der Gemeinschaft der Imker sichert:

Herr O.: „Und hier [zeigt auf das Exponat] hab ich 'ne Bienentränke. Also wir Imker machen uns das zur Hilfe ... [führt die Funktionsweise der Bienentränke vor] Da hab ich hier – das wird noch n bisschen schräg gestellt – kommt hier der Wasserpott drauf und da leckt dann immer so nach und nach das Wasser durch. Und dann sitzen sie hier so wie die Nutnut-Schweinchen, nech!?. … [lacht über den Ausdruck und schaut dabei die TeilnehmerInnen verschmitzt an]. Nech!?... [TeilnehmerInnen stimmen in das Lachen ein] und sau-

15 Gruppeninterview vom 27.11.2008 (00:57:11 bis 00:57:37).

16 In den Führungen und Gesprächen wird dieser Kollektivgedanke direkt benannt: Wenn die Imker von sich oder ihrer Tätigkeit sprechen, so verwenden sie häufig die Form „wir Imker“ oder das verallgemeinernde „man“.

gen Wasser. Das ist hochinteressant! Ich habe, an meinem Bienenstand im Wald, habe ich so scharf daneben Moos [...] und da kipp ich Wasser rein, und das nehmen sie sehr gut an. Die haben 200 Meter weiter, da ist so 'n Teich, da sind Weiden drum'rum – wunderbar, nech!? Aber da gehen sie nicht hin! Da fliegen sie schlecht hin, wenn so 'n kalter Nordwind ist, dann haben sie zu viel Flugverlust dorthin. Das ist ja auch das Problem hier in Norddeutschland, wenn so 'n kalter Wind is, nech!? Das mögen sie nicht. Also muss ich als Imker Hilfestellung geben, also hier, mit Gewalt ausüben oder so, das wird nichts! Das ist also Hilfestellung. Das muss ich erkennen und versuchen..."[17]

Die Kenntnis der Imker erwächst – so wird im Zitat deutlich – aus Erfahrung. Das Wissen um die Eigenheiten und Bedürfnisse der Bienen ist ein durch „Erkennen und Versuchen" gewonnenes Können, das der Imker einsetzt, um dem wundervollen und rätselhaften Wesen ‚Biene' optimale Lebensbedingungen zu verschaffen. Der Imker gibt den Bienen ‚Hilfestellung' damit die Bienen ihr für den Fortbestand der Welt existentielles Treiben fortführen können.

Behalte ich die sakrale Perspektive bei, so präsentiert sich das Bienenmuseum damit als ein Kultort: Hier können die Besucher „Gottes Wunder sehn", so verheißt es jedenfalls der auf die Vereinsfahne gestickte Wahlspruch der Imker: „Willst du Gottes Wunder sehn, musst du zu den Bienen gehn!".[18] Die Öffnungszeiten unterliegen dem Rhythmus des Bienenjahrs. Die Führungen sind so strukturiert, dass sie ihren dramaturgischen bzw. ‚liturgischen Höhepunkt' in der Öffnung des Bienenschaukastens haben. Im Museum erfüllt er quasi die Funktion des Allerheiligsten. Betrieben wird der Ort von Imkern, die sich selbst als ‚Dienende' beschreiben. Sie sind die Eingeweihten, die die Bedürfnisse und Eigenheiten des ‚göttlichen Wesens' kennen. Und damit sind sie ein Teil der Wissensgemeinschaft der Imker.

Der Aspekt des ‚Dienens' wird auch zur Binnendifferenzierung innerhalb der Gruppe verwendet. Die Position, die ein Imker innerhalb der (musealen) Wissensgemeinschaft einnimmt, wird vom Grad seiner Devotion bestimmt oder – prägnanter formuliert – vom Grad seiner ‚Missionstätigkeit':

---

17 Führung vom 30.09.2008 (01:23:44 bis 01:24:24).

18 Vor der Öffnung des Museums präsentierte sich der Imkerverein vorwiegend auf Dorffesten. Neben Imkerei-Exponaten wurde dort auch die Vereinsfahne gezeigt. Nach Eröffnung des Museums stellten die Vereinsmitglieder diese Tätigkeit ein. Sie fordern stattdessen die Festbesucher auf, ins Museum zu kommen. Im Bienenmuseum selbst ist die Vereinsfahne nicht präsentiert, Herr O. erwähnte sie lediglich im Gruppeninterview vom 27.11.2008 und zitierte an dieser Stelle auch den Sinnspruch. Vgl. Gruppeninterview vom 27.11.2008 (00:24:43 bis 00:25:22).

Herr O.: „[…] …wenn in der Woche dann noch mehr [Führungen] kommen würden, dann müssten wir noch mehr fachkundige Führer haben, nech!? Und – das muss ich Ihnen ganz ehrlich sagen – und denn fachkundige Führer! Wenn ich im Verein…, also in etwa kenn ich sie alle – da ist ein ganzer Teil, die wir gar nicht als fachkundige Führer gebrauchen können! Da bin ich, das sag ich.."
Herr F.: „Ja, das find ich auch..."
Herr S.: „Ja, es sind ja auch Leute dabei, muss man sagen, die sind, die sind fachlich ok, aber sie können's nicht rüberbringen, nech!? …"
Herr F.: „Auch das! Auch das!"
Herr S.: „… und die auch nicht den Mut dazu haben! Auch daran scheitert das! Fachleute in der Imkerei sind da, …"
Herr F.: „Aber es fehlt ja…"
Herr S.: „… aber nicht die, die führen können!"
Herr F.: „Es fehlt aber auch noch was, G[… gemeint ist Herr S.]! Und das ist nämlich: sich die Zeit nehmen und das wirklich aus der Überzeugung heraus machen!"
Herr O. und Herr S. [gleichzeitig]: „Ja, ja, ja, ja!"
Herr F.: „Ne!?"
Herr S.: „Das kommt dazu!"
Herr F.: „Die, die musst..."
Herr O.: „Das ist das Entscheidende!"
Herr F.: „… die musst du auch erst mal suchen! Ne!?"
Herr S.: „Jaja!"
Herr F.: „Die will… Oder [jemand] der hier nur steht und aufpasst, dass hier nichts wegkommt, ne!?"
Herr O.: „Nö, die können wir nicht gebrauchen!"
Herr F.: „Nee, aber das müssen auch welche sein, die müssen dahinterstehen! Ne!? Die müssen auch versuchen, es rüberbringen zu können!"[19]

Nur wer die nötige Überzeugung mitbringt, kann ein vollwertiges Mitglied der Wissensgemeinschaft sein. Die im Museum engagierten Imker messen die Zugehörigkeit zur Gruppe am Grad des Engagements für die Imkerei, das sie mit dem Engagement im Museum gleichsetzen. Nur wer „fachkundig" ist und sein fachkundiges Wissen auch „rüberbringen" kann, setzt sich in den Augen der Museumsmacher aktiv für die Imkerei ein und trägt damit zur Sicherung ihres Fortbestands bei.

Das entscheidende Kriterium für die Gruppenzugehörigkeit ist für die Museumsmacher also die Bereitschaft, das eigene Wissen über das Museum zu verbreiten. Für sie ist das Bienenmuseum der Ort, an dem das Know-how der Imker

19 Gruppeninterview vom 27.11.2008 (00:29:04 bis 00:30:10).

zusammenfließt, an dem es bewahrt, geprüft und vermittelt wird. Damit steht das Können bzw. das Praxis- oder Erfahrungswissen der Imker im Mittelpunkt des Museums. Um aber zu den ‚Berufenen' zu zählen, bedarf es der Bereitschaft, sein Wissen weiterzugeben und es im Museum zirkulieren zu lassen.

Zirkulationsraum des Erfahrungswissens

Das Museum nutzen die Imker einerseits für die Darstellung und Verbreitung ihres Wissens für ‚Laien'. Andererseits nutzen sie es auch als internen Treffpunkt, um sich über ihre Erfahrungen hinsichtlich der Bienenhaltung auszutauschen. Die Art des Wissens, das hier verhandelt und vermittelt wird, ist ein durch persönliche Erfahrung gewonnene Praxiswissen, das im Bienenmuseum auf verschiedenen Ebenen zirkuliert: Einerseits sammeln, bewahren und vervollständigen die Imker ihr Wissen im Museum und generieren damit einen reichhaltigen Erfahrungsschatz. Andererseits können sie es über das Museum in verschiedenen Zielgruppen verbreiten: ‚Laien' gewähren sie einen ersten Einblick in die Grundregeln und Leistungen der ‚Bienenkultur'. Für diejenigen, die überlegen, Imker zu werden, wird der Museumsbesuch zum „Schnupperkurs", in dem der Interessent umfassend über die Praxis der Imkerei und ihre Regeln informiert wird. Für Jungimker hingegen fungiert das Museum als ‚Initiationsraum': Vor ihrer Aufnahme in den Bund der Imker werden sie hier nochmals einer genauen ‚Gewissensprüfung' unterzogen. Den ‚Neophyten' wird im Museum deutlich und „richtig hart"[20] vor Augen geführt, welche Pflichten sie mit der Imkerei übernehmen und sie werden auch gefragt, ob sie wirklich bereit sind, diese zu übernehmen. Im Interview benennen die Museumsmacher diese verschiedenen Ebenen:

AJ: „Wie würden Sie denn jemandem, der es noch nicht gesehen hat, das Museum beschreiben? Also was gibt es hier zu sehen? Was erwartet hier jemanden?"
Herr O.: „Ja [Pause], das ist vielseitig..."

---

20 Herr O.: „Aber wenn jetzt [= während der Winterpause des Museums] jemand kommt und sagt: ‚Ich will Jungimker werden', dann gehen wir auch um diese Jahreszeit hierher und zeigen..."

Herr F. [unterbricht Herrn O]: „Ja, er muss wissen, was ihn erwartet, hier. Wir können dann den Schaukasten nicht mehr vorführen, aber das Gespräch führen kann man ja allemal hier! Und..."

Herr O..: „Und die Geräte zeigen und denn ihm das richtig hart sagen, dass Imkerei also nicht nur hinstellen ist und nach Mallorca fliegen und dann wiederkommen und Honig ... – das wird nichts, nech!? Das muss man denen sagen!" Gruppeninterview vom 27.11.2008 (00:25:49 bis 00:26:24).

Herr F.: „Ja, wie will man das beschreiben!? Hier, ja, ich würde das so sagen: Wenn ein Fremder hier reinkommt und sagt: ‚Oh, guck mal an, was ist das denn hier?‘, dann würd ich sagen: ‚Ja, hier kann man die Imkerei in natura erleben!‘ Hier können wir alles nachvollziehen, was in der Imkerei geschieht, einmal die Handhabung der Bienen, über das Material bis zum Schaukasten und dann nachher können auch die Produkte vorgestellt werden. Wir stellen hier auch die Bienenzucht vor, die Königinnenzucht, das wird auch vorgestellt. Ich würde sagen, wer hier reinkommt, dem können wir so 'n bisschen den Horizont erweitern, was Insekten, was allgemein Bienen anbetrifft. Wir haben nicht nur die Honigbiene, sondern auch die Solitärbienen und Wespen und Hornissen, alles das. Darüber können wir hier dann sprechen! Ich würd sagen, wer hier reinkommt, der kann einen Einblick in die Insektenwelt kriegen. […]“
Herr O.: „Wenn einer Imker werden will, der kann hier durchlaufen und 'n Schnupperkurs machen und dann gehen wir ans Eingemachte – […] Damit auch einer sieht, das nicht nur – mal sagen, den Honig mit der Kelle oben rausholen, sondern es gehört allerhand dazu, bis wir Honig ernten, nech?!“
Herr S.: „So ist das!“
Herr F.: „Ja, ich mein, ich hab das ja auch schon gehabt, wenn hier Führungen sind, dass Jungimker kommen, die gerade eingetreten sind in… – oder die gerade die Imkerei begonnen haben oder sich überlegen, doch in naher Zukunft die Imkerei anzufassen, dass die sich dann hier schlau machen, dann sprechen wir n ganzen Nachmittag möglicherweise über die Imkerei! Wenn die Zeit da ist und wenn unsere Besucher das zulassen, ne!? Die kommen denn hier schon her und informieren sich weiter. Und das find ich auch in Ordnung so, das find ich sehr in Ordnung!“[21]

Das Museum hat aber nicht nur die Funktion, den ‚Zukünftigen‘ Wissen zu vermitteln, es dient auch dazu, die aktuelle Praxis der Bienenhaltung zu optimieren. Einmal im Monat treffen sich die Imker im Museum zum Erfahrungsaustausch. Innerhalb der Imkergemeinschaft dient es damit der Pflege und Vervollkommnung des vorhandenen Erfahrungswissens. Es geht darum, gemeinsam, durch den Austausch kollektiver Erfahrungen, die ‚Geheimnisse der Bienenhaltung‘ zu erhellen:

Herr O.: „[…] Also die Biene, also Sie können davon ausgehen, dass die Biene durchschnittlich einen Radius von drei Kilometern fliegt. Ich hab letztens wieder mit meinen Imkerkollegen gefachsimpelt. Sagt einer: ‚Ja, ich hab da ja 'n Buch gelesen…, wenn keine Tracht in der Umgebung is…‘ – die gehen ja nach dem Duft, nech!? – und Wetterbedingungen und so, dann machen sie auch vier oder fünf Kilometer. Da wundert man sich, aber das ist alles jetzt nachgewiesen. Aber: Hier in Norddeutschland, hier ist 'n raueres

21 Gruppeninterview vom 27.11.2008 (00:09:12 bis 00:12:27).

Klima, da flieg erst mal vier, fünf Kilometer! Da ist sie doch ganz schön im Verschleiß, nech? Ich persönlich stelle meine Bienen immer in so einen alten Appelhof, so 'ne Streuobstwiese. Und dann kommen die immer und sagen: ‚Du hast doch deine Bienen schon…, wo holen die denn den Honig?', sagen die immer zu mir, nech!? Ich sag: ‚Wisst ihr was…?' Wir Imker…, ich hab vorher schon…, ich hab topographische Karten zu Hause und dann hab ich ausgemessen: naja, das sind 600 Meter oder das sind 1.500 Meter… Hab ich alles ausprobiert! Und die Kisten sind auch voll, also die fliegen da hin!"[22]

Die verschiedenen Formen, in denen das Erfahrungswissen der Imker zirkuliert, zeigen sich exemplarisch am Bienenschaukasten. Die ‚Laien' können sich am Bienenschaukasten ‚leibhaftig' vom ‚Wunder der Bienen' überzeugen. Sie können aus sicherer Distanz das Treiben im Bienenkasten und die Honigproduktion beobachten, den Aufbau des Bienenstaats sehen und sogar die üblicherweise versteckte Königin erspähen. Am Bienenschaukasten erleben sie die von den Bienen ausgehende Faszination hautnah. Die Neu-Imker erfahren am Schaukasten im Gespräch mit den erfahrenen Imkern (also im doppelten Wortsinn am ‚lebenden Objekt'), wie sie mit der ‚Beute' umgehen müssen. Für die ‚Alt-Imker' zeigt sich die Zugehörigkeit zur Gemeinschaft der ‚Berufenen', wie ich oben dargelegt habe, am Grad des Engagements für das Museum. Als Kriterium für die Zugehörigkeit erkennen sie auch die ‚materielle' Unterstützung der Museumsarbeit an, wie sich am Beispiel des Bienenschaukastens zeigt:

AJ: „Wie groß ist das Museumsteam? Wie viele Leute sind da dabei?"
Herr O.: „Acht Leute, haben wir so."
Herr F.: „Ja, acht Leute!"
Herr O.: „Wo wir mal F[…], wenn er Tag der offenen Tür macht, das kann man bald mitrechnen, nech!? Da macht er ja auch was für die Imkerei... Oder wenn…: ‚Mensch', sag ich, ‚ich hab keine ruhige Königin', hat er mir 'ne Königin gegeben. Das macht F[…] ja auch, dass er uns dann unterstützt, materiell, ne!? Weil wir in dem Schaukasten am liebsten 'ne Königin haben möchten, die n bisschen lahmarschig ist, sonst bin ich da jede Woche nachher bei, in der Schwarmzeit [alle lachen] und muss Bienen rausholen, nech!?" [lachen]

22 Führung vom 30.09.2008 (00:56:52 bis 00:58:10). Unter den Imkern besteht aber auch eine Art sportliche Konkurrenz: In den Interviews und Führungen erwähnten die Imker wieder, dass sie besondere Tricks und Kniffe gefunden hätten, um beispielsweise mehr Honig oder früher im Jahr Honig ernten zu können. Die Honigernte – so scheint mir – ist die Imker-Version des „Wer-fängt-den-größten-Fisch?". Wenn es um die Honigernte geht, entwickeln die Imker sportlichen Ehrgeiz. Ich hatte aber immer den Eindruck, dass der Wettstreit da aufhört, wo das Wohl der Biene beeinträchtigt wird.

Herr F.: „Ja, das ist wahr!“
Herr O.: „Und das hatt’ ich das Jahr zuvor! Das war ’n fleißiges Ding! Und die hat W[…] dieses Jahr als Wirtschaftsvolk gehabt! Das hat ihm seinen Honig gebracht! Na gut!“
Herr F.: „A wa? W[…]?“
Herr O.: „Ja, W[…] seine, nech, die hatte er über so Ableger... Und bei mir, da waren welche, die so ’n bisschen kränkelten. Das ist nichts, da bist du auch ewig bei. Und dann fragte ich F[…]: ‚Ich will mal so ’ne ruhige haben‘. Und da haben wir auch Glück mit gehabt.“[23]

Die Aufgabe des Museums, das Wissen sowohl nach außen als auch nach innen zirkulieren zu lassen, lässt sich auch an der Raumaufteilung des Museums ablesen. Der Ausstellungsraum ist in einen ‚Präsentations-‘ und einen ‚Diskussionsbereich‘ gegliedert. Der größte Bereich des Ausstellungsraumes ist dabei der Anschauung und Vermittlung gewidmet: Auf gut drei Vierteln der Fläche präsentieren die Imker ihre Exponate, mittels derer sie über die Tätigkeitsfelder und Aufgaben der Imkerei informieren. Der neben dem Eingangsbereich aufgestellte Tisch mit den Stühlen rundherum hingegen ist dem Informations- und Erfahrungsaustausch innerhalb der Imkergemeinschaft vorbehalten. Der ‚Präsentationsraum‘ dient dazu, die Imkerei für Laien sichtbar zu machen, im ‚Diskussionsraum‘ treffen sich die Imker zum monatlichen Informationsaustausch und um Hilfestellung für etwaige konkrete Probleme zu erhalten. Hier wird das vorhandene Erfahrungswissen buchstäblich ‚auf den Tisch‘ gelegt.[24]
Wenn es darum geht, neue Mitglieder für die Imkerei zu gewinnen, kommen beide Bereiche zum Einsatz. In Schulungen oder Lehrgängen verschmelzen ‚Präsentations-‘ und ‚Diskussionsbereich‘:

Herr O.: „[…] wir hatten denn hier ’n Anfängerlehrgang, da haben wir das hier [bezieht sich auf den Tisch] zur Seite gemacht, und die saßen auf Stühlen hier so im Kreis und da war ’n Imkermeister hier, der hatte die Schulung geleitet. Und dann hatten wir ’n Projektor mit und wir haben drüben an die Wand [projiziert], und dann hat er ja hier alle Geräte, nech!? Erst hatten wir so ’ne Gastwirtschaft dafür vorgesehen, die haben da auch so ’n

23 Gruppeninterview vom 27.11.2008 (00:30:52 bis 00:31:59) In diesem Zitat wird auch deutlich, dass das Museum auch als sozialer Raum fungiert, der über den Austausch von Objekten etabliert wird. Vgl. dazu das Kapitel zum Mc-Nair-Museum.

24 Mit der Eröffnung des zweiten Ausstellungsbereichs im Mai 2009 wurden die beiden Funktionen in unterschiedliche Räume verlagert: Herr O..: „Siehe unten, da der Raum, das soll ja n Informationszentrum werden, das ist ne gute Idee da, ne!? Hier oben Exponate, unten Informationen.“ Vgl. Gruppeninterview vom 27.11. 2008 (00:13:51 bis 00:14:21).

Clubraum, der der Gemeinde gehört...: ‚Nee, dat geht nicht, lass uns ins Museum gehen', hat denn T[...] zu mir gesagt, ‚da hab ich ja alles, da is alles', nech!?"
Herr F.: „Da erzählt man nicht nur. Dann [= wenn der neue Raum fertig ist] können Sie sagen: ‚So, wir gehen nachher mal hoch und dann gucken wir uns das Material mal an!', ne!? Das find ich eigentlich optimal! Optimal..."[25]

Das Museum wird – so wird deutlich – dann „optimal" genutzt, wenn das dort vorhandene Know-how an neue Mitglieder weitergegeben wird. Für die Museumsmacher ist das Museum der ideale Ort, um die in Lehrgängen vermittelte Theorie mit praktischem Erfahrungswissen zu unterfüttern. Das Museum ist dafür „optimal", weil die Imker „da alles haben", was sie für die Ausbildung benötigen. „Das Material", über das das Praxiswissen weitergegeben wird, ist vor Ort und kann direkt in die Schulung eingebunden werden. Die Exponate haben damit einen wichtigen Stellenwert, wenn es darum geht, das vorhandene Praxiswissen über das Medium Museum zirkulieren zu lassen, es weiterzugeben und so den Fortbestand der Imkerei zu sichern.

DIE MUSEUMSDINGE: VERSAMMELTES KNOW-HOW

Objektarten: gebrauchte Dinge

Werfen wir einen Blick auf das im Museum vorhandene ‚Material'. Welche Dinge werden dort aufbewahrt? Welcher Art sind die Objekte, die den Weg in die Ausstellung finden und welche Qualitäten, welcher Schauwert wird ihnen beigemessen?

Im Bienenmuseum werden vorwiegend Gebrauchsgegenstände der Imkerei ausgestellt. Der Großteil der Exponate besteht aus ‚altem' Imkergerät, wie es ‚früher' benutzt wurde, so beispielsweise Strohkörbe und Beuten, Honigpressen oder Geräte für die Wachsherstellung und -verarbeitung. Die meisten Gegenstände wurden ursprünglich im Kreis Pinneberg oder der näheren Umgebung verwendet, vereinzelt finden sich auch Objekte aus dem Schwarzwald oder Österreich. Neben den ‚historischen' Objekten, die von der Imkerei ‚früherer Zeiten' zeugen, umfasst die Ausstellung auch aktuelle Gegenstände: Eine „moderne Magazinbeute" und eine Honigschleuder erläutern die aktuelle Imkerei; die derzeit für die Bienenzucht, Wachsverarbeitung und Wabenherstellung eingesetzten Werkzeuge sind in Vitrinen bzw. auf einem Tisch ausgelegt. Der Bereich der

25 Gruppeninterview vom 27.11.2008 (01:15:46 bis 01:16:42).

Imkerei wird zudem durch persönliche Erinnerungs- oder Repräsentationsgegenstände ergänzt, wie Urkunden, Meisterbriefe oder Zertifikate.

In die Ausstellung sind außerdem Exponate mit didaktischer Funktion integriert: Schautafeln erklären die Honigentstehung, stellen die Mitglieder des Bienenstaats vor („Die Königin – Mittelpunkt des Volkes“, „Die Arbeiterinnen“ und „Der Drohn“) oder informieren über die Geschichte der Imkerei vom „alten Ägypten“ bis zum neuzeitlichen Mitteleuropa. Ein Schulwandbild erläutert die Stationen im Leben einer Arbeitsbiene. In erhöhter Position, und damit buchstäblich an herausragender Stelle, steht ein Modell, das einen Querschnitt durch eine Biene zeigt. Anhand des Modells erklären die Imker in den Führungen die Entstehung des Honigs im Bienenmagen. Ein weiteres Exponat mit didaktischer Funktion ist die sogenannte Magazinbeute: In den üblicherweise für Waben vorgesehenen Rahmen haben die Museumsmacher Fotografien angebracht, die die idealtypischen Wabenarten und Entwicklungsstadien der Bienen bzw. der Honigproduktion zeigen: Brutwaben, Futterwaben, Drohnenwaben, Honigwaben, etc. Die Besucher können die „Magazinbeute“ öffnen und die Rahmen „durchblättern“, um sich so die auf jedem Rahmen angebrachte Abbildung mit der dazugehörenden kurzen textlichen Erläuterung anzueignen.

Neben diesen Objekten, mit denen die Imker die Bienenhaltung zeigen und erklären, gibt es Exponate, die als Kommentare gelesen werden können, über die die Wertschätzung der Museumsmacher für die Imkerei ausgedrückt wird. Das bereits oben erwähnte Zitat Albert Einsteins oder der Text über den Beitrag der Freizeitimker zum Erhalt einer gesunden Umwelt zeugen beispielsweise von der existentiellen Bedeutung der Imkerei bzw. geben Aufschluss über die große Bedeutung, die ihr die Museumsmacher beimessen. Die Texte berichten vom materiellen und ideellen Wert der Imkerei, der als unschätzbar benannt wird. Neben diesen von den Imkern eingeflochtenen Statements sind aber auch Stimmen von Besuchern in die Ausstellung integriert: Es gibt das für Museen fast schon obligatorische Gästebuch, doch viel bemerkenswerter sind die Bastelarbeiten und Kinderzeichnungen, die sich zwischen den Imkerei-Exponaten finden. Die Zeichnungen wurden den Museumsmachern von Schul- oder Kindergartenkindern als Erinnerung bzw. als Dank für den Besuch im Museum geschenkt. Dies gilt zum Beispiel für die oben erwähnte Kinderzeichnung im Eingangsbereich mit der Überschrift: „Der DRK-Kindergarten aus Holm sagt Dankeschön“. Zudem hängen zwischen den im ‚Bienenstand‘ präsentierten Strohkörben zwei weitere Bastelarbeiten, die jeweils einen Bienenkorb mit ‚summenden‘ Bienen zeigen.

Der Bienenschaukasten mit dem Bienenvolk stellt das wichtigste Exponat im Bienenmuseum dar. Er hat – wie ich oben dargelegt habe – innerhalb der Imkergemeinschaft den Status des ‚Allerheiligsten', der Blick in den Bienenstock ist der Höhepunkt jeder Führung. Während des Museumsrundgangs dürfen die Besucher ‚das Geheimnis schauen', die Imker gestatten ihnen den Blick ins Allerheiligste. Wird der Schleier gelüftet – so kalkulieren die Museumsmacher – überträgt sich die eigene Begeisterung auf die Betrachter. Die Besucherinnen und Besucher werden damit als potentielle Imker angesprochen. Besuchen sie das Museum, so treten sie in den oben beschriebenen ‚Zirkulationsraum des Erfahrungswissens' ein.

Wenn die Imker durch die Ausstellung führen und über die Objekte reden, lassen sie die Besucher und Neulinge an ihrem in jahrelanger Praxis erworbenen Wissen teilhaben. Wichtig dabei ist, dass ihr Können aus Machen resultiert, dass sie ihre Kenntnis nicht durch Anschauung, sondern durch „Erkennen und Versuchen"[26] erworben haben. Das Ausprobieren spielt innerhalb der Imkergemeinschaft eine wichtige Rolle, praktisches Erfahrungswissen wird höher geschätzt als Theorie. Diese Einstellung der Museumsmacher zeigt sich im Bienenmuseum auch im Umgang mit den Exponaten: Sie werden hier als Gebrauchsgegenstände präsentiert, als Gerätschaften der Imkerei. Anfassen ist demnach nicht nur erlaubt, sondern sogar ausdrücklich erwünscht:[27]

Herr O.: „Wir können auch […] dieses Museum einstufen, dies ist so 'n Museum ... einmal Information, Weiterbildung für einige, und ist auch n Museum zum Anfassen. Es ist so: Wo andere Museen sagen: ‚Bitte nicht anfassen!' oder so – da war ich auf der Feste Coburg, da waren Wandmalereien, Teppich, ... Ist natürlich klar, wenn jeder seinen Handschweiß drauf bringt, nech!? Und sind immer welche bei, die das dann anfassen wollen! Die haben überall Aufpasser. Hier müssen wir aufpassen, bei einigen [Honig-] Schleu-

26 Vgl. den oben zitierten Gesprächsbeitrag von Herrn O in der Führung vom 30.09.2008 (01:23:44 bis 01:24:24).

27 Während meiner Museumsbesuche konnte ich diesen aus der traditionell musealen Perspektive „unsachgemäßen" Umgang mit den Objekten immer wieder beobachten: Nicht nur die jeweiligen Führer nahmen die Gegenstände immer wieder in die Hand, um ihren Gebrauch zu demonstrieren, auch die Besucher benutzten die Objekte, wenn auch nicht immer im ursprünglichen Sinn: Die Grundschullehrerinnen zum Beispiel lehnten sich während der Führung an die historischen Bienenstöcke oder stützten sich auf Exponaten ab. Die Gegenstände verrutschten dadurch bisweilen. Während ich als ‚gut konditionierte' Kuratorin an mich halten musste, die Lehrerinnen nicht zu ermahnen oder sie mit missbilligenden Blicken zu bedenken, blieb Herr O.. ungerührt. Er schien sich sogar regelrecht darüber zu amüsieren, dass die Lehrerinnen durch das Verrutschen der Exponate ins Straucheln gerieten.

dern, die sich drehen lassen, dass wir sagen: ‚Komm, halt an und pass auf die Finger auf…‘“
Herr S.:[imitiert Situation in der Führung] „Einer nach dem anderen!“ [lacht].[28]

Die Exponate im Bienenmuseum sind keine unberührbaren Zeugen früherer Zeiten, der sprichwörtliche ‚kalte Hauch der Vergangenheit‘, der die Dinge in eine unauflösbare Distanz zur Gegenwart rücken lässt, ist im Bienenmuseum nicht zu spüren. Auch wenn viele Gegenstände – v.a. die Strohkörbe und Holzbeuten – nicht mehr in der Bienenhaltung eingesetzt werden, werden sie doch während der Führungen durchweg in einen vitalen Kontext eingebettet präsentiert. Im Bienenmuseum steht ihr Gebrauchscharakter im Vordergrund, denn in den Führungen vermitteln die Imker, wie und wozu man die Gegenstände handhabt. Datierung, technische Konstruktion und Herstellung oder Materialeigenschaften der Dinge spielen lediglich eine marginale Rolle. In den Worten von Herrn O: „Das ist ein Museum anderer Art – nicht nur rumgehen!“[29]

Wenn die Museumsmacher die Funktionsweise der Objekte erläutern, so tun sie dies nicht in einer verallgemeinernden oder abstrakten Weise. Das Objekt dient ihnen vielmehr als Ausgangspunkt für die Schilderung konkreter Ereignisse, in denen entweder der vorgestellte Gegenstand oder ein Objekt mit gleichem Verwendungszweck gebraucht wurde. Die Exponate sind im wahrsten Sinne des Wortes ‚gebrauchte Dinge‘: Auch wenn sie heute nicht mehr für die Bienenhaltung eingesetzt werden, steht dennoch ihr Gebrauchswert im Vordergrund der Schilderungen. Dies zeigt sich exemplarisch am folgenden, einer längeren Sequenz entnommenen Ausschnitt, in der Aufbau und Benutzung einer „Magazinbeute“ erläutert werden:

Herr O.: „[…] Und wenn jetzt unten, mal sagen Futtersaftstau […] is – dann passiert es, dass die sagen: ‚Mensch, das wird mir zu eng, die Königin kann keine Eier mehr legen.‘ Die hab ich ja abgesperrt. Die Königin kann keine Eier mehr legen und dann kommen sie auf den Düsel: ‚Wir müssen Schwarmzellen ansetzen!‘, nech!? ‚Wir müssen Platz schaffen!‘, nech!? So entsteht dann leicht auch der Schwarmdusel, nech!? Und es ist immer wichtig – und ich hab n Trick: Viele Imker, die lassen neu bauen – also den Honigraum, da kommen immer neue Waben mit Mittelwänden [rein] und dann müssen die [Bienen] erst bauen, […], und ich nehm immer – das sind immer zwei Jahre ausgebaute Waben – da werden die sofort oben den Honig los, nech?! Und nach ’ner Woche dann ist das schon blank, sagen wir, das hat man nachher so im Griff. ‚Oh‘, sag ich denn, ‚denn hol ich den zweiten Honigraum und den schieb ich dort noch runter‘. Dann wird der Turm so hoch.

28 Gruppeninterview vom 27.11.2008 (01:07:37 bis 01:08:16).

29 Nachgespräch zur Führung vom 30.09.2008 (01:57:41 bis 01:57:44).

Das haben Sie vielleicht schon mal gesehen, in der Marsch, wenn da mal so ’n paar Völker auf dem Raps [unverständlich, vermutlich: stehen?].“[30]

In dieser Sequenz wird deutlich, dass die Gegenstände im Bienenmuseum nicht als Zeugen einer längst vergangenen und abgeschlossenen Vergangenheit oder als ‚Prototypen‘ und Illustration für die Theorie der Imkerei verwendet werden. Sie werden vielmehr in ihrer Gebrauchsfunktion, als Teil einer lebendigen Imkerei-Tradition präsentiert. Dies gilt sowohl für die Exponate aus dem Imkerei-Wesen als auch für die didaktischen Exponate wie die Schautafeln oder das Bienenmodell, die dauerhaft gültige Prozesse erläutern. Auch hier erläutern die Museumsmacher „das Leben der Honigbiene“ oder „die Honigproduktion“ nicht in einer unveränderlichen, schematischen Form, in der Führung thematisieren sie auch hier die eigenen Erfahrungen. Die Objekte bilden den Ausgangspunkt für Erzählungen über den konkreten Gebrauch der Dinge und damit Erzählungen über all jene Erfahrungen, die die Imker in ihrer täglichen Praxis gesammelt haben. Den Museumsmachern geht es weniger darum, ‚know that‘ zu lehren, sie möchten vielmehr ihr ‚Know-how‘ vermitteln: Können geht vor Wissen. Wichtig an den Museumsdingen ist in erster Linie ihr praktischer Gebrauchswert, nicht ihr theoretischer Informationswert.

Es ist das durch die Praxis gewonnene Erfahrungswissen, das an den Objekten interessiert und das im Bienenmuseum zur Schau gestellt wird und zur Sprache kommt. Die Gegenstände sind untrennbar mit dem Können der Imker verbunden. Im Erzählen über die Dinge zeigen sich die Erfahrung und das Know-how der Imker. Gerade in der oben zitierten Interviewsequenz wird deutlich, dass es für Nicht-Bienen-Kenner gar nicht so einfach ist, die Erklärungen der Imker bis ins Detail zu verstehen. Die Erläuterungen sind nicht Ausdruck einer analytischen Reduktion des Sachverhalts, in ihnen drückt sich vielmehr eine Form von persönlicher Erfahrung aus, die entstanden ist durch die Lösung zahlreicher Einzelfälle, durch die Bewältigung der komplexen und vielgestaltigen Anforderungen der Praxis. Für diese Wissensform wurde in der Sprachtheorie und Philosophie der Begriff des „empraktischen Handelns“ eingeführt. In Rekurs auf Aristoteles wird Erfahrung nicht nur als Können, sondern auch als Wissen, d. h. als „ein empraktischen Kennen von Einzelfällen“ definiert.[31]

Das Empraktische bezeichnet ein automatisches, unhinterfragtes Handeln, wie es sich beispielsweise beim Sport, Tanz oder Sex zeigt. Empraktisches Han-

30 Führung vom 30.09.2008 (00:22:26 bis 00:24:28).

31 Schnädelbach, Herbert: Erkenntnistheorie. Zur Einführung, Hamburg: Junius Verlag 2002. S. 110.

deln funktioniert, ohne dass man zuerst über den Vollzug seines Tuns nachdenken müsste:

„Im Empraktischen hat der Mensch ein implizites Wissen, so dass das Empraktische wesentlich als Wissen-Haben im Tun-Können erscheint. Empraktisch weiß man, was man weiß, solange man nicht danach gefragt wird.“[32]

Die Wissensform des Empraktischen sehe ich auch im Bienenmuseum realisiert: Das „Wissen-Haben“ der Imker äußerst sich in erster Linie in einem „Tun-Können“. Ihr Wissen ist handlungsorientiert, nicht theoretisch. Die Imker geben auch dieser Form von Erfahrung, dem ‚In-Einzelfällen-Erprobt-Sein‘, d. h. dem ‚Know-how‘ den Vorzug vor der Erkenntnis des Allgemeinen, also dem ‚to know that‘, wie im folgenden Beispiel deutlich wird:

T[eilnehmer]: „Aber man erhöht nicht den Brutraum? Das macht man dann nicht?“
Herr O.: „Ja, nein, nein, nein! Das lassen wir so, es sei [denn], das Volk ist so stark – hab ich auch schon mal gemacht – hab ich da die Mittelwände untergesetzt, um für die Königin mehr Platz zu haben. Das hängt immer – wenn das gute Königinnen sind, das ist – ich hab vorhin gesagt: ein Imker muss ja auch entscheidungsfreudig sein, nech!? Wenn Sie so ’n Bienenstock bearbeiten, nech!? Wenn ich sag: ‚Mensch, was mach ich nu?‘ und hol nu’ erst mal ’n Buch und lese – Das geht nicht! Das muss ich [lacht] im Fingerspitzengefühl haben und sagen: ‚Das muss ich machen!‘ Hab ich auch immer im Betrieb gesagt, ich wurde viel gerufen, ich war Betriebsleiter und dann wurde ich immer viel gerufen: ‚Ja wat mach mer denn nu?‘ Denn suchten die ja einen, der die Verantwortung trägt, ja? ‚Nu hört mal zu‘, sag ich, ‚ihr wisst dass ich Imker bin. Ich steh auch immer vorm Bienenstand und muss entscheiden!‘ Entweder das ist falsch oder richtig, nech!? Aber ich hab sie immer alle in die Verantwortung genommen, die Jungs!“[33]

In diesem Zitat zeigt sich auch die in der obigen Definition beschriebene ‚Kehrseite‘ des Empraktischen: „Empraktisch weiß man, was man weiß, solange man nicht danach gefragt wird.“ Für den Bereich des praktischen Handelns gibt es keine allgemeingültigen Anleitungen, der kompetente Imker entscheidet je nach Einzelfall. Dieses Können oder implizite Wissen zu vermitteln, es als allgemeingültige Information zu verbalisieren, erscheint – so wird in den Führungen deutlich – als unzulässige, der Realität nicht angemessene Vereinfachung. Im Versuch, das Know-how in allgemeingültige Worte zu fassen, schlägt die Komplexität des konkreten Handlungsvollzugs zurück.

32 http://de.wikipedia.org/wiki/Empraktisch (Zugriff 25.08.2009).

33 Führung vom 30.09.2008 (00:24:29 bis 00:25:22).

Das empraktische Wissen manifestiert sich im Erzählen über die Dinge. Die Objekte erweisen sich damit als ‚empraktische Dinge‘: Das Know-how der Imker entfaltet sich am konkreten Gegenstand. In den Museumsdingen manifestiert sich die durch die wiederholte Bewältigung von Einzelfällen verdichtete Erfahrung der Imker. In den Dingen zeigt sich das implizite Wissen, das aber nur in der Form des Berichts über konkrete Fälle, über das Erzählen einzelner Erlebnissen sichtbar wird. Damit kann ein einzelner Gegenstand eine Vielzahl von Erfahrungen in sich vereinen, sowohl die persönlichen Erfahrungen des jeweiligen Museumsmachers als auch die kollektiven Erfahrungen der Imkergemeinschaft. Die Objekte tragen also einen Bedeutungsüberschuss in sich, sie erlauben verschiedenste Anknüpfungspunkte und sind damit auch auf vielen Ebenen bedeutsam.

Objektordnung: „von den Bäumen komm ich auf die Klotzbeute“ – die ‚Erzählbarkeit‘ der Dinge

Im Bienenmuseum Moorrege sind die Dinge hauptsächlich nach zwei Ordnungsprinzipien geordnet: Sie sind entweder nach ihrem ursprünglichen Verwendungszweck gruppiert oder werden als Objektklassen präsentiert. Die Strohkörbe beispielsweise sind auf der rechten Raumseite aufgestellt. Sie stehen in einer Art Regal, das einem historischen Bienenstand nachempfunden ist. Eine weitere Objektklasse sind die Holzbeuten, die in der Mitte des Raumes aufgebockt sind. Auch die Werkzeuge, die auf der linken Seite des Raumes in Vitrinen bzw. auf einem Tisch präsentiert werden, gehören alle einer Objektklasse an. Innerhalb der Objektklasse der Werkzeuge wiederum sind die Exponate nach ihrem Verwendungszweck unterteilt: Auf dem Tisch sind die Werkzeuge zur Wachsbearbeitung und Wabenherstellung gruppiert, in einer Vitrine sind die Utensilien für die Königinnenzucht untergebracht. Wie sich schon an dieser groben Aufzählung zeigt, überschneiden sich beide Ordnungsprinzipien. So sind auch die Strohkörbe und Holzbeuten nicht nur Mitglieder einer Objektklasse, sie teilen auch den gleichen Verwendungszweck, nämlich eine Behausung für Bienen zu sein.

Für den ‚Laien-Besucher‘ sind die Objektklassen schnell als zusammengehörende Einheiten zu erkennen. Die Dinge ähneln sich und können leicht als Bienenkorb, Bienenstock bzw. Werkzeug denotiert werden. Wie sie allerdings benutzt werden bzw. wie sie durch die Imker ‚bedient‘ werden, erschließt sich dem Laien nur in der Führung: Die wenigen im Bienenmuseum vorhandenen Objekttexte bieten keine ausführlichen Erklärungen, sie beschränken sich zumeist auf die Wiedergabe der fachlich korrekten Bezeichnung des Exponats, wie zum Beispiel „Blätterbeute“ oder „Schleswig-Holsteinische Wanderbeute“. Das Wissen um die Benutzung und Handhabung der Dinge, um ihren Sinn und Zweck tritt nur in der personalen Vermittlung durch die ‚Eingeweihten‘ zu Tage. Wie ich oben dargelegt habe, handelt es sich dabei um ein aus praktischer Erfahrung gewonnenes Wissen, um ‚Know-how‘, eine Form der Expertise, die sich aus der Bewältigung zahlreicher Einzelfälle speist. Sie in Theorie zu transformieren hieße, die Komplexität des Alltags zu reduzieren. Das Allgemeingültige ist nur für den Preis einer Reduktion der vielgestaltigen Erfahrung zu haben. Und damit ist es wiederum für die Bewältigung konkreter Situationen nicht geeignet:

> „Zum Zweck des Handelns steht die Erfahrung der Kunst *(techné)* an Wert nicht nach, vielmehr sehen wir, daß die Erfahrenen mehr das Richtige treffen als diejenigen, die ohne Erfahrung nur den allgemeinen Begriff *(lógos)* besitzen. Die Ursache davon liegt darin, daß die Erfahrung Erkenntnis *(gnôsis)* des Einzelnen ist, die Kunst des Allgemeinen, alles Handeln und Geschehen aber am Einzelnen vorgeht.“[34]

Das Erfahrungswissen kann damit nicht in einen abstrakten Begriff oder eine theoretische Beschreibung überführt werden. Es kann nicht festgehalten oder stillgestellt werden. Es lässt sich nicht in Lehrsätze oder Bücher bannen und schon gar nicht in kurze Objekttexte. Das Erfahrungswissen äußert sich im konkreten Handeln, d. h., es ist situativ und kontextabhängig. Auf diese Weise äußert es sich auch im Bienenmuseum: Es braucht den Experten, der von seinen Erfahrungen mit dem Ding erzählt. Damit haben die Objekte nicht den Status von Zeichen oder Illustrationen, die auf einen theoretischen Sachverhalt verweisen, im Bienenmuseum sind sie Generatoren von Erzählungen. Im Akt des Erzählens vermitteln die Imker ihr Können, das Erzählen über die Dinge öffnet den Weg der Erinnerung zu den individuell gemachten Erfahrungen. Wenn die Imker durch das Bienenmuseum führen, würzen sie ihre Erzählungen mit zahlreichen persönlichen Erlebnissen, mit Anekdoten und Exkursen. Die Führungen gleichen damit weniger Referaten oder Vorträgen als vielmehr Erlebnisberichten,[35] die mit Leidenschaft, Begeisterung und großem Engagement vorgetragen werden:

> Herr S.: „Tja, man kann eigentlich sagen, dass man hier Leuten Imkerei vermitteln kann. Schlichtweg. Mit dem was dranhängt, mit allem Drum und Dran.“

34 Schnädelbach, Herbert: Erkenntnistheorie, S. 109f.

35 Die Art, wie beispielsweise Herr O.. durch das Museum führt, hat mich immer wieder an das Genre des Schelmenstücks erinnert: mit Witz und Erfindungsgeist meistert der Held jede noch so widrige Situation.

Herr O.: „Und es sind sehr viele Besucher, die hinterher gesagt haben – wenn hier so ’n Hausfrauenclub kommt oder so: ‚Das war so hochinteressant! Das haben wir nicht gewusst, dass so viel dahinter steckt!‘“

Herr F.: „Ja, das hört man oft, hört man oft! Und wenn sie sagen: ‚Ich muss dann erst mal Schluss machen, wir kommen wieder! Das ist einfach viel zu viel! Ich lauf’ über!‘, nich!? Die kommen dann wieder! Die lassen sich wieder sehen, ne!? Weil das so komplex ist, das Ganze, das ganze Thema!“

Herr S.: „Man braucht ja bloß über Honig... Honig, hat jeder sein Gläschen stehen!“

Herr F.: „Ja, ja, alleine das schon!“

Herr S.: „Wenn man da mal erzählt hat, was, …“

Herr F. [wirft ein]: „Tausend Fragen!“

Herr S.: „… was erforderlich ist, bevor der Honig im Glas ist, […] dann gehen die Augen schon über!“

Herr O.: „Alleine Honig können wir schon zwei Stunden – dann kommt Propolis und dann Blütenpollen, Wachs! – da können wir stundenlang drüber erzählen…“

Herr F.: „Ja!“

Herr O.: „… und ins Eingemachte gehen, nech!? Das können wir dann natürlich nicht – da muss einer speziell [interessiert] sein und sich jetzt – mal sagen – für Wachsgewinnung und so interessieren oder für Pollengewinnung oder Propolis, diesen Kittharz, ne!? Das ist ja auch schon n Thema für sich!“

Herr F.: „Füllt ’n ganzen Nachmittag! Insbesondere dann, wenn noch Rückfragen kommen und dann wird es ja interessant! Dann merkt man erst: ‚Aha! Da spult sich was ab!‘ ne!? Und dann – ist ein Nachmittag – pfff! ist weg! Ist es plötzlich 18 Uhr und wir reden immer noch!“[36]

Das im Bienenmuseum versammelte Know-how realisiert sich verbal. Der Gebrauchswert der Dinge ist nicht direkt an den Objekten ablesbar, er kommt nur in den Erzählungen der Imker ans Tageslicht.

36 Gruppeninterview vom 27.11.2008 (01:05:50 bis 01:07:19).

Abbildung 13: Ein Imker erläutert die Königinnenzucht

Foto: Angela Jannelli, Oktober 2008

Die Dimension des Erzählens, so definiert der Literaturwissenschaftler Jürgen Schutte, wird konstituiert, wenn ein Erzähler bzw. eine „Instanz im Text [...] durch Auswahl und Anordnung aus einer Reihe von Geschehensmomenten eine Geschichte macht und diese zur Bauform einer Fabel ordnet“.[37]

Zum Verhältnis von Geschehen, Geschichte und Fabel führt Schutte weiter aus:

„Das der Geschichte zugrundeliegende (voraussetzbare) Geschehen ist zerlegbar, sinnindifferent und kontigent; [...]. Die Geschichte zerlegt das Geschehen in seine einzelnen Momente (wobei es keine untere Grenze der Verkleinerung gibt), wählt aus, setzte [sic] Anfang und Ende und strukturiert dadurch auf einen Sinn hin, dessen Basis ein konzeptuelles Verhältnis von Anfang und Ende bildet. Die Fabel als subjektive Aneignung und Darbietung der Geschichte bewegt sich (relativ) frei im Zeitkontinuum und im Raum der dargestellten Welt. In ihr werden die Geschehensmomente zu Sequenzen, diese zu Phasen

37 Schutte, Jürgen: Einführung in die Literaturinterpretation, Stuttgart, Weimar: J. B. Metzler 1993 (3. überarbeitete und erweiterte Auflage), S. 121. Schutte übernimmt die Terminologie von Eberhard Lämmert, dessen 1955 erschienene Arbeit „Bauformen des Erzählens“ zu den (literaturwissenschaftlichen) Standardwerken der Erzähltheorie gehört. In der Narratologie kursieren verschiedene Begriffe für die Dimensionen des Erzählten und des Erzählens. Eine kompakte Übersicht bieten Martinez, Matias; Michael Scheffel: Einführung in die Erzähltheorie, München: C. H. Beck 2005 (6. Auflage). S. 20ff.

eines Handlungsvorgangs modelliert, dessen Folge von der Logik des Erzählens und nicht vom Fortschritt der Zeit bestimmt ist.“[38]

Erzählen bedeutet folglich, einzelne Elemente zu einem sinnhaften Ganzen zusammenzufügen und sie in einer gestalteten Form einem (imaginären) Publikum zu präsentieren. Wenn ich die oben zitierte literaturwissenschaftliche Definition wortwörtlich auf das Erzählen im Bienenmuseum übertrage,[39] dann entspricht die Imkerei dem „voraussetzbaren Geschehen“. Die Ausstellung wäre mit der Geschichte gleichzusetzen: In ihr sind ausgewählte Geschehnisse in eine sinnhafte Struktur gebracht. An der Stelle der Geschehnisse stünden in dieser Gleichung die ‚gebrauchten‘, mit Erfahrungswissen aufgeladenen Dinge. Als einzelne, ihres Gebrauchswerts beraubte Dinge, sind sie sinnindifferent und kontingent. Sie ergeben nur dann einen Sinn, wenn sie ‚gebraucht‘, zu einer Geschichte arrangiert und als Fabel präsentiert werden. Die Führung schließlich entspricht der Fabel: Sie ist die subjektive Aneignung und Darbietung der Geschichte, d. h. in ihr drückt sich die persönliche Erfahrung der Imker mit den im Museum versammelten Gegenständen aus. Und wenn ich die Gleichung weiter fortführe, dann zeigt sich sogar die in der Definition genannte Eigenschaft der Fabel, sich frei im Zeitkontinuum und Raum der dargestellten Welt zu bewegen: In den Führungen wird nicht chronologisch erzählt, die einzelnen ‚Geschehnisse‘ der Imkerei werden nicht im ‚natürlichen‘ Ablauf der Tätigkeiten beschrieben. Es ist nicht die Logik des Bienenjahrs, die über die Erzählordnung entscheidet, es ist die Logik der Erzählung. Damit einher geht die freie Bewegung im Raum. Die einzelnen thematischen Einheiten werden jeweils am Objekt, am ‚gebrauchten Ding‘ erklärt. Die Gruppe bewegt sich in den Führungen von Objekt zu Objekt, ganz wie es die Erzählung erfordert. Und dass die Logik der Erzählung nicht vom Fortschritt der Zeit bestimmt wird, wäre nicht zuletzt auch durch die Zeitvergessenheit bestätigt, die in der oben zitierten Interviewpassage genannt wurde.

Die Übertragung der literaturwissenschaftlichen Definition auf das Bienenmuseum zeigt, dass dem literarischen Erzählen und der narrativen Praxis im Museum vergleichbare Strukturen zugrunde liegen. Das Bienenmuseum ist ein Ort

---

38 Schutte, Jürgen: Einführung in die Literaturinterpretation, S. 122. Zum Ordnen als Funktion des Erzählens vgl. auch Markus, Sandra: „„Schreiben heißt: sich selber lesen““ oder meine Analyse zum Museum Elbinsel Wilhelmsburg „.Das Museum Elbinsel Wilhelmsburg als Gegenerzählung und Heterotopie.“

39 Wie sich die Erzähltheorie auf die Museumsanalyse anwenden lässt, zeigt auch der Aufsatz von Buschmann, Heike: „Geschichten im Raum. Erzähltheorie und Museumsanalyse“, in: Baur, Joachim (Hg.): Museumsanalyse, S. 149-169.

des Erzählens. Wie ich oben dargelegt habe, fungiert das Museum als Zirkulationsraum für Erfahrungswissen: die ‚eigene Bienen-Geschichte‘ soll weitergegeben, die Tradition aufrecht erhalten werden. Dies ist der Sinn, auf den hin die Geschichte konstruiert ist und der sich im Modus des Erzählens realisiert.

Die grundlegende Funktion des Erzählens lässt sich auch an den im Museum etablierten Objekt-Nachbarschaften ablesen: Die „Erzählbarkeit“ der Dinge ist für die Objektordnung im Bienenmuseum zentral und wurde bei der Einrichtung des Museums bedacht und überprüft:

AJ: „Die Themen hier im Museum, würden Sie sagen, Sie haben die Themen so angeordnet, weil Sie erst die Objekte hatten?“
Herr O.: „Ja.“
AJ: „Oder haben Sie gesagt: ‚Die und die Themen müssen wir im Museum bringen und dazu brauchen wir die und die Objekte?‘“
Herr O.: „Nein! Wir sind so angefangen: Das was wir bekommen haben, haben wir so ’n bisschen einsortiert...“
Herr F.: „Ja, wir mussten ja davon ausgehen, was an Exponaten da ist, und da haben wir das denn so ’n bisschen … ja thematisch aufgestellt und so ’n bisschen abgegangen.“[40]

Durch das „Abgehen“ wird die „Erzählbarkeit“ der Dinge überprüft. Dem Gehen wie dem Erzählen liegt eine lineare Struktur zugrunde. Das thematische Einsortieren bzw. Aufstellen der Objekte entspricht der Montage der Geschichte, das Abgehen dient der Überprüfung der der Ausstellung zugrunde liegenden Erzähllogik. Bei der Einrichtung des Bienenmuseums, so kann gefolgert werden, ging es darum, die Dinge erzählbar zu machen, dem Museum eine narrative Struktur zu geben.

Eine solche Struktur erwähnte Herr O. im Nachgespräch zu einer Führung, an der ich teilgenommen hatte. Er sprach von einer Art Reihenfolge, einem roten Faden, den er sich für seine Führungen zurechtgelegt habe:

Herr O.: „Ja, das [gemeint ist der Betrieb des Museums inklusive der Führungen] muss man anpassen. Das sieht man nachher, wenn man sich mit der Sache beschäftigt, nech!? […] Und ich –, wenn jetzt hier ein anderer Kollege ist, der würde die Führung ganz anders machen, das ist mein Stil.“
AJ: „Ich war ja letzten Sonntag da …“
Herr O.: „Ja, das war der... [überlegt]“
AJ: „Mit Herrn S[…] war das anders, ja!“

40 Gruppeninterview vom 27.11.2009 (00:13:30 bis 00:14:16).

Herr O.: „Jaja, und ich geh da richtig praktisch vor! Man kann sich auch festbeißen, an der Geschichte […] von den Ägyptern und so. Nur das bringt denn gar nichts! […] Ich fang hier, damit fang ich immer an. Und dann geh ich so ins Mitteleuropa, die Bienen in Mitteleuropa, und da geht unsere Imkerei ja richtig los und dann geh ich – von den Bäumen komm ich auf die Klotzbeute und dann erklär ich den Strohkorb und so ran [an die moderne Imkerei]!“[41]

Welche narrative Struktur liegt nun aber dem Museum zugrunde? Im Folgenden möchte ich das Verhältnis von Objektordnungen und ihrer ‚Nutzung‘ im Rahmen einer von mir begleiteten Führung im Bienenmuseum analysieren. Dabei orientiere ich mich an den in der Literaturwissenschaft etablierten Methoden der Erzählanalyse: Um Aufschluss über die dem Bienenmuseum zugrundeliegenden narrativen Strukturen zu erhalten, werde ich – der Analyse von Geschichte und Fabel entsprechend – die räumliche Disposition der Dinge und ihre performative Aneignung in der Führung untersuchen.

Wie sich aus dem oben genannten Zitat ergibt, ist die Geschichte im Museum auf einen Sinn hin strukturiert, nämlich den Fortbestand der Imkerei zu sichern. Aus welchen Geschehens-Momenten wird diese Geschichte konstruiert? In welche Erzählsequenzen lässt sich die Führung unterteilen? Welche narrativen Strategien werden eingesetzt? Wie sind Anfang und Ende gestaltet und in welchem konzeptuellen Verhältnis stehen sie zueinander?

Herr O. geht nach eigenen Angaben „richtig praktisch“ vor, er will sich in seiner Erzählung „nicht an der Geschichte festbeißen“ und auf möglichst direktem Weg zur modernen Imkerei in Mitteleuropa kommen. Als Kernhandlung von Herrn Os Führung kann also die aktuelle Praxis der Imkerei ausgemacht werden, alle anderen Themen sind Nebenhandlungen. Die Erzählung beginnt aber nicht *in medias res*: Herr O. beginnt die Erzählung mit der „Geschichte von den Ägyptern“. Die Historie wird dann in großen chronologischen Etappen weitererzählt: von den Ägyptern „ins Mitteleuropa“, „von den Bäumen auf die Klotzbeute“, zum Strohkorb und dann zur modernen Imkerei. Die Historie wird der Erzählung vom lebendigen Praxiswissen der Imkerei als ‚Prolog‘ vorangeschaltet. Sie markiert den Anfang der Geschichte – d. h., des Museums wie der Historie – und beglaubigt damit die jahrtausendealte Tradition der Imkerei und

41 Nachgespräch zur Führung vom 30.09.2008 (02:01:03 bis 02:01:55). In diesem Zitat zeigt sich noch einmal, wie wichtig das Erfahrungswissen auch für den laufenden Museumsbetrieb ist. Der Ablauf der Führungen und die Ausstattung des Museums werden laufend den Bedürfnissen der Besucher bzw. der „Erzählbarkeit“ der Dinge angepasst. Herr O.. erwähnte weiter, dass in Zukunft Sitzgelegenheiten für Senioren und eine Frühstücksmöglichkeit für Kindergartenkinder geschaffen werden sollen.

ihre Wichtigkeit. Mit diesem ‚Prolog‘ erhält die Geschichte von den Bienen ihre Legitimation und historische Fundierung.

Die Erzählung der Historie folgt dem Prinzip der Chronologie.[42] Die historischen Inhalte der Zeitschnitte illustrieren die Geschichte der Imkerei und entziehen sich damit selbstredend dem Erfahrungswissen der Imker. Die Schautafeln scheinen nicht von den Imkern erstellt worden zu sein, sie machen den Eindruck von Kopien aus einem Buch. Damit können sie als Beispiele des theoretischen, wissenschaftlich-historischen Wissens ausgemacht werden. Die für die Erzählung von ‚Geschichte‘ typische Struktur ist die Chronologie. Der Modus, in dem diese Sequenz der Ausstellung erzählt wird, ist berichtend, die Erzählerposition auktorial. Dieses Bündeln an Merkmalen – Chronologie, Bericht und auktoriale Erzählerposition – sind Kennzeichen der historiographischen Erzählung bzw. der Darstellung in Geschichtsbüchern. Die Präsentation der Schautafeln im Museum lehnt sich damit an eine für die Vermittlung von historischem Wissen bekannte und eingeführte narrative Struktur an. Die Chronologie als Ordnungsprinzip tritt im restlichen Verlauf der Ausstellung nicht mehr auf.

Die der Historie folgende Erzählsequenz orientiert sich am Objekt-Ensemble des Bienenstands: Mehrere Strohkörbe sind in einem mit einem Reetdach versehenen Regal präsentiert, das einem historischen Bienenstand nachempfunden ist. Der Übergang zwischen den beiden Erzählsequenzen wird durch zwei Exponate geleistet: Vor dem Bienenstand ist ein Ast an der Wand angebracht, an ihm hängt ein aus Papier gebastelter Bienenschwarm, der aus einem Bogen Geschenkpapier – bedruckt mit einer fotografischen Darstellung einer Bienentraube – gebastelt ist. Das zweite Übergangsobjekt ist die „Klotzbeute“. Im Text über „Bienen in Mitteleuropa“ wurde erläutert, dass die moderne Imkerei aus der Waldimkerei hervorgegangen sei: Die ausgehöhlten Baumstämme, in denen wilde Bienenvölker ursprünglich lebten wurden als „Klotzbeuten“ in der Nähe von Höfen und Häusern aufgestellt. Von der Klotzbeute ist es – so der kopierte Text weiter – nur ein kleiner Schritt zum Strohkorb als „Bienenwohnung aus Menschenhand“ und damit zur modernen Imkerei. Dieser Übergang wird auch in der Führung genutzt, wie Herr O. in der oben angeführten Interviewpassage ausführt: „von den Bäumen komm ich auf die Klotzbeute und dann erklär ich den Strohkorb.“[43]

Die ‚Bienenstand-Sequenz‘ entspricht dabei in ihrer ästhetischen wie narrativen Struktur einem Tableau:

42 Vgl. hierzu die Abschnitte „Die Geschichtsauffassung des wilden Denkens“ und „Funktionsweise des wilden Denkens.“

43 Nachgespräch zur Führung vom 30.09.2008 (02:01:51 bis 02:01:55).

„Prinzipiell können im Tableau alle Objekte – Pflanzen, Tiere, Menschen; Kunstwerke, komplexe Maschinen, zusammengesetzte Werkstätten; Völker, Städte, Landschaften, Regionen; Sitten, Krankheiten, Perversionen und sogar Engel und Teufel – im Ordnungsbild einer klassifizierenden Gliederung in schriftlicher, bildlicher und (sofern die Objekte es erlauben) musealer Form zusammengestellt werden. [...] Die Organisationskraft des Tableaus setzt Menschen, Dinge und umweltlichen Raum in ein scheinbar naturnahes, zugleich aber bedeutungsträchtiges Beziehungsgefüge.“[44]

Unter dem mit Reet gedeckten Stand sind Strohkörbe unterschiedlichen Typs, Alters, regionaler Herkunft oder Provenienz zusammengefasst. Die übergeordnete Idee des Bienenstands erlaubt es, sie zu einem einheitlichen ‚Bild‘ zu arrangieren. Die Bienenstand-Inszenierung erinnert an eine Präsentationstechnik, die häufig in naturwissenschaftlichen Museen vorkommt und die ich als museale Sonderform des Tableaus bezeichnen würde: das Diorama.[45] In der Führung muss das gleichzeitige Nebeneinander der Dinge in ein erzählerisches Nacheinander überführt werden. Der räumliche Charakter des ‚materialen Tableaus‘ wird im ‚sprachlichen Tableau‘ in eine zeitlich organisierte Erzählfolge gebracht:

Herr O.: „[...] da wir noch bei den Strohkörben sind, wir haben verschiedene... Also die Imker fingen an zu basteln und haben dann verschiedene Arten von Strohkörben geflochten. Da oben diese beiden mit dem Deckel, das war ’ne Familie aus Ostpreußen, die sind ’45 oder ’44 geflohen, hier nach Sparrieshoop raus, und das erste, was die Frau machte: Die setzte sich hin und hat gleich Strohkörbe geflochten! Die hatte nämlich zu Hause Bienen, damit sie Nahrung haben. Das hab ich gar nicht gewusst, [...] da war mal jemand hier und dann hört man so die Geschichte hier. Die haben schon Geschichte geschrieben! Da haben die sich mit ernährt. Nur – die Imkerei, werd mal sagen, das Zeitalter ging weiter. Aber da ist auch noch so ’n kleinerer Strohkorb, der ist aus dem Schwarzwald. Die

44 Graczyk, Annette: Das literarische Tableau zwischen Kunst und Wissenschaft, München: Wilhelm Fink Verlag 2004. S. 14 und 17. Graczyk bezieht sich mit ihrer Definition auf das im 17. und 18. Jahrhunderte aufkommende *wissenschaftliche Tableau*, das seine Popularität der Neuformierung des „wissenschaftlichen Wissens“ in Form eines klassifizierenden Ordnungsdenkens verdankt. Diese Form der Systematik ist typisch für das wissenschaftliche Denken. Daher muss Graczyks Definition im Hinblick auf *wilde Museen* dahingehend relativiert werden, dass das für das *wissenschaftliche Tableau* charakteristische „Ordnungsbild einer klassifizierenden Gliederung“ für das *wilde Tableau* nicht maßgeblich ist.

45 Die Inszenierungsform „Bienenstand“ wird auch häufig in Freilichtmuseen für die Präsentation der Imkerei verwendet. Diese Form des Arrangements kann als bekannte Figur bzw. als eingeübtes narratives Mittel oder ‚Objekt-Topos‘ angesehen werden.

Schwarzwälder, wenn Sie Schwarzwälder Häuser gesehen haben, die haben immer oben aufm Balkon so kleine Strohkiepen gehabt und da hatten sie immer so drei, vier Völker, da hatten die ihren eigenen Honig. Und dann kam aber extra so 'n ‚Honigschneider‘ – nannten die das –, der das verstand, sauber rauszuschneiden. Die haben sich nicht weitergebildet oder so: ‚Werd ich mir meinen Honig machen, ich schneid das mal raus‘. Der war Fachmann, der ging von Haus zu Haus und hat das rausgeschnitten.“[46]

Das für ein Tableau charakteristische „bedeutungsträchtige Beziehungsgefüge“ zeigt sich im „musealen Tableau“ vor allem auf der denotativen Ebene: Objektklasse, Material und Gebrauchsfunktion sind offenbar die gleichen. In der Führung offenbart das „narrative Tableau“ dann ganz andere „Beziehungsgefüge“: Hier werden die historischen und sozialen Kontexte öffentlich, wird nicht nur der Gebrauch, sondern die tatsächliche Handhabung und der konkrete Verwendungszweck deutlich. Diese Form des Wissens lässt sich nicht an den Objektkonstellationen ablesen. Es braucht die ‚Übersetzung‘, den Erzähler, der die Bedeutung der einzelnen Elemente kennt[47] und der die Geschichte zur Fabel verwebt.

Mit der „Bienenstand-Sequenz“ hat die Erzählung die Gegenwart bzw. den von den Imkern erinnerbaren Zeitraum erreicht, oder um mit Jan und Aleida Assmann zu sprechen: Die Erzählung ist im kommunikativen Gedächtnis angekommen. Damit wechselt auch die narrative Form, der bisher vorwiegend berichtende Modus der Erzählung wird zunehmend szenisch:

Herr O.: „Jetzt sehen wir hier – das sieht aus wie so ne Aalreuse, ne – hat aber nichts mit Fischerei zu tun! – Es gibt heute ja noch so Strohkorbimker in der Lüneburger Heide, es gibt auch noch jemanden, der so was betreibt – und das ist 'n Schwarmfangbeutel. Diese Imkerei in den Strohkörben hat einen Nachteil: Wenn die Völker explodieren, also die Volkstärke, die nimmt ja zu, das geht so im Januar los, da fängt die Königin wieder an, Eier zu legen, so Ende Januar – und das geht dann nach Sonnenstand. Im Mai, wenn die Rapsblüte ist, dann sind wir schon ziemlich hoch mit der Sonne und die Völker, die sind dann – ich will mal sagen – von 25.000 Bienen nachher dann bei – also ganz starke – bei 70/80.000 Bienen in einem Bienenstock! Dann sagen die: ‚Das wird hier zu eng! Hier müssen welche raus!‘ Und dann kommt der Schwarmtrieb und denn – wenn die junge Königin schlüpft, dann sagt die alte: ‚Ihr müsst mitkommen, Flugbienen!‘ nech!? ‚Ab Richtung neue Behausung suchen!‘“
T[eilnehmerin]: „Die alte geht weg?“

46 Führung vom 30.09.2008 (00:03:51 bis 00:05:23).

47 Im *wissenschaftlichen Museum* erbringen Objekttexte diese Übersetzungsleistung.

Herr O.: „Die alte geht weg. Die alte geht immer weg. Und dafür hat man – dann sacht der Imker: ‚Mach ich 'n Schwarmfangbeutel.' Der wollte ja auch die Völker vermehren, war auch automatisch Vermehrung. Jetzt flogen die Bienen hier rein, Königin vorneweg und die Flugbienen mit. Was sie natürlich machen, so ein Schwarm, was viele nicht wissen, ist: Die gehen erst noch vorher auf die Vorräte und dann saugen die ihre Honigblase voller Honig. Das ist denn wie, das machen wir vorher ja auch, wir tanken auch vorher, wenn wir in den Schwarzwald oder irgendwohin fahren wollen. Das machen die auch! [Herr O. und die TeilnehmerInnen lachen] Und die Imker, die haben da immer gesessen in der Sonne: ‚Jetzt muss ja bald der Schwarm kommen!'. Und so wie der Schwarm denn da drin war, denn zugemacht! und dann irgendwo, ich will mal sagen, untern Wachholderbusch oder irgendwo untern anderen Baum, bisschen kühl legen; wird auch nass gehalten, damit die sich beruhigen, nech!? Sind ja sehr erregt, die Bienen, wenn sie schwärmen. Ja, und dann hat er – abends ist er beigangen und hat dann einen neuen Strohkorb genommen und dann hat er die abgetrommelt. Hier […] rein und dann – wenn er sie weitertransportiert, hat er da so 'n ... Lüftungsgitter vorgehängt und hat sie an einen neuen Stand gebracht. Und so hat er n Volk mehr!"[48]

Diese Sequenz gleicht in ihrer Struktur einem Erlebnisbericht. Der Erzähler schildert den Schwarmtrieb der Bienen als ein konkretes, detailreich ausgemaltes Geschehen. Dabei bedient er sich verschiedener Blickwinkel bzw. Fokalisierungen: Einmal schlüpft er in die Rolle des Imkers, dann wieder berichtet er aus der Perspektive der Bienen. Die Protagonisten dieser Sequenz sind der Imker und die Bienen, wir erfahren in der direkten Rede von ihren Absichten und Überlegungen. In dieser Erzählsequenz steigert sich der Grad der Unmittelbarkeit zusehends, der eher berichtende, dokumentarische Modus erhält immer mehr dramatische Elemente. Im Hinblick auf die vermittelten Inhalte wird auch hier die Dominanz des Erfahrungswissens deutlich. Dem in der jeweils konkreten Situation angemessenen Handeln wird der Vorzug gegeben vor dem abstrakten Faktenwissen. Auch hier zeigt sich: Praxis ist wichtiger als Theorie, ‚to know how' ist entscheidender als ‚to know that'. Dementsprechend wird in der Museumserzählung auch immer der Schilderung des konkreten Erlebnisses der Vorzug vor dem lehrbuchhaften Bericht über idealtypische Verfahrensweisen gegeben.

Die Analyse der Objektordnungen und ihrer ‚Verwendung' in den Führungen offenbart die dem Bienenmuseum zugrunde liegende narrative Grundstruktur.[49]

48 Führung vom 30.09.2008 (00:05:38 bis 00:08:10).

49 Damit meine ich nicht, dass Führungen immer nach dem von mir hier herausgearbeiteten Schema ablaufen. Jede Führung ist anders. Die Museumsmacher variieren ihre Erzählung je nach Publikum hinsichtlich der Inhalte und der stilistischen Merkmale: Sie fügen Exkurse oder Erfahrungsberichte ein, wechseln vom berichtenden in den

Die kommunikative Absicht des Museums, der Sinn der Geschichte ist es, den Funken überspringen zu lassen, die Begeisterung für die Imkerei mitzuteilen. Dazu wird eine spannende Geschichte mit einem dramaturgischen Höhepunkt konstruiert. Sie wird in einzelne Sequenzen unterteilt, die je nach Erzählsituation ausgestaltet und kombiniert werden können.

Die einzelnen Objekt-Arrangements entsprechen den Elementen der Geschichte, sie stellen die ‚großen Themen‘ dar, die in der Erzählung angesprochen werden: Nach dem ‚Historien-Prolog‘ folgt eine lange Erzählsequenz zum Themenkomplex der ‚Bienenbehausungen‘: Klotzbeute, Strohkorb, Holzbeute, Magazinbeute. Danach folgt der Blick in den (fingierten) Bienenstock: Herr O. öffnet die Magazinbeute holt einzelne Rahmen heraus, um die verschiedenen Wabentypen und damit das Leben im Bienenstock zu erläutern. Das nächste große Thema der Führung ist die Honiggewinnung sowie die Nebenprodukte der Imkerei: Wachs, Pollen und Propolis, die Herr O. als „die vier Wunder im Bienenstock“ zusammenfasst. Alle Themen werden ausführlich erläutert, zahlreiche Exkurse und Anekdoten würzen die Erzählung. Bis zu diesem Punkt zielt die Erzählung darauf ab, den Spannungsbogen aufzubauen, von den vielen ‚wunderbaren‘ Facetten der Bienenhaltung zu künden. Die Organisation und die Aufgabenverteilung im Bienenstaat sind perfekt, die Biene als Einzelwesen fasziniert durch ihre Intelligenz und Nützlichkeit:

> Herr O.: „Blick aufs Flugloch, und dann fliegen sie – Sonnenstand, Erdmagnetismus, das ist ja das Wunder, sag ich mal, bei diesen kleinen Püppchen da! Das prägen die sich alles ein! Fliegen los, nech!?, sammeln Pollen und Nektar und kommen wieder zurück, landen wieder punktgenau!“[50]

Dergestalt vorbereitet, erreicht die Erzählung ihren Höhepunkt: Der Bienenschaukasten wird geöffnet, endlich darf man das mysteriöse und geheimnisvolle Wesen ‚Biene‘ mit eigenen Augen sehen! Der Blick fällt auf ein undurchdringliches Gewusel von Bienen. Durch die Führung ist klar: Das Chaos muss einem

dramatischen Modus, spielen mit Fokalisierung und Erzählerposition. Mit der Analyse will ich vielmehr zeigen, dass dem Bienenmuseum eine erzählerische Grundstruktur zugrunde liegt, dass es im wahrsten Sinne des Wortes auf einer ‚zurechtgelegten Geschichte‘ basiert, die in den Führungen von den jeweiligen Museumsmacher als Fabel realisiert wird, in den dem Kontext entsprechenden Variationen. Die Ausstellung ist der Text, die Führung seine Realisierung oder um das im Theorieteil von Lévi-Strauss benannte Beispiel aufzugreifen: Die Ausstellung ist die Partitur, die Führung die Aufführung.

50 Führung vom 30.09.2008 (00:10:12 bis 00:10:14).

tieferen, geheimen Plan gehorchen. Herr O. erläutert im Imkerjargon, was zu sehen ist. Während der beobachteten Führung hatte ich den Eindruck, dass die TeilnehmerInnen ganz von den Bienen eingenommen waren. Erst als Herr O. sie aufforderte, die Königin zu suchen, fiel gleichsam der ‚Zauber' von ihnen, sie waren wieder im Hier und Jetzt angekommen und es entbrannte sofort eine Art Wettbewerb darum, wer die Königin zuerst fand.

Was jetzt folgt, kann als ‚retardierendes Moment' bezeichnet werden. Nach dem Blick in den Schaukasten ist der Höhepunkt der Erzählung überschritten, die Spannung sinkt und eigentlich müsste jetzt das Ende der Geschichte eingeläutet werden. Aber Herr O. ‚überspannt den Bogen', er eröffnet ein neues Thema und holt ein Schaubild hervor, um das Leben der Honigbiene zu erklären und schneidet dann noch das Thema der Königinnenzucht an:

> Herr O.: „Das ist jetzt.... Ja,... da kommen wir gleich zu dem Punkt, wenn ich hier die Königinnenzucht erzähl – ich bin ja noch nicht zu Ende! Die Königinnenzucht: […]"[51]

Nach fast zwei Stunden dann, läutet Herr O. das Ende der Erzählung ein indem er abschließend die Vorteile der Imkerei benennt:

> Herr O.: „Ja! Das war jetzt mal so im Telegrammstil, so einiges…" [Herr O. und die TeilnehmerInnen lachen!]
> T[eilnehmerin]: „Ein unendliches Thema, scheint mir!"
> Herr O.: „Ja, da sehen Sie, was Imkerei so ist, nech!?"
> T[eilnehmerin]: „Ein Lebenswerk, glaub ich, vermutlich!"
> Herr O.: „Jaja! Das ist […] 'ne Geschichte, mal sagen. Erst mal die ganze Honig [bricht ab]..., das Honigthema, Propolis, Pollen und so – da kann man ja noch immer weiter ins Eingemachte gehen, nech? Also – äh, wir wollen mal so sagen – das ist ein sehr gutes Hobby, die Imkerei, und – Sie können vom Alltag abschalten! Also ich hatte früher auch immer viel um die Ohren, und wenn ich dann abends, dann immer die Bienen […] durchgesehen hab, da waren Sie mit'm Mal wieder ein normaler Mensch, nech!? Das ist so, Sie werden total – machen völlig was anderes, man kann Stress gehabt haben – aber man war wieder erholt, nech?"[52]

In einer Art Resümee berichtet er abschließend von den Freuden des Imkers. Aber mit diesem Resümee ist die Erzählung noch nicht an ihr Ende gelangt. Nachdem das ‚Wunder der Biene' und die ‚Tugenden der Imkerei' gelobt wurden, folgt noch eine Sequenz über ihre Bedrohungen: Die Varroa-Milbe und an-

51 Führung vom 30.09.2008 (01:13:05 bis 01:13:23).

52 Führung vom 30.09.2008 (01:42:24 bis 01:43:30).

dere Bienenkrankheiten, zunehmender Chemikalieneinsatz in der Landwirtschaft und last but not least der Mangel an Jungimkern gefährden den Fortbestand der Imkerei. Aber auch mit diesem Bedrohungsszenario ist die Führung immer noch nicht zu Ende:

Herr O.: „Wir haben da ja auch ein Hornissennest und – eine Hornisse verzehrt ja am Tag 200 bis 300 Insekten, nech!?, Deshalb stehen sie ja unter Naturschutz! Wir haben ja alles in der Natur! Wir haben doch alles! Nur – wir machen vieles kaputt! Und wenn es den Imker nicht geben würde, dann ... Wir Imker kontrollieren ja eigentlich ein Insekt. Wir führen das, und wenn das vernichtet wird und so, verschwunden ist, dann schlagen wir Alarm! Aber allein durch die Spritzmittel und durch die maschinelle Landwirtschaft, wird so viel vernichtet an Insekten! Die keiner kontrolliert, richtig. Gut, wir haben Biologen, die – mal sagen – in der Natur sind, aber die sagen ja: ‚Es sind weniger geworden!‘ Aber wo sie intensiv vernichtet werden und so, das wissen wir nur bei den Bienen! ... Das ist unser Problem. Aber: solange man, muss man gegen halten – man darf nie aufgeben, nech!? So, das ist die, ich hab hier noch so... Prospekte – wenn jemand Honig kaufen will, habe ich auch da!“[53]

Die Erzählung schließt mit dem nachdrücklichen Hinweis auf die Wichtigkeit der Imkerei. Die Schlusssequenz gleicht einem eindringlichen Appell, die Imkerei nicht untergehen zu lassen bzw. ihr die nötige Wertschätzung beizumessen. Die ‚Moral der Geschicht‘ steht am Schluss der Erzählung: man darf nie aufgeben! Man muss an seiner Mission festhalten. Da ist es nur konsequent, dass Herr O. am Ende der Führung die LehrerInnen mit Prospekten und Malbüchern versorgt, die sie an ihre Schüler weitergeben sollen.[54]

Das Bienenmuseum präsentiert sich damit als eine Geschichte mit offenem Anfang und Ende. Der Beginn der Geschichte wird im ‚alten Ägypten‘, in einer mytischen Vorzeit lokalisiert, die eher räumlich als zeitlich verfasst ist. Hier, bei den ersten Spuren der Imkerei (die nicht mit dem Ursprung der Imkerei gleichzusetzen sind), nimmt die Erzählung ihren Anfang. Sie endet dann mit einem in die Zukunft gerichteten Appell: Herr O. schließt seine Führung mit der Aufforderung an die TeilnehmerInnen, zum Fortbestand der Tradition beizutragen und dafür zu sorgen, dass die Geschichte weiter erzählt werden kann. Darin liegt – wie ich oben dargestellt habe – der ‚Sinn‘ der Geschichte bzw. des Museums. Im

53 Führung vom 30.09.2009 (01:45:12 bis 01:46:20).

54 Im Gruppeninterview habe ich erfahren, dass die Imker diese Materialien kaufen. Es handelt sich also nicht um kostenloses Werbematerial, das die Imker weitergeben, sondern Prospekte und Malbücher sind buchstäblich ‚Investitionen in die Zukunft‘.

Nachgespräch zur Führung benennt Herr O. mir gegenüber auch die hinter seiner Erzählung stehende kommunikative Absicht:

Herr O.: „Und wenn wir die Imkerei immer aufrecht erhalten wollen, dann können wir nur auf uns aufmerksam machen und wir müssen auf die Menschen zugehen.“
AJ: „Und Sie sprechen v.a. Schulen dann an?“
Herr O.: „Ja, ja, die kommen. Wir schreiben die wahrscheinlich auch wieder an, im neuen Jahr. Und viele Lehrer… Und hier hab ich doch ’n Nagel eingeschlagen, das waren nu alles Lehrer, nech, die kommen aus Tornesch, nech, und die werden sich hier schon melden, nech? Und wenn die das rechtzeitig bei mir machen, ich hab ja noch acht andere Kollegen, die – gut, der eine ist zu alt! … Aber ich muss auch im Verein die richtigen aussuchen, wissen Sie, das ist, das ist gar nicht so einfach, wie Sie die Leute hier hinstellen. Rumstottern können die hier ja auch nicht!“[55]

Im Zitat wird deutlich, dass der Sinn der Geschichte die Traditionssicherung ist und dass er im Medium der Erzählung realisiert wird. Damit die Geschichte funktioniert, braucht es „Leute, die nicht rumstottern“, d. h. es braucht gute Erzähler, die die Geschichte gut rüberbringen können.[56]

Wie ich im Abschnitt über die Objektarten und Objektordnungen dargelegt habe, ist das Museum daraufhin angelegt, den Fortbestand der Imkerei zu sichern: Das Erfahrungswissen soll zirkulieren, damit das bestehende Praxiswissen optimiert und der Fortbestand der Gruppe gesichert wird. Das Museum bietet hierfür bedeutungsvolle und beziehungsreiche Ding-Dispositionen oder Sequenzen, die in unterschiedliche Erzählungen integriert werden können. Die Exponate der Ausstellung sind vergleichbar mit Objekten, die auf verschiedenen Ebenen vernetzt sind und deren Bedeutungen dementsprechend kontextabhängig realisiert werden können. Um die derzeit populäre Metapher des Internets aufzugreifen: Die Museumsdinge präsentieren sich als verlinkte Objekt-Arrangements, die zum Browsen gedacht sind. Oder um ein dem Bienenmuseum entsprechendes Bild zu wählen: Hier kann man schwärmen.

Objektverwendung: wertvolle und beständige Dinge

Die Analyse der Objektarten und -ordnungen hat die narrative Grundstruktur des Bienenmuseum offengelegt. Es ist ein Ort des Erzählens: Im Bienenmuseum

55 Nachgespräch zur Führung vom 30.09.2008 (02:06:57 bis 02:07:42).

56 Vgl. dazu auch die im Abschnitt „Das ist Berufung!“ zitierte Interviewsequenz aus dem Gruppeninterview vom 27.11.2008 (00:29:04 bis 00:30:10).

wird über ‚gebrauchte Dinge' erzählt, um eine als existentiell empfundene Geschichte aufrecht zu halten.

Auf der formalen Ebene haben sich die Museumsobjekte dabei als Bausteine gezeigt, die zu Sequenzen zusammengesetzt werden. Die Sequenzen werden zu einer Geschichte montiert, die dann wiederum in Form von Erzählungen verbal realisiert wird. Die Objekte haben damit eine ähnliche Funktion wie Narreme: Sie sind die kleinsten bedeutungsunterscheidenden Einheiten einer Erzählung. Je nachdem, an welcher Stelle sie eingesetzt werden, in welchen syntagmatischen Beziehungen sie stehen, verändert sich auch die Bedeutung der Erzählung. Das heißt auf der anderen Seite, dass sich mit jedem neuen Exponat auch neue erzählerische Möglichkeiten eröffnen. Jedes neue Objekt erweitert die paradigmatische Reihe und vergrößert damit den für die Erzählung verfügbaren narrativen Fundus. Auf der inhaltlichen Ebene haben sich die Museumsobjekte als ‚gebrauchte Dinge' gezeigt: In ihnen ist das Erfahrungswissen der Imker materialisiert. Die Gegenstände bzw. die bedeutungsvollen Ding-Arrangements erzeugen eine Art narrativen Druck, der sich im Generieren von Erzählungen entlädt, in denen das implizite Wissen explizit gemacht wird. Mit jedem neuen Gegenstand füllt sich folglich der Wissenspool, der Erzählfluss wird stimuliert.

Wenn der Sinn des Bienenmuseums darin liegt, den Fortbestand der Imkerei zu sichern, dann muss der Fundus der ‚erzählbaren Dinge' permanent vergrößert, die Sammlung der ‚gebrauchten Dinge' beständig erweitert werden. Mit dem Sammeln kann das Weitererzählen der Geschichte sowohl auf der formalen als auch auf der inhaltlichen Ebene gesichert werden: Mit jedem neuen Objekt vergrößert man die möglichen Erzählinhalte und erweitert das narrative Repertoire:

> Herr F.: „[…] Wir sammeln ja noch immer! Das wird auch kein Ende nehmen! Und das wird sich immer mehr erweitern! Siehe unten – da der Raum, das soll ja 'n Informationszentrum werden, das ist 'ne gute Idee da, ne!? Hier oben Exponate, unten Informationen."[57]

Das Sammeln erweist sich als eine für die Tradierung des Wissens, für das Aufrechterhalten der Erzählung wichtige Praxis. Für den Fortbestand der Imkerei haben die Objekte einen zentralen Stellenwert, Bewahren und Tradieren dienen dem gleichen Zweck. Durch das Sammeln wird zudem das Beziehungsnetz zwischen den Imkern enger geknüpft:[58]

57 Gruppeninterview vom 27.11.2008 (00:14:05 bis 00:14:18).

58 Für die den Objekten innewohnende soziale Kraft siehe auch die Analyse zum McNair-Museum im Kapitel „Die Museumsdinge: beziehungsreiche Dinge."

Herr F.: „Ja, mehr Exponate! Ich ... wir haben ja auch schon Kontakt – der hat sich auch noch nicht hören lassen, der aus, aus Schwerin, ne!? Ah, da bin ..."
Herr O.: „Nö, nö!"
Herr F.: „Ja, der wollte auch..."
Herr O.: „Da muss man wieder nachfassen..."
Herr F.: „Ich komm im Frühjahr wieder hin! Ich fahr wieder zu ihm hin. Wir wollten in Austausch gehen, der möchte auch ein Bienenmuseum. Das ist – rein zufällig treffen wir das da! Ich fahr mit meiner Frau abends zurück, vom Kaffeetrinken, ‚Bienenmuseum!', sagt U[...]. Ich hatte gar nicht..., ich hatte schlechte Laune! ‚Ach', sag ich, ‚Bienenmuseum, ich will nach Hause!'. ‚Nu dreh doch um', sagt sie! Und dann kam nochmal: Bienenmuseum! ‚Nu bitte, dreh um!', sagt sie, ne!? [...] Ich dreh um, hin: Du, da haben wir noch 'ne ganze Stunde gesessen und geschnackt! Der hatte alles so auf Halde geschmissen! Ich sag: ‚Das ist doch 'n Jammer!' ‚Ja', sagt er, ‚ich hab keine Zeit', – er ist Berufsimker – ‚ich hab keine Zeit, wir wollen was machen hier.' Ich sag: ‚Wir haben was!' [...] ‚Ja', sag ich, ‚ich hab nu keinen Flyer hier, aber ich schick ihn dir zu. Aber eins sag ich dir, das sind interessante Exponate, die könnst' mir geben, nech!?' ‚Neeneenee!', sagt er. ‚Über Austausch können wir mal reden! Aber ich komm zu Euch, ich will mir das Museum mal ansehen', ne!? Da fahr ich wieder hin, wenn ich im Mai, ich fahr im Mai wieder rüber!"
Herr O.: „Ja, wenn wir was doppelt haben, kann man das ja ergänzen!"[59]

Mit den Gegenständen eröffnet sich zwischen den Imkern ein sozialer Raum. Über den Austausch von Exponaten werden soziale Beziehungen etabliert und gepflegt:

Herr O.: „Ja, und der, der Strohkorb [...].Da hatte ich von einem Imkerkollegen, der ist ein Hamburger, im Institut war er beschäftigt, der war Gärtner von Beruf, und nu kam er in'n Ruhestand, und denn hat er [zu dem Besitzer des Strohkorbs gesagt]: ‚Du', sagt er, ‚wenn du da weggehst, das gibst du dem O[...] fürs Bienenmuseum! Da passt das Ding rein!', nech!? Und weil ich ja auch über den Kreis hinaus bekannt bin, da kriegt man das dann zusammen, nech!?"[60]

Der ‚persönliche' Kontext der Exponate ist auch häufig in den Führungen, Museumsgesprächen oder Interviews Gegenstand, er ist ein Teil der im Museum bewahrten Geschichte. Im Bienenmuseum haben die Dinge nicht nur eine Gebrauchsfunktion, sie sind auch in Beziehungen eingebunden. Neben ihrem informativen und narrativen Wert haben die Dinge auch einen sozialen Wert:

59 Gruppeninterview vom 27.11.2008 (01:09:11 bis 01:10:32).

60 Gruppeninterview vom 27.11.2008 (02:01:56 bis 02:02:32).

Herr F.: „Ja also man kann sagen, überwiegend sind das Leihgaben, wenn man das so betrachtet, ne!? Wobei wir davon ausgehen, dass das Geliehene nie zurück geht. Aber, es ist uns mal zur Verfügung gestellt worden, ist nicht unser! Wollen wir so sagen: vieles, einiges schon!“
Herr S.: „Einiges haben wir selbst beigesteuert.“
Herr F.: „Einiges ist uns auch von Imkern gegeben worden.“
Herr O.: „Die haben wir gar nicht erfasst, die sind uns auch so gegeben worden.“
Herr F.: „Die kleine Schleuder da... – aber das kann man nicht generell sagen, das sind überwiegend Leihgaben, was hier zusammengekommen ist.“[61]

Da jeder Imker über persönliche Erfahrungen mit den ‚gebrauchten Dingen‘ verfügt, ist der im Bienenmuseum über die Dinge eröffnete soziale Raum grundsätzlich für die Partizipation aller Imker offen. Da sich das Erfahrungswissen im Bienenmuseum allerdings nur in Erzählungen äußert, dient das Bienenmuseum auch zur Binnendifferenzierung: zur Unterscheidung zwischen Imkern und ‚berufenen Imkern‘. Nur wer bereit (oder in der Lage dazu) ist, zu erzählen, gehört zu den berufenen Imkern. Alle anderen können aber über Leihgaben Teil des Museums und der Erzählgemeinschaft werden. Auch wenn sie nicht selbst erzählen, wird ihr (materieller) Beitrag dennoch in die Geschichte und die Erzählung aufgenommen.

Grundlegend für die Aufnahme in das Museum ist der Erzählwert der Dinge. Das entscheidende Kriterium für die Integration eines Gegenstands in die Sammlung ist sein narratives Potential sowie das mit ihm verfügbare Erfahrungswissen, sein sozialer Wert scheint ein willkommener Nebeneffekt zu sein:

Herr O.: „Naja, wenn mal was ist, W[...], und wir haben Geld in der Kasse, würden wir das [Objekt] zur Not auch kaufen! Nech!?“
Herr F.: „Ja, natürlich!“
Herr O.: „Aber es muss schon was hergeben!“[62]

Die Objekte des Bienenmuseums haben sich als wertvolle Dinge erwiesen: Sie verfügen über einen Gebrauchswert und Informationswert, über einen Schau- und Erzählwert und offenbaren zudem noch einen sozialen Wert. Dinge, die eine solche Spannbreite an Werten in sich vereinen, sind zu bedeutungsvoll, um sie dem Vergessen anheimzugeben. Sie müssen festgehalten, bewahrt und erinnert werden:

61 Gruppeninterview vom 27.11.2008 (00:45:06 bis 00:45:40).

62 Gruppeninterview vom 27.11.2008 (00:33:43 bis 00:33:53).

AJ: „[..] wenn dann diese alten Objekte zu Ihnen kommen, warum schmeißen Sie die nicht einfach weg, warum bewahren sie die auf?"
Herr S.: „Weggeschmissen haben wir, als wir die Imkerei umgestellt haben. Dort haben wir alte Beuten gehabt, hatten dann die neuen und haben uns dann von dem alten Schiet sag ich mal getrennt. Und da haben wir gemerkt, das war n großer Fehler! [lacht] und nu heben wir auf. So war's bei mir!"
Herr F.: „Ja, das ist in der Tat so. Das ist leider so! Da ist man glaub ich sehr gedankenlos gewesen. Die – ich mein, ich hab das ja nicht miterlebt, ich bin ja gleich so angefangen, aber da hat man zu viel weggetan und das, das ist ja unwiderrufbar! Und deswegen, überall wo man hinkommt, fragt man: ‚Habt ihr noch was für uns?' Ja, die Böden sind leer! Das ist schlichtweg gedankenlos weggeworfen worden! Das ist jammerschade!"
Herr O.: „Das [zeigt auf ein Exponat] hab ich von 'nem alten Boden geholt..."
Herr F.: „Das ist wirklich jammerschade!"
Herr S.: „So war's aber!"
Herr F.: „Ja, ja! Das kann ich auch irgendwie nachvollziehen,…"
Herr S.: „Der Platz, der Platz war nicht da, als solches."
Herr F.: „Bloß im nachherein..."
Herr S.: „Der Platz als solches ist ein Grund gewesen und letzten Endes, man hat was Neues, was Gutes und: ‚Mensch, wie gut, dass wir den alten Schiet los sind!' Das war wirklich ‚alter Schiet'!"
Herr O.: „[…] und dann krieg ich auch mal Anrufe: ‚Ich hab das und das.' ‚Ja', sag ich, ‚könnt ihr zu uns bringen, ich guck mir das an!' Und da – sagen wir's mal unter uns: wegschmeißen können wir immer noch! Is so, aber: ‚Bringt man erst mal hierher!' Und auf der Imkerschule, die haben unsere Adresse und wenn da jetzt einer – hab ich dem P[…] gesagt: ‚Wenn einer was hat, den schick zu uns!' Und dann kann er mit mir telefonieren. […] Und dann mach ich das per Telefon, entweder der bringt das zu mir oder wir holen das ab. Wegwerfen können wir!"
Herr F.: „Wie gesagt, wir strecken die Fühler schon aus, um an den Rest ranzukommen, was da denn noch so nachgeblieben ist. Aber Jammerschade ist das im Grunde, dass vieles gedankenlos weggeworfen worden ist! Aber ich glaub, das ist auch mit allem so! […] sonst würde diese Antikwelle, die uns hier überflutet, die würde es ja nicht geben, das ist ja so! Schade isses, aber wie gesagt, widerrufen kann man das nicht, das ist endgültig!"[63]

Das Bienenmuseum bietet den Platz, an dem die Dinge gesammelt und vor dem Verschwinden bewahrt werden. Mit dem Museum haben sich die Imker einen beständigen Ort geschaffen, an dem die Dinge sicher und dauerhaft bewahrt werden können. Das Bienenmuseum ist auch der Ort, an dem der vielschichtige Wert der Dinge erkannt, gepflegt und vermittelt wird. Mit dem Anlegen einer

63 Gruppeninterview vom 27.11.2008 (01:39:38 bis 01:42:25).

Sammlung von beziehungsreichen Wissens-Dingen mit narrativem Potential setzen die Museumsmacher dem Verschwinden der Imkerei etwas ‚Manifestes‘ entgegen. Nicht nur, dass das Museum als Instrument für die Rekrutierung von Jungimkern verwendet wird, allein schon mit einer große Ansammlung von wertvollen Dingen widersetzt man sich dem Verschwinden. Dies zeigt auch die Antwort der Museumsmacher auf meine Frage, wie sie das Museum in 20 Jahren sehen:

Herr F.: „Jaaa! Also ich denke sehr wohl, dass nach 20 Jahren, dass – wenn es so weitergeführt wird und wir am Ball bleiben – dass das über die Kreisgrenzen hinaus noch bekannt wird, davon – das wünsch ich mir zumindest! Ich denke, dieser Wunsch ist nicht unverschämt, wenn man sieht, welche Leistungen von uns, von wenigen da reingesteckt werden, ne!? Dann hat man schon den Wunsch, dass man sagt: ‚Mensch, warum nur hier im Kreis?‘ Nein, das wollen wir weitertragen, das Ganze. Und ich denke, dass, [...] wenn das so bleibt [mit der Gemeinde]...“
Herr S.: „Wenn die sogar noch so 'n Gemeindemuseum dazu machen, das würde sich ja ergänzen! Ja, zwei nebeneinander, das läuft beides...“
Herr O.: „Also wir haben, wir haben eine ganz große Zukunft, wenn die Gemeinde ihr Museum – die wollen ja hier ihr Heimatmuseum haben. Nu hab ich [dem Bürgermeister] gesagt: ‚Ich hab noch alte Schreibmaschinen zu Hause‘, und er hatte ja auch schon was gesammelt, der Bürgermeister – und wenn die hier drin sind, dann ist ja die Gemeinde drin, dann haben wir auch eine noch größere Zukunft.“
Herr F.: „Ja, genau, genau...“
Herr O.: „Es kann ja sein, da wir mal gar keine Imker mehr haben, nech!? Dann würde das in die Gemeinde übergehen oder was irgendwie...“
Herr F.: „Ne, aber das denk ich schon, das wird weiterlaufen, das wird größer werden, das wird hoffentlich noch interessanter, durch andere und durch weitere Exponate.“
Herr F.: „Ja, davon geh ich stark aus, ne!“[64]

Die Imker sind überzeugt von der Wirkmächtigkeit ihrer Sammlung. Mit weiteren Exponaten wird das Museum größer, interessanter, bekannter und wichtiger. Es hat den Anschein, als ob sich der Wert der Dinge – ihr narrativer, informativer und sozialer Wert – in der Sammlung potenziert. Das über die Objekte gefüllte Reservoire an Bedeutungen steigert sich exponentiell: Das Sammeln bedeutungsreicher Dinge macht den Ort noch bedeutungsvoller.

64 Gruppeninterview vom 27.11.2008 (01:12:47 bis 01:14:12).

DAS BIENENMUSEUM MOORREGE „SCHATZKÄSTLEIN DER BIENENFREUNDE"

Im Bienenmuseum Moorrege werden wertvolle, bedeutungsreiche Dinge gesammelt. Die Ausstellung präsentiert sich als ein Ensemble bedeutender Dinge, die zu einem dichten Beziehungsnetz verwoben sind. Durch die besondere kommunikative Ausrichtung der Museumsmacher spielt das Erzählen im Bienenmuseum eine besondere Rolle. Die Gegenstände sind zu sinnvollen Objektgruppen arrangiert, die wie einzelne Sequenzen einer Geschichte funktionieren und zu verschiedenen Erzählungen montiert werden können. Damit präsentiert sich das Museum als eine Sammlung von Dingen und Erfahrungen, die in Form verschiedener Erzählungen realisiert werden. Wie die Analyse der Führung gezeigt hat, haben sich die Museumsmacher mit der Ausstellung ein großes narratives Repertoire geschaffen, das sie zu verschiedenen Formen von Erzählungen montieren können.

Eine Führung durch das Bienenmuseum gleicht einer Kompilation verschiedener narrativer Kurzformen. Die obige Analyse ausgewählter Passagen aus einer Führung hat gezeigt, dass Herr O. über ein großes Repertoire an narrativen Formen und Strategien verfügt. Die Führung lässt sich in einzelne, abgeschlossene Sequenzen unterteilen. Sie sind in sich geschlossene Nebenhandlungen, die in ihrer Struktur literarischen Kurzformen gleichen: Herr O. gestaltet seine Führung mit Anekdoten und praktischen Berichten, Fabeln mit den Bienen als Protagonistinnen und Parabeln, in denen der Imker als Hauptdarsteller fungiert. Andere Erzählsequenzen erinnern an Tableaus, Witze, Schwänke, Schelmenstücke oder Historienstücke.[65]

In Anlehnung an ein großes literarisches Vorbild, Johann Peter Hebels im „Schatzkästlein des rheinischen Hausfreundes" zusammengefasste Kalendergeschichten, möchte ich daher das Bienenmuseum als „Schatzkästlein der Bienenfreunde" bezeichnen. Museum und literarisches Werk weisen einige narrative Ähnlichkeiten auf, die einen Vergleich der beiden kulturellen Äußerungsformen lohnenswert erscheinen lässt:

65 Zu den Formen des alltäglichen Erzählen siehe die Veröffentlichungen von Hermann Bausinger, z.B. als früher Beitrag „Strukturen des alltäglichen Erzählens", in: Fabula 1(1958) Nr. 3, S. 239-254 oder auch: Formen der ‚Volkspoesie', Berlin: Erich Schmidt Verlag 1980 (2., verbesserte und vermehrte Auflage). Bausinger bezieht sich immer wieder auf das erstmals 1930 erschienene Werk von Jolles, André: Einfache Formen, Tübingen: Max Niemeyer 1974 (5., unveränderte Ausgabe), in dem er gängige literarisch-sprachliche Gattungen beschreibt.

Beide „Schatzkästlein“ sind Kompilationen kurzer Geschichten. Im „Schatzkästlein des rheinischen Hausfreundes“ sind 128 Kalendergeschichten zusammengefasst, die Johann Peter Hebel zwischen 1803 und 1811 veröffentlicht hatte. Sie waren erschienen im „Landkalender“ oder in „Der Rheinische Hausfreund. Mit lehrreichen Nachrichten und lustigen Erzählungen“.[66] Die „Kalendergeschichte“ ist ein Sammelbegriff für eine große Bandbreite kurzer, einfacher Formen, wie Anekdoten, Fabeln oder Parabeln. Sie ist in volkstümlichem Ton geschrieben und hat häufig Lehrreich-Erbauliches zum Inhalt. Die Absicht des Kalenders ist es, zu informieren und zu unterhalten, allerlei Denk- und Merkwürdiges ist darin versammelt. Neben den Erzählungen enthielten vor allem die frühen Kalender allerhand „Praktiken“, d. h. praktische Informationen wie Termine für die Aussaat oder Ernte, Feste, Märkte und Zahlungsfristen sowie für das Einstellen von Dienstboten. Laut Ludwig Rohner, dessen 1978 erschienene (mit launig-polemischen Zwischentönen und Seitenhieben auf Kollegen gespickte) Arbeit „Kalendergeschichte und Kalender“, ist die Kalendergeschichte nie

> „aus Bewußtsein und Gebrauch gewichen. [...] Es zeugt von ihrer Beliebtheit, daß auch in neuerer und neuester Zeit die Folge von Sammlungen mit Kalendergeschichten nicht abreißt. In solchen Anthologien, ‚Volksbüchern‘, werden Kalendergeschichten vielfach mit Schwänken und Anekdoten vermischt und verwechselt.“[67]

Die Kalendergeschichten erschienen ursprünglich – wie der Name nahelegt – in Kalendern und hatten damit eine begrenzte Lebensdauer. Um sie der „Vergäng-

---

66 Vgl. Rohner, Ludwig: Kalendergeschichte und Kalender, Wiesbaden: Akademische Verlagsgesellschaft Athenaion 1978. S. 159-310.

67 Rohner, Ludwig: Kalendergeschichte und Kalender, S. 467f. Hebels Kalendergeschichten wurden bereits im 19. Jahrhundert in Schulbücher übernommen. In einer Untersuchung aus dem Jahr 1987 konnten in 100 Schulbüchern noch 47 Geschichten aus dem „Schatzkästlein“ nachgewiesen werden. Vor allem für Schülerinnen und Schüler der Grund-, Haupt- und Realschulen galt die Kalendergeschichte als angemessene und lehrreiche Form. Vgl. Franz, Kurt: Kalendermoral und Deutschunterricht. Johann Peter Hebel als Klassiker der elementaren Schulbildung im 19. Jahrhundert, Tübingen: Niemeyer 1995. Diese Befunde legen die Vermutung nahe, dass auch Herr O.. und seine Kollegen während ihrer Schulzeit mit der Kalendergeschichte oder anderen Anekdotensammlungen in Kontakt gekommen sind und dass ihr erzählerisches Repertoire durch die Kenntnis dieser narrativen Strukturen beeinflusst worden ist.

lichkeit“ zu entreißen, wurden sie in eigenständigen und dauerhaften Publikationen zusammengefasst:

„Der Kalender ist auf ein Jahr geschrieben, die Kalendergeschichte durchaus nicht. Aber sie bleibt einzeln und geht mit ihrem Kalender unter. Sie verdankt ihm viel und ist mit ihm verbunden. Doch sind sie nicht unzertrennlich. Ja: alles kommt darauf an, daß sich die Kalendergeschichte aus dem Kalenderjahr löst und in ein Buch hinüberfindet. Nur dieser Schritt rettet sie und kann sie ansehnlich machen. Deshalb der Ehrgeiz, *Kalendergeschichten gesammelt* herauszubringen.“[68]

Die Kalendergeschichten – so vermittelt Rohner in blumigem Stil – erhalten Dauerhaftigkeit, indem sie aus ihrem ursprünglichen Verwendungszusammenhang herausgelöst und in ein überzeitliches Format eingegliedert werden.

Die beiden „Schatzkästlein“ offenbaren hier Parallelen: Beide Sammlungen wurden angelegt, um ‚lehrreiche Geschichten‘ vor dem Untergang zu bewahren und ‚ansehnlich‘ zu machen. Beide „Schatzkästlein“ haben eine narrative Grundstruktur, sind volkstümlich im Ton und vereinen eine Vielzahl von Geschichten in sich. Ist das „Schatzkästlein“ die narrative Form, auf der die Museumsmacher ihr Vermittlungskonzept aufbauen? Haben sie in der Kalendergeschichte oder anderen populären Anekdotensammlung eine literarische Form kennengelernt, die sie den eigenen Geschichten zugrunde legen?

Die volkskundliche Erzählforschung kennt zahlreiche Beispiele für das Wechselspiel von Mündlichkeit und Schriftlichkeit. Im Forschungsfeld stehen sich die Anhänger der „Produktionstheorie“ („Folklore“ entsteht im Volk) und der „Reproduktionstheorie“ (Folklore ist „gesunkenes Kulturgut“) gegenüber.[69]

„Es gibt zahllose Beispiele für ‚gesunkenes Kulturgut‘ in der Volksprosa, d. h., daß literarische Erzeugnisse, klerikale Predigtmärlein, Exempel, Volksbuch- und Novellenstoffe – als Sagen, Märchen, Schwänke, etc. – vermündlicht wurden, weiterleben und als vermeintlich authentische Ethnotexte aufgezeichnet werden konnten. Dabei sollte man den Einfluß von Schulbüchern und Kalendergeschichten nicht verkennen. […] Aber sicher

68 Ebd. S. 428 (Hervorhebungen im Original).

69 Vgl. Röhrich, Lutz: „Erzählforschung“, in: Brednich, Rolf Wilhelm (Hg.): Grundriß der Volkskunde : Einführung in die Forschungsfelder der europäischen Ethnologie, Berlin: Reimer 2001, S. 515-542. S. 519. Die Theorie vom „gesunkenen Kulturgut“ entwickelte Hans Naumann in seinen 1922 erschienen „Grundzügen der deutschen Volkskunde“ und rief immer wieder kritische Reaktionen hervor. Vgl. hierzu Wolfgang Kaschubas Diskussion in seiner „Einführung in die Europäische Ethnologie“, S. 61ff.

gibt es zwischen Mündlichkeit und Schriftlichkeit ein ständiges Geben und Nehmen, und man muß mit beständigen Rückläufen aus populärer Lektüre rechnen. Vor allem seit der 2. Hälfte des 19. Jahrhunderts muß man dabei an die zu Zehn- oder gar Hunderttausenden verlegten Volkskalender denken und natürlich auch an anderes Popular-Schrifttum, das zur Gedächtnisauffrischung alter Motive dienen konnte.“[70]

Mit meiner Analyse geht es mir nicht darum, die Gattung „Museumserzählung“ als „gesunkenes Kulturgut“ oder als folklorisierte Variante der Kalendergeschichte zu typologisieren. Es geht mir darum, auf die Vielfalt narrativer Merkmale des Bienenmuseums hinzuweisen. Wie ich in der Analyse dargelegt habe, zeigen sie sich auf der Ebene der Objekte und Objektordnungen sowie nicht zuletzt auch in der Nutzung des Museums als Kommunikationsort für interne wie externe Zwecke. Alle von mir untersuchten Museen zeichnen sich durch eine narrative Grundstruktur aus. Im Bienenmuseum tritt das Erzählerische allerdings besonders deutlich zu Tage: Seine kommunikatives Potential war ein wichtiger Aspekt für die Museumsgründung, denn im Museum sehen die Imker einen wichtigen Teil ihrer Öffentlichkeitsarbeit:

Herr O.: „Aber wir [= Herr O. und Herr F.] [waren] von Anfang an [am Museum beteiligt] und das hat auch mit der Öffentlichkeitsarbeit zu tun! Was ich nicht mehr wollte, ist diese Schlepperei! Ich hatte Ihnen ja erzählt: 35 Kilometer nach Lutzhorn hin [wo die Sammlungsobjekte gelagert waren], die Sachen holen und Öffentlichkeitsarbeit. Das ist ein Wahnsinn! Ist Schlepperei! So – dann haben wir gesagt: ‚Dann machen wir hier ’n Museum und dann können die da hinkommen!‘ Und wir haben hier einen [Spruch], [der ist] gestickt, da steht drauf: ‚Willst Du Gottes Wunder sehn, musst Du zu den Bienen gehn!‘ Und das erzähl ich hier öfter, einigen Dorfgemeinden, die jetzt irgendwie so ’n Dorffest machen, und dann rufen die an, und: Ich wär ja der richtige Mann…, so richtig Honig um den Bart schmieren. […] Das darf man bei mir gar nicht machen! […] Und da hab ich ihm diesen Spruch gesagt. Da war er ruhig, ne!? Ich sag: ‚Dafür haben wir das geschaffen‘ […] Und das können Sie auch Bürgermeister R[…] sagen!‘, der ist nämlich hier in unserer Gemeinde Amtsvorsteher, also die kenn’ ich ja alle: ‚Das machen wir nicht mehr!‘, sag ich: ‚Ihr müsst… denn schickt die Leute hierhin, macht ein Schild dran: sie können herkommen, dann öffnen wir das!‘ nech!?“[71]

Mit dem Museum haben sich die Imker einen stabilen und dauerhaften Kommunikationsort geschaffen. Hier finden die ‚gebrauchten Gegenstände‘ und die mit ihnen verbundenen Werte einen festen Platz. Im Museum werden die bedeu-

70 Röhrich, Lutz: „Erzählforschung“, S. 520.

71 Gruppeninterview vom 27.11.2009 (00:24:43 bis 00:25:48).

tungsreichen Dinge auf eine sinnvolle Art miteinander in Beziehung gebracht; und dieser Sinn realisiert sich narrativ in den Führungen der Museumsmacher. Sie erzählen in einer persönlichen, erfahrungsbasierten Form von der Imkerei. Die Erzählung orientiert sich an den Objektgruppen, die – wie ich dargelegt habe – die Sequenzen der Geschichte vorgeben.

Das Bienenmuseum ist das „Schatzkästlein der Bienenfreunde“: Hier sind die wertvollen Dinge gesammelt, hier werden nicht nur die Gegenstände bewahrt, auch mit den Gegenständen verbundenes Praxiswissen und soziale Beziehungen werden hier gepflegt und tradiert. Im Bienenmuseum finden die Gegenstände einen dauerhaften Ort, der sie vor dem Verschwinden bewahrt. Damit ist der Wert dieses ‚Schatzes‘ zwar – um Rohners Formulierung zu zitieren – „ansehnlich“, aber noch nicht verständlich. Damit der Schatz bekannt und sein Wert offengelegt wird, dafür braucht es die Erzählung. Die Aufzählung der Gegenstände allein vermittelt noch keinen Sinn, dieser zeigt sich erst im Erzählen. Alles, was den Wert des ‚Schatzes‘ steigert, wird in die Geschichte integriert.[72] Hierin liegt auch die Erklärung für das unbedingte Bekenntnis der Museumsmacher zum Weitersammeln.

Die Museumsmacher sind versierte und leidenschaftliche Erzähler. Sie führen ihr Museum mit viel Engagement und großer Leidenschaft. Sie sind nicht nur Imker, sie sind ‚berufene Imker‘. Sie haben eine Mission, sie wollen die Tradition der Imkerei aufrecht erhalten. Sie verfolgen ihre Mission indem sie von den Freuden der Imkerei und vom Wunder der Biene erzählen. Sie erzählen kenntnisreich, geduldig und unermüdlich, aber auch mit großem Genuss:

---

72 Auch meine Forschung kann zu diesem Zweck genutzt werden, wie sich in folgendem Zitat zeigt:

Herr F.: „Hoffentlich hat Ihnen das einen Schritt weitergeholfen in Ihren Arbeiten! Kommen Sie gerne mal zurück, wenn wir nachher… Wenn Sie im Sommer oder nächstes Jahr mal vorbeikommen, dann ist der Raum unten fertig, dann laden wir Sie ein zu einer Tasse Kaffee, dann können wir klönen! [lacht!]“

Herr O.: „Dann haben wir da auch so einen…, wenn wir dann da so einen Kaffeeautomaten haben.“

Herr F.: „ Sie können auch in Begleitung kommen oder bringen Sie gerne ’n ganzen Trupp mit! Kein Problem!“

Herr O.: „Wir können das machen, ich hab ja Ihre Adresse, ich ruf Sie dann an, wenn wir unten die Eröffnung haben. […] Dann lernen Sie mal den Bürgermeister kennen, dann machen wir uns um die Zukunft dieses Museums… [spricht Herrn F direkt an] W[…], brauchen wir uns keine Angst mehr zu machen! Ich muss jetzt den Bürgermeister motivieren, damit die auch weiterkommen, damit die ihr Heimatmuseum machen können!“ Gruppeninterview vom 27.11.2009 (01:32:18 bis 01:33:20).

Herr F.: „Wir sind ja mit wenig angefangen, was Exponate anbetrifft. Und wir sammeln ja weiter. Und entsprechend wird das auch immer umfangreicher und – manchmal reicht gar nicht, die dreiviertel oder eine Stunde, die dann angesetzt wird, wenn Leute kommen... Es ist ja überhaupt so – [spricht Herrn O und Herrn S direkt an] … ich weiß nicht, das werdet ihr auch so haben – wenn hier Besucher kommen, kommen sie reingeschlichen, gucken mal und denn mögen sie gar nichts sagen... Und dann sag ich schon: ‚Wenn irgendwelche Fragen sind, scheuen Sie sich nicht! Keine Frage ist so dumm, dass man drüber lachen kann‘, sag ich. ‚Fragen Sie einfach!‘ Und das sind die, die meistens am längsten bleiben! Die kommen um 14 Uhr, wenn wir öffnen und manchmal, um 18 Uhr guck ich auf die Uhr, dann sag ich: ‚Nu, so langsam müssen wir ja mal was überlegen...‘ oder die sagen: ‚Wann machen Sie denn eigentlich Feierabend?‘ Ne, und das find ich schön dann, ne!? Die kommen rein, nichts ahnend, nichts wissend und sagen: ‚Mensch, das war aber toll! Hier kommen wir nochmal wieder her!‘, nech!? Das ist auch, wie man das denn übermittelt und so n bisschen das Interesse dann auch anstößt, wenn man merkt: ‚Aha, da geht das hin!‘ Denn kann man da auch ’n bisschen weitermachen! Das macht schon höllischen Spaß! Ja, das macht ’n höllischen – ’n höllischen Spaß, muss ich sagen.“[73]

73 Gruppeninterview vom 27.11.2008 (00:14:20 bis 00:15:31).

Wilde Museen und ihre Verwendungen

Das wilde Museum und der Museumsboom

Das wilde Museum als populäre kulturelle Äusserungsform

In Anlehnung an Claude Lévi-Strauss' Theorie des *wilden Denkens* habe ich die *wilden Museen* als einen eigenständigen Museumstypus betrachtet, der nicht an den für *wissenschaftliche Museen* gültigen Maßstäben gemessen werden kann und darf. Wie ich im ersten Kapitel meiner Arbeit unter Rekurs auf Lévi-Strauss dargelegt habe, stellen die *wilden Museen* eine eigene Spielart von Museum dar. So wie das *wilde Denken* eine eigenständige, dem *wissenschaftlichen Denken* ebenbürtige Art darstellt, die Erscheinungen der Welt zu ordnen und zu interpretieren, so ist auch das *wilde Museum* als eine eigenständige Form der Ordnung, Klassifikation und Deutung der Dinge zu betrachten.

Durch die Brille von Lévi-Strauss' Theorie des *wilden Denkens* betrachtet, zeigt sich, dass ‚Museum' nicht mit dem *wissenschaftlichen Museum* gleichgesetzt werden kann. Das *wilde Museum* ist demnach eine von vielen möglichen Spielarten der kulturellen Äußerungsform Museum und ‚Museum' ist folglich eher als Überbegriff zu verstehen, wie beispielsweise ‚Buch': Denn genauso wie ‚Buch' sowohl ein Sachbuch als auch einen Roman oder ein Notizbuch bezeichnet, kann auch ‚Museum' in verschiedenen Gattungen, Genres und Stillagen realisiert werden. Das Spezifische des Museums ist, dass es durch die Kulturtechniken des Sammelns und Ausstellen realisiert wird. *Wilde Museen* stellen damit einen Phänotyp von Museum dar, der nicht auf wissenschaftlich fundierten Klassifikationen oder Objektbegriffen basiert, sondern auf unabhängigen, eigenständigen Formen des Sammelns und Ausstellens.

Eine Form der Museumsanalyse, die nur einen am *wissenschaftlichen Museum* entwickelten Bewertungsmaßstab bereithält kann daher der enormen Bandbreite möglicher Museumsgenres nicht gerecht werden. Von der Warte des *wissenschaftlichen Museums* aus gesehen, präsentieren sich die *wilden Museen* beispielsweise als rudimentär, unterentwickelt oder – so der häufigste Vorwurf von Seiten der Museumleute – als pseudo- oder unwissenschaftlich. Daher habe ich für meine Untersuchung eine Methode der Museums- bzw. Ausstellungsanalyse entwickelt, die der Eigenständigkeit des *Wilden* Rechnung trägt. Indem ich die wissenschaftlichen Maßstäbe abgelegt bzw. die für *wissenschaftliche Museen* definierten Standards nicht an die *wilden Museen* angelegt habe, wurde der Blick frei für das, was im *wilden Museum* geschieht: Ich konnte das *wilde* Museummachen als eigenständige kulturelle Praxis betrachten, die sich nicht daran messen lassen muss, wie gut oder schlecht die *wilden* Museumsmacher ihre wissenschaftlichen Kollegen imitieren. Daher lässt sich als ein erster Effekt meiner Arbeit eine gesteigerte Sensibilität gegenüber den verschiedenen Spielarten des Museums als kultureller Äußerungsform festhalten. Das Museum ist ein kommunikatives Genre, das es erlaubt, viele Dinge (im buchstäblichen wie im übertragenen Sinne) zu thematisieren und sich dafür verschiedenster Genres und Stillagen zu bedienen.

‚ES IST GENUG KULTUR FÜR ALLE DA!'

Warum aber erfreut sich die kulturelle Äußerungsform ‚Museum' in den letzten 40 Jahren so großer Beliebtheit? Warum sprießen seit den 1970er-Jahren Museen – *wilde* und *wissenschaftliche* – wie Pilze aus dem Boden? Und wieso bedienen sich immer mehr Menschen dieser kulturellen Äußerungsform?

Als Antwort auf diese Fragen wird immer wieder die Kompensationstheorie von Hermann Lübbe (in Anlehnung an Odo Marquard) angeführt, nach der die Sehnsucht nach dem Alten dazu diene, den „änderungstempobedingten kulturellen Vertrautheitsschwund"[1] zu kompensieren. Die Popularität des Museums wäre demnach eine Reaktion auf einen als destabilisierend empfundenen technologischen Wandel, das Museum ein Gegengewicht zum Fortschritt. Wie ich im ersten Kapitel dargestellt habe,[2] reduziert diese „kulturkonservative Funktionsbestimmung"[3] Kultur bzw. kulturellere Äußerungsformen darauf, ein Gegengift zum Fortschritt zu bilden.

In den Kulturwissenschaften wurden im Zuge des *performative turn*[4] einige Theorien entwickelt, die ein positiveres und produktiveres Bild von Kultur

1 Vgl. Lübbe, Hermann: Der Fortschritt und das Museum, S. 18.

2 Vgl. den Abschnitt „Musealisierung und Kompensationstheorie."

3 Vgl. Schnädelbach, Herbert: „Kritik der Kompensation", S. 36.

4 Eine Darstellung der zahlreichen „turns", die in den letzten Jahren in den Kulturwissenschaften stattgefunden haben bietet Bachmann-Medick, Doris: Cultural Turns.

zeichnen. Post- bzw. spätmoderne Theorien aus den Visual und Material Culture Studies bzw. aus dem weiten Feld der Kulturanthropologie fragen nach den Strategien, Taktiken und Effekten von Repräsentation. So sind beispielsweise im Bereich der Heritage Studies einige Arbeiten entstanden, die sich mit der Problematik der Repräsentation von (Alltags-) Geschichte auseinandersetzen und die die Lust an alten Dingen nicht nur mit ihrer kompensatorischen Wirkung erklären.[5] Vor allem neo-marxistisch inspirierte Kulturtheorien, die davon ausgehen, dass sich die Logik des Marktes im Spätkapitalismus in allen Bevölkerungsschichten durchgesetzt hat, sehen in der Proliferation von Museen, Ausstellungen oder *heritage sites* Anzeichen einer „global culture of self-promotion“:[6] Im Kontext dieser Theorien floriert auch die Metapher von der ‚Welt als Bühne‘, auf der es darum ginge, die Techniken und Strategien der Inszenierung, der Repräsentation möglichst effektiv einzusetzen, um wahrgenommen zu werden und um die eigene Rolle möglichst erfolgreich auszufüllen. ‚Kultur‘ und ‚Geschichte‘ werden so zu Imagefaktoren und bieten wichtige Wettbewerbsvorteile, v.a. wenn sie sich in einer ‚objektivierten‘ Form darbieten und sich noch dazu in einem hochwertigen, auch touristisch attraktiven Rahmen präsentieren lassen. Vor dem Hintergrund der spätkapitalistischen Logik ist es also weniger wichtig, kultiviert zu sein, es geht vielmehr darum – wie Richard Handler einprägsam formuliert – Kultur zu haben.[7]

Vor dem Hintergrund solcher Theorien lässt sich der Museumsboom[8] auch als Folge einer auf breiter Basis durchgesetzten Repräsentationskompetenz erklären. Die Eigenschaften, ‚Kultur zu haben‘ und sich über ‚Kultur‘ zu repräsen-

Neuorientierungen in den Kulturwissenschaften, Reinbek bei Hamburg: Rowohlt 2006.

5 Siehe hierzu auch das Kapitel „Spuren des Wilden im heritage-Konzept.“

6 Dicks, Bella: Culture on Display, S. 17.

7 Vgl. Handler, Richard: Nationalism and the politics of culture in Quebec, Madison, Wisconsin: Univ. of Wisconsin Press 1988, S. 140-158. Handler beschreibt die zunehmende Bedeutung von Objekten im Prozess der Formung einer nationalen Identität in Quebec: „As several of the preceding examples show, to speak of the *patrimoine* is to envision national culture as property, and the nation as a property-owning ‘collective individual’. Thus the concept typifies what I have called an objectifying logic.“ Ebd. S. 141.

8 Mit Museumsboom meine ich hier in erster Linie die massenhafte Entstehung von Museen und nicht die ebenfalls seit den 1970er-Jahren festgestellte kontinuierliche Steigerung der Besuchszahlen von Museen.

tieren sind demnach nicht mehr länger das Privileg gesellschaftlicher Eliten,[9] sondern werden heute in allen Bevölkerungsschichten gepflegt:

„It is late modernity itself which allows the past to be represented in forms which seem so real (particularly in wrap-around, interactive, living history simulations). The desire to access the past can be seen as a manifestation of contemporary modes of representation which provide us with multi-sensory, multi-vocal, cacophonous places in which to experience it."[10]

In diesem Kontext wird auch der von Lübbe konstatierte „progressive Reliktanfall" als Erklärung für den Museumsboom wieder relevant. Allerdings wäre der Museumsboom dann nicht länger als seine Folge anzusehen, sondern vielmehr als seine Voraussetzung: Dadurch, dass immer mehr „Relikte" anfallen, wird es überhaupt erst möglich, Dinge unabhängig von ihrem Gebrauchswert zu nutzen. Nur weil immer neue (modernere, praktischere, effektivere, schönere, etc.) Dinge verfügbar sind, können die alten ihrer Gebrauchsfunktion entledigt und neuen Verwendungen zugeführt werden.[11] Wenn der Gebrauchswert eines Gegenstands abnimmt, können andere Werte wie z.B. der Erinnerungswert oder der von Gudrun König eingeführte Schauwert[12] in den Vordergrund treten.

Ethnographische Arbeiten über den Umgang mit Dingen untermauern diese Schlussfolgerung, wenn sie für Gesellschaften mit großem Sachbesitz bzw. für Konsumgesellschaften eine Intensivierung der Objektbeziehungen feststellen:

„Im Kontext der Konsumgesellschaft gibt es eine wichtige Bedeutung [...]: Den persönlichen Bezug, durch den die Dinge nicht mehr als Waren, sondern als etwas Einzigartiges angesehen werden. Ein solcher Gegenstand war einmal ein Geschenk, oder er hat den Besitzer möglicherweise über einen langen Zeitabschnitt seiner Biographie begleitet, er kennt ihn sehr gut, und er gilt für ihn als nicht mehr veräußerbar. Persönlicher Bezug und Einzigartigkeit sind Eigenschaften, die den Gegenstand von der Welt der Waren abgrenzen. Die aktive Beteiligung an der Definition dieser Grenze spielt [...] in Konsumgesellschaften eine große Rolle."[13]

---

9 Zur Geschichte des Ausstellens siehe Abt, Jeffrey: „The Origins of the Public Museum", in: Macdonald, Sharon (Hg.): A Companion to Museum Studies, S. 115-134 oder Baur, Joachim: „Was ist ein Museum?"

10 Dicks, Bella: Culture on Display, S. 131f.

11 Vgl. Thompson, Michael: MüllTheorie : über die Schaffung und Vernichtung von Werten, Essen: Klartext-Verl 2003.

12 Zum Begriff Schauwert vgl. König, Gudrun M.: Konsumkultur. Inszenierte Warenwelt um 1900, Wien [u.a.]: Böhlau 2009. S. 183-188.

13 Hahn, Hans Peter: Materielle Kultur, S. 87.

Der Museumsboom ließe sich demnach auch als Ausdrucks eines in Gesellschaften mit großem Sachbesitz herrschenden Bedürfnisses nach bedeutenden Dingen interpretieren. Durch die Musealisierung werden Waren bzw. Gebrauchsgegenstände zu einzigartigen Objekten, die zudem noch in den meisten Fällen eine persönliche Bedeutung für die (wilden) Museumsmacher haben.[14] Um aus anonymen und bedeutungslosen Waren bedeutende Dinge zu machen, ist in Konsumgesellschaften ein hoher Aufwand nötig, wie Hans Peter Hahn anhand der Unterscheidung von Gaben und Waren erläutert:

„Es ist ein spezifischer Kontext des Massenkonsums, daß es einer besonderen Anstrengung bedarf, Gegenstände von ihrem Warencharakter zu befreien und sie in Gaben umzuwandeln. […] In Konsumgesellschaften sind mit den Gaben aus diesem Grund einige besondere Merkmale verbunden (persönlicher Charakter, Einmaligkeit, Unkenntnis des Preises für den Empfänger), die nicht verallgemeinerbar sind.“[15]

Die Proliferation von Museen – *wilden* wie *wissenschaftlichen* – kann damit als eine Ausdrucksform dieser besonderen Anstrengung, Waren in Gaben bzw. in bedeutende Dinge umzuwandeln, gesehen werden. Vor diesem Hintergrund lässt sich das enorme Anwachsen des Sachbesitzes in den westlichen Konsumgesellschaften in den letzten fünf Jahrzehnten mit dem Erscheinen und Florieren des „Zeitphänomens Musealisierung“ korrelieren. Erleben die *wilden Museen* deshalb eine Blütezeit, weil unser Sachbesitz mittlerweile so groß geworden ist, dass wir es uns leisten können, die Dinge jenseits ihres Gebrauchswerts zu benutzen? Besitzen wir mittlerweile so viele Dinge, dass wir immer größere Anstrengungen unternehmen wollen (oder müssen?), um sie bedeutsam zu machen? Oder gibt es einfach immer nur mehr ‚Zeug‘, das wir in eine sinnvolle Ordnung bringen müssen?[16] Die Verfügbarkeit von potentiell bedeutendem ‚Material‘ ist

14 In meinen Analysen der *wilden Museumsdinge* ist dieser Aspekt deutlich geworden: In allen drei Museen haben sich die Museumsdinge als bedeutende Dinge gezeigt, sowohl für einzelne Museumsmacher als auch für die gesamte Gruppe. Vgl. hierzu auch das unten stehende Kapitel „Das performative Potential der Dinge.“

15 Hahn, Hans Peter: Materielle Kultur, S. 96.

16 Vgl. Putsch, Jochem: „‚Früher war das hier Schrott – jetzt sind das Exponate‘ – oder: Vom gebrauchten Haushaltsmesser zum Haushaltsmesser mit Gebrauchsspuren“, in: Breuer, Gerda (Hg.), summa summarum. Sammeln heute, Frankfurt am Main, Basel, Stroemfeld: Stroemfeld/Roter Stern 1999, S. 13-29 oder auch Geimer, Peter: „Über Reste“, in: te Heesen, Anke; Petra Lutz (Hg.), Dingwelten. Das Museum als Erkenntnisort, Köln, Weimar, Wien: Böhlau Verlag 2005, S. 109-118 oder auch Fehr, Michael: „Müllhalde oder Museum: Endstationen in der Industriegesellschaft“, in: Fehr,

jedenfalls so groß, dass sich jede und jeder daran machen kann, es zu sammeln, zu ordnen und zu veröffentlichen, zum Beispiel in Form eines Museums. Mit dem „progressiven Reliktanfall" wurde ein unüberschaubares Repertoire an kommunikativem Rohmaterial bereitgestellt, aus dem heute viele Museumsmacherinnen und -macher zu unterschiedlichen Zwecken schöpfen können.

Vor dem Hintergrund dieser Theorien stellt sich der Museumsboom nicht als Symptom rückwärtsgewandter Nostalgie dar, sondern er ist vielmehr Ausdruck einer spezifischen post- oder spätmodernen Fähigkeit, mit Objekten umzugehen, ihnen Bedeutung zu verleihen und zum Zwecke der (Selbst-) Repräsentation einzusetzen. Die Museumsmacher erscheinen hier nicht mehr als Opfer des Fortschritts, die auf den Wandel der Zeit nur mit einer unstillbaren Sehnsucht nach der Vergangenheit reagieren können, sondern als aktive Gestalter oder ‚Performer' ihrer Belange. Das *wilde Museumsmachen* ist so gesehen keine kompensatorische Reaktion, sondern eine kulturelle Praxis, eine Form der Repräsentation, die – wie ich in meinen Analysen gezeigt haben – für verschiedenste Zwecke eingesetzt werden kann.

DAS MUSEUM ALS INSTITUTIONALISIERTE RAUMVORSTELLUNG

Wie ich mit Hilfe von Martina Löws Arbeit zur Raumsoziologie dargelegt habe,[17] sind bei der Konstitution von Räumen immer auch gesellschaftliche Strukturen im Spiel. Die Ordnungsprinzipien, nach denen Räume gestaltet sind, orientieren sich dabei immer auch an gelernten bzw. institutionalisierten Raumvorstellungen, die ihre Spuren nicht nur im Raum selbst, sondern auch im räumlichen Handeln hinterlassen:

> „Wenn man also der Annahme folgt, daß Räume im Handeln konstituiert werden, dann kann nun weiter gefolgert werden, daß dieses im Alltag in Routinen organisierte Handeln gesellschaftliche Strukturen reproduziert und zwar in einem rekursiven Prozeß. Das heißt, gesellschaftliche Strukturen ermöglichen raumkonstituierendes Handeln, welches dann diese Strukturen, die es ermöglichen (und anderes verhindern), wieder reproduziert. Gesellschaftlich organisiert wird diese Reproduktion über Institutionen. In Institutionen sind gesellschaftliche Strukturen verankert."[18]

Michael; Stefan Grohé (Hg.): Geschichte. Bild. Museum. Zur Darstellung von Geschichte im Museum, Köln: Wienand 1989, S. 182-196.

17 Vgl. in der vorliegenden Arbeit den Abschnitt „Raum und Raumnutzung."

18 Ebd. S. 170.

Dieser Definition von Raum folgend stellt sich die kulturelle Äußerungsform Museum als eine bestimmte institutionalisierte Raumform dar, die auch bei der Einrichtung der *wilden Museen* zum Tragen kommt. Die seit Jahren kontinuierlich steigenden Besuchszahlen von Museen legen den Schluss nahe, dass heute fast jeder in Kontakt mit der Institution Museum gekommen ist bzw. dass viele Menschen das Museumsdispositiv kennen und verinnerlicht haben. Der Museumsboom könnte auch als Ausdruck dessen interpretiert werden, dass sich die Idee vom Museum heute in breiten Bevölkerungsteilen durchgesetzt hat. Das Museum als kulturelle Äußerungsform und die damit verbundene institutionalisierte Raumvorstellung sind heute so vielen Menschen bekannt und vertraut, dass sie auch in Eigenregie realisiert werden kann. Zudem wird durch die oben beschriebene große Verfügbarkeit von Dingen auch das nötige ‚Material' bereitgestellt, um ein Museum bestücken zu können.

Der Museumsboom stellt sich so als Folge einer breiten Demokratisierung der Kulturtechniken Sammeln und Ausstellen dar. Die Proliferation der *wilden Museen* wäre demnach keine kompensierende Reaktion des rasanten Fortschritts, sondern vielmehr eine Bestätigung oder ein Gradmesser für die zunehmende Demokratisierung und Popularisierung der Institution Museum bzw. der kulturellen Äußerungsform ‚Museum'.

DAS MUSEUM ALS SYMBOLISCHE FORM

Warum aber *bedienen* sich immer mehr Menschen der kulturellen Äußerungsform Museum? Und was genau äußern sie auf diesem Wege?

Indem ich die *wilden Museen* vor der Folie von Claude Lévi-Strauss' Theorie des *wilden Denkens* betrachtet habe, zeichnete sich deren symbolische Verfasstheit ab.[19] Symbole, so Lévi-Strauss, sind keine Zeichen, denn sie verweisen nicht auf eine Bedeutung, sie sind vielmehr Werkzeuge, mit denen Handlungen durchgeführt werden: Symbole illustrieren nicht, sie wirken.[20]

Das Sammeln und Ausstellen von Dingen, das intentionale Anordnen von Dingen in Räumen ist als symbolische Form hervorgetreten, mit der verschiedene Operationen durchgeführt werden können. Wie ich in den Analysen gezeigt habe, ist die Art dieser Operationen in jedem Museum anders: Im McNair-

19 Vgl. hierzu den Abschnitt „Das wilde Denken als symbolisches Denken verstehen."

20 Vgl. Hénaff, Marcel: „Lévi-Strauss und die Frage des Symbolismus", S. 250 sowie meine Darstellung zur Unterscheidung von Symbol und Zeichen im Abschnitt „Ausstellungsanalyse, symbolisches Denken und Performanztheorie."

Museum wurde über das Sammeln und Zeigen von Dingen ein Erinnerungsraum geschaffen, ein Ort des Totengedenkens und der Gemeinschaftspflege. Das Museums Elbinsel Wilhelmsburg präsentierte sich als ein Ort der Rückversicherung und Identitätsverhandlung und das Bienenmuseum zeigte sich als Kultort und ‚Rekrutierungsbüro' der Imker.

Indem ich den Fokus auf die performative Dimension des Museummachens gesetzt habe, konnte ich das *wilde Museum* als symbolische Handlung betrachten und die Frage beantworten, zu was sie „bonnes à penser"[21] sind oder – in Abwandlung von Arjun Appadurais und Carol Breckenridgers berühmtem Titel – „what museums are good to think for".[22]

WILDE MUSEEN ALS ORTE DES ERFAHRUNGSWISSENS

In den Analysen ist deutlich geworden, dass *wilde Museen* von einer Wissensstruktur geprägt sind, die sich nicht an der wissenschaftlichen Logik ausrichtet. *Wilde Museen* sind Orte des Erfahrungswissens, nicht des wissenschaftlichen Wissens.

Diese Wissensform ist veränderlich, je nachdem, welche „Operationen" mit dem Museum ausgeführt werden. Im McNair-Museum wird das zu erhaltende Wissen vorwiegend durch die Erlebnisse und Erinnerungen konstituiert. Mit dem Museum und den darin aufbewahrten ‚Souvenirs' wird dieses Erfahrungswissen, das sowohl für einzelne Vereinsmitglieder als auch für die Gemeinschaft der ehemaligen Zivilangestellten von Bedeutung ist, materialisiert und damit vor dem Verschwinden bewahrt. Das Museum Elbinsel Wilhelmsburg stellt einen Fundus von ortsbezogenem Wissen dar, aus dem die für die Konstitution einer Wilhelmsburger Gegenidentität zum von Hamburg aus bestimmten Image der Insel benötigten „Requisiten der Erinnerung" entlehnt werden können. Im Bienenmuseum von Moorrege werden die ‚Wissens-Dinge' der Imker gesammelt. Es ist der Ort, an dem das in jahrelanger Erfahrung erworbene Praxiswissen der Imkergemeinschaft aufbewahrt und weitergegeben wird.

In den von mir untersuchten Museen wurde wiederholt der Vorrang der ‚Praxis' vor der ‚Theorie' betont. In den Führungen und Interviews benannten die Museumsmacher immer wieder die Authentizität und ‚das Persönliche' als Besonderheit und Vorzug ihrer Museen. Wenn sie ihr Museum präsentierten und über ihr Thema sprachen, taten sie dies selbstverständlich in der Rolle des Ex-

21 Vgl. Lévi-Strauss, Claude: Le totémisme aujourd'hui, S. 128.

22 Appadurai, Arjun; Carol A. Breckenridge: „Museums are Good to Think".

perten. Dies gilt in verstärktem Maß für das McNair- und das Bienenmuseum. Im Museum Elbinsel Wilhelmsburg fielen der Rekurs auf das persönliche Erfahrungswissen und die Reklamation des eigenen Expertenstatus weniger stark aus, was sich aus der Geschichte des Museums erklärt: Das Museum Elbinsel Wilhelmsburg wurde bereits 1907 gegründet, sein Objektbestand deckt vor allem den Zeitraum um 1900 ab. D. h., dass die heutigen Museumsmacher nur noch rudimentäre bzw. Erfahrungen aus zweiter Hand mit den Museumsdingen verbinden. Das Museum Elbinsel Wilhelmsburg befindet sich – wie ich in der Analyse gezeigt habe – im Übergang vom kommunikativen zum kulturellen Gedächtnis. In diesem Prozess der Institutionalisierung von Erinnerung schwindet die Bedeutung des persönlichen, oral vermittelten Erfahrungswissens, wohingegen der Wert des abstrakten und schriftlich fixierten Wissens steigt. Dieser Prozess ist im Wilhelmsburger Museum an der durchgängigen Einführung von Objektbeschriftungen abzulesen, die von einer Wissenschaftlerin erstellt wurden.

Wilde Museen sind Orte des Erfahrungswissens. Wilde Museumsmacher vermitteln den Nutzerinnen und Nutzern des Museums authentische Erfahrungen und persönlich verbürgtes Wissen aus erster Hand. Zu den Nutzern des Museums zählen dabei sowohl die Gruppe der Museumsmacher selbst als auch externe Besucher. Das McNair-Museum beispielsweise versteht sich als Begegnungsstätte und richtet sich daher in erster Linie an die ehemaligen Zivilangestellten und Veteranen der US-Alliierten. Zu den Nutzern des Bienenmuseums zählen sowohl die Mitglieder des Imkervereins Uetersen als auch externe Gruppen und Einzelbesucher. Und die Nutzer des Museums Elbinsel Wilhelmsburg sind sowohl die Menschen aus der Nachbarschaft, für die das Museum ein verlässlicher Treffpunkt ist, als auch Ausflügler, Schulklassen und andere Gruppen. Den Museumsmachern bietet es zudem die Möglichkeit, durch die Organisation von Veranstaltungen eigene Interessen zu realisieren und soziale Kontakte zu pflegen.

Wissenschaft und Expertise

Im *wilden Museum* begegnen wir Experten, deren Erfahrungswissen sich im Erzählen über Museumsdinge manifestiert. Wenn die Museumsmacher über ‚ihr Ding' reden, stehen sie mit ihrer Person für die Authentizität und Richtigkeit des vermittelten Wissens. In den Interviews und Führungen thematisierten sie immer wieder das Verhältnis zwischen wissenschaftlichem Wissen und Erfahrungswissen, wobei die Museumsmacher dem anwendungsbezogenen, konkreten ‚Know-how' stets den Vorzug vor dem abstrakten, theoretischen ‚know that' gaben: Expertise geht vor Wissenschaft.

Im *wilden Museum* wird die Autorität der Wissenschaft hinterfragt, ihre Priorität gegenüber den anderen Wissensformen wird hier bezweifelt bzw. nicht anerkannt. Damit kann die Entstehung der *wilden Museen* als ein Symptom der von Helga Nowotny konstatierten „Krise der Wissenschaften" in spätmodernen Gesellschaften interpretiert werden.[23] Für Nowotny und ihre Co-Autoren Peter Scott und Michael Gibbons hat die Wissenschaft ihren in der Moderne gültigen alleinigen Wahrheitsanspruch verloren, wir erleben einen „Niedergang der kognitiven Autorität".[24] Die Gründe hierfür sehen sie in einer zunehmenden Demokratisierung von Wissen und Kommerzialisierung von Wissenschaft:

„Aber das schwindende Vertrauen in die Wissenschaft und die immer weitere Verbreitung von Expertenwissen, zwei Vorgänge, die das Monopol der traditionellen wissenschaftlich-technischen Experten geschwächt haben, sind nur ein Teil der Erklärung. Nichtwissenschaftler haben Ereignisse und Erfahrungen zu allen Zeiten einer Interpretation unterzogen, auch wissenschaftliche Ereignisse und Erfahrungen. Neu könnte sein, daß in keiner geschichtlichen Epoche Laieninterpretationen und teilweise fiktionale Vorstellungen von Wissenschaft so wichtig gewesen sind wie heute."[25]

Nowotny, Scott und Gibbons erklären den Vormarsch der Expertise damit, dass sie über die reine Wissensproduktion hinausgeht: Beruhte die moderne Gesellschaft noch auf der Teilung von technischer, beruflicher und wissenschaftlicher Arbeit, so ist in der Spätmoderne eine gesellschaftlich verteilte Expertise gefragt, in der Wissen, Entscheidungen und Aktionen miteinander verknüpft sind.

In der Spätmoderne wird – so die AutorInnen weiter – Wissenschaft wie viele andere Lebensbereiche auch zur Verhandlungssache. An die Stelle eines übergeordneten Narrativs treten unterschiedliche, auf viele Stimmen verteilte und kontextabhängige Mikrodiskurse:

„Ein Schlüssel zu diesen Veränderungen liegt im Niedergang der großen Erzählungen und im wachsenden Einfluß partikularer lokaler Diskurse, ein höchst vertrautes Phänomen im weiten Bereich der Gesellschaftstheorie, aber ein noch nicht anerkanntes Phänomen im engeren Kontext der Wissenschaftsforschung. Angesichts dieser Akzentverschiebung von

23 Nowotny, Helga; Peter Scott; Michael Gibbons: Wissenschaft neu denken. Wissenschaft und Öffentlichkeit in einem Zeitalter der Ungewissheit, Weilerswist: Velbrück Wissenschaft 2005 (Zweite Auflage).

24 Vgl. ebd. S. 231.

25 Ebd. S. 235.

den Metaerzählungen zu den Mikrodiskursen werden die Grenzen zwischen ‚Fakten' und ‚Fiktionen' zunehmend fließend."[26]

Diese kleinen und vielstimmigen Erzählungen weisen keine Berührungspunkte mehr zu dem aus der Aufklärung stammenden Metanarrativ von der Wissenschaft als universeller, einheitlicher und objektiver Wissensform. Damit wird Wissen verhandelbar oder wie Nowotny, Scott und Gibbons formulieren: „Die Wissenschaft begibt sich auf die Agora."[27] Die Agora beschreiben sie als einen öffentlichen, medial konstituierten Raum, der zum „Austausch in allen möglichen Formen" einlädt und auf dem auch subjektive „Wünsche, Sehnsüchte, Präferenzen und Bedürfnisse" artikuliert und eingefordert werden können.[28]

Die Proliferation der *wilden Museen* fällt zeitlich mit der von Nowotny, Scott und Gibbons konstatierten „Rückkehr auf die Agora"[29] zusammen. Die *wilden Museen* wären damit eines von vielen Medien, die den öffentlichen Raum der Agora konstituieren und die Museumsmacher wären als Träger von Expertise die Akteure in einem Aushandlungsprozess über Wissensformen. „Heute sind wir alle Experten",[30] konstatieren Nowotny, Scott und Gibbons weiter. Diese Feststellung gilt für mich nicht nur in Bezug auf die Wissenschaftsforschung, sondern auch in Bezug auf das Museum: Wie ich oben gezeigt habe, stellt das Museum heute eine populäre kulturelle Äußerungsform dar. Die ‚museale Expertise' ist gesellschaftlich breit verteilt und das für das Sammeln und Ausstellen nötige Material ist in ausreichender Zahl vorhanden. D. h., ‚Museum' kann heute jeder. So wie Wissenschaft heute nicht mehr als einheitlich und universell gedacht werden kann, ist auch die Idee vom ‚Universalmuseum' obsolet geworden: Mikrodiskurse statt Metaerzählung.

26 Ebd. S. 237.

27 Vgl. ebd. S. 251-266.

28 Vgl. ebd. S. 260f.

29 Vgl. ebd. S. 253f.

30 Ebd. S. 273.

Erzählen über Dinge

Wilde Museen als Orte des Erzählens zwischen Fakten und Fiktion

Nowotny, Scott und Gibbons haben eine Veränderung der Wissensformen in der Spätmoderne konstatiert, die sich in einer „Akzentverschiebung von den Metaerzählungen zu den Mikrodiskursen“ äußert und in deren Zuge „die Grenzen zwischen ‚Fakten‘ und ‚Fiktionen‘ zunehmend fließend“ werden.[1] Diesem Befund folgend, sind die *wilden Museen* als Mikrodiskurse anzusehen, die die Grenze zwischen Fakten und Fiktionen fließend werden lassen. Die partikularen und lokalen Diskurse über Wissenschaft zeichnen sich laut Nowotny und ihren Co-Autoren durch Subjektivität, Emotionalität und Kontextabhängigkeit aus, denn sie sind von der Frage nach der persönlichen Bedeutung bestimmt.[2]

Dieser Aspekt dominiert auch die Wissensvermittlung in *wilden Museen*. Im *wilden Museum* finden sich kaum Ausstellungstexte oder Objektbeschriftungen. Längere schriftlich fixierte Äußerungen fehlen. Die Kommunikation mit den Besucherinnen und Besuchern erfolgt über Führungen, d. h. sie findet auf oralem und persönlichem Weg statt. Wie ich in den Analysen gezeigt habe, liegt den Führungen eine narrative Struktur zugrunde, von der die Museumsmacher aber abweichen, wenn die Fragen der Besucher dies erfordern. Das im *wilden Mu-*

1 Ebd. S. 237. Die Diskussion um Faktizität oder Fiktionalität wurde bereits in den 1980er-Jahre in der Historiographie geführt – vgl. die impulsgebende Arbeit von White, Hayden: Auch Klio dichtet oder: Die Fiktion des Faktischen. Studien zur Tropologie des historischen Diskurses, Stuttgart: Klett-Cotta 1991 – und wurde dann auch in der Kulturanthropologie unter dem von Clifford/Marcus eingeführten Stichwort der „Writing Culture“-Debatte geführt. Vgl. hierzu auch den Abschnitt „Die Krise der Repräsentation und die Frage nach Autorität und Deutungsmacht.“

2 Vgl. ebd. S. 238f.

seum vorhandene Wissen ist also diskursiv verfasst.[3] Durch die dem Museum zugrundeliegende offene narrative Struktur wird die Geschichte den Interessen der Besucher angepasst.[4] Das *wilde Museum* präsentiert sich nicht als ‚Lehrbuch', es präsentiert sich buchstäblich als ‚Sachgebiet', in dem sich die Museumsnutzer frei bewegen können.

Die stilkritische Untersuchung der Führungen hat eine Dominanz fiktionaler Elemente ans Tageslicht gebracht. Die Museumsmacher verwenden häufig einen personalen Erzählstil: Oft verwenden sie die personale Rede, schlüpfen als Erzähler immer wieder in andere Rollen und spicken ihre Erzählungen mit szenischen Einlagen. Zudem greifen sie in ihren Führungen immer wieder auf „einfache Formen",[5] wie Anekdoten und Schwänke, Helden- und Heiligengeschichten, Märchen oder Memorate zurück. So weist zum Beispiel die in den Führungen des Bienenmuseums wiederholt auftauchende Erzählfigur des findigen Imkers, der zahlreiche Abenteuer besteht und zahlreiche Herausforderungen meistert, Strukturen des Schelmenstücks und der Heldengeschichte auf. Wenn von den Bienen die Rede ist, dann klingen die Erzählungen nach wundersamen Begebenheiten, nach Geschichten selbstloser Wundertaten, im Erzählen über Bienen vermengen sich Merkmale der Heiligenlegende und der Heldensage. Zahlreiche Sequenzen der Führungen im McNair-Museum erinnerten mich mit ihren Erzählungen persönlicher Erlebnisse und Erinnerungen, die oft auch eine überindivi-

---

3 Für Eilean Hooper-Greenhill stellt dies eine Eigenschaft des „post-museum" dar, wie sie den neuen der Postmoderne angepassten Museumstyp bezeichnet. Im „post-museum" tritt an die Stelle der Weitergabe des Wissens vom Kurator an den Besucher der diskursive Erwerb von Wissen. Es ist nicht mehr das Museum, das bestimmt, was richtig und wichtig ist, sondern das Museum präsentiert sich eher als Austragungsort für Aushandlungsprozesse. Vgl. Hooper-Greenhill, Eilean: „Exhibitions and interpretation. Museum pedagogy and cultural change", in: dies.: Museums and the Interpretation of Visual Culture, London, New York: Routledge 2000, S. 124-150.

4 Dies gilt natürlich auch für meine Anwesenheit in den jeweiligen Museen. Im McNair-Museum beispielsweise fanden die Führungen nur für mich statt. In den anderen Museen habe ich mich jeweils einer Gruppe angeschlossen. In welchem Grad die Museumsmacher ihre Erzählungen an meine bzw. die mir unterstellten Erwartungen angepasst haben, lässt sich nicht bestimmen. Ebenso kann ich auch nicht auf die Allgemeingültigkeit meiner Ergebnisse pochen. Auch meine Eindrücke, Interpretationen und Schlussfolgerungen sind durch Situation und Kontext geprägt. Zudem werden auch im *wissenschaftlichen Museum* die Führungen im Zuge moderner Vermittlungskonzepte zunehmend diskursiv und besucherorientiert gestaltet.

5 Vgl. Jolles, André: Einfache Formen.

duelle Dimension aufwiesen, an Memorate. Dies zeigt sich beispielhaft in der bereits in der Analyse zitierten Sequenz zur Geschichte von „Mister L“:

Herr K.: „Transportation Division, 'n bisschen [hält kurz inne und spricht dann lauter weiter] Ja, so enden Karrieren! Dieser Mensch hier in der Mitte, Mister L [...], war der Vorsitzende der Jüdischen Gemeinde der Amerikaner in Berlin. Ein ganz mächtiger Boss, ja!? Und der war im Range fast eines Oberst, der sollte sogar General werden, der Reserve, wollt er nicht, dann hätt er nämlich aus Berlin raus müssen. Der war von '45 an hier. Denn isser gestorben, in Israel auf'm Besuch, und ist hier in Berlin beerdigt worden. Seine Verwandten kamen aus New York. Der war reich! Der soll sogar drüben vier, vier große Supermärkte gehabt haben, in den Staaten! Und sein ganzes Hab... – das is alles, das hat 'n Kollege – das [zeigt auf die Schaufensterpuppe] war seine Uniform, seine Auszeichnungen, seine Medaillen, seine Orden – aufm Flohmarkt gefunden! Ja, nu hat der das gekauft und hat das uns jetzt zur Verfügung gestellt.“[6]

Im Museum Elbinsel Wilhelmsburg zeigten sich in der von mir begleiteten Führung für Drittklässler deutliche Strukturen des Märchens. Am prägnantesten wurde dies bei der „Liebesgeschichte“ zwischen Herzog Georg Wilhelm und Eleonore d'Olbreuse: Nachdem Frau H. sich auf einen der geschnitzten Stühle gesetzt hatte und die Kinder zu ihren Füßen auf dem Boden Platz genommen, schlüpft sie gleichsam in die prototypische Rolle der erzählenden Großmutter:

Frau H.: „So, und jetzt erzähle ich euch ... eine Liebesgeschichte. [...] Da oben hängt ein Bild – und das ist der Herzog Georg Wilhelm von Braunschweig Lüneburg. [...] Also: Der Herzog Georg Wilhelm wohnte eigentlich in Hannover, und war sehr, sehr reich. Der hatte ganz viel Geld und verreiste immer kreuz und quer durch Deutschland, durch Europa, bis nach Venedig und feierte dort gerne Karneval. [...] Und eines Tages traf er Eléonore d'Olbreuse. [Frau H.s Stimme wird weicher]. Eléonore war sehr schön, aber sie war eigentlich ganz arm. Sie kam von einem ganz kleinen Schloss in Frankreich und man erzählt, dass sie als kleines Mädchen sogar die Ziegen gehütet hat, auf dem Feld. Eléonore war schön und auch klug und sehr fromm und sie war Hofdame bei einer Prinzessin in Italien. Und in diese Frau H.at sich Herzog Georg Wilhelm ganz doll verliebt!“[7]

Auch wenn in den zitierten Beispielen die Fakten durchaus korrekt sind, so dominiert doch deutlich der fiktionale Charakter der Erzählungen. Die Führungen sind weniger berichtende Erzählungen, sie gleichen eher szenischen Darstellun-

6 Führung vom 05.01.2009 (00:08:46 bis 00:12:20).

7 Führung vom 23.09.2008 (00:36:52 bis 00:42:09).

gen. Der Erzählmodus ist weniger dokumentarisch oder faktual, sondern vielmehr fiktional.

Das wilde Museum als milieu narratif. Zum Verhältnis von Erzählen und Erinnern

Die Dominanz des Fiktionalen gegenüber dem Faktualen wird den *wilden Museen* häufig zum Vorwurf gemacht. In der museumskundlichen Literatur werden sie oft für ihren Umgang mit Geschichte bzw. für ihre Vor- und Darstellungen von Vergangenheit kritisiert: Er sei unwissenschaftlich und banal, beruhe auf Nichtigkeiten und basiere auf Erfindungen, auf Wünschen und Illusionen.[8]

Berücksichtigt man die Erkenntnisse der Historiographie und Gedächtnisforschung, so zeigt sich, dass hier die Unterscheidung von fiktional und faktual obsolet geworden ist. Entgegen früherer Vorstellungen gehen die Forscherinnen und Forscher heute nicht mehr davon aus, dass Geschichte aus Fakten besteht bzw. dass gemachte Erfahrungen 1:1 im Gedächtnis abgespeichert werden.[9] Die lange Zeit dominierende Vorstellung eines statischen und unveränderlichen Gedächtnisses, das seinen Ausdruck in räumlichen Metaphern wie ‚Speicher', ‚Bibliothek' oder ‚Archiv' findet, weicht im Zuge des „Forschungsbooms"[10] der 1990er-Jahre einer Vorstellung, wonach Erinnern und Gedächtnis prozessual, individualisiert, dynamisch und situativ konstituiert sind.[11]

8 Für eine ausführliche Darstellung siehe den Abschnitt „Spuren des Wilden im Heimat- und Alltagsmuseum" oder folgende Titel: Roth, Martin: Heimatmuseum. Döring, Carla Elisabeth: Das kulturgeschichtliche Museum. Nienaber, Monika: „Wo die ‚Heimat' ein Zuhause hat", in: Ecker, Gisela; Susanne Scholz (Hg.): Umordnungen der Dinge, Königstein/Taunus: Helmer 2000, S. 62-75.

9 siehe hierzu exemplarisch Hobsbawm, Eric; Terence Ranger (Hg.): The Invention of Tradition, Cambridge University Press, Cambridge 1992, Assmann, Aleida: Erinnerungsräume. Für eine kompakte und facettenreiche Darstellung des Forschungsfeldes siehe Pethes, Nicolas, Jens Ruchatz (Hg.): Gedächtnis und Erinnerung. Ein interdisziplinäres Lexikon, Reinbek: Rowohlt 2001.

10 Vgl. Pethes, Nicolas, Gedächtnis und Erinnerung, S. 5.

11 Vgl. hierzu Müller-Funk, Wolfgang: Die Kultur und ihre Narrative, S. 87ff. Wie in jeder Debatte, so sind auch hier die Begriffe unterschiedlich gefüllt, ihre Bedeutung unterscheidet sich aber oft nur in Nuancen. Aleida und Jan Assmanns Definition des ‚kulturellen Gedächtnisses' weist beispielsweise Merkmale der statischen ‚Geschichte' auf, ohne dabei aber die Konstruktionsleistung des Gedächtnisses zu verneinen.

„Mit Vico sieht [Aleida] Assmann einen Wechsel vom räumlichen Paradigma der Mnemotechnik, der Gedächtniskunst, hin zu einem Diskurs, in dem das subjektive Vermögen von Phantasie und Erinnerung in den Mittelpunkt rückt. So markiert die Akzentverschiebung von der alten ‚objektiven' Gedächtniskunst hin zur Wertschätzung subjektiver innovativer Erinnerung selbst einen radikalen Kulturwandel: von einer objektiven Ordnung zu einer Gesellschaft der Subjektivität."[12]

Mitte der 1980er-Jahre, zu Beginn dieses „Kulturwandels", präsentiert Pierre Nora sein Konzept der *lieux de mémoire*, das sich vom heutigen Standpunkt aus als ein Zeichen der Verunsicherung hinsichtlich dieses Paradigmenwechsels interpretieren lässt: Nora konstatiert eine Proliferation von Gedenkorten, für die er den Begriff der *lieux de mémoire* schuf. In ihrem massenhaften Erscheinen sah er einen Beweis für das „Ende der Gedächtnisgesellschaften":[13] An die Stelle des vitalen, affektiven und sozial fest verwurzelten Gedächtnisses trete zunehmend die Geschichte, in der Nora eine abstrakte, vom tatsächlichen Leben abgekoppelte Größe sieht. Waren Gedächtnis und Geschichte seit Menschengedenken identisch, so führten die mit der Spätmoderne einhergehenden gesellschaftlichen Phänomene der Beschleunigung, der „Demokratisierung und Vermassung" sowie der Globalisierung und Medialisierung zu ihrer Entkoppelung:

„Die Gedächtnisorte entspringen und leben aus dem Gefühl, dass es kein spontanes Gedächtnis gibt, dass man Archive schaffen, an den Jahrestagen festhalten, Feiern organisieren, Nachrufe halten, Verträge beim Notar beglaubigen lassen muß, weil diese Operationen keine natürlichen sind."[14]

Die *lieux de mémoire* seien nur Spuren, unnatürliche Zeugen und leere bzw. rein symbolische Formen des lebendigen Gedächtnisses, das für Nora in den *milieux de mémoire* früherer Zeiten gedieh und das er durch die zunehmende Historisierung der Gegenwart bedroht sieht: „Es gibt *lieux de* mémoire, weil es keine *milieux de mémoire* mehr gibt."[15]

In Noras Konzept finden sich Spuren beider oben skizzierter Gedächtnisvorstellungen:[16] Der räumliche Aspekt ist im aus der antiken Mnemotechnik über-

12 Müller-Funk, Wolfgang: Die Kultur und ihre Narrative, S. 92.

13 Nora, Pierre: Zwischen Geschichte und Gedächtnis, Frankfurt am Main: Fischer Taschenbuch Verlag 1988. S. 12.

14 Ebd. S. 20.

15 Ebd. S. 11.

16 In diesem Kontext ist ‚Gedächtnis' nicht mit Noras Konzept von ‚Gedächtnis' gleichzusetzen.

nommenen Begriff der *lieux de mémoire* enthalten. Die *lieux de mémoire* stellen ein raumbasiertes Konzept, eine räumliche Anordnung von Erinnerung dar. Dennoch müssen Gedenkorte – wie Nora betont – nicht unbedingt konkrete Orte darstellen: Neben „Museen, Archiven, Friedhöfen und Sammlungen" zählt er auch „Feste, Jahrestage, Verträge, Protokolle, Denkmäler, Wallfahrtsstätten, Vereine"[17] zu den Gedenkorten. Der narrative, prozessuale Aspekt von Gedächtnis hingegen ist im Begriff des *milieu de mémoire* realisiert, das für Nora an Personen gebunden ist und in konkreten sozialen Situationen weitergegeben wird. Trotz der postulierten Immaterialität und Wandelbarkeit, zeigt sich das Gedächtnis, so Nora, in ‚objektivierten' Erscheinungen:

> „[D]as Gedächtnis ist von Natur aus auf Vermehrung und Vervielfachung angelegt, ist kollektiv, vielheitlich und doch individualisiert. […] Das Gedächtnis haftet am Konkreten, im Raum, an der Geste, am Bild und Gegenstand."[18]

Wie steht es nun in diesem Kontext um das *wilde Museum*? Welcher der beiden Kategorien ist es zuzuordnen? Ist es Gedenkort, weil es sowohl Museum, Sammlung als auch Verein ist? Oder ist es aufgrund seiner oralen, lebendigen und wandelbaren Tradition eher den *milieux de mémoire* zuzurechnen, wie Gottfried Korff suggeriert?[19] Sind sie gar eine jener „privilegierten und eifersüchtig bewachten Heimstätten",[20] in die sich das bedrohte Gedächtnis geflüchtet hat?

Vom Standpunkt der spätmodernen Philosophie und der modernen Geschichts- und Gedächtnistheorien aus, die jede Form von Erinnerung als narrativ verfasst und damit als konstruiert und wandelbar ansehen, erscheint Noras dichotomische Unterscheidung zwischen Gedächtnis und Geschichte als überholt. Noras Konzept der *lieux de mémoire* lässt sich meines Erachtens als Symptom der Unsicherheit deuten, ausgelöst durch den sich in den 1980er-Jahren anbahnenden Paradigmenwechsel in Bezug auf die „Verflüssigung" und Dynamisierung des Gedächtnisses, ein Paradigmenwechsel der – wie Wolfgang Müller-Funk konstatiert – die Vorstellung eines autonomen (historischen) Subjekts erschüttert hat:

> „Speichern und Sammeln scheinen eine fixierte und verläßliche Existenz für ein Erinnerungssubjekt zu verbürgen, das sich in seiner Identität ungeachtet des Wandels der Zeit si-

17 Ebd. S. 19.

18 Ebd. S. 14.

19 Vgl. Korffs Beitrag in der Diskussion zum Vortrag von Gottfried Fliedl. Abgedruckt in: Korff, Gottfried, Hans-Ulrich Roller (Hg.): Alltagskultur passé? S. 217.

20 Nora, Pierre: Zwischen Geschichte und Gedächtnis, S. 20.

cher und bewahrt fühlt. Das Konzept eines mehr oder weniger vollkommenen Gedächtnisses und die Idee eines konstanten, verläßlichen und vollständigen Subjekts, das sein oder ihr eigener Herr ist, bedingen sich wechselseitig. Wenn man das Konzept des Gedächtnisses als eines Speicherraums, in dem nichts verloren geht, aufgibt, dann muß man sich auch von der Idee eines starken und stabilen Subjekts verabschieden."[21]

Mit der Metapher der Gedenkorte hält Nora zwar am räumlichen Konzept des Gedächtnisses als Speicherraum fest, gleichzeitig sieht er in den *lieux de mémoire* aber rein symbolische Erinnerungsfiguren, die weder an das Individuum noch an die Gesellschaft rückgebunden sind. Damit sind die Gedenkorte konkret und abstrakt zugleich, sie sind Spur, Form und Symbol des Gedächtnisses. Auch wenn Nora den Gedenkformen der Spätmoderne eher pessimistisch und mit kulturkritischer Haltung gegenübersteht und wenn er die Verwurzelung des Menschen in seiner Tradition als im Schwinden begriffen sieht, so bleibt dennoch in seinem Konzept die Vorstellung von einem stabilen erinnernden Subjekt unangetastet.

Indem sich die Theorie von der narrativen Konstruktion von Gedächtnis und Erinnerung durchsetzt, zeichnet sich auch eine Bewegung „vom kollektiven Gedächtnis zur Individualisierung der Erinnerung"[22] ab. Gedenkorte müssen nun nicht mehr länger als Krisensymptome mit kompensatorischer Funktion angesehen werden, sondern können als Orte interpretiert werden, an denen sich bestimmte narrative Muster herauskristallisiert haben und die von speziellen Erzählgemeinschaften konstituiert werden. Wenn, wie Renate Lachmann vorschlägt, das Gedächtnis nicht mehr als passiver Speicher oder Reservoir gedacht wird, sondern als ein komplexer Mechanismus zur Produktion von Texten,[23] dann ist die Unterscheidung von *lieux* und *milieux de mémoire* obsolet geworden. Stattdessen möchte ich daher lieber von den *wilden Museen* als *milieux narratifs* sprechen. Mit diesem Begriff kann der Versuch aufgegeben werden, das *wilde Museum* einem der beiden von Nora festgesteckten Bereiche zuordnen zu müssen. Als *milieu narratif* muss das *wilde Museum* weder Gedenk- noch Gedächtnisort sein, es präsentiert sich dann als ein Ort des Erzählens über Dinge.

---

21 Müller-Funk, Wolfgang: Die Kultur und ihre Narrative, S. 252.

22 Vgl. Wischermann, Clemens: „Kollektive, Generationen oder das Individuum als Grundlage von Sinnkonstruktionen durch Geschichte".

23 Lachmann, Renate: Kultursemiotischer Prospekt. In: Haverkamp, Anselm; Renate Lachmann (Hg.): Memoire. Erinnern und Vergessen. München: Fink 1993, S. XVII-XVIII, zitiert nach Müller-Funk, Wolfgang: Die Kultur und ihre Narrative, S. 263.

Wie ich im zweiten Teil meiner Arbeit dargelegt habe,[24] ist das *wilde Museum* ein Ort, an dem Symbole bzw. symbolische Handlungen wirksam sind. Nach Pierre Nora wären sie damit nichts als tote, leere Formen. Folgt man hingegen der Theorie von der narrativen Konstruktion des Gedächtnisses und wirft dabei noch einen Blick auf Claude Lévi-Strauss' Vorstellung von der Performanz des Symbolischen, so zeigen sich die *wilden Museen* als eine wirkungsvolle Erzählung bzw. als symbolische Form, die etwas bewirkt. Wenn wir mit Wolfgang Müller-Funk einen Seitenblick auf die Psychoanalyse werfen, so zeigt sich das Potential solcher „Räume erzählerischer Selbstdarstellung"[25] als Medium der Selbstthematisierung und Selbstfindung:

„Überhaupt liefert die Psychoanalyse [...] hervorragendes Anschauungsmaterial für den inneren Zusammenhang von Erinnerung, Erzählung und Erfahrung, kurzum für die Erfindung des (modernen) Ich aus dem Geist aktualisierter Anamnese. Verdrängung wäre eine Erfahrung, die man nur auf mühsamen Umwegen machen kann, Erinnerung der Weg ins Freie aus einer traditionellen, patriarchal verordneten Identität zu einer neuen, posttraditionellen, durch das Erzählen auf der Couch produzierten Identität. Die Couch und andere Räume erzählerischer Selbstdarstellung haben die Literatur längst als das primäre Medium der Selbstfindung abgelöst: In ihr wird der Analysand zum Autor und Darsteller seiner selbst."[26]

Die auf der Couch des Psychoanalytikers stattfindenden Erzählungen weisen laut Müller-Funk allerdings einen Mangel an Distanz auf. Hier sieht er den Vorteil künstlerischer Darstellungen: „Die expliziten Erzählungen der Künste bieten beides, die Möglichkeit, sich selbst ins Spiel zu bringen, und die Möglichkeit eines Außen."[27]

Ein *wildes Museum* ist ein Ort des symbolischen Handelns. Das Museum als kulturelle Äußerungsform stellt ein Medium dar, das verschiedene Formen der erzählerischen Selbstthematisierung und Selbstfindung ermöglicht, vom psychoanalytischen Couchgespräch mit dem Ziel der Identitätsfindung bis hin zur künstlerischen Erzählung, die zwischen Innen- und Außensicht vermittelt.

Die Definition des *wilden Museums* als *milieu narratif* ermöglicht auch, die solchen Museen üblicherweise zugeschriebene Fixierung auf die Vergangenheit zu lösen. Wenn das *wilde Museum* ein Ort des Erzählens, ein Medium der

24 Vgl. auch das Kapitel „Ausstellungsanalyse, symbolisches Denken und Performanztheorie" in dieser Arbeit.

25 Vgl. Müller-Funk, Wolfgang: Die Kultur und ihre Narrative, S. 91.

26 Ebd.

27 Ebd.

Selbstthematisierung ist, dann muss – analog zu der in der Literaturanalyse üblichen Unterscheidung von Handlung und Erzählung bzw. von *story* und *plot* – der im Museum ‚zu erzählende Gegenstand' nicht zwangsläufig in der Vergangenheit liegen, selbst wenn die ‚Erzählgegenstände' aus der Vergangenheit stammen. Dies ist in den Analysen der einzelnen *wilden Museen* deutlich geworden: Im Bienenmuseum beispielsweise liegt der ‚zu erzählende Gegenstand', die Handlung in der Zukunft: Es geht darum, die jahrtausendealte Wissensgemeinschaft der Imker zu erhalten, damit die Bienen auch in Zukunft ihr lebenserhaltendes Werk ausführen können. Dafür wird ein *plot* geschmiedet, der einen Bogen von der Vergangenheit über die Gegenwart bis in die Zukunft spannt und der besagt, dass Imker mindestens seit der Zeit der alten Ägypter den Bienen dienen und dass dieser Dienst ein spezielles Wissen sowie jahrelange Erfahrung erfordert. Am Ende dieser Erzählung steht der Appell an die Besucherinnen und Besucher, sich der aktuellen Bedrohung der Bienen bewusst zu werden und den Imkern die ihnen als Pfleger eines lebenswichtigen Insekts gebührende Wertschätzung entgegenzubringen. Für das Museum Elbinsel Wilhelmsburg konnte ich zeigen, dass seine Handlung oder *story* vom früheren Wilhelmsburg die Grundlage für das (Er-)Finden einer Gegenerzählung bzw. Gegenidentität zu dem von Hamburg bestimmten Erscheinungsbild oder Image der Insel bildet. Im McNair-Museum tritt der Unterschied zwischen Erzählung/*plot* und Handlung/*story* noch deutlicher zu Tage: Mit dem Abzug der Alliierten wurde die Gruppe der Zivilangestellten aufgelöst, d. h., die *story* des Museums liegt in einer abgeschlossenen Vergangenheit. Mit dem Museum aber haben sich die Ehemaligen einen Ort geschaffen, an dem sie in Form einer Erinnerungs- bzw. Erzählgemeinschaft einen *plot* mit gemeinschaftserhaltender Wirkung schmieden.

> „Verschiedene Kulturen entwickeln also unterschiedliche Modi und Konzepte der Selbstbeschreibung, Selbstreflexion, verschiedene symbolische Muster und Markierungen."[28]

In diesem Licht wird deutlich, dass das *wilde Museum* ein bestimmter Modus der Selbstbeschreibung, ein spezifisches symbolisches Muster oder Narrativ der Selbstbeschreibung darstellt. Diese Sicht auf das *wilde Museum* ergibt auch in Bezug auf die von Nowotny, Scott und Gibbons konstatierte „Krise der Wissenschaften"[29] ein stimmiges Bild: In der von der Erschütterung der „kognitiven Autorität" gekennzeichneten Spätmoderne verliert das wissenschaftliche Narrativ seinen Anspruch auf Alleingültigkeit. Die Wissenschaft hat sich auf die Ago-

28 Vgl. ebd. S. 253.

29 Vgl. den Abschnitt „Wissenschaft und Expertise."

ra begeben, auf der das wissenschaftliche Narrativ lediglich eine von vielen Erzählkulturen darstellt.

Verschiedene Gruppen haben in verschiedenen Zeiten unterschiedliche Narrative gepflegt. Diese herauszuarbeiten, ist Sache der volkskundlichen Erzählforschung als Bewußtseinsanalyse. Zu den prominentesten Vertretern dieser Richtung gehört Albrecht Lehmann,[30] der feststellt: „Jede historische Zeit einschließlich unserer Gegenwart hat ihre Erzählkultur."[31]

Lehmans diachroner Betrachtung möchte ich eine synchrone Sicht auf das Erzählen hinzufügen. *Wilde Museen* stellen für mich Orte dar, an denen eine bestimmte soziale Gruppe die für sie relevanten Narrative teilt und pflegt und an denen sie diese Narrative veröffentlicht und weitergibt. Das *wilde Museum* ist also eine kulturelle Äußerungsform, die weiter spezifiziert werden kann als eine für unsere Gegenwart typische Erzählkultur: das öffentliche Erzählen über Dinge.[32]

DAS PERFORMATIVE POTENTIAL DER DINGE

In seiner Arbeit zur Narratologie des kulturellen und kollektiven Gedächtnisses verbindet der Literatur- und Kulturwissenschaftler Wolfgang Müller-Funk Theorien des Narrativen und des kulturellen Gedächtnisses:[33]

> „Dabei geht es vor allem darum, daß alle Formen des Gedächtnisses explizit oder implizit auf retrospektiven, das heißt zeitverschobenen Narrativen basieren, die den unüberbrückbaren Zwiespalt zwischen Erzählzeit (Zeit der Erzählung) und erzählter Zeit (Zeit der Handlung) zu überwinden trachten."[34]

---

30 Vgl. Lehmann, Albrecht: Reden über Erfahrung oder Lehmann, Albrecht: „Bewußtseinsanalyse".

31 Lehmann, Albrecht: Reden über Erfahrung, S. 9.

32 Dieser Befund könnte auch als Erklärung für die beständig wachsenden Besuchszahlen von Museen herangezogen werden. Denn das ‚Erzählen über Dinge' als spezifische Erzählkultur ist nicht auf das *wilde Museum* beschränkt. In Form wissenschaftlicher Erzählungen finden wir es auch in traditionellen Museen realisiert sowie in kommerziellen Bereichen wie Design oder Werbung.

33 Vgl. Müller-Funk, Wolfgang: Die Kultur und ihre Narrative. Hier vor allem das gleichnamige Kapitel „Erzählen und Erinnern. Zur Narratologie des kulturellen und kollektiven Gedächtnisses". S. 251ff.

34 Müller-Funk, Wolfgang: Die Kultur und ihre Narrative. S. 251.

Erinnern und Erzählen zeigen sich als eine gedankliche Bewegung zwischen Vergangenheit und Gegenwart. Beide werden von einem gegenwärtigen Standpunkt aus realisiert und erscheinen als immer wieder neue Aktualisierungen vergangener Ereignissen oder Handlungen. Erinnern und Erzählen bieten die Möglichkeit, sich gleichzeitig in der Vergangenheit und Gegenwart zu bewegen. Mit der identitätskonstituierenden Funktion von Erinnern und Erzählen[35] kommt sogar noch die Zukunft als dritte Zeitdimension ins Spiel. Diese Eigenschaft der Zwei- bzw. Drei-Zeitlichkeit wird auch dem Museum zugesprochen:

> „Das Museum lebt aus der Dialektik von Sammeln und Zeigen. Sammeln ist Speicherung und Vorratshaltung, Zeigen zielt auf die soziale Vergegenwärtigung von Zukunft. Was im Museum gesammelt wird, sind dinghafte Zeitzeugen, die uns über die Vergangenheit in Kenntnis setzen. Das Museum sammelt Relikte, Dinge der Vergangenheit, um sie zu Dingen für uns, zu Informationsträgern zu machen. Dieser Doppelsinn steckt im Begriff Zeitzeuge: Das Museumsding gehört einer anderen Zeit an, bietet sich aber dem heutigen Betrachtet *face to face*. Das Museumsding ist nah und fern zugleich. Von dieser Doppeleigenschaft gehen die Reizwirkungen aus, die die Museumsdinge seit jeher zu Objekten der Faszination gemacht haben."[36]

Wie Korff hier festhält, verfügen musealisierte Objekte über die Eigenschaft des Changierens zwischen den Zeiten. Dieser unbestimmte Status zwischen Vergangenheit und Gegenwart sorgt für eine „Reizwirkung" der Dinge, wie Korff betont, eine Wirkung, die indes nicht allein auf Museumsobjekte beschränkt ist, sondern – wie u. a. Arbeiten aus den Material Culture Studies zeigen – für alle Dinge gilt: „The material nature of objects means that they, and they alone, have the capacity to carry the past physically into the present."[37]

Das heißt, dass auch die Dinge – analog zum Erinnern und Erzählen – die Eigenschaft der Mehr-Zeitlichkeit aufweisen. Sind die Dinge also prädestiniert dazu, Erinnerungs- und Erzählgegenstände zu sein? Haben sie daher ihre Qualität als *aides-mémoires*,[38] wie James Clifford in Bezug auf indianische Objekte feststellt?

Aus der Perspektive der Performanztheorie betrachtet, lassen die Dinge den Gegensatz zwischen Gestern und Heute kollabieren. Sie gehören weder ganz der Vergangenheit an, noch sind sie vollständig in der Gegenwart zu lokalisieren.

---

35 siehe hierzu die Beiträge von Jürgen Straub und Wolfgang Ernst in: Pethes, Nicolas, Ruchatz, Jens (Hg.): Gedächtnis und Erinnerung. S. 399-405.

36 Korff, Gottfried: „Zur Eigenart der Museumsdinge", S. 141.

37 Pearce, Susan M.: On Collecting, S. 170.

38 Clifford, James: „Museums as Contact Zones", S. 189.

Dieser Zustand des Dazwischen oder wie Erika Fischer-Lichte es in Anlehnung an Victor Turners Ritualtheorie formuliert, des „betwixt and between"[39] eröffnet einen liminalen Raum, in dem sich Wirkungen entfalten und Transformationen stattfinden können.

In seinem Essay „Museums as Contact Zones"[40] beschreibt James Clifford so eine „liminale Situation":

„What transpired in the Portland Museum's basement was not reducible to a process of *collecting* advice or information. And something in excess of consultation was going on. A message was delivered, performed, within an ongoing contact history."[41]

In Cliffords Beobachtungen wird das performative Potential der Dinge deutlich, im Kontakt zwischen Menschen und Dingen – mit Fischer-Lichte könnte man hier von der „leiblichen Ko-Präsenz der Akteure"[42] sprechen – öffnet sich ein narrativer Raum, in dem aus den Sammlungsobjekten historisch, moralisch sowie auch im Hinblick auf Machtfragen bedeutungsreiche Beziehungsdinge werden.[43] Im Museum als „contact zone"[44] findet eine Transformation statt, die wie Clifford ausführt, keinen der beteiligten Akteure unverändert lässt:

39 Vgl. Fischer-Lichte, Erika: Ästhetik des Performativen, S. 109.

40 Clifford, James: „Museums as Contact Zones". 1989 hatte das Portland Museum of Art zwanzig Angehörige des Tlingit-Stammes eingeladen. Die Begegnung, bei der Clifford als Kulturanthropologe in der Rolle des Beobachters beteiligt war, sollte dazu dienen, zusätzliche Informationen zu den im Museum gesammelten Stammesobjekten zu erhalten. Doch statt Angaben zu den Objekten zu liefern, nutzten die Stammesältesten die Dinge als *aides-mémoires*, als Anlässe für das Erzählen von Geschichten und das Singen traditioneller Lieder. Vgl. auch meine Ausführung im Kapitel „Das McNair-Museum: Geschichten vom „Sich-Sammeln"

41 Ebd. S. 193.

42 Vgl. Fischer-Lichte, Erika: Ästhetik des Performativen, S. 58ff. Fischer-Lichte entwickelt ihre Theorie in erster Linie anhand des Theaters und der Performancekunst, daher ist das entsprechende Kapitel ihrer Arbeit auch überschrieben mit „Die leibliche Ko-Präsenz von Akteuren und Zuschauern".

43 Vgl. ebd. S. 192.

44 Clifford entlehnt den Begriff bei Mary Louise Pratt, die ihn in ihrem 1992 erschienenen Buch „Imperial Eyes: Travel and Transculturation" definiert als „space in which peoples geographically and historically separated come into contact with each other and establish ongoing relations". Vgl. Clifford S. 192 bzw. Pratt S. 6f.

„As evoked in the museum's basement, Tlingit history did not primarily illuminate or contextualize the objects of the Rasmussen Collection. Rather, the objects provoked (called forth, brought to voice) ongoing stories of struggle. From the position of the collecting museum and the consulting curator, this was a disruptive history which could not be confined to providing past tribal *context* for objects. The museum was called to a sense of responsibility, its stewardship of the clan objects. [...] The museum was asked to be accountable in a way that went beyond mere preservation".[45]

Aus der Kontakt- bzw. Performanz-Perspektive heraus wird deutlich, dass Museen und Ausstellungen liminale Räume sein können, in denen durch das Aufeinandertreffen von Dingen und Menschen, durch ihre physische Ko-Präsenz (auch unerwartete) Wirkungen entfaltet werden können, die für eine Transformation der Beteiligen, manchmal auch für das Aufbrechen einer Krise sorgen können.[46]

Dieses performative Potential der Dinge hat sich in allen von mir untersuchten *wilden Museen* gezeigt, wenn auch nicht auf so dramatische oder ‚kritische' Weise wie bei Clifford und Fischer-Lichte beschrieben. Indem ich die Analyse der *wilden Museen* aus einer performanztheoretischen – oder wie Lévi-Strauss sagen würde, aus einer symboltheoretischen – Perspektive durchgeführt habe, konnte ich einen Blick für die Wirkungen entfalten, die sich zwischen Menschen und Dingen ereignen. Dabei hat sich beispielsweise für das McNair-Museum gezeigt, dass über das Sammeln der Objekte ein sozialer Raum geschaffen wird, der die untergegangene Gruppe der ehemaligen Zivilangestellten als Erzählgemeinschaft weiterbestehen lässt. Im Museum Elbinsel Wilhelmsburg entsteht durch den Kontakt zwischen Dingen und Menschen ein utopischer bzw. heterotoper Ort, in dem eine Gegenerzählung bzw. ein anderes Bild von Wilhelmsburg entworfen und verhandelt werden kann. Für das Bienenmuseum Moorrege wiederum zeigte sich das performative Potential der Dinge in ihrer ‚sakralen' Dimension: Das Museum ist ein Kultort, an dem das Erfahrungswissen der Imker zirkuliert und tradiert wird.

Mit dem performativen Potential der Dinge eröffnet sich eine paradoxe Situation: Die Dinge treten uns einerseits als solide und unveränderliche Objekte entgegen und dennoch entfalten sie vielgestaltige Wirkungen, sie verfügen über verschiedene sinn- und beziehungsstiftende Qualitäten. Dinge erscheinen uns also als materiell und immateriell gleichzeitig. Auch hier zeigt sich die Wirkmächtigkeit, das performative Potential der Dinge: Sie bringen vermeintliche Gegen-

45 Ebd. S. 193.

46 Vgl. Fischer-Lichte, Erika: Ästhetik des Performativen, hier v.a. das Kapitel „Liminalität und Transformation", S. 305-314.

sätze zum Kollabieren und setzen damit eine sinn- und beziehungsstiftende Wirkung frei. Wird die Ausstellung als Aufführung und nicht als Werk gedacht, dann erscheinen die Museumsdinge in ihrer Ko-Präsenz mit den Betrachtern als „evocative objects“[47] oder im wahrsten Sinne des Wortes als ‚Erzählgegenstände‘: Sie stellen einerseits die Gegenstände bzw. Themen dar, über die erzählt wird und andererseits sind sie aufgrund ihres narrativen Potentials „telling things“[48] oder wie Mieke Bal festhält „vielsagende Objekte“.[49]

EXKURS: ÜBER DAS WIRKEN UND BEDEUTEN VON MUSEUMSDINGEN

In den ‚Erzählgegenständen‘ fallen Materialität, Signifikant und Signifikat zusammen, sie sind damit selbstbezüglich. Erika Fischer-Lichte sieht hierin eine für theatrale Aufführungen charakteristische Art der Wahrnehmung und Bedeutungserzeugung, die Analogien zu Walter Benjamins Symbolbegriff aufweist.[50] Die Bedeutung eines Symbols beruht für Benjamin nicht auf einer subjektiv hergestellten Beziehung, sie ist vielmehr „naturhaft“ und „gewachsen“:[51] Das Symbol hat seine Bedeutung in sein Inneres aufgenommen. Symbole sind zwar von Subjekten geschaffen, sie wollen allerdings nicht als gemacht erscheinen, sondern als natürlich. Sie verwischen daher die Spuren ihrer Subjektivität und entziehen sich damit – so Fischer-Lichte – jedem bedeutungsverleihenden Akt: Das Symbol „läßt sich lediglich wahrnehmen“[52] oder – um es mit Lévi-Strauss auszudrücken – Symbole bedeuten nicht, sie wirken.

Was heißt das jetzt für die Museumsdinge? Sind die *wilden Museumsdinge* naturhafte Symbole im Sinne Benjamins? Und entsprechen dann die *wissenschaftlichen Museumsdinge* eher Allegorien? Die Allegorie steht für Benjamin

---

47 Vgl. Turkle, Sherry (Hg.): Evocative Objects. Things We Think With, Cambridge (USA): MIT Press 2007.

48 Vgl. Albano, Caterina: „Displaying lives: the narrative of objects in biographical exhibitions“, in: Museum and Society 5(1), 2007: S. 15-28. S. 24.

49 Vgl. Bal, Mieke: „Vielsagende Objekte. Das Sammeln aus narrativer Perspektive“, in: dies., Kulturanalyse, S. 117-145.

50 Vgl. die Darstellung bei Fischer-Lichte, Erika: Ästhetik des Performativen, S. 250ff., die sich auf Walter Benjamins Ursprung des deutschen Trauerspiels bezieht.

51 Vgl. Benjamin, Walter: Ursprung des deutschen Trauerspiels, Frankfurt am Main 1972, S. 182; zitiert nach Fischer-Lichte, Erika: Ästhetik des Performativen, S. 250.

52 Fischer-Lichte, Erika: Ästhetik des Performativen, S. 251.

im Gegensatz zum Symbol, sie ist das Resultat einer subjektiven, beliebigen und künstlichen Zuschreibung von Bedeutung. Materialität, Signifikant und Signifikat fallen hier auseinander. Die Zuordnung der Museumsdinge zu einer der beiden Kategorien wird aus der performativen Perspektive obsolet: Fischer-Lichte löst die von Benjamin getroffene dichotomische Unterscheidung von Symbol und Allegorie auf, indem sie sie als zwei Formen der Wahrnehmung und Bedeutungserzeugung beschreibt, als zwei Arten der „Emergenz von Bedeutung",[53] die sich innerhalb einer Aufführung permanent abwechseln:

> „Jeden Augenblick kann die eine [Form der Wahrnehmung und Bedeutungserzeugung] in die andere umspringen: Was sich jetzt als Wahrnehmung von etwas, als sein phänomenales Sein vollzieht, springt im nächsten Moment um in seine Wahrnehmung als eines Signifikanten, auf den sich die unterschiedlichsten Signifikate beziehen lassen – die Wahrnehmung von etwas als ‚Symbol' kann jeden Augenblick umspringen in seine Wahrnehmung als ‚Allegorie'".[54]

Fischer-Lichtes Feststellung lässt sich auch auf Ausstellungen anwenden: Im Licht der „Ästhetik des Performativen" erscheinen uns die in einer Ausstellung präsentierten bzw. präsenten Dinge sowohl als Symbole als auch als Allegorien. Wir nehmen sie zunächst in ihrem „phänomenalen Sein" wahr, d. h., sie verweisen zunächst nur auf sich selbst und wirken im Sinne eines Symbols. Wenn sich dann die Aufmerksamkeit vom wahrgenommenen Ding löst, stellen sich willkürliche Assoziationen ein, die neue Bedeutungen bzw. Bewusstseinszustände hervorrufen. Im Museumsding verändert sich also permanent das Verhältnis zwischen Materialität, Signifikant und Signifikat. Dieses Oszillieren zwischen Symbol und Allegorie äußert sich für Pearce als die „poetic licence" der Museumsdinge,[55] die meines Erachtens sowohl für die *wilden* als auch für die *wissenschaftlichen* Museumsdinge gilt.

Mit der Performanztheorie verändert sich der Blick auf die Dinge. Sie können nicht länger – wie in der traditionellen Museumskunde üblich – als Objekte gesehen werden, denen Bedeutungen wie Etiketten anhaften und die die Besucher einer Ausstellung für die Erweiterung des eigenen Wissens entziffern sollen. Sie lassen sich nicht länger auf einen Status als Zeichen oder Repräsentanten eines Sachverhalts reduzieren. In der performativen Perspektive entfaltet sich die

---

53 Ebd. S. 240ff. Siehe auch den Abschnitt „Beschreibung der ersten Eindrücke: Zugang und Annäherung" in dieser Arbeit.

54 Ebd. S. 254.

55 Vgl. Pearce, Susan M.: On Collecting, S. 176f.

Bedeutung der Dinge erst im Prozess der Wahrnehmung, sie ist damit nicht ‚objektiv‘ und gegeben, sondern ‚subjektiv‘ und kontingent.[56]

Dieses unbestimmbare Moment in der „Emergenz von Bedeutung“ ist allen Museen eigen, allerdings unterscheidet sich die Art und Weise, wie sie damit umgehen: Im *wissenschaftlichen Museum* versucht man, die Dinge auf den Begriff zu bringen: Der Bedeutungsüberschuss des Museumsdings soll durch Techniken der Inszenierung und durch Objektbeschriftungen begrenzt werden.[57] Durch szenographische Interventionen kann das Auftauchen bestimmter, auf intersubjektiv gültigen, kulturellen Codes beruhenden Assoziationen provoziert werden. Objektbeschriftungen wiederum geben eine Lesart vor, ordnen dem Objekt eine spezifische Bedeutung zu. Das *wissenschaftliche Museumsding* gleicht damit eher der Allegorie als dem Symbol.[58] Im *wilden Museum* ist die ‚Domestizierung‘ oder ‚Beschränkung‘ der Bedeutungserzeugung nicht so weit fortgeschritten. Die Dinge sind hier nur sparsam inszeniert, ihr semantischer Überschuss wird kaum durch szenographische Mittel begrenzt. Zudem gibt es im *wilden Museum* auch kaum textlich fixierte Bedeutungen. Die Dinge sind daher offen für viele Assoziationen und Verwendungen, mit ihnen können viele verschiedene Erzählungen realisiert werden. Das *wilde Museum* gleicht daher mehr dem Symbol als der Allegorie.

Doch auch wenn beide Museumstypen jeweils eine Tendenz in Richtung symbolischer oder allegorischer Formen aufweisen, so lassen sie sich dennoch nicht einem dieser Bereiche zuweisen, sondern vereinen beide Formen der Bedeutungserzeugung in sich.

56 Vgl. hierzu Ansätze aus der konstruktivistischen Lerntheorie. Für eine Darstellung in Bezug auf Wissensvermittlung im Museum siehe Hein, George E.: „Museum Education“ oder Hooper-Greenhill, Eilean: Museum and the Interpretation of Visual Culture, London, New York: Routledge 2000, hier vor allem das Kapitel „Exhibitions and interpretation. Museum pedagogy and cultural change“, S. 124-150.

57 Vgl. hierzu auch den Abschnitt „Zeichen und Begriff“ in dieser Arbeit.

58 Dies gilt zumindest für traditionelle Ausstellungen, neuere Ausstellungsformate setzen gerade auf den durch die „poetic licence“ der Dinge nutzbaren Assoziationsreichtum.

DAS WILDE MUSEUM – VERSAMMELN, (SICH) SAMMELN UND ORDNEN

Dinge von Belang – das Verhältnis von Menschen und Dingen

Wenn Menschen und Dinge zusammentreffen, entfalten sich in ihrem Zusammenspiel Wirkungen, die sich – wie die Analysen gezeigt haben – auf verschiedene Art und Weise äußern können. Dieses performative Potential, das sich durch die Ko-Präsenz von Menschen und Dingen entfaltet, ist Gegenstand vieler Beiträge aus der Sachkulturforschung, den Museum oder Material Culture Studies.[59] Viele Autorinnen und Autoren lokalisieren diese ‚Kraft' bei den Dingen. Das ‚Bedeuten' wird als eine Eigenschaft der Dinge beschrieben, die Dinge selbst werden als Zeichen oder Bedeutungsträger benannt.[60] Krzystof Pomian prägt hierfür den Begriff der „Semiophoren".[61] Die Bedeutungen werden dabei oft wie eine ‚Zutat' zum Objekt interpretiert, es ist die Rede davon, dass sie den Dingen attribuiert, zu- oder eingeschrieben sind.[62] In der Museumswelt ist häufig von den „Botschaften der Dinge"[63] die Rede oder von Dingen, die Geschichten erzählen.[64] Für die Erklärung dieses bedeutungsgenerierenden Potentials der

59 Für einen Überblick siehe Hahn, Hans Peter: Materielle Kultur. Oder auch Sammelbände bzw. Monographien wie Miller, Daniel (Hg.): Material culture. Why some things matter, London: University College London (UCL) 1998; Buchli, Victor (Hg.): Material Culture. Critical Concepts in The Social Sciences, London, New York: Routledge 2004; Buchli, Victor (Hg.): The material culture reader, Oxford, New York: Berg 2002 oder auch Glassie, Henry: Material Culture, Bloomington, Indianapolis: Indiana University Press 1999.

60 Vgl. Schärer, Martin R.: Die Ausstellung, S. 58ff. oder Flügel, Katharina: Einführung in die Museologie, S. 56ff.

61 Vgl. Pomian, Krzystof: Der Ursprung des Museums. Vom Sammeln, Berlin: Wagenbach 1988.

62 Vgl. Geimer, Peter: „Über Reste", in: te Heesen, Anke; Petra Lutz (Hg.): Dingwelten. Das Museum als Erkenntnisort, Köln, Weimar, Wien: Böhlau Verlag 2005, S. 109-118.

63 Vgl. Bausinger, Hermann: „Die Botschaft der Dinge", in: Kallinich, Joachim; Bastian Bretthauer (Hg.): Botschaft der Dinge, Heidelberg: Edition Braus 2003, S. 10-12.

64 Vgl. Ottomeyer, Hans: „Die Sprache der Dinge – Von Bildern und Zeugnissen in Geschichtsmuseen", in: Ottomeyer, Hans; Estehr Sophia Sünderhauf: Das Deutsche Historische Museum 2008, Berlin 2008, S. 4-7.

Dinge, greifen viele Autorinnen und Autoren auf die Semiotik und seit den 1990er-Jahren auch verstärkt auf die Narratologie als Leittheorien zurück.

In den letzten Jahren rücken die Akteurs-Qualitäten der Dinge immer stärker in den Vordergrund, der semiotisch orientierte Blick auf Objekte und ihre Bedeutungen weicht zunehmend einer performativen Sicht. In jüngeren Studien zur materiellen Kultur wird sogar die Vorstellung hinterfragt (und verstärkt auch aufgegeben), dass Subjekte und Objekte zwei verschiedenen, klar voneinander getrennten Reichen angehörten.[65]

Auch in der „Ästhetik der Performanz" wird den Dingen Wirkmächtigkeit zugesprochen. Erika Fischer-Lichte zum Beispiel greift Gernot Böhmes Auffassung auf, der in den Dingen keine in sich geschlossenen, klar abgegrenzten Gegenstände sieht. Für Böhme zeichnen sich die Dinge vielmehr dadurch aus, dass sie aus sich heraustreten, sie wirken auf ihre Umgebung und „tingieren"[66] sie. Böhme führt hierfür den Begriff der „Ektasen der Dinge" ein.[67] Unter diesem Blickwinkel betrachtet, sind die Dinge keine Zeichen, sie bedeuten uns nichts, aber sie wirken auf uns. Wie ich im zweiten Kapitel dargelegt habe,[68] geht es einer „Ästhetik der Performanz" nicht darum, Regeln für das Verstehen und Bedeuten herauszuarbeiten. Wie Erika Fischer-Lichte darlegt, geht es darum, anzuerkennen, dass „Wahrnehmung und Bedeutungserzeugung der gleiche Prozeß sind".[69]

Aus der performativen Perspektive gehören Menschen und Dinge nicht zwei verschiedenen Reichen an, sondern sie teilen einen (atmosphärischen) Raum, den sie gemeinsam konstituieren. Die Dinge erscheinen also nicht länger als unbelebte Gegenstände, denen Menschen Bedeutungen wie Etiketten anheften, sondern ihnen wird eine Wirkmächtigkeit zugesprochen, die für die „Emergenz von Bedeutungen"[70] sorgen kann. Autoren wie Alfred Gell[71] oder Bruno Latour[72] sprechen den Dingen „agency", also eine aktive, handlungsgestaltende Kraft zu,

65 Eine detailreiche Darstellung findet sich bei Miller, Daniel: „Materiality: An Introduction", in: ders. (Hg.): Materiality, S. 1-50. Siehe auch Turkle, Sherry (Hg.): Evocative Objects sowie den Abschnitt „Objektverwendungen – die performative Qualität der Museumsdinge" in dieser Arbeit.

66 Vgl. Böhme, Gernot: „Atmosphäre als Grundbegriff einer neuen Ästhetik", S. 32.

67 Vgl. ebd. das fünfte Kapitel „Das Ding und seine Ekstasen" S. 31-34.

68 Vgl. den Abschnitt „Beschreibung der ersten Eindrücke: Zugang und Annäherung".

69 Fischer-Lichte, Erika: Ästhetik des Performativen, S. 247.

70 Vgl. ebd. S. 240-280.

71 Vgl. Gell, Alfred: Art and agency. An anthropological theory, Oxford: Clarendon Press 1998.

72 Vgl. Latour, Bruno: Eine neue Soziologie für eine neue Gesellschaft.

die bislang den Menschen vorbehalten war. Nicht nur in der Museumswelt ist Bruno Latours Ding-Verständnis auf fruchtbaren Boden gefallen.[73] Mit seiner feinsinnigen Unterscheidung zwischen „matters of fact" und „matters of concern" bietet Latour eine neue Sicht auf die Dinge, jenseits von Materialität und Bedeutung:

> „Die Wirklichkeit ist nicht durch Tatsachen definiert. Tatsachen, *matters of fact,* machen nicht die ganze Erfahrung aus. Tatsachen sind nur eine sehr partielle und, wie ich meine, sehr polemische, sehr politische Wiedergabe der Dinge, die uns angehen, der *matters of concern,* und bloß eine Teilmenge dessen, was man auch den ‚state of affairs', den *Stand der Dinge* nennen könnte. [...] Einerseits ist ein Ding ein Objekt da draußen, andererseits ein Anliegen *da drinnen,* in jedem Fall ein *Versammeln.* [...] Dasselbe Wort *Ding* bezeichnet *matters of fact,* Tatsachen, und *matters of concern,* Dinge, die uns angehen."[74]

Für Latour ist die „Wirklichkeit" weder durch Dinge noch durch Menschen bestimmt, sondern durch Dinge *und* Menschen. Sie bilden ein Kollektiv, das sich – je nach Verhandlungsgegenstand – immer wieder neu zusammensetzt. In diesem Zusammenhang prägte Latour das viel zitierte Schlagwort vom „Parlament der Dinge",[75] das für Latour idealerweise aus zwei Kammern besteht: „Die erste, von uns Oberhaus genannt, ist mit der Aufgabe der Einbeziehung betraut, die zweite, das Unterhaus, mit der Aufgabe des Ordnens."[76]

---

73 Vgl. die von ihm am Zentrum für Kunst und Medien in Karlsruhe kuratierte Ausstellung „Making Things Public" und die in diesem Zusammenhang entstandenen Publikationen: Latour, Bruno: Peter Weibel (Hg.): Making Things Public. Atmospheres of Democracy, Cambridge (USA), London (UK): The MIT Press 2005 und Latour, Bruno: Von der Realpolitik zur Dingpolitik. Das Konzept der von Susanne Wernsing kuratierten Dauerausstellung „Alltag – eine Gebrauchsanweisung" im Technischen Museum Wien basiert auf der Rezeption von Latours Theorie. Siehe hierzu Wernsing, Susanne: „Zwischen Mensch und Material: Technisches Handeln als Ausdruck des ‚Immateriellen' in der Ausstellung Alltag – Eine Gebrauchsanweisung.", in: Beier-de Haan, Rosmarie; Marie-Paule Jungblut (Hg.): Das Ausstellen und das Immaterielle. Beiträge der 1. Museologischen Studientage Neumünster, Luxemburg 2006; hg. von Rosemarie Beier-De Haan; Jungblut Marie-Paule, München: Deutscher Kunstverlag [u. a.] 2007, S. 36-49.

74 Latour, Bruno: Elend der Kritik. Vom Krieg um Fakten zu Dingen von Belang, Zürich, Berlin: diaphanes 2007. S. 21 und 24.

75 Vgl. Latour, Bruno: Das Parlament der Dinge; Latour, Bruno; Peter Weibel (Hg.): Making Things Public; Latour, Bruno: Von der Realpolitik zur Dingpolitik.

76 Latour, Bruno: Das Parlament der Dinge, S. 211.

Das Oberhaus geht der Frage nach, wie das Kollektiv zusammengesetzt sein soll, durch welche ‚Assoziationen' von Dingen und Menschen ein Verhandlungsgegenstand konstituiert wird, welche Parteien in die Verhandlung einbezogen werden sollen. Das Oberhaus fragt: Wie viele sind wir? Das Unterhaus hingegen fragt: Können wir zusammen leben? Im „Parlament der Dinge" geht es um das Versammeln und das Ordnen von *Dingen von Belang*.

Die Tätigkeit der beiden Kammern ähnelt dem Vorgehen bei der Einrichtung eines *wilden Museums*: Im Sammeln und Ordnen der Dinge finden Aus- und Verhandlungsprozesse statt. Wie in den Analysen deutlich geworden ist, sind die *wilden Museumsdinge* reine *Dinge von Belang*. Im *wilden Museum* werden sie nicht als *matters of fact* eingesetzt, als Fakten oder Tatsachen, die auf abstrakte Sachverhalte verweisen, sie haben sich vielmehr als *matters of concern* gezeigt, als Dinge, die die Museumsmacher angehen. Im so entstandenen ‚Museums-Parlament', in dieser ‚Versammlung' von Dingen und Menschen, wird immer auch die Frage nach der Möglichkeit des Zusammenlebens verhandelt. Auch wenn die Frage nicht wortwörtlich gestellt wird, spiegelt sie sich dennoch in den im *wilden Museum* diskutierten Identitätsfragen wider. Die hier geführten ‚Debatten' sind dabei mehr oder weniger öffentlich: Sie werden sowohl innerhalb der Gruppe der Museumsmacher geführt als auch mit den Besuchern. Das Bienenmuseum zum Beispiel hat sich als eine Versammlung von ‚Wissens-Dingen' gezeigt. Indem die Museumsmacher über diese *Dinge von Belang* reden, verhandeln sie die verschiedensten Themen: Wie pflegt man die Bienen richtig? Wer ist ein guter Imker? Und wer ist ein ‚berufener' Imker? Wer gehört zu uns? Und wie sichern wir den Fortbestand unserer Gemeinschaft? Im McNair-Museum steht eher das Einbeziehen im Vordergrund. Hier geht es um die Frage „Wer sind wir?" und „Wer gehört zu uns?" Indem hier *Dinge von Belang* gesammelt und geordnet werden, entsteht ein Erinnerungsraum, der dem Fortbestand der Gruppe der Ehemaligen dient. Für das Museum Elbinsel Wilhelmsburg hingegen wird die Frage nach dem Zusammenleben eine Frage danach, wie sich das Leben in Wilhelmsburg gestaltet, wer darüber bestimmt und mit wem man hier leben muss oder möchte.

Mit der Anwendung einer performativen Perspektive zeigt sich, dass die Museumsdinge viel mehr sein können als nur Zeichen. Ihre Wirkungen gehen weit über das Verweisen hinaus, ihre Bedeutung ist Teil ihrer Wirkung. In den Analysen ist deutlich geworden, dass Museumsdinge aufgrund ihrer performativen Kraft und symbolischen Qualitäten im Zusammenspiel mit Menschen Wirkungen entfalten, die weit über das Vermitteln von Bedeutungen hinausgehen. Sie können Beziehungen stiften, Wissen zirkulieren lassen oder das Material für Erzählungen liefern. Durch ihre Eigenschaft, gleichzeitig der Vergangenheit und

Gegenwart anzugehören, bieten die Museumsdinge die Möglichkeit zurückzutreten, sie schaffen Distanz zur unmittelbaren Gegenwart und ermöglichen so, diese in der Außensicht wahrzunehmen. Mit Museumsdingen können soziale und narrative Räume eröffnet werden. *Wilde Museum* sind Heterotopien, an denen verschiedene (Gegen-) Erzählungen realisiert werden können.

Das Museum als Ort der Bedeutungserzeugung gleicht damit eher einem ‚semantischen Feld' als einem Lehrbuch oder einer Enzyklopädie. Es stellt eher einen Raum für verschiedene (Denk-) Bewegungen und symbolische Operationen (wie Lévi-Strauss wohl sagen würde) dar: Der Gang durch eine Ausstellung gleicht damit weniger einer klar definierten, linearen Erzählung als vielmehr einem Streifzug durch ein weites semantisches Feld, das Raum für vielfältige Assoziationen und Erzählungen bietet. Aus der performativen Perspektive zeigt sich: Die Museumsdinge haben keine Bedeutung, aber sie bedeuten uns etwas.

Sich sammeln und Sinn stiften

Das Sammeln als eine spezifische Ausprägung des Ding-Mensch-Verhältnisses steht im Mittelpunkt vieler Forschungsarbeiten aus unterschiedlichsten Fachbereichen.[77] Dabei wird immer wieder die identitätskonstituierende Funktion des Sammelns thematisiert.[78] Für den Ethnologen Andrew Moutu zum Beispiel ist eine Sammlung – wie ich in der Analyse zum McNair-Museum ausführlich dargestellt habe – „A Way of Being",[79] über den Kontinuität und Kohärenz hergestellt wird. Für Moutu ist das Sich-Sammeln ein ‚Aus-dem-Strom-der-Zeit-Heraustreten', ein Nullpunkt, von dem aus die Dinge neu geordnet und gedeutet werden können. Für Moutu wird jede Sammlung durch eine Verlusterfahrung begründet: Nur, wer ‚den Faden verloren' hat, muss sich sammeln. Über das

77 Hier nur eine kleine Auswahl von Titeln: Pearce, Susan M.: On Collecting; Stewart, Susan: On Longing; Knell, Simon J. (Hg.): Museums in the Material World, London, New York: Routledge 2007; Carstensen, Jan (Hg.): Die Dinge umgehen? Sammeln und Forschen in kulturhistorischen Museen, Münster [u. a.]: Waxmann 2003; te Heesen, Anke; Emma C. Spary (Hg.): Sammeln als Wissen; Sommer, Manfred: Sammeln. Ein philosophischer Versuch, Frankfurt am Main: Suhrkamp 1999; Pomian, Krzystof: Der Ursprung des Museums.

78 Vgl. u. a. Clifford, James: „Sich selbst sammeln", in: Korff, Gottfried; Martin Roth (Hg.): Das historische Museum. Labor, Schaubühne, Identitätsfabrik, Frankfurt am Main, New York: Campus Verlag 1990, S. 87-106; Handler, Richard: Nationalism and the politics of culture in Quebec; Dicks, Bella: Culture on Display.

79 Moutu, Andrew: „Collections as a Way of Being", vgl. hierzu auch den Abschnitt „Das McNair-Museum: Geschichten vom „Sich-Sammeln"

Sich-Sammeln werden also sowohl gedanklich als auch in dingfester Form unterbrochene Beziehungen und Bezüge neu geknüpft, indem man sich sammelt, kann man den verlorenen Faden wieder aufnehmen und die Geschichte fortsetzen.

Im Licht von Moutus Konzept des Sich-Sammelns betrachtet, stellt sich das *wilde Museum* als eine kulturelle Äußerungsform dar, mit der eine Verlusterfahrung bewältigt und über die für Kontinuität und Kohärenz gesorgt wird. Doch Moutu sieht im Sich-Sammeln keine rein kompensatorische Funktion: Mit dem Sich-Sammeln soll nicht ein Riss in der Zeit überdeckt oder kaschiert werden, es geht vielmehr darum innezuhalten, um fortfahren zu können. Diese Funktion des Sich-Sammelns ist im McNair-Museum sehr deutlich geworden: Das Museum ist nicht der Versuch, die untergangene Welt der ehemaligen Zivilangestellten zu konservieren, es hat sich vielmehr als ‚Sammelstelle' für Erinnerungen und soziale Beziehungen gezeigt und eröffnet den Museumsnutzern einen Raum für die aktive Erinnerungsarbeit und Gemeinschaftspflege. Dies gilt auch für das Bienenmuseum: Es ist kein ‚Gedenkort' für die Imkerei, es ist vielmehr ein lebendiges Museum, in dem die Museumsmacher ihre ‚Wissensdinge' versammeln, ihr Erfahrungswissen zusammentragen und weitergeben. In Wilhelmsburg schließlich ‚sammelt man sich', um ‚anschaulich' davon erzählen zu können, wer man war, wer man sein möchte und wie man leben möchte.

Die sinn- und damit identitätsstiftende Funktion des „Sich selbst Sammelns" wird auch von James Clifford beschrieben,[80] für den Identität über das Sammeln und Ordnen von Dingen, ihre Zu- und Einordnung in Werthierarchien und Bedeutungssysteme hergestellt wird. Wenn diese Ordnung *wild* wird und sich jenseits wissenschaftlicher Klassifikationen bewegt, dann – so Clifford – entfalten die Dinge eine beunruhigende Kraft, die ich das performative Potential der Dinge nennen möchte:

„Auf einer privaten Ebenen können wir – statt Objekte allein als kulturelle Zeichen und künstlerische Ikonen zu verstehen – zu ihnen zurückkehren, […] zu ihrem verlorenen Status als Fetische – nicht aber als Muster eines abweichenden oder exotischen ‚Fetischismus', sondern als *unsere eigenen* Fetische. Diese notwendigerweise private Taktik brächte den Dingen in den Sammlungen die Macht, uns zu fesseln, statt nur zur Erbauung oder Information beizutragen. Afrikanische und ozeanische Gegenstände könnten wieder *objets sauvages* sein, Quellen der Faszination, ausgestattet mit der Macht der Beunruhigung. Im Lichte ihres Widerstands gegenüber der Klassifikation könnten sie uns daran erinnern, wie

80 Clifford, James: „Sich selbst sammeln".

wenig wir uns selbst gehören, und an die Gegenstände, die wir benötigen, um eine Welt um uns herum zu versammeln.“[81]

Sammeln, so wird deutlich, ist mehr als das Anhäufen von Gütern, es ist auch „A Way of Being“ und gleichzeitig eine Erinnerung daran, dass unsere Welt aus den vielgestaltigen Beziehungen zwischen Menschen und Dingen besteht. *Wilde Museen* sind Orte, an denen diese Beziehungen geknüpft und erhalten, an denen sie betrachtet und nach ihrem Sinn befragt werden können. *Wilde Museen* sind Orte der Versammlung von Menschen und Dingen. Sie ermöglichen, aus dem Strom der Zeit herauszutreten, ‚sich zu sammeln‘ und innezuhalten, sie sind alltagsenthobene Räume, in denen Dinge gesammelt, betrachtet und geordnet werden, sie sind materielle und symbolische Räume, in denen die Dinge in einen sinnvollen Zusammenhang gebracht werden.

Für Daniel Miller stellt das private Sammeln und Ordnen einen Ausdruck der Säkularisierung und Demokratisierung in der Postmoderne dar. Waren es früher Religion oder Staat, die für ‚Ordnung‘ sorgten, so ist diese Aufgabe heute auf das Individuum übergegangen:

„[...] among the things once accomplished by religion or by the state but now increasingly delegated downwards, to individuals and households, is the responsibility for creating order and cosmology. [...] An order, moral or aesthetic, is still an authentic order even if one creates it for oneself and makes it up as one goes along, rather than inheriting it as tradition or custom.“[82]

Damit spiegelt die Popularisierung des Sammelns und Ordnens für Miller nicht die Fragmentiertheit und den Niedergang der Gesellschaft wider, sondern es zeigt vielmehr, dass die Aufgabe der Sinnstiftung heute beim Individuum liegt. Wenn Menschen Ordnungen etablieren, so tun sie dies nicht im abstrakten Raum, sondern immer in Beziehungen: und zwar zu Menschen und zu Dingen.[83]

Sich sammeln und Beziehungen stiften

Sammeln stiftet Beziehungen. Dies gilt nicht nur, wie ich im vorangegangenen Abschnitt dargestellt habe, für gedankliche Zusammenhänge und Ordnungskriterien, sondern auch für menschliche Beziehungen. Über die kulturelle Praxis des

81 Ebd. S. 103.

82 Miller, Daniel: The Comfort of Things, Cambridge: Polity Press 2008, S. 293.

83 Vgl. ebd. S. 296.

Sammelns kommen Menschen zusammen, die Interesse am gleichen (Erzähl-) Gegenstand haben.

Für den Beginn des 19. Jahrhunderts haben sowohl Anke te Heesen als auch Simon Knell in detailreichen Untersuchungen die soziale und politische Funktion des Sammelns herausgearbeitet.[84] Am Beispiel der Gesellschaft Naturforschender Freunde in Berlin legt te Heesen offen, wie über das Sammeln Beziehungen zwischen Menschen, Dingen und Wissenskonzepten geknüpft und verhandelt werden. Knell verbindet seine Untersuchung über den Umgang geologischer Vereinigungen mit Fossilien mit politischen und institutionellen Entwicklungen. Te Heesen zeigt in ihrer Untersuchung der Gesellschaft Naturforschender Freunde (im folgenden GNF genannt), dass in den Anfangsjahren der Gesellschaft eine enge Verbindung zwischen Mitgliedern und Sammlungsobjekten bestand:

> „Die Naturalien repräsentierten die schenkende Person. So verwundert es nicht, wenn die Verwaltung der Objekte im wesentlichen der Erinnerung der Donatoren galt. Bei der Anlage der Verzeichnisse stand nicht der Aufbau einer systematischen Bibliotheks- oder Naturalienordnung im Vordergrund, sondern das Verzeichnen der Schenkenden."[85]

Aber nicht nur innerhalb der Gesellschaft entstanden durch das Sammeln Beziehungen, es bot auch Anlässe und Anknüpfungspunkte für den Aufbau von Kontakten zu Gelehrten, Händlern und Reisenden.[86]

Dieser Befund gilt auch für das McNair-Museum und das Bienenmuseum. In beiden Museen wird über die Dinge ein sozialer Raum entfaltet, werden Beziehungen zu anderen Ehemaligen bzw. Imkern geknüpft. Und auch hier gilt – wie te Heesen für die GNF festhält – dass es beim Sammeln nicht allein um das Anhäufen und Stillstellen von Schätzen geht:

> „Alle Mitglieder hatten Zugang zu den Naturalien, jeder konnte sich mit dem Besitz des anderen beschäftigen und die Objekte zu seiner eigenen Wissensvermehrung nutzen, und umgekehrt erhielt der Besitzer wertvolle Hinweise von seinen Kollegen. Jede hinzuge-

84 te Heesen, Anke: „Vom naturgeschichtlichen Investor zum Staatsdiener", in: te Heesen, Anke; Emma C. Spary (Hg.): Sammeln als Wissen. Knell, Simon J.: „Museum, fossils and the cultural revolution of science: mapping change in the politics of knowledge in early nineteenth-century Britain", in: ders. (Hg.): Museum Revolutions. How Museums Change and are Changed, Oxon, New York: Routledge 2007, S. 28-47.

85 te Heesen, Anke: „Vom naturgeschichtlichen Investor zum Staatsdiener", S. 70.

86 Vgl. ebd. S. 71.

wonnene Erkenntnis erhöhte den Wert eines Objekts, so daß durch die allgemeine Verfügbarmachung oder Zirkulation der Naturalien ein beständiger Wertezuwachs erfolgte. Bei der ideellen Zirkulation der Naturalien wurden die nichtökonomischen Werte einer Naturalie – Kenntnis der Natur, Freundschaftsbezeugung und Vertrauen – durch die Beschäftigung und den Austausch vermehrt.“[87]

Das Naturalienkabinett der Freunde lässt sich daher für te Heesen nicht auf den materiellen Raum begrenzen, sie sieht darin vielmehr „ein enges Beziehungsnetz freundschaftlicher Verbindungen vieler Kabinetteigner einer Stadt und einer Region.“[88]

Das über eine gemeinsam zusammengetragene Sammlung geknüpfte Beziehungsnetz macht auch das McNair-Museum zu einem so wirkungsvollen Erinnerungsraum und Ort der Gemeinschaftspflege. Über das Sammeln von ‚Souvenirs‘ werden die Beziehungen zwischen den einzelnen Ehemaligen und dem Initiativkreis als Sachverwalter der Erinnerung genauso gefestigt wie die Beziehungen zwischen den jeweiligen Individuen. Über die Erinnerungsdinge entsteht ein gedanklicher Raum, in dem die eigenen Erlebnisse und Erfahrungen nicht für sich stehen, sondern in dem sie sich ‚in guter Gesellschaft‘ befinden und gut aufgehoben sind. Ähnliches gilt für das Bienenmuseum, in dem ebenfalls über das Sammeln und Ausstellen von Objekten ein Beziehungsnetz geflochten wird: Über das Zusammentragen der ‚Wissensdinge‘ wächst der kollektive Bestand an Erfahrungswissen und mit dem Museum schaffen sich die Imker einen Ort, an dem das Wissen zirkulieren und an Neulinge weitergegeben werden kann.

Mit der Übergabe eines Objekts in die Sammlung wird eine persönliche Beziehung zwischen dem Geber und dem Museum bzw. den Museumsmachern etabliert. Wie ich in der Analyse zum McNair-Museum unter Bezug auf Marcel Mauss’ Theorie des Gabentauschs ausführlich dargestellt habe,[89] manifestieren sich diese Beziehungen in den Sammlungsobjekten. Wie Mauss feststellt, ist eine Gabe nie interesse- oder folgenlos. Eine Gabe muss erwidert werden. Mit dem Akt des Gebens und Annehmens entstehen Verpflichtungen, die auf die eine oder andere Art erfüllt werden müssen. Eine Sammlung stellt daher einen sozialen Raum dar, in dem verschiedene Beziehungen verwirklicht werden und in dem auch das Verhältnis zwischen den Gebern und den Sachverwaltern der Dinge ausgehandelt wird.

Diese Beziehungen verändern sich, wenn sich der Charakter der Sammlung verändert. So hat te Heesen für die GNF eine mit der zunehmenden Verwissen-

87 Ebd. S. 74.

88 Ebd. S. 75.

89 Vgl. den Abschnitt „Das Museum als Widmung und Gabe“ in dieser Arbeit.

schaftlichung der Sammlungspraxis und Mitgliederstruktur einhergehende Loslösung von Personen und Objekten beobachtet. Mit der Herausbildung der Wissenschaften verändern sich die an eine Sammlung gestellten Anforderungen: Aus Liebhabersammlungen werden Universitätsmuseen; an die Stelle der Amateure und ihrer durch persönliches Wissen und Vermögen aufgebauten Sammlungen, tritt nun ein Staatsdiener, der eine Sammlung, die ihm nicht gehört, nach allgemeinen Kriterien verwaltet. Sammlungsstücke werden zu „Unterrichts- und Anschauungsmaterial",[90] Dinge zu Objekten oder – wie Lévi-Strauss wohl sagen würde – aus Symbolen werden Begriffe.

Dieser Prozess zeichnet sich auch im Museum Elbinsel Wilhelmsburg ab. Wie ich dargestellt habe, befindet es sich derzeit im Übergang vom kommunikativen zum kulturellen Gedächtnis, eine Veränderung, die sich auch im Verhältnis von Dingen und Menschen abzeichnet. In Wilhelmsburg wird im Gegensatz zu den anderen von mir untersuchten Museen nicht mehr aktiv gesammelt. Die Sammlung ist stillgestellt und die Objekte verändern zunehmend ihren Status: aus Sammlungsstücken mit persönlichen Beziehungen werden Anschauungsgegenstände mit allgemeinen Bezügen. Auch in Wilhelmsburg zeigt sich, dass sich die Dinge mit einer zunehmenden biographischen Entfernung und der damit einhergehenden Verwissenschaftlichung ihrer ‚Botschaften' von den Personen lösen.

Der soziale Raum wird zum wissenschaftlichen Raum – zumindest was das Verhältnis von Dingen und Menschen angeht. Parallel zu diesem Prozess wird aber im Museum das Café Eléonore eingerichtet, das sich zu einem wichtigen Treffpunkt für Leute aus der Nachbarschaft entwickelt hat. Auch wenn sich die Beziehungen zwischen Personen und Objekten lösen und die persönlichen Beziehungen zu den Dingen mehr und mehr einer (wissenschaftlichen) Bezeichnung weichen, so wird der soziale Aspekt dennoch weitergeführt. Er verlagert sich von den Dingen auf das Café, in dem man sich trifft und in dem immer mehr Veranstaltungen stattfinden. Die sozialen Beziehungen werden nicht mehr primär über die Objekte konstituiert, sondern zunehmend über gemeinsame Aktivitäten oder Interessen.

Simon Knell rückt in seiner Untersuchung die über das Sammeln ausgehandelten institutionellen und politischen Beziehungen in den Vordergrund. Die geologischen Vereinigungen bezeichnet er als „local parliaments" und „inclusive forum",[91] weil hier Menschen ungeachtet ihrer politischen und religiösen Überzeugungen zusammenkamen. Ausschlaggebend für die Aufnahme in eine Gesellschaft war einzig und allein das geteilte Interesse an Fossilien. Die Vereini-

90 Ebd. S. 80.

91 Knell, Simon J.: „Museum, fossils and the cultural revolution of science", S. 35.

gungen waren dennoch nicht unpolitisch, wie Knell ausführt: Über das gemeinschaftliche Sammeln, Einrichten und Betreiben von Museen wurden Fragen der sozialen Positionierung ausgehandelt, sie dienten der individuellen, lokalen, regionalen und nationalen Identitätskonstruktion sowie dem Aufbau sozialer Netzwerke.[92] Die Fossilien fungierten dabei als „social resource".[93]

In den *wilden Museen* zeigen sich ähnliche Strukturen, wie sie te Heesen und Knell für die zu Beginn des 19. Jahrhunderts sammelnden Gesellschaften herausgearbeitet haben. Das Sammeln und Ausstellen, der Austausch von Objekten und Ansichten bzw. von Erfahrungen und Erinnerungen, ist eine Form der Geselligkeit unter Amateuren. Sammeln ermöglicht Kontakte, eröffnet neue Verkehrsformen von Menschen und Dingen. Dies galt bereits für das Sammeln im 17. Jahrhundert, wie Sharon Macdonald festhält:

> „Moreover, collecting worlds were also social worlds. Collecting produced not just new knowledge but also new kinds of social practices (for example of trade in exotic artifacts, and of gentlemanly visiting of noted collections) and social relationships (for example, between collectors and their patrons). Possessing a collection became a mark of status injecting a new dynamic possibility into existing social hierarchies; and the relative qualities of collections themselves became a basis for identifying and expressing social distinctions. Collecting was a means of fashioning and performing the self via material things; and the new social figure of the collector became the epitome of the then relatively novel idea that personal identities could be made rather than being definitely ascribed at birth."[94]

Mit dem Museum schafft man sich einen sozialen Raum, der dauerhaft ist und der zur Identitätsbildung, Kontaktpflege und sozialen Positionierung genutzt werden kann. Die institutionalisierte Form des Museums ist in weiten Teilen der Bevölkerung etabliert und auch als kulturelle Äußerungsform anerkannt. Museumsarbeit stiftet Beziehungen und verschafft Kontakte zu verschiedenen Schichten und Kreisen. Über das Museum kann man – wie Simon Knell feststellt – am „honeypot of social elevation"[95] teilhaben.

Diesen Aspekt thematisierten die Museumsmacher immer wieder in den Interviews. Sie berichteten von Einladungen zu offiziellen politischen und kultu-

92 Vgl. ebd.

93 Ebd. S. 28.

94 Macdonald, Sharon: „Collecting Practices", S. 85. Auch heute noch gibt es zahlreiche solcher Gruppen, die sich über den Austausch von Objekten und das Sich-Austauschen über die Dinge organisieren. Ein Beispiel ist die Frankfurter Numistische Gesellschaft, die ihren Sitz traditionellerweise im Historischen Museum Frankfurt hat.

95 Knell, Simon J.: „Museum, fossils and the cultural revolution of science", S. 35.

rellen Anlässen. Als Repräsentanten des Museums wurden sie für Politiker, Unternehmer, Journalisten, Prominente (und natürlich auch für mich als Wissenschaftlerin) interessant. Mit der Organisation von Veranstaltungen und Märkten, der Durchführung von Weiterbildungsangeboten und Informationsabenden oder dem Ausrichten größerer und kleinerer Feste werden die Museumsmacher Teil der städtischen oder regionalen Kulturlandschaft, sie werden zu Personen des öffentlichen Lebens. Über das Sammeln und Ausstellen sowie das Erzählen über Dinge erweitern die *Museumsmacher* ihre Verkehrs- und Wirkungskreise. Die Tatsache, dass viele *wilde Museen* in leer stehenden kommunalen Gebäuden untergebracht sind, verstärkt zusätzlich die Bindung zwischen Lokalpolitik und Museumsmachern. Auch hierin kann eine Form des Gabentauschs gesehen werden: Die Museumsmacher bekommen Räumlichkeiten, die Politiker oder lokalen Unternehmer bekommen dafür Öffentlichkeit, so dass für beide Parteien gilt – Museummachen steigert das eigene kulturelle und soziale Kapital.

Wilde Museen als populäre kulturelle Äußerungsform der Spätmoderne

In meiner Untersuchung konnte ich herausarbeiten, dass das *wilde Museum* eine höchst vielseitige und effektive kulturelle Äußerungsform unserer Zeit darstellt. Es hat sich als ein Ort gezeigt, an dem über das Sammeln und Ausstellen von Dingen verschiedenste Themen und Anliegen verhandelt werden können. *Wilde Museen* sind Orte des Erzählens über Dinge, an denen sich die Interdependenz von Menschen und Dingen deutlich manifestiert und an denen ablesbar wird, „how the things that people make, make people."[1]

In den Analysen ist klar geworden, dass Dinge viel mehr sind als Zeichen, die bestimmte Bedeutungen repräsentieren. Die *wilden Museumsdinge* haben sich als symbolische Gegenstände gezeigt, mit denen vielfältige Operationen durchgeführt werden können. Sie sind Erinnerungsdinge, Wissensdinge, Beziehungsdinge und unter anderem auch Erzählgegenstände. Durch ihre Eigenschaften der Zweizeitlichkeit und ihres sowohl materiellen als auch immateriellen Charakters verfügen sie über ein performatives Potential, das sie zu wirkmächtigen „Dingen von Belang" macht. Sie haben sich als Erzählgegenstände gezeigt, mit denen die Museumsmacher verschiedene *plots* realisieren können.

Die Popularität des *wilden Museums* liegt auch darin begründet, dass es sich ohne großen technischen und finanziellen Aufwand realisieren lässt: Für das Erzählen über Dinge benötigt man eine Sammlung und einen Raum, in dem die Dinge angeordnet und ausgestellt werden. Die Sammlung wird meistens über Schenkungen und Leihgaben zusammengetragen – dies mag zwar mühevoll und arbeitsintensiv sein, erfordert aber keinen hohen technischen oder finanziellen Einsatz – und die Räumlichkeiten werden häufig von der Kommune gestellt oder zu einem reduzierten Preis angemietet. Das *wilde Museum* ist folglich ein Medium, das ohne den Einsatz von technischen Geräten oder mittels aufwendiger

1 Miller, Daniel: „Materiality: An Introduction", S. 38.

Produktionsverfahren funktioniert. Zudem sind die Dinge, das für die Kulturtechniken des Sammelns und Ausstellens nötige ‚Rohmaterial', heute in ausreichender Anzahl vorhanden: In unserer von großem Sachbesitz und einer hohen Veränderungsrate geprägten Gesellschaft verlieren immer mehr Gegenstände ihren Gebrauchswert und werden daher für neue, symbolische Verwendungen frei.

Der bricolierende Charakter des wilden Museums ist Ausdruck der für die Spätmoderne charakteristischen Veränderungen hinsichtlich der Wissenskonzepte und -strukturen. In der bricolage sehen Theo Hug und Josef Perger eine neue, für unsere Gegenwart typische Wissensform:[2] Die bricolage mit ihrem improvisierenden und situativen Charakter stellt in der von Fragmentierung und Pluralisierung gekennzeichneten Spätmoderne eine ideale Problemlösungsstrategie dar.[3] Der bricoleur passt seine Materialien und Methoden immer den Umständen und dem jeweils zu bearbeitenden Projekt an; er kennt zwar die Regeln der (Handwerks-) Kunst, nimmt sich aber immer den Spielraum, sie entsprechend seines jeweiligen Anliegens zu nutzen:

> „Die Wissensform der bricolage steht demnach *zwischen* dem planerischen, stets regelbewußten Denken und der Kreativität, die an Augenblicke und an eine subjektive Sicht von Umständen gebunden ist."[4]

Hält also das *wilde, bricolierende Museum* in Zeiten von „Patchwork-Biographien"[5] und „Bastelexistenzen"[6] die passenderen Instrumente für die Herstellung von Kohärenz und Kontinuität bereit als die Wissenschaft?[7] Wie ich oben gezeigt habe, lässt sich das *wilde Museum* auch als Symptom der von Nowotny, Scott und Gibbons konstatierten Krise der Wissenschaften und der damit

2 Hug, Theo; Josef Perger: Instantwissen und Bricolage. Wissensformen in der westlichen Medienkultur, Hagen: Fernuniversität – Gesamthochschule in Hagen 2000.

3 Ebd. S. 66.

4 Hug, Theo: Josef Perger: Instantwissen und Bricolage, S. 59.

5 Vgl. Beck, Ulrich; Anthony Giddens; Scott Lash: Reflexive Modernisierung: eine Kontroverse, Frankfurt am Main: Suhrkamp 1996.

6 Vgl. Hitzler, Ronald; Anne Honer: „Bastelexistenz. Über subjektive Konsequenzen der Individualisierung", in: Beck, Ulrich; Elisabeth Beck-Gernsheim (Hg.): Riskante Freiheiten, Frankfurt am Main: Suhrkamp 1996, S. 307-315.

7 Siehe hierzu auch Jannelli, Angela: „‚Wilde Museen' – Erkenntnisformen und Gedächtnisarten in Ausstellungen", in: Hengartner, Thomas; Moser, Johannes (Hg.): Grenzen & Differenzen. Zur Macht sozialer und kultureller Grenzziehungen, Leipzig: Leipziger Universitätsverlag 2006, S. 603-614.

einhergehenden Aufwertung der Expertise interpretieren.[8] Der *wilde Museumsmacher* entspricht eher dem Typus des *bricoleurs* als dem des Ingenieurs. Das *wilde Museum* ist ein Ort des Erfahrungswissens, ein Raum für Kenner und Könner, nicht für Wissenschaftler. Das konkrete und persönliche Erfahrungswissen, das ‚Know-how' hat hier einen höheren Stellenwert als das ‚knowing that', also das abstrakte, wissenschaftliche Wissen. Das *wilde Museum* ist ein Ort der Erfahrung, nicht der Bildung.

Im *wilden Museum* regiert das Praxiswissen. Dadurch ist es sozial relevant, denn – wie Karl. H. Hörning festhält – Praxiswissen entsteht durch die fortlaufende Teilhabe an den Dingen der Welt, in der Interaktion mit anderen.[9] Praxiswissen wird zudem situativ erworben und hat damit *bricolierenden* Charakter: Könnerschaft, so Hörning, zeigt sich gerade dann, wenn unvorhergesehene Situationen gemeistert werden müssen, wenn improvisiert werden muss:

> „Wenn Routinen zusammenbrechen, steht ‚interpretive work' […] an, um veränderte Praktiken unter neuen Bedingungen einzuleiten. […] Dann müssen Antworten auf die Zumutungen und Unvereinbarkeiten etablierter Wissens- und Sinnschemata gefunden, müssen Konventionen und Interpretationen abgewandelt und veränderte Fähigkeiten und Fertigkeiten erlernt werden. Dabei erwerben wir nicht nur über den Gebrauch der neuen technischen Gegenstände und ihrer Eigenschaften neue Geschicklichkeit und Kompetenz, sondern erlangen gleichzeitig durch aktive Teilnahme in den veränderten Praktiken neue Erfahrungen mit den neuen Usancen und veränderten gemeinsamen Bezügen."[10]

In Hörnings Beschreibung der Wirkung von Praxiswissen – er selbst spricht hier von der „Performanz des Wissens" – wird die diskontinuitätsüberwindende Kraft der *bricolage* deutlich: Taucht ein Problem auf, gehen die gewohnten Sicherheiten verloren. Für Bruno Latour werden in diesem Moment die „matters of fact" zu „matters of concern", aus Tatsachen werden „Dinge von Belang".[11] Um das Problem zu überwinden, um weitermachen zu können, muss man – wie Andrew Moutu feststellt – „sich sammeln". Um die Situation zu meistern, das Projekt vollenden zu können, müssen die Dinge zunächst in eine sinnvolle Ordnung gebracht werden.

8 Vgl. Nowotny, Peter Scott; Michael Gibbons: Wissenschaft neu denken, S. 267ff. sowie den Abschnitt „Wissenschaft und Expertise" in diesem Kapitel.

9 Vgl. Hörning, Karl H.: Experten des Alltags, in diesem Zusammenhang v.a. „Die Macht der Dinge", S. 157ff.

10 Ebd. S. 200f.

11 siehe hierzu den obigen Abschnitt „Dinge von Belang – das Verhältnis von Menschen und Dingen."

Hier zeigen sich nochmals deutlich die Parallelen, die zwischen dem Sammeln und Ordnen sowie dem Erzählen bestehen: Immer geht es darum, die „Erscheinungen der Welt“[12] in einen sinnvollen Zusammenhang zu bringen. Daraus wäre zu schließen, dass Ordnen und Erzählen zwei Facetten des gleichen Vorgangs darstellen, dass beides anthropologische Grundkonstanten sind. Müssen wir also nicht nur dem „narrativen Druck“[13] nachgeben, der uns dazu zwingt, eine gedankliche Relation zwischen zwei Ereignissen herzustellen, sondern unterliegen wir auch einem ‚Ordnungszwang‘? Können wir gar nicht anders, als die Dinge und Ereignisse deutend in eine sinnvolle Ordnung zu bringen? Ist das „Erzählen über Dinge“ eine Möglichkeit, mit der existentiellen Frage nach dem Sinn des Lebens umzugehen?

Erkenntnisse der Narratologie, Ethnologie und der materiellen Kulturforschung weisen in diese Richtung. So betont beispielsweise Werner Wolf, dass sich über das Narrative folgende anthropologische Grundbedürfnisse des Menschen befriedigen lassen:

> „[…] ein Sinnbedürfnis, das auch den Umgang mit der Vergänglichkeit und der Angst vor einer kontingent erscheinenden Wirklichkeit einschließt; ein Erlebnishunger und ein Unterhaltungsbedürfnis, die v.a. auf Abwechslung, Neues und ‚Unerhörtes‘ zielen; und das Ausgerichtet-Sein auf andere bzw. ein soziales Kommunikationsbedürfnis. Vor allem bei fiktiven Texten ist darüber hinaus wohl auch so etwas wie die (Partizipation) an Fabulierlust und ein den kreativen Spieltrieb befriedigendes Fiktionsbedürfnis anzunehmen.“[14]

Auch Lévi-Strauss beschreibt die sinnstiftende Wirkung des Ordnens. Das Interpretieren und Klassifizieren stellt für ihn sogar die Grundlage für die Herausbildung eines Gedächtnisses dar und damit auch von individueller wie kultureller Identität:

> „Es ist wahrscheinlich […] daß die Arten, die hinsichtlich Form, Farbe oder Geruch einige auffällige Merkmale tragen, dem Beobachter das eröffnen, was man ein ‚Recht zur Folgerung‘ nennen könnte: das Recht nämlich, zu postulieren, daß diese sichtbaren Merkmale auf besondere, doch verborgene Eigenschaften hinweisen. Zuzugeben, daß die Beziehung zwischen beiden selbst sinnlich wahrnehmbar ist […], ist vorläufig besser, als jedem Zu-

12 Vgl. Lévi-Strauss, Claude: Das wilde Denken.

13 Vgl. Wolf, Werner: „Das Problem der Narrativität in Literatur, bildender Kunst und Musik: ein Beitrag zur einer intermedialen Erzähltheorie“, in: Nünning, Ansgar; Vera Nünning (Hg.): Erzähltheorie transgenerisch, intermedial, interdisziplinär, Trier: Wissenschaftlicher Verlag Trier 2002, S. 23-103.

14 Ebd. S. 32.

sammenhang gegenüber gleichgültig zu sein; denn die Klassifizierung wahrt, selbst wenn sie ungleichmäßig und willkürlich ist, den Reichtum und die Verschiedenartigkeit dessen, was sie erfaßt. Indem sie bestimmt, daß allem Rechnung zu tragen sei, erleichtert sie die Ausbildung eines Gedächtnisses."[15]

Auf die identitätsstiftende Wirkung des Sammelns weist Susan Pearce hin:

„Collecting people have the capacity to bring their emotions and imaginations to bear on the world of objects, and are able to nourish these qualities by objects. Consoling and compensatory collections may be, but they achieve their effect through the active imagination working with and through the material world."[16]

Das ‚Erzählen über Dinge' erweist sich damit als eine äußerst wirksame Form der Sinnstiftung. Denn indem über Dinge gesprochen wird, werden existentielle Fragen ‚objektviert'. Es ist einfacher, über Dinge zu erzählen als unmittelbar über die eigene Person.

Das *wilde Museum* als ein Ort des Erzählens über Dinge stellt damit eine für unsere Gegenwart charakteristische und wirksame kulturelle Äußerungsform dar: Es ist ein Ort des authentischen Erfahrungswissens, es ist räumlich verfasst und macht Identität damit als Destination erfahr- und konsumierbar. Es ist ein Ort für *Dinge von Belang*, über die man sich austauschen kann und anhand derer die für eine Gemeinschaft wichtigen Fragen verhandelt werden können. Es ist ein sozialer Raum, der durch den Austausch von Dingen und das Austauschen über Dinge entsteht. Es ist auch ein Ort des ‚sich Sammelns', des Kontemplierens und Kompilierens, ein Ort des Interpretierens und Ordnens, ein Raum für Sinnstiftung. Damit erweist sich das *wilde Museummachen* als eine äußerst produktive kulturelle Praxis, die weit über die Kompensation von fortschrittsbedingten Verlusterfahrungen hinausgeht:

„Und das mythische Denken ist nicht nur der Gefangene von Ereignissen und Erfahrungen, die es unablässig ordnet und neuordnet, um in ihnen einen Sinn zu entdecken; es ist auch befreiend: durch den Protest, den es gegen den Un-Sinn erhebt, mit dem die Wissenschaft zunächst resignierend einen Kompromiß schloß."[17]

15 Lévi-Strauss, Claude: Das wilde Denken, S. 28.

16 Pearce, Susan, On Collecting, S. 175.

17 Lévi-Strauss, Claude: Das wilde Denken, S. 35f.

Wild werden?
Anwendung der Ergebnisse für die wissenschaftliche Museumspraxis

Museen und die Frage nach ihrer gesellschaftlichen Relevanz

Wilde Museen sind Orte, an denen mit dem Erzählen über Dinge eine für die Spätmoderne typische Erzählkultur gepflegt wird. Die *wilden Museumsdinge* haben sich als wirkmächtige Objekte mit großem performativen Potential gezeigt, das sie im Zusammenspiel mit Menschen in Form einer sozialen und narrativen Kraft freisetzen. Im *wilden Museum* sind die Dinge keine auf einen Sachverhalt verweisende Zeichen; als Wissens- und Erinnerungsdinge, Beziehungsdinge vor allem aber als Erzählgegenstände sind sie „Dinge von Belang".[1] Im *wilden Museum* geht es nicht um Repräsentation, es geht um Präsenz. In meinen Analysen haben sich das Sammeln und Ausstellen von Objekten sowie das Erzählen über Dinge als symbolische Handlungen erwiesen, mit denen sinn- und beziehungsstiftende Operationen durchgeführt werden. Damit haben sich *wilde Museen* als Orte von hoher sozialer Relevanz gezeigt.

Seit Mitte der 1960er-Jahre sehen sich Museen immer wieder mit der Frage nach ihrer gesellschaftlichen Relevanz konfrontiert.[2] Die Frage nach dem Sinn

1 Vgl. Latour, Bruno: Elend der Kritik sowie den Abschnitt „Dinge von Belang – das Verhältnis von Menschen und Dingen."

2 Vgl. u. a.: Cameron, Fiona: „Criticality and Contention: museums, contemporary societies, civic roles and responsibilities in the 21st century", in: Open Museum Journal 8, 2006: s.p.; Cameron, Duncan F.: „The Museum, a Temple or the Forum", in: Anderson, Gail (Hg.): Reinventing the museum. Historical and Contemporary Perspectives on the Paradigm Shift, Walnut Creek [u. a.]: Altamira Press 2004, S. 61-73 (Erstveröffentlichung 1971 in Curator: The Museum Journal XIV (1), 1971: S. 11-24).; Weil, Stephen E.: Rethinking the Museum and other meditations, Washington, D.C. [u. a.]: Smithsonian Institution Press 1990; Weil, Stephen E.: Making museums matter, Washington: Smithsonian Institution Press 2002; Harrison, Julia D.: „Ideas of museums in the 1990s", in: Corsane, Gerard (Hg.): Heritage, Museum and Galleries,

und Zweck eines Museums, nach seinen Aufgaben, Potentialen und seiner Daseinsberechtigung wird von vielen Seiten gestellt: Politiker und Museumsleute, (potentielle) Besucher und Sponsoren, Wissenschaftler, Journalisten, Stadtplaner, Touristiker und natürlich auch die Besucher, sie alle fragen immer wieder nach dem persönlichen, gesellschaftlichen und ökonomischen Mehrwert von Museen. Die Museumsgeschichte ist seit Anbeginn von der Suche nach möglichen Antworten geprägt, und je nachdem, aus welchem Lager sie kommen, fallen sie sehr unterschiedlich aus. Die Museen haben sich stark gewandelt – die einen mehr, die anderen weniger. Die Veränderungen zeigen sich dabei auf vielen Ebenen, wie beispielsweise in der Implementierung moderner Managementstrategien, einer zunehmenden Besucher- bzw. Kundenorientierung und dem Experimentieren mit neuen Ausstellungsformaten und -designs. Veränderte Rezeptionsgewohnheiten und ästhetische Standards beeinflussen die Museumsarbeit ebenso wie neue Lerntheorien und Wissenskonzepte. Dies schlägt sich zum einen in einer zunehmenden Wichtigkeit der Vermittlung bzw. Pädagogik nieder und zum anderen in einer klareren Positionierung der Museen auf dem Freizeitmarkt. In Anbetracht der auf vielen Ebenen wirksamen gesellschaftlichen Entwicklungen hat sich das Museum als flexibles und wandelbares Medium gezeigt, das auf vielfältige Weise auf die veränderten Bedingungen reagiert.[3]

Der Veränderungsprozess ist immer noch in vollem Gange. Derzeit wird die Debatte um Rolle und Zukunft des Museums von der Frage bestimmt, welchen Beitrag Museen für den gesellschaftlichen Zusammenhalt leisten können. Auf Tagungen und Publikationen gehören die Schlagworte „museums and social inclusion“, „nachhaltige Museumsarbeit“[4] oder „museums and social harmony“[5]

S. 38-53. Für die deutschsprachige Museologie vgl. u. a. Bott, Gerhard (Hg.): Das Museum der Zukunft, Köln: DuMont 1970; Biermann, Alfons W. (Hg.): Vom Elfenbeinturm zur Fußgängerzone: Drei Jahrzehnte deutsche Museumsentwicklung. Versuch einer Bilanz und Standortbestimmung, Opladen: Leske + Budrich 1996 (eine Veröffentlichung des Landschaftsverbandes Rheinland, Rheinisches Museumsamt/Bildungsstätte für Museumspersonal; Tagungsband zum gleichnamigen Kolloquium der Bildungsstätte für Museumspersonal, Abtei Brauweiler, vom 20.-23. November 1994 in Essen-Heisingen) sowie John, Hartmut: Anja Dauschek (Hg.): Museen neu denken. Perspektiven der Kulturvermittlung und Zielgruppenarbeit, Bielefeld: transcript 2008 oder „Museen im Umbruch“, Kritische Berichte, Zeitschrift für Kunst- und Kulturwissenschaft 33 (4), 2002.

3 Vgl. Bott, Gerhard: „Solange es Museen gibt, wandeln sie sich“, in: ders. (Hg.): Das Museum der Zukunft, S. 7-9.

4 Siehe hierzu die an der School for Museum Studies in Leicester entstandenen Forschungen (federführend ist hier Richard Sandell) sowie die Ausrichtung der Rein-

zu den am häufigsten genannten. Was macht Museen zu persönlich und gesellschaftlich relevanten Orten? Welchen Beitrag zur Herstellung von gesellschaftlicher Kohäsion können oder sollen Museen überhaupt leisten? *Wilde Museen* haben sich als Orte von hoher sozialer Relevanz gezeigt, sowohl auf der persönlichen und gruppeninternen als auch auf der gesellschaftlichen Ebene. Ein Blick auf diese spezifische Form des Museummachens kann hier fruchtbare Impulse und Anknüpfungspunkte bieten.

MUSEUMSOBJEKTE ALS SYMBOLISCHE DINGE

In meiner Untersuchung ist deutlich geworden, dass sich das *wilde* und das *wissenschaftliche Museum* vor allem hinsichtlich ihres Umgangs mit Dingen unterscheiden. Im *wissenschaftlichen Museum* werden Exponate in erster Linie als Zeichen eingesetzt. Die Objekte sind „Semiophoren“, d. h. Bedeutungsträger, sie fungieren als Stellvertreter oder Repräsentanten von Sachverhalten bzw. als Illustrationen abstrakter Konzepte. Die Bedeutung des *wissenschaftlichen Museumsdings* beruht dabei auf einer kuratorischen Zuschreibung, die zwar wissenschaftlich begründet sein mag, aber dennoch willkürlich ist, da sie nur eine von vielen möglichen (d. h. potentiell emergierenden) Bedeutungen darstellt. Damit werden die Dinge im *wissenschaftlichen Museum* eher als Allegorie (im Sinne Walter Benjamins)[6] oder als Begriff (im Sinne Claude Lévi-Strauss')[7] eingesetzt.

Wenn die Dinge in erster Linie als Zeichen, Allegorien oder Begriffe eingesetzt werden, liegt ein Großteil ihres symbolischen und damit performativen Potentials brach. Als Zeichen sind sie „matters of fact“, also Tatsachen und weniger „matters of concern“, also „Dinge von Belang“. Wie in den Analysen der *wilden Museen* deutlich geworden ist, liegt ein wesentlicher Grund für ihre so-

---

wardt Academy in Amsterdam, vgl. Meijer, Léontine; Peter van Mensch: „Teaching theory, practice and ethics of collecting at the Reinwardt Academie“, in: Collectingnet Newsletter 4 (2008), S. 6-7 und als ‚Standardwerk‘ Sandell, Richard; Jocelyn Dodd: Including Museums. Perspectives on Museums, Galleries and Social Inclusion, Research Centre for Museums and Galleries 2001.

5 Vgl. ICOM News 62, 2009 mit dem Titel „Social Harmony“.

6 Vgl. „Exkurs: Über das Wirken und Bedeuten von Museumsdingen“ im vorhergehenden Kapitel.

7 Vgl. den Abschnitt „Zeichen und Begriff“ im ersten Kapitel dieser Arbeit. Lévi-Strauss' Zeichenbegriff ist nicht mit meiner an Peirce orientierten Verwendung von ‚Zeichen‘ zu verwechseln.

ziale Relevanz im dort gepflegten Umgang mit den Dingen. Die *wilden Museumsdinge* sind eher Symbole als Allegorien, sie dienen nicht der Repräsentation von Sachverhalten, sondern vielmehr als Instrumente für die Durchführung von Handlungen. Damit sind sie keine Illustrationen abstrakter Konzepte, sie sind vielmehr wirksame Dinge.

Wie kann nun aber ein solches symbolisches Objektverständnis für die Museumsarbeit genutzt werden? In den letzten Jahren haben Kuratoren und Gestalter bei der Konzeption ihrer Ausstellungen vermehrt auf die symbolische Wirkung von Objekten gesetzt und diese z.T. sogar als wichtigen Bestandteil ihrer Ausstellungsziele betrachtet. Das Berücksichtigen der Wirkmächtigkeit der Dinge lässt sich vor allem auf zwei Ebenen ablesen: auf einer ästhetischen, bei der die Anmutungsqualität der Dinge im Vordergrund steht, und auf einer inhaltlichen, bei der die Objekte als „Dinge von Belang" bzw. als ‚Verhandlungs-Gegenstand' präsentiert werden.

DIE ÄSTHETISCHE WIRKUNG DER DINGE ODER DIE „WIEDERKEHR DER WUNDERKAMMER"[8]

Die Tendenz, in Ausstellungen auf die Anmutungsqualität der Dinge zu setzen, benennt Stephen Bann als einen „return to curiosity":[9] In jüngeren Ausstellungen sieht er einen Trend weg von wissenschaftlichen Ordnungssystemen und hin zu objektzentrierten Ausstellungskonzepten, bei denen die ästhetische Wirkung des Museumsdings im Mittelpunkt steht. In der Renaissance der Wunderkammer, des Studiolos und des Kuriositätenkabinetts oder in der Anwendung ungewöhnlicher Klassifikationssysteme wie zum Beispiel einer alphabetischen oder farblichen Ordnung der Dinge, sieht er Anzeichen des „return to curiosity". Als ‚Kuriosität' ausgestellt oder in ungewohnten Objektnachbarschaften platziert, verändert ein Objekt seine Wirkung: Es verweist dann nicht mehr in erster Linie auf eine ihm zugeschriebene Bedeutung, sondern es verkörpert – dem Kunstwerk ähnlich – zunächst einmal sich selbst. In Erika Fischer-Lichtes Worten fallen

8 So lautet der Titel eines Artikels von Ritter, Henning: „Die Wiederkehr der Wunderkammer", in: Museumskunde 68 (2), 2003: S. 96-107.

9 Vgl. Bann, Stephen: „The return to curiosity: shifting paradigms in contemporary museum display", in: McClellan, Andrew (Hg.): Art and its Publics. Museum Studies at the Millennium, Oxford: Blackwell Publishers 2003, S. 117-130. Bann, Stephen: „Shrines, Curiosities, and the Rhetoric of Display", in: Cooke, Lynne; Peter Wollen (Hg.): Visual Display, S. 15-29.

hier Materialität, Signifikat und Signifikant zusammen.[10] Dadurch wird der Raum frei für die Assoziationen des Betrachters, zwischen Objekt und Betrachter können neue Bedeutungen entstehen:

„Curiosity has the valuable role of signalling to us that the object on display is invariably a nexus of interrelated meanings – which may be quite discordant – rather than a staging post on a well trodden route through history."[11]

Wenn Dinge als Kuriositäten ausgestellt werden und nicht als typische Exemplare übergreifender Systeme, dann entfalten sie das, was Bann „typological exuberance"[12] nennt und was Susan Pearce als „poetic licence" beschreibt.[13] Im vorangegangenen Kapitel habe ich hierfür in Anlehnung an Erika Fischer-Lichte den Begriff des „performativen Potentials" der Dinge verwendet. Wenn also die Dinge wirken können, wenn ihre symbolische Qualität nicht eingeschränkt wird, wenn das Wirken der Dinge als Teil des Wahrnehmungs- und Bedeutungsprozesses anerkannt und aktiv in die Ausstellung integriert wird, dann können die Dinge ‚bedeutend' werden und nicht nur Bedeutung tragen:

„By undercutting the rationale of the chronology or taxonomy, objects themselves come to the fore. *They* are the ‚nexus of meaning' rather than its illustration."[14]

Indem das ästhetische Potential der Dinge ausgespielt wird, können sie auch wirken und nicht nur bedeuten. Sie werden damit für zahlreichere Menschen ‚bedeutend', da durch die zugelassene „Emergenz von Bedeutung" neben den vom Kurator intendierten auch andere, persönliche Bedeutungen im Raum stehen können.

Das Spiel mit dem ästhetischen Potential der Dinge, der „return to curiosity" zeigt sich ebenfalls in der seit einigen Jahren vermehrten Einrichtung von Schaudepots, mit denen zudem die meistens unsichtbare aber kostenintensive museale Aufgabe des Sammelns und Bewahrens thematisiert werden kann.[15] Be-

---

10 Vgl. Fischer-Lichte, Erika: Ästhetik des Performativen, S. 271ff. und in der vorliegenden Arbeit „Exkurs: Über das Wirken und Bedeuten von Museumsdingen."

11 Vgl. Bann, Stephen: „The return to curiosity", S. 120.

12 Ebd. S. 125.

13 Pearce, Susan M.: On Collecting, S. 176.

14 Macdonald, Sharon: „Collecting Practices", S. 93. Vgl. auch Macdonald, Sharon; Paul Basu (Hg.): Exhibition Experiments, Oxford [u. a.]: Blackwell Publishers 2007.

15 Vgl. Natter, Tobias G.; Michael Fehr; Bettina Habsburg-Lothringen (Hg.): Das Schaudepot. Zwischen offenem Magazin und Inszenierung. Bielefeld: transcript 2010.

sonders deutlich wird dies im Werkbundarchiv, Museum der Dinge in Berlin, das sich den Besuchern auch als Archiv präsentiert:[16] Die durch den Werkbund gesammelten Objekte sind in hohen Vitrinenschränken präsentiert, wobei hier nicht nur die Dinge mitunter ‚kurios' sind, sondern auch ihre (An)Ordnung. Im Werkbundarchiv sind die Dinge einerseits ganz klassisch nach Materialien gruppiert, andererseits tauchen hier aber auch ungewöhnliche Klassifikation auf wie „Körperformen", „Speichern und Projizieren" oder auch „schwarz-gelbe Dinge". Mit dieser Art der Klassifikation thematisiert das Museum der Dinge die Tätigkeit des Ordnens, das Verhältnis von Menschen und Dingen gerät ins Visier.

In Ausstellungsdisplays, die auf die Anmutungsqualität des Objekts setzen und die Tätigkeit des Ordnens thematisieren, geht es um Wirkungen, und zwar einerseits um das, was zwischen den Dingen selbst geschieht und andererseits um das, was sich zwischen Dingen und Menschen abspielt. Die vielfältigen und unauflöslichen Beziehungen zwischen Dingen und Menschen kommen hier ans Tageslicht. In Ausstellungen, die mit den ästhetischen Qualitäten von Objekten arbeiten, spielt die Wahrnehmung eine wichtige Rolle. Damit präsentieren sie sich nicht als abgeschlossene Werke, sondern vielmehr als Aufführungen, deren Bedeutung erst in der Rezeptionssituation entsteht.[17] Auf diese Weise werden die Dinge zu Beziehungsdingen.

In Ausstellungsdisplays dieses Typs liegt der bedeutungsstiftende Part bei den Besucherinnen und Besuchern. Die von den Kuratoren und Gestaltern intendierten Wirkungen lassen sich weniger als ein bei den Besuchern zu erzielender Wissenszuwachs X beschreiben noch als die erfolgreiche Vermittlung des Lernstoffs Y: In Ausstellungen, die auf die Anmutungsqualität der Dinge setzen, geht es eher um das Evozieren von Atmosphären und das Freisetzen von Assoziationen. In der Konzeption und Gestaltung solcher Ausstellungen kommen häufig künstlerische Formen und Strategien zum Einsatz.

In der Kunst sieht Lévi-Strauss eine Institution des *wilden Denkens*, denn sie bewege sich in einem Zwischenreich zwischen *wissenschaftlichem* und *wildem Denken*:

---

16 Vgl. Scholze, Jana: (Wieder)Entdeckung des Raumes: Die Präsentationsformen des „Werkbundarchivs – Museum der Dinge", (Onlinedokument: http://museumderdinge.de/institution/selbstbild_fremdbild/jana_scholze.php; Zugriff 4.4.2010) oder auch Scholze, Jana: Medium Ausstellung, S. 216ff.

17 Zur Analogie der Ausstellung als Aufführung siehe Hanak-Lettner, Werner: Die Ausstellung als Drama. Wie das Museum aus dem Theater entstand. Bielefeld: transcript 2010.

„[D]ie Kunst [fügt sich] auf halbem Wege zwischen wissenschaftlicher Erkenntnis und mythischem oder magischen Denken ein […]; denn jeder weiß, daß der Künstler zugleich etwas vom Gelehrten und etwas vom Bastler hat: mit handwerklichen Mitteln fertigt er einen materiellen Gegenstand, der gleichzeitig Gegenstand der Erkenntnis ist.“[18]

In der modernen Gesellschaft – Lévi-Strauss spricht von Zivilisation – bewohne die Kunst einen geschützten Raum. Für Lévi-Strauss stellt sie damit eine Art ‚Reservat‘ des *wilden Denkens* in der Moderne dar:

„Doch ob man es bedauert oder sich darüber freut, es gibt noch immer Zonen, in denen das wilde Denken, so wie die wilden Arten, relativ geschützt ist: das ist der Fall in der Kunst, der unsere Zivilisation den Status eines Naturschutzparks zubilligt, mit all den Vorteilen und Nachteilen, die sich mit einem so künstlichen Gebilde verbinden […]“[19]

Mit dem Einsatz künstlerischer Strategien verändert sich laut Lévi-Strauss der Erkenntnisprozess: Der Betrachter steht jetzt nicht mehr vor der Aufgabe, die einzelnen Bestandteile eines Objekts verstehen zu müssen, als Kunst betrachtet, kann er es ästhetisch erfahren und zwar in seiner Totalität. Die Kunst stellt für Lévi-Strauss ein Analogon zum *wilden Denken* dar, denn beide gründen sich auf eine spontane, unmittelbare Art des Verstehens:

„Das wilde Denken trennt nicht den Augenblick der Beobachtung von dem der Interpretation, so wenig wie man die von einem Gesprächspartner ausgesandten Zeichen zuerst aufnimmt und dann zu verstehen sucht: er spricht, und die sinnlich wahrnehmbare Sendung bringt ihre Bedeutung gleich mit.“[20]

Ästhetische bzw. symbolische Ausstellungsstrategien, die auf Wirkungen setzen und die beispielsweise in der Verwendung der Präsentationsform der Komposition[21] oder theatraler und assoziativer Ausstellungssprachen[22] zum Tragen kommen, erlauben also eine emotionale, assoziative, atmosphärische, kurzum: eine nicht-kognitive Form des Verstehens. Solche Strategien können – wie Ralph Rugoff in Bezug auf das Museum of Jurassic Technology (MJT) in Los Angeles beschreibt – die Neugierde, Entdeckerlust und eine aktive, kritische Haltung von Ausstellungsbesuchern befördern. Zudem – und dies scheint mir in Bezug auf

18 Lévi-Strauss, Claude: Das wilde Denken, S. 36.

19 Ebd. S. 253.

20 Ebd. S. 257.

21 Für eine Definition des Begriffs vgl. Scholze, Jana: Medium Ausstellung, S. 216ff.

22 Vgl. Schärer, Martin R.: Die Ausstellung, S. 125-128.

die soziale Relevanz von Museen wichtig zu sein – können mittels symbolischer Präsentationsstrategien Beziehungen entstehen, und zwar sowohl Beziehungen zwischen den Objekten, als auch zwischen Besuchern und Objekten sowie auch zwischen den Besuchern und der Ausstellung bzw. dem Museum:

"The architect Louis Kahn once complained that most museums are so fatiguing that the first thing you want on entering is a cup of coffee. I think one wants that cup of coffee because so many museum exhibits attract our attention only to immobilize our curiosity. Their atmosphere of infallible authority is paralyzing. The deal they offer leaves little room for negotiation. The visitor, like the objects cluttering the museums's halls, is locked in an airless space.
Where there's no room for playful negotiation, there's no chance for seduction. As with any romance, once the negotiation process goes stale, the relationship is as good as dead. In working out deals with its visitors, the MJT embodies a mischievous generosity. When it disorients and confuses us, it does so only to re-present this capacity as something infinitely valuable; it leaves us with the feeling that questions are worth holding onto as aesthetic acts, and that uncertainty is a key part of pleasure. In place of an encounter with profundity and depth, it offers an experience of an endless – because always changing – surface."[23]

DIE VERSAMMELNDE WIRKUNG DER DINGE ODER DAS MUSEUM ALS „PARLAMENT DER DINGE"

Das Ziel, aus Objekten ‚bedeutende Dinge' zu machen, kann auch über einen anderen Weg als über die ästhetische Wirkung der Dinge erreicht werden. Dieser Weg führt über das Bewusstmachen und Thematisieren der Beziehungen, die zwischen Menschen und Dingen bestehen. Zu den Eigenschaften und Fähigkeiten des *wilden Denkens* gehört für Lévi-Strauss, dass es „jene Wechselbeziehung der Perspektiven, wo der Mensch und die Welt füreinander Spiegel sind"[24] berücksichtigt. Wenn Museen und Ausstellungen gesellschaftlich ‚bedeutend' sein möchten, können sie sich folglich als Orte positionieren, an denen „Mensch und Welt füreinander Spiegel" sein können.

Wie kann nun aber ein Museum oder eine Ausstellung diese zwischen Mensch und Welt bestehenden Beziehungen bzw. Spiegelungen sichtbar bzw.

23 Rugoff, Ralph: „Beyond Belief: The Museum as Metaphor", in: Cooke, Lynne; Peter Wollen, S. 69-81. S. 78f.

24 Lévi-Strauss, Claude: Das wilde Denken, S. 257.

erfahrbar machen? Auf welche Art und Weise können sie dokumentiert und thematisiert werden? Auch hier bieten als Symbole eingesetzte Dinge eine Möglichkeit. Allerdings führt der Weg zur Wirkung der Dinge in diesem Fall nicht über ihre Anmutungsqualität, sondern über ihre Bedeutungen. Dies heißt nun aber nicht, dass Objekte in Ausstellungen doch wieder als Zeichen benutzt werden müssen. Wenn ich hier von ‚Bedeutungen' spreche, so meine ich dies im Sinne der Performanztheorie, nach der die Bedeutungserzeugung ein Teil der Wahrnehmung ist.[25] Symbole gehören – wie Lévi-Strauss und Fischer-Lichte konstatieren[26] – in den Bereich des Performativen, denn sie entfalten ihre Wirkung nur in der Handlung. Sie sind daher keine Zeichen, sondern soziale Prozesse.

Wie ich in meiner Untersuchung gezeigt, habe, verfügen Dinge über ein großes performatives Potential, das sie zu sinn- und beziehungsstiftenden Erzählgegenständen macht. Das ‚Erzählen über Dinge' macht es zudem einfacher, heikle oder nur unterschwellig wirkende Angelegenheit zu thematisieren, denn die Dinge sind im wahrsten Sinne des Wortes ‚Objektivationen':

> „People exist for us in and through their material presence. An advantage of this unusual perspective [d. h. nach der Beziehung zwischen Dingen und Menschen zu fragen] is that sometimes these apparently mute forms can be made to speak more easily and eloquently to the nature of relationships than can those with persons."[27]

Aufgrund ihrer Objektbasiertheit sind Museen ideale Orte für das ‚Erzählen über Dinge' und damit auch für das Thematisieren der zwischen Menschen und Dingen bestehenden Beziehungen. Hierin liegt meines Erachtens das große soziale Potential des Museums: Es hat buchstäblich ‚das Zeug dazu', ein gesellschaftlich relevanter Ort zu werden.

Wenn Dinge in Ausstellungen als wirkungsmächtige Symbole statt als auf einen Sachverhalt verweisende Zeichen eingesetzt werden, tritt ihr Tatsachencharakter in den Hintergrund und ihre beziehungsreiche und damit verhandelbare Seite kommt zum Vorschein. Aus Tatsachen werden „Dinge von Belang". Dies erfordert allerdings ein neues Objektverständnis von Seiten der Kuratorinnen

25 Vgl. Fischer-Lichte, Erika: Ästhetik des Performativen, S. 247 sowie den Abschnitt „Die Bewegung des wilden Denkens: zum Verhältnis von Wahrnehmung und Bedeutung" in dieser Arbeit.

26 Vgl. das Kapitel „Ausstellungsanalyse, symbolisches Denken und Performanztheorie" in dieser Arbeit sowie den „Exkurs: Über das Wirken und Bedeuten von Museumsdingen" im vorangegangenen Kapitel.

27 Miller, Daniel: The Comfort of Things, S. 286f.

und Kuratoren: Das ‚Museumsding von Belang' kann nicht mehr als Zeuge der Vergangenheit, als eine abgeschlossene, vom Betrachter unabhängige Entität angesehen werden, sondern es muss, wie Daniel Miller nahelegt, als ein Konglomerat von Handlungen und Beziehungen gedacht werden:

> „It is not just that objects can be agents; it is that practices and their relationships create the appearance of both subjects and objects through the dialectics of objectification, and we need to be able to document how people internalize and then externalize the normative. In short, we need to show how the things that people make, make people."[28]

Auch Bruno Latour sieht in den Gegenständen keine feststehenden Tatsachen, für ihn sind sie vielmehr offene, durch zahlreiche Beziehungen geprägte Dinge,[29] die er als Versammlungen von „Sterbliche[n] und Unsterbliche[n], Menschen und nicht-menschliche[n] Wesen"[30] beschreibt. Die Aufgabe eines Museums besteht nun für Latour darin, ein Versammlungsort zu sein, ein „Parlament der Dinge",[31] an dem alle an einem „Ding von Belang" beteiligten Akteure (also menschliche wie nicht-menschliche Wesen) zusammenkommen können, um über den Gegenstand zu verhandeln. Museen und Ausstellungen sind für Latour

> „[…] nur einige der Foren und Agoras [sic], in denen wir sprechen, wählen, entscheiden, in denen über uns entschieden wird, in denen wir etwas beweisen oder von etwas überzeugt werden".[32]

Ein Museum, das für sich eine kritische Position reklamiert, müsste seine Aufgabe laut Latour daher vor allem im Einberufen und Moderieren von Versammlungen sehen.[33] Um ein guter Kritiker zu sein, gilt es zunächst,

> „mit den Werkzeugen von Anthropologie, Philosophie, Metaphysik, Geschichte und Soziologie herauszufinden, *wie viele Teilnehmer* in einem *Ding* versammelt sind, damit es existieren und seine Existenz aufrechterhalten kann."[34]

---

28 Miller, Daniel: „Materiality: An Introduction", S. 38.

29 Vgl. Latour, Bruno: Von der Realpolitik zur Dingpolitik, S. 32ff.

30 Ebd. S. 33.

31 Vgl. ebd. sowie Latour, Bruno: Das Parlament der Dinge; Latour, Bruno: Elend der Kritik.

32 Latour, Bruno: Von der Realpolitik zur Dingpolitik, S. 53.

33 Vgl. ebd. S. 55.

34 Latour, Bruno: Elend der Kritik, S. 54. Hervorhebungen im Original.

Dann zeigt sich der gute Kritiker als „derjenige, für den, was konstruiert wird, zerbrechlich ist und der Pflege und Vorsicht bedarf."[35] Folgt man Latours Vorstellung, so könnte man einen guten Kritiker auch als ‚Kurator' bezeichnen, denn seine Aufgabe besteht darin, ein Pfleger der „Dinge von Belang" zu sein und Sorge dafür zu tragen, dass eine faire Verhandlung stattfinden kann, in der alle Interessen vertreten sind.[36]

Die von Latour verwandten Metaphern der Agora, der Arena und des Forums sind im Diskurs über die gesellschaftliche Rolle von Museen altbekannt. Bereits 1971 publizierte der kanadische Museologe Duncan F. Cameron den bis heute viel zitierten Aufsatz „The Museum, a Temple or the Forum",[37] in dem er mit Tempel und Forum zwei Museumsmodelle benennt. Das Museum als Forum fungiere als ein Ort der Auseinandersetzung, wohingegen im Museum als Tempel die nicht mehr strittigen Dinge gesammelt und präsentiert würden. Beide Modelle spielen für Cameron in unserer Gesellschaft eine wichtige Rolle: „[...] the forum is where the battles are fought, the temple is where the victors rest. The former is process, the latter is product."[38]

Für die 1970er-Jahre konstatiert Cameron einen Mangel an „Forums-Museen", d. h. von Museen, die nicht nur Repräsentationsorte ausgehandelter Bedeutungen sind, sondern an denen diese Bedeutungen erst ausgehandelt werden. Dem Museum als Tempel müssten also Museen als Foren zur Seite gestellt werden:

> „[...] there is something missing in the world of museums and art galleries. What is missing cannot be found through the reform of the museum as a temple. In my view, it is clear that there is a real and urgent need for the reestablishement of the forum as an institution in society. While our bona fide museums seek to become relevant, maintaining their role as temples, there must be concurrent creation of forums for confrontation, experimentation, and debate, where the forums are related but discrete institutions."[39]

Wenn ein Museum sich als Forum oder „Parlament der Dinge" sieht, verändert sich seine Haltung gegenüber den Objekten, die Dinge bekommen einen anderen Status: Das Museums-Forum präsentiert keine „matters of fact", es operiert mit „matters of concern". Damit verändert sich auch das Selbstverständnis des Kurators: Im Museums-Forum tritt er nicht als ‚Hüter des Tempels' oder Sachverwal-

35 Ebd. S. 55.

36 Vgl. Latour, Bruno: Das Parlament der Dinge.

37 Cameron, Duncan F.: „The Museum, a Temple or the Forum".

38 Ebd. S. 70.

39 Ebd. S. 68.

ter auf, hier spielt er vielmehr die Rolle eines Versammlungsleiters. Seine Sprecherposition und seine kommunikative Funktion verändern sich. Er ist nicht derjenige, der die unstrittigen Gegenstände interpretiert und sich um die Auslegung der Dinge für die Öffentlichkeit sorgt, sondern er ist derjenige, der die Versammlung einberuft und die Verhandlung moderiert. Der Forums-Kurator spricht nicht von der Position des unsichtbaren auktorialen Erzählers aus, er tritt vielmehr in der Rolle eines Gastgebers und Moderators auf. Das „Medium Museum“[40] wird damit vom Kommunikationskanal zum „narrative space“.[41] Mit einem solchen Selbstverständnis präsentieren sich Museen und Ausstellungen als Erfahrungsräume, die mindestens zum Hinterfragen und vielleicht sogar zum Austausch von Ansichten und Meinungen einladen. Das Museum präsentiert sich hier nicht mehr als Wissensvermittler, sondern als Broker auf der öffentlichen Agora der Expertise.

Es existieren bereits einige Museen und Ausstellungen, die mit solch einem Selbstverständnis operieren und von denen ich hier einige vorstellen möchte. Eine rudimentäre, stark objektzentrierte Form, mit „Dingen von Belang“ zu arbeiten, findet sich beispielsweise in einem Teil der Dauerausstellung des Museums der Arbeit in Hamburg. In der Ausstellungseinheit „Dinge und Dokumente – Alltag im Industriezeitalter“ werden Alltagsgegenstände wie Kunstwerke als Einzelobjekte in Vitrinen präsentiert. Zu beiden Seiten der Vitrine befinden sich Texte: Ein Text vermittelt in traditioneller Museumsmanier Informationen zum Objekt, wie Datierung, Material, oder Herkunft. Auf der gegenüberliegenden Seite finden sich Erläuterungen zum lebensweltlichen Kontext des Objekts, die Aufschluss darüber geben, wie sich die Arbeits- und Lebensbedingungen der Menschen im Zuge der Industrialisierung veränderten. Auf diese Weise vermitteln eine Arbeiter-Kontrolluhr oder eine Schlagpresse nicht nur Informationen zur Organisation der Arbeitswelt um 1900, sie bieten ebenfalls die Möglichkeit, zu erkennen, wie die Industrialisierung auch zur Modellierung und Disziplinierung des Menschen und des menschlichen Körpers beigetragen hat. Die Objekte erscheinen hier als Kreuzungspunkte von Diskursen. Der performative Gehalt äußert sich allerdings vorwiegend auf der kognitiven Ebene, die Auseinandersetzung mit den Dingen spielt sich in erster Linie auf einer intellektuellen Ebene ab.

---

40 Vgl. Meier, Thomas Dominik; Hans Rudolf Reust (Hg.): Medium Museum. Kommunikation und Vermittlung in Museen für Kunst und Geschichte, Bern, Stuttgart, Wien: Verlag Paul Haupt 2000. Hooper-Greenhill, Eilean (Hg.): Museum, Media, Message.

41 Vgl. die von der School of Museum Studies in Leicester organisierte gleichnamige Tagung vom 20. bis 22. April 2010. http://www.le.ac.uk/ms/profdev/nspace.html (Zugriff 22.03.2010).

Auch die freischaffende Kuratorin Susanne Wernsing arbeitet mit der symbolischen Qualität von Museumsdingen. Bei der Konzeption des Dauerausstellungsbereichs „Alltag – eine Gebrauchsanweisung“ im Technischen Museum Wien orientierte sie sich an Bruno Latours Objektvorstellung, die sie in Anlehnung an Hartmut Böhme als „inkorporierte Handlungsanweisungen“ beschreibt.[42] Mit ihrer Ausstellung verfolgt sie das Ziel, die Beziehungen zwischen Subjekten und Objekten, „zwischen Mensch und Material, zwischen Nutzern und Gerät und zwischen Besuchern und Exponat“[43] sichtbar zu machen. Um dieses Ziel zu erreichen, bezieht sie sich auf Claude Lévi-Strauss' Theorie des *wilden Denkens*:

> „Ein Ansatz der Ausstellung besteht darin, an jenem technischen Ordnungssystem zu rütteln, das sowohl der Sammlungsstruktur des Museums als auch der Vorerfahrung bzw. den Erwartungen von Besuchern eingeschrieben ist. In einem Umfeld von Ingenieuren erscheint das Bricolage-Prinzip des französischen Ethnologen Claude Lévi-Strauss als erstes Handwerkszeug ja fast unwiderstehlich. [...] Ein wildes Auseinandernehmen von Ordnungs- und Denksystemen und ein ebensolches Kombinieren und Montieren nach scheinbar fachfremden Kategorien ist auf doppelte Weise erhellend: einerseits, um in der Dekonstruktion das Ordnungsprinzip als nur eines unter möglichen und darum als ein Gemachtes sichtbar werden zu lassen [...], andererseits, weil gerade zum Thema Alltag jeder Verfremdungseffekt, der die Symbole und Bedeutungen hinter dem scheinbar Vertrauten sichtbar machen könnte, willkommen ist.“[44]

Um das Symbolische oder – wie Wernsing auch sagt – das Immaterielle, also die zwischen Menschen und Dingen bestehenden Beziehungen hervortreten zu lassen, verwendet sie in ihrer Ausstellung drei Stilmittel: die Kombinatorik der Disziplinen, die Analogie und die Metapher.[45] Diese Mittel versteht sie dabei als Deutungsangebote an den Besucher, denn für Wernsing ist die Ausstellung kein Kommunikationskanal. „Alltag – eine Gebrauchsanweisung“ ist mit Bezug auf Erika Fischer-Lichtes Ästhetik der Performanz als performativer Raum konzi-

---

42 Vgl. Wernsing, Susanne: „Zwischen Mensch und Material: Technisches Handeln als Ausdruck des ‚Immateriellen' in der Ausstellung Alltag – Eine Gebrauchsanweisung“, in: Beier-de Haan, Rosmarie; Marie-Paule Jungblut (Hg.): Das Ausstellen und das Immaterielle. Beiträge der 1. Museologischen Studientage Neumünster, Luxemburg 2006, S. 36-49. S. 36.

43 Ebd. S. 37.

44 Ebd.

45 Vgl. ebd. S. 41.

piert,[46] in dem „[j]enseits vorgegebener Narrative und Deutungsangebote [...] die Besucher als Sinnkonstrukteure anerkannt [werden].“[47]

Als weiteres Beispiel für die Nutzung des performativen Potentials der Dinge möchte ich die von der staatlichen schwedischen Ausstellungsagentur Swedish Travelling Exhibitions konzipierte „Roadshow“ „Difficult Matters – Objects and Narratives that Disturb and Affect“[48] nennen. Die Ausstellung wanderte von Dezember 1999 bis September 2000 durch Schweden. Sie setzte stark auf das narrative Potential und die versammelnde Wirkung der Dinge. Die Ausstellungsmacher forderten 54 Kuratoren verschiedener schwedischer Museen auf, Objekte in die Ausstellung einzubringen, mit denen sie moralische oder ethische Schwierigkeiten hatten. In einem Text beschrieben die Kuratoren die Probleme, die ihnen das Objekt bereitete. „Difficult matters“ tourte in einem eigens für die Ausstellung umgebauten weißen Truck durch Schweden, auf dem in roter und schwarzer Schrift die Worte „schwere“ bzw. „gefährliche Sachen“ (im Original: svåra saker/farliga saker) aufgebracht waren. Allein schon die Präsenz dieses mysteriösen, gefährlich wirkenden Lastwagens auf den Plätzen schwedischer Städte und Dörfer erregte die Neugier und das Interesse der Bewohner. Die Ausstellung wurde von zwei Kuratoren begleitet, die vor Ort mit den Besucherinnen und Besuchern über die „difficult matters“ sprachen. Der Austausch wurde durch Seminare und Publikationen vertieft. Zusätzlich hatten auch die Besucherinnen und Besucher die Möglichkeit, ihre „schwierigen Dinge“ in die Ausstellung einzubringen. Etwa 300 Besucher stellten Objekte zur Verfügung, die entweder materiell oder aber in Form von Abbildungen Eingang in die Ausstellung fanden. Zudem konnten die Besucher die ausgestellten Objekte kommentieren, indem sie ihre Ansichten auf Band sprachen. Barbara Kirshenblatt-Gimblett, Professorin für Performance Studies, bezeichnet die Ausstellung daher als Labor und sieht darin einen Auslöser für einen kollaborativen Prozess, der von verschiedenen Autoren und Stimmen gestaltet wird[49] und in dem die Wirkmächtigkeit der Objekte eine entscheidende Rolle spielt:

---

46 Vgl. ebd. S. 40f.

47 Ebd. S. 41.

48 Für eine ausführliche Darstellung siehe Kirshenblatt-Gimblett, Barbara: „The Museum as Catalyst“, in: Museum 2000 Conference Committee (ICOM Sweden, Swedish Museum Association, Swedish Travelling Exhibitions), Museum 2000, Stockholm 2002, S. 55-66. Der Aufsatz ist auch online verfügbar: http://www.nyu.edu/classes/bkg/web/vadstena.pdf (Zugriff 22.03.2010).

49 Vgl. ebd. S. 15.

„Difficult Matters demonstrated what museums are good at. It made the case for the affective presence of objects, for their effectivity as agents in the world in their own right, in all their materiality and tangibility.“[50]

Für Kirshenblatt-Gimblett steht diese Form des Ausstellungsmachens im Einklang mit ihrer Vorstellung einer „performing museology“:

„This project [...] configures the relationship between information and experience, things and stories, thinking and feeling, and hard and soft mastery in ways that are consistent with a performing museology. [...] Difficult Matters is object performance in the sense that a thing is a slow event. But, the exhibition is not a play in three acts. Visitors do not walk the plot. Objects are not props. They are not staged in a series of *mise-en-scènes* that carry a narrative through line. There is no orchestration of emotion between adrenaline rush and quiet contemplation. The total installation is nonetheless an expressive artifact, from the exterior of the truck that houses the exhibition down to every aspect of the installation within.“[51]

Was an „Difficult Matters“ deutlich wird und worauf auch Kirshenblatt-Gimblett hier hinweist, ist, dass performative Ausstellungen häufig mit einem erweiterten Exponatbegriff arbeiten. Wenn Ausstellungen mit den räumlichen Metaphern der Agora, des Forums oder Labors operieren,[52] dann geht dies in vielen Fällen mit einer Aufwertung des Ausstellungsraums einher, der vom reinen Container für Objekte zu einem Erfahrungsraum wird. In performativen Ausstellungen können beispielsweise auch Situationen oder Settings Exponat sein, deren ‚Bedeutung‘ dann durch den Besucher realisiert wird. Die performative Ausstellung versteht sich nicht als ‚begehbares Lehrbuch‘, sondern als Environment für Erkenntnisse. In solchen Ausstellungen spielt die Szenographie eine große Rolle, denn es geht hier nicht darum, Objekte in Vitrinen zu platzieren und mit Texten zu versehen, sondern es geht vielmehr darum, Wissens- und Erlebnisräume zu kreieren, die von Besuchern benutzt werden sollen. Ein weiteres Merkmal performativer Ausstellungen besteht darin, dass die bedeutungsstiftende Instanz vom Kurator auf

50 Ebd. S. 17.

51 Ebd. S. 15.

52 Zur Wiederentdeckung der räumlichen Organisation von Wissen siehe Rheinberger, Hans-Jörg; Michael Hagner; Bettina Wahrig-Schmidt (Hg.): Räume des Wissens. Repräsentation, Codierung, Spur, Berlin: Akademie Verlag 1997.

den Besucher übergeht,[53] weshalb sich performative Ausstellungen häufig auch auf konstruktivistische Lerntheorien beziehen.[54]

Als Beispiel hierfür möchte ich die Ausstellungen des Stapferhauses im schweizerischen Lenzburg nennen. Das Stapferhaus ist kein Museum, es versteht sich vielmehr als ein Ort der Auseinandersetzung mit Gegenwartsfragen. Ausstellungen stellen hierfür nur ein Medium dar, ein Medium allerdings, mit dem das Stapferhaus ein großes Publikum ansprechen kann.[55] Die in den Ausstellungen behandelten Themen zeichnen sich durch einen Gegenwartsbezug und eine hohe gesellschaftliche Relevanz aus. So organisierte das Stapferhaus beispielsweise Ausstellungen zu den Themen Strafen, Glauben oder zum Umgang mit Zeit. Die Ausstellungsmacher sehen in ihren Besuchern Alltagsexperten, Menschen, die über eigene Erfahrungen zum jeweiligen Thema verfügen und diese in die Ausstellung einbringen. Die KuratorInnen treten in der Ausstellung nicht als ‚Allwissende' auf, sie stellen in der Ausstellung ihr erworbenes ‚know that' zur Disposition und überlassen es letztendlich den Besuchern, welche Schlüsse sie im Abgleich mit ihrem ‚Know-how' daraus ziehen. Die Ausstellungen des Stapferhauses fungieren als Setting, das zur Reflexion eigener Ansichten und Erfahrungen auffordert.

Die im März 2009 eröffnete Ausstellung „Nonstop – eine Ausstellung über die Geschwindigkeit des Lebens" verfolgt beispielsweise das Ziel, ein Ort für den gesellschaftlich organisierten Aushandlungsprozess über den Umgang mit Zeit zu sein. Auf der Projekthomepage formulieren die KuratorInnen sowohl die Leitfragen als auch das Ziel der Ausstellung:

„Leitfragen: Wie erleben Berufstätige und Pensionierte, Jugendliche und Alte, Gestresste und Entschleunigte die Geschwindigkeit des heutigen Lebens? Welche Zeitkompetenz erfordert unsere Zeit? Welche Zeitkultur erhält gesund, was macht krank? Welche Konsequenzen hat die Nonstop-Mentalität für unsere Gesellschaft? Nonstop analysiert, lässt Zeit-Erfahrungen sprechen und sucht den Dialog mit einer breiten Öffentlichkeit. Ziele: Nonstop zeigt das Phänomen ‚Zeit' als Kultur- und nicht als Naturereignis. Zeitkul-

53 siehe hierzu Hächler, Beat: „Gegenwartsräume. Ansätze einer sozialen Szenografie im Museum." In: Gesser, Susanne [u.a.] (Hg.): Das partizipative Museum, S.128-137.

54 Für eine knappe Darstellung der verschiedenen Lerntheorien in Bezug auf das Museum siehe Hein, George E.: „Museum Education".

55 Vgl. die Selbstdarstellung auf der Homepage: http://www.stapferhaus.ch/information/wir-ueber-uns.html (Zugriff 22.03.2010) oder den Artikel von Martin Handschin, Sibylle Lichtensteiger und Detlef Vögeli: „Gegenwart als Kernthema und Partizipation als Selbstverständnis: Das Stapferhaus Lenzburg". In: Gesser, Susanne [u.a.] (Hg.): Das partiziaptive Museum, S.31-38.

tur ist gestaltbar. Zeitkompetenz ist lernbar. Allerdings: einfache Rezepte und Lösungen gibt es nicht. Zeitkultur muss jede Gesellschaft mit ihren Zeitgenossinnen und Zeitgenossen permanent neu aushandeln. Das Projekt Nonstop ist ein Schritt in diese Richtung."[56]

In „Nonstop" spielt der Raum eine große Rolle, er wird hier gewissermaßen zum ‚Meta-Exponat', zu einem Spiegel, in dem die Besucherinnen und Besucher immer wieder mit dem eigenen Umgang mit Zeit konfrontiert werden:

„Die Erlebnis-Ausstellung, eingerichtet auf über 1.000 m^2 im Zeughausareal Lenzburg, holt die Besucherinnen und Besucher bei ihren eigenen Zeit-Erfahrungen ab. [...] Interaktive Elemente und der permanente Einbezug der Echtzeit-Situation des Ausstellungsbesuches machen nonstop zu einer Time-out Zone, in der in Ruhe über die eigene Zeitkultur nachgedacht werden kann."[57]

Dies äußert sich beispielhaft in dem mit „real time" überschriebenen Ausstellungsteil, hinter dem sich eine Kino-Installation verbirgt: Auf der Leinwand kann man Menschen beim Ausführen ihrer Tätigkeiten beobachten. So kann man beispielsweise einem kleinen Mädchen dabei zusehen, wie es einen Papierstern ausschneidet oder zwei alten Männern beim Verlassen eines Hauses. In „real time" werden die Filme in Echtzeit und ungeschnitten präsentiert, was ein Gefühl quälender Langsamkeit hervorruft. Bereits nach kurzer Zeit verspürt man den Impuls, das Kino zu verlassen und sich anderen Ausstellungsteilen zu widmen. In diesem Moment wird der Ausstellungsbesucher in ein Dilemma gestürzt: Die Türen zum Kino sind direkt neben der Leinwand platziert, d. h., dass alle anderen Besucher sehen können, wie und vor allem wann jemand das Kino verlässt. Der Besucher findet sich in einer Situation der sozialen Kontrolle wieder, er wird mit der Frage konfrontiert, wie seine offensichtliche ‚Ungeduld' von den anderen ‚Kinobesuchern' bewertet wird. Bei der Ausstellungsstation „real time" wird es schwierig, das Exponat zu bestimmen: Sind es die Filme? Ist es das ‚Kino'? Oder werde sogar ich zum Exponat, wenn ich den Raum verlasse? Hier wird besonders deutlich, wie ‚bedeutend' der Raum in performativen Ausstellungen werden kann. Hier wird die Ausstellung zur Aufführung, zum Ereignis, zum sozialen Raum, die letztendlich nur durch die Anwesenheit der Besucher realisiert wird:[58] „The exhibition is thus

56 Vgl. die Projekthomepage http://nonstop.stapferhaus.ch/ausstellung/zum-thema.html (Zugriff 22.03.2010).

57 Ebd.

58 Vgl. Jannelli, Angela: „‚Warning: Perception Requires Involvement'. Plädoyer für eine Neudefinition des Museums als sozialer Raum", in: museums.ch 3, 2008: S. 21-25 oder dies.: „Die performative Ausstellung als neues Ausstellungsformat, vorgestellt

no longer conceived as a medium for representation, but becomes, instead, a medium for ‚enactment'".[59]

Das Potential des Performativen oder Symbolischen hat die (kommerzielle) Markenkommunikation schon seit längerem erkannt: Nicht nur Brandlands, Markenwelten und Unternehmensmuseen, auch Concept Stores und Corporate Architecture haben die Wirkmächtigkeit der „Kommunikation im Raum"[60] erkannt und machen Firmenphilosophie und Marken erlebbar. In der „ästhetischen Ökonomie"[61] verfügen wir über eine gesteigerte Kompetenz im Umgang mit inszenierten Wirklichkeiten, der die performative Ausstellung Rechnung trägt. Wurde die Szenographie von vielen Museumsleuten anfangs noch als „Disneyfizierung" verteufelt,[62] so spielen heute viele Museen und Ausstellungen mit der bedeutungsgenerierenden Qualität des gebauten bzw. gestalteten Raumes. Es gibt auch Ausstellungen, die sich gänzlich als Erfahrungsraum verstehen und ganz auf traditionelle Objekte verzichten. „Dialog im Dunkeln. Eine Ausstellung zur Entdeckung des Unsichtbaren" ist so ein Fall, wie auch in der Selbstdarstellung betont wird:

> „Die Idee ist denkbar einfach: In völlig abgedunkelten Räumen führen blinde Menschen das Publikum in kleinen Gruppen durch eine Ausstellung. Aus Düften, Wind, Temperaturen, Tönen und Texturen wird ein Park, eine Stadt oder eine Bar gestaltet. Alltagssituationen, die in unsichtbarer Form eine völlig neue Erlebnisqualität erhalten. Ein Rollentausch findet statt: Sehende Menschen werden herausgelöst aus sozialer Routine und gewohnter Rezeption. Blinde Menschen sichern Orientierung und Mobilität und werden zu Botschaftern einer Kultur ohne Bilder."[63]

---

am Beispiel von ‚nonstop. Über die Geschwindigkeit des Lebens'", in: extract. Themen und Aspekte des Ausstellungs- und Museumsdesigns. Hg. von Karl Stocker für FH Joanneum Graz, Studiengang Ausstellungs- und Museumsdesign. Erstausgabe 2009.

59 Macdonald, Sharon, Paul Basu: „Introduction: Experiments in Exhibition, Ethnography, Art, and Sciene", in: Macdonald, Sharon; Paul Basu (Hg.): Exhibition Experiments, S. 12.

60 So umschreiben zahlreiche Gestalterbüros ihre Arbeit, wie zum Beispiel die Ausstellungsagentur Milla & Partner in Stuttgart.

61 Vgl. Böhme, Gernot: „Atmosphäre als Grundbegriff einer neuen Ästhetik".

62 Vgl. Kaiser, Brigitte: Inszenierung und Erlebnis in kulturhistorischen Ausstellungen. Museale Kommunikation in kunstpädagogischer Perspektive, Bielefeld: transcript 2006.

63 http://www.dialog-im-dunkeln.de/ (Zugriff 05.05.2010).

Hier wird strittig, ob solche Orte überhaupt noch als Ausstellungen zu bezeichnen sind. Konsequenterweise spricht der Gründer von „Dialog im Dunkeln", der „Sozialunternehmer" Andreas Heinecke, von solchen Ausstellungen auch als „social labs".[64]

In diesem Zusammenhang fällt oft auch das Stichwort der Immersion,[65] worunter ein Raum oder Raumbild verstanden wird, in das die Besucher vollkommen eintauchen. Die Distanz zwischen betrachtendem Subjekt und betrachtetem Objekt verschwindet hier, die Besucher werden zum Bestandteil eines Environments. Ausstellungshäuser wie das Auswandererhaus in Bremerhaven setzen zum Beispiel auf Immersion. Dies zeigt sich beispielhaft im Ausstellungsteil „An der Kaje", der dem Moment des An-Bord-Gehens gewidmet ist:

> „An der Kaje, wie die Kaianlage in Bremerhaven genannt wird, erleben Sie den emotionalsten, den beeindruckendsten Moment: den Abschied von der Heimat. Reisende aus allen Epochen der Auswanderungsgeschichte sind hier versammelt. [...] Auch die in Originalgröße nachgebaute, schwankende Bordwand der ‚Lahn' unterstreicht diesen Augenblick des Abschieds von der Heimat."[66]

Die Besucher finden sich hier vor einer gigantischen Bordwand wieder, neben ihnen stehen lebensgroße Figuren von Auswanderern. Mit einer solchen Präsentationsstrategie wird der Besucher Teil des Bilds. Um den Rundgang fortzusetzen, muss er die Gangway betreten und gleichsam zum Auswanderer werden. Die Ausstellung ist so konzipiert, dass die Besucher gewissermaßen dazu gezwungen werden, in die Rolle eines Auswanderers zu schlüpfen, sich mit ihm zu identifizieren. Der Ausstellungsmacher Andreas Heller formulierte dies auf einer Tagung so, dass hier der Besucher zum Exponat werde.[67] Ich würde vielmehr davon sprechen, dass Heller hier einen auf zwei Ebenen wirkenden liminalen Raum inszeniert hat: Durch die Präsentationsstrategie der Immersion kollabiert zum einen der Gegensatz zwischen Subjekt und Objekt, zwischen Betrachter und

---

64 Heinecke, Andreas; Orna Cohen; Mikko Myllykoski: „The Social Lab. A New Approach for Science Centres", in: ECSITE Newsletter 55, 2003: S. 1-5. Online verfügbar unter www.icom.org.il/icom/pdf/sociallab.pdf (Zugriff 01.04.2009).

65 Vgl. Bieger, Laura: Ästhetik der Immersion. Raum-Erleben zwischen Welt und Bild. Las Vegas, Washington und die White City, Bielefeld: transcript 2007.

66 Vgl. die Selbstdarstellung auf der Homepage http://www.dah-bremerhaven.de (Zugriff 23.03.2010).

67 Vgl. „Mit allen Sinnen – der Besucher als ‚Exponat'", Vortrag gehalten im Rahmen des IX. Szenografie-Kolloquiums der DASA zum Thema „Szenografie in Ausstellungen und Museen – Kreativität und Raumschöpfung" vom 28. bis 30. Januar in Dortmund.

Exponat, zum anderen stellt das Schiff als Ort des Übergangs einen typischen liminalen Ort dar: Es ist weder hier noch dort, es ist der Raum des Dazwischen.

In Ausstellungen, die mit der Ästhetik der Immersion arbeiten, wird oft die Metapher der Reise gewählt, die die Besucher nachvollziehen sollen. Sie bedienen sich oft der theatralen Ausstellungssprache[68] und machen die Ausstellung so zum symbolischen Handlungsraum. Performative bzw. symbolische Präsentationsstrategien werden oft dann eingesetzt, wenn es darum geht, den Besuchern Erfahrungen zu ermöglichen und Erkenntnisse zu bieten, die sich jenseits der kognitiven, intellektuellen Ebene bewegen. Eine der radikalsten und konsequentesten Umsetzungen des ‚Erfahrungsraums' stellt die von Bruno Latour und Peter Weibel am ZKM in Karlsruhe kuratierte Ausstellung „Making Things Public. Atmosphären der Demokratie" dar, in der die Ausstellungsmacher die Metapher vom „Parlament der Dinge" wörtlich genommen haben. Mit der Ausstellung wollten sie eine „Versammlung der Versammlungen" schaffen, ein Experiment mit Formen der Repräsentation:

> „*Making Things Public* aimed at pushing exhibition experimentation even further, this time by creating a really impossible space by making an installation of installations created entirely for the purpose of the experiment. The topic was apt: a parliament of parliaments, an assembly of assemblies, an exploration into the techniques of representation."[69]

Diese Ausstellung, die Bruno Latour in seiner Eröffnungsrede als „intellectual show", „imaginary space" und als „Gedankenausstellung" beschrieb,[70] verfolgte das Ziel, mittels künstlerischer Strategien die verschiedenen Formen der Repräsentation von Menschen und Dingen zu thematisieren. Sie präsentierte sich als eine künstlerische, artifizielle Installation, in der man als Besucher nie ganz sicher war, was eigentlich vor sich geht und welchen Beitrag man selbst in diesem Setting spielte:

> „Therefore this complete, interactive, physically visitor-dependent exhibition mirrors our concept of an ‚object-oriented democracy'. It is an exhibition experiment that is what it shows: performative democracy, for the first time in history."[71]

---

68 Vgl. Schärer, Martin R.: Die Ausstellung, S. 125f.

69 Weibel, Peter: Bruno Latour: „Experimenting with Representation: Iconoclash and Making Things Public", in: Macdonald, Sharon; Paul Basu (Hg.): Exhibition Experiments, S. 94-108. S. 98.

70 Vgl. den auf der Homepage des ZKM veröffentlichten Video-Auszug http://on1.zkm.de/zkm/stories/storyReader$4538 (Zugriff 23.03.2010).

71 Ebd. S. 107.

Making Things Public war eine Art ‚politischer Erlebniswelt', in der die Undurchschaubarkeit politischer Prozesse und Repräsentationen auf eine verunsichernde, bisweilen sogar verstörende Art leiblich erfahrbar wurde. Demokratie wurde hier – wie der Untertitel besagt – tatsächlich in Form von „Atmosphären" spürbar: unmittelbar aber auch schwer zu begreifen und zu lokalisieren.

Die Metapher vom Museum als „Parlament der Dinge" muss sich nicht nur auf die Versammlung von Dingen und Menschen in Ausstellungen beziehen, der ‚parlamentarische Prozess' kann bereits früher in Gang gesetzt werden, indem beispielsweise auch die anderen Bereiche der Museumsarbeit mittels partizipativer Strategien gestaltet werden.

Museen als „Agents of Social Inclusion“

In der partizipativ gestalteten Museumsarbeit sehen derzeit viele Museologinnen und Museologen die passende Antwort auf die Frage nach der gesellschaftlichen Relevanz von Museen.[1] Unter Partizipation wird dabei in erster Linie die Beteiligung des Publikums an den verschiedenen Aufgaben eines Museums verstanden. Es geht also darum, Strategien und Methoden zu entwickeln, mit denen das Sammeln, Bewahren, Forschen und Präsentieren partizipativ, d. h. in Zusammenarbeit von Museum und Publikum, gestaltet werden können.

In der Museologie lassen sich derzeit zwei größere Strömungen in Bezug auf das Verständnis von ‚Partizipation‘ ausmachen. In den USA lässt sich ein eher pragmatischer und anwendungsorientierter Ansatz ausmachen, den beispielsweise die Ausstellungsmacherin und Museumsberaterin Nina Simon verfolgt.[2] In partizipativen Methoden sieht sie in erster Linie Werkzeuge oder Designstrategien, mit denen Museen für ihre Besucherinnen und Besucher persönlich bedeutend(er) werden können, woraus sich für Simon dann auch die Frage nach der gesellschaftlichen Relevanz von Museen beantwortet:

„How can cultural institutions reconnect with the public and demonstrate their value and relevance in contemporary life? I believe they can do this by inviting people to actively engage as cultural participants, not passive consumers.“[3]

1 Vgl. u. a. Simon, Nina: The Participatory Museum, Santa Cruz (USA): Museum 2.0 2010; Sandell, Richard; Jocelyn Dodd: Including Museums. Perspectives on Museums, Galleries and Social Inclusion, Research Centre for Museums and Galleries 2001 oder auch Hooper-Greenhill, Eilean: „The Rebirth of the Museum“, in: dies., Museum and the Interpretation of Visual Culture, S. 151-162 oder jüngst erschienen Gesser, Susanne [u.a.] (Hg.): Das partizipative Museum.

2 Vgl. Simon, Nina: The Participatory Museum.

3 Ebd. S. if.

In Großbritannien wird die Diskussion über das Konzept der ‚Partizipation' eher in einem soziologischen bzw. politischen Kontext geführt. Der derzeit prominenteste Vertreter dieser Strömung ist Richard Sandell von der School of Museum Studies der Universität Leicester.[4] In der Partizipation an kulturellen Institutionen bzw. am allgemeinen kulturellen Leben sieht Sandell lediglich eine Facette gesellschaftlicher Teilhabe, die sich für ihn zudem auf einer ökonomischen, sozialen und politischen Ebene manifestiert.[5] Im Hinblick auf das Museum konstatiert Sandell, dass sich die ‚kulturelle Inklusion' von Individuen oder Communities einerseits daran messen lässt, ob und in welchem Maße sie Zugang zum Museum haben, sie an der Museumsarbeit partizipieren sowie daran, ob und wie sie im Museum repräsentiert sind. An diesen drei Elementen – „representation", „participation" und „access" – lässt sich für Sandell das Ausmaß kultureller Inklusion ablesen:

„(i) Representation – the extent to which an individual's cultural heritage is represented within the mainstream cultural arena:
(ii) Participation – the opportunities an individual has to participate in the process of cultural production; and
(iii) Access – the opportunities to enjoy and appreciate cultural services (which can incorporate both (i) and (ii) above)."[6]

Bietet die im *wilden Museum* gepflegte Museumspraxis Hinweise darauf, welche Strategien Museen, die sich im Sinne Richard Sandells als „Agents of Social Inclusion"[7] sehen, in Bezug auf Repräsentation, Partizipation und Zugänglichkeit anwenden können? Was können die *wissenschaftlichen Museen* in dieser Hinsicht von ihren *wilden* Schwesterinstitutionen lernen?

4 Vgl. Sandell, Richard: „Museums as Agents of Social Inclusion", in: Museum Management and Curatorship 17(4), 1998: S. 401-418 oder Sandell, Richard: „Social inclusion, the museum and the dynamics of sectoral change", in: Museum and Society 1(1), 2003: S. 45-62 sowie seine Selbstdarstellung auf der Homepage der School of Museum Studies in Leicester http://www.le.ac.uk/ms/contactus/richardsandell.html (Zugriff 31.03.2010).

5 Sandell, Richard: „Museums as Agents of Social Inclusion", S. 409f.

6 Ebd. S. 410.

7 Vgl. Sandell, Richard: „Museums as Agents of Social Inclusion".

REPRÄSENTATION

Die Proliferation der *wilden Museen* habe ich als Ausdruck einer weitgehenden Demokratisierung und Popularisierung der Kulturtechniken Sammeln und Ausstellen gedeutet. D. h., dass heute so viele Leute wie nie zuvor über das nötige Know-how, den Raum und die Objekte verfügen, um eigene Museen zu gründen. Woran liegt es aber, dass die vorhandenen Ressourcen tatsächlich in der Einrichtung eines Museums münden? Eine Antwort ist die in meiner Untersuchung zu Tage getretene Wirkmächtigkeit des ‚Erzählens über Dinge‘. Die Popularität des Museums als kultureller Äußerungsform könnte meiner Ansicht nach aber auch als Ausdruck eines gesellschaftlich weit verbreiteten Repräsentationsbedürfnisses interpretiert werden, einer Lust am Sammeln, am Zur-Schau-Stellen und am Erzählen über die eigenen „Dinge von Belang“. *Wilde Museen* wären demnach objektivierte Formen der Selbstdarstellung, die von den Museumsmachern als populäre und wirkungsvolle Repräsentationsinstrumente genutzt würden. Auf der anderen Seite der Medaille erschiene dann aber die Popularität der *wilden Museen* auch als ein Indiz dafür, dass sich viele gesellschaftliche Gruppierungen nicht von Museen oder anderen (Kultur-) Institutionen repräsentiert fühlen. Das *wilde Museum* wäre demnach die „Do-it-yourself“-Variante kultureller bzw. gesellschaftlicher Repräsentation.

Hieraus können *wissenschaftliche Museen,* die sich im Sinne von ‚Repräsentation‘ als Element kultureller Teilhabe engagieren möchten, zwei Konsequenzen ziehen: Zum einen können sie ein in weiten Teilen der Bevölkerung vorhandenes Repräsentationsbedürfnis voraussetzen. Diese Annahme könnte die Hemmschwelle vieler Museen, sich der Öffentlichkeit gegenüber zu öffnen sowie partizipative Methoden anzuwenden, senken. Zum anderen lässt sich hieraus aber auch ein Appell an die Museen herauslesen, mit ihren Nutzern einen Umgang auf Augenhöhe zu pflegen. Denn neben dem vorhandenen Repräsentationsbedürfnis lässt sich eine ebenso weit verbreitete Repräsentationskompetenz ausmachen, die eine autoritäre, paternalistische Haltung der Museen gegenüber den Besuchern zunehmend unmöglich macht. Dieser Befund scheint mir vor allem im Hinblick auf Stadt- oder Regionalmuseen wichtig zu sein, die sich eine stärkere Verankerung in der Gesellschaft wünschen und die sich im Sinne der „social museology“ als Forum oder Labor[8] für die Bevölkerung positionieren

8 Zur Popularität des „Labors“ als Raummetapher in aktuellen Museumsprojekten siehe Jank, Sabine: „Strategien der Partizipation“. In: Gesser, Susanne [u.a.] (Hg.): Das partiziaptive Museum, S. 138-147.

möchten. Mit einer solchen Ausrichtung geht eine radikale Veränderung der ‚stakeholder' eines Museums einher:[9] Wenn Museen ihren gesellschaftlichen Auftrag als „Agents of Social Inclusion" ernst nehmen, dann wird die Öffentlichkeit zum ‚stakeholder', nicht mehr der Geldgeber. Dies kann zu Interessenskonflikten mit den Museumsträgern, mit Kommunen und Sponsoren, führen, für die das Museum dann nur noch eingeschränkt als Repräsentationsort dient.[10]

PARTIZIPATION

Die zunehmende Öffnung der Museen gegenüber der Bevölkerung sowie ihre Bereitschaft um differenziertere Repräsentation heterogener Gruppen wird stark von der Entwicklung des sogenannten Web 2.0 beeinflusst, ein Begriff für partizipatorische Internet-Angebote. Charakteristisch für das Web.2.0 ist ebenfalls die Wendung von der Präsentation zur Interaktion, vom Kommunikationskanal zur Plattform, vom Konsument zum Nutzer und Autor von Inhalten. In Bezug auf Fragen der Repräsentation und Partizipation im Museum gehen vom Web 2.0 zahlreiche Impulse aus: Das Museum wird als Plattform gedacht, auf der die zu Nutzern gewordenen Besucher an der Erarbeitung von Inhalten beteiligt sind. Die Kuratoren füllen hier die Rolle von Moderatoren oder ‚content managern'

In den Konzepten für die in Stuttgart und Karlsruhe geplanten Stadtmuseen taucht die Idee des „Labors" ebenso auf wie in der Neukonzeption des Historischen Museums Frankfurt a.M. Vgl. die Konzeptdarstellung des Stadtmuseums Stuttgart: Stadt Stuttgart (Hg.): „Ein Stadtmuseum für Stuttgart", Onlinedokument: http://www.stuttgart.de/img/mdb/item/354939/52324.pdf (Zugriff 01.04.2010). Das Konzept des Historischen Museums Frankfurt ist skizziert auf: http://www.historisches-museum.frankfurt.de/index.php?article_id=548&clang=0 (Zugriff 13.02.2012). Eine ausführlichere Darstellung findet sich in Historisches Museum Frankfurt: CURA (Begleitheft der jährlichen Kuratoriumsversammlungen), Frankfurt am Main 2009.

9 Siehe hierzu ausführlich die gesammelten Schriften der amerikanischen Museologin Elaine Heumann Gurian in dies.: Civilizing the Museum, London, New York: Routledge 2006.

10 Zum Aufbrechen neuer Konfliktlinien siehe Lagerkvist, Cajsa: „Empowerment and anger: learning how to share ownership of the museum", in: Museum and Society 4(2), 2006: S. 52-68 und Piontek, Anja: „Partizipation in Museum und Ausstellung. Versuch einer Präzisierung" In: Gesser, Susanne [u.a.] (Hg.): Das partizipative Museum, S. 213-222.

aus, die sich um die partizipative Organisation von Wissen kümmern.[11] Nina Simon definiert eine von partizipativen Strukturen geprägte Kulturinstitution folgendermaßen:

„I define a participatory cultural institution as a place where visitors can create, share, and connect with each other around content. *Create* means that visitors contribute their own ideas, objects, and creative expression to the institution and to each other. *Share* means that people discuss, take home, remix, and redistribute both what they see and what they make during their visits. *Connect* means that visitors socialize with other people – staff and visitors – who share their particular interests. *Around content* means that visitors' conversations and creations focus on the evidence, objects, and ideas most important to the institution in question. [...] Instead of being ‚about‘ something or ‚for‘ someone, participatory institutions are created and managed ‚with‘ visitors.“[12]

Diese vom Web 2.0 inspirierte Entwicklung lässt sich an der Neuausrichtung des Nationalen Glasmuseums der Niederlande[13] ablesen, bei der der damalige Direktor Arnoud Odding beispielsweise auf das Wiki-Prinzip setzt, um mit Hilfe von Glasexperten innerhalb wie außerhalb der Museumswelt, Wissenschaftlern wie Laien, möglichst umfassende Informationen zu den Sammlungsgegenständen zusammenzutragen.

Welche Möglichkeiten zur kulturellen Partizipation lassen sich aber aus der im *wilden Museum* gepflegten Praxis herauslesen, die meistens sehr weit von den digitalen Welten des Web 2.0 entfernt ist? In meinen Untersuchungen ist deutlich geworden, dass die Dinge über ein großes performatives Potential verfügen, das sowohl in der Etablierung und Pflege von Beziehungen als auch im Hinblick auf sinn- und identitätsstiftende Prozesse realisiert wird. Es können also auch die Dinge selbst sein, die für Partizipation sorgen. Wenn *wissenschaftliche Museen* die performative, symbolische Qualität der Dinge berücksichtigen, wenn sie sie als „Dinge von Belang“ und nicht als „Tatsachen“ präsentieren, dann bieten die Objekte Anknüpfungspunkte für die Museumsnutzer. Versteht sich ein Museum als „Parlament der Dinge“, dann kann es ein einladender Ort zum Austausch von Meinungen und gegebenenfalls sogar zur Lösung gesellschaftlich

11 Vgl. Gerchow, Jan; Susanne Gesser: „Ein Stadtmuseum für das 21. Jahrhundert.“ In: mitarbeit (17) 2010. S. 24-28.

12 Simon, Nina: The Participatory Museum, S. iif.

13 Vgl. http://www.nationaalglasmuseum.nl (Zugriff 31.03.2010). Weitere Beispiele für vom Web 2.0 inspirierte Projekte bietet Nina Simons Blog http://museumtwo.blogspot.com/2006/12/what-is-museum-20.html (Zugriff 31.03.2010) sowie ihr Buch „The Participatory Museum“.

‚strittiger Dinge' werden. Museen haben dann die Möglichkeit, nicht nur als Repräsentationsinstrumente feststehender Inhalte zu fungieren, sondern sie können gewissermaßen als Leiter einer Versammlung agieren, deren Tagungsordnungspunkte gemeinschaftlich festgelegt werden. Das Museum als „Parlament der Dinge" bietet zudem die Möglichkeit des ‚Erzählens über Dinge', d. h. einer objektbezogenen Form des Sprechens, was gerade im Hinblick auf schwierige Themen hilfreich sein kann.

Die *wilden Museen* können auch im Hinblick auf die Entwicklung partizipativer Sammlungsstrategien eine Hilfestellung geben.[14] So hat sich zum Beispiel das McNair-Museum als ein Ort des „sich Sammelns" im Sinne Andrew Moutus erwiesen,[15] d. h. als ein Ort, an dem die ‚Dinge in Ordnung gebracht' oder – um es mit Lévi-Strauss zu sagen – die Erscheinungen der Welt in einen sinnvollen Zusammenhang gebracht werden können. Diesen Ansatz können sich *wissenschaftliche Museen* zunutze machen, indem sie beispielsweise über thematisch ausgerichtete Sammlungsaufrufe die Auseinandersetzung mit einem Thema eröffnen. Andrew Moutu führt in seinem Aufsatz das Beispiel einer Ausstellung über den Aitape Tsunami im Papua New Guinea National Museum an, die sich als wirkungsvoller Beitrag zur Bewältigung der Katastrophe erwiesen hatte. Für Moutu setzt das „sich Sammeln" aber einen Verlust voraus. Die Spielart des partizipativen Sammelns als ein „sich Sammeln" könnte sich also besonders gut für Projekte eignen, die sich als Beitrag zum Be- oder Verarbeiten von Verlusterfahrungen verstehen.

Im McNair-Museum hat sich das Sammeln aber auch als eine beziehungsstiftende Tätigkeit gezeigt, über die zwischen den Betreibern und Nutzern des Museums im Sinne von Marcel Mauss' Theorie des Gabentausches ein sozialer Raum eröffnet wurde. Mit der ‚Gabe' von Objekten wurde eine Beziehung zwischen dem Initiativkreis und den ehemaligen Zivilangestellten etabliert. In ihrer Funktion als Objektpfleger erfüllten die Museumsmacher auch gleichzeitig die Rolle von Beziehungspflegern und trugen so zum sozialen Erhalt einer aufgelösten Berufs-Gemeinschaft bei.

---

14 Partizipative Sammlungsprojekte werden bereits vielerorts durchgeführt. Die schwedische Initiative „Samdok" gehört zu den prominentesten und am häufigsten zitierten Beispielen für partizipative Sammlungsstrategien. Vgl. Steen, Anna: „Samdok: tools to make the world visible", in: Knell, Simon J. (Hg.), Museums and the Future of Collecting, Aldershot [u.a.]: Ashgate 2004, S. 196-210 oder auch die Onlinedarstellung: http://www.nordiskamuseet.se/publication.asp?publicationid=4213 (Zugriff 30.12.2011).

15 Vgl. Moutu, Andrew: „Collections as a Way of Being" sowie das Kapitel „Das McNair-Museum: Geschichten vom „Sich-Sammeln""

Wenn wissenschaftliche Museen die Wirkmächtigkeit der „Dinge von Belang“ und die symbolische Qualität von Museumsarbeit ernst nehmen, dann kann das Museum ein Ort der Beziehungspflege sein. Denn aus Mauss’ Blickwinkel betrachtet stellen partizipative Sammlungsstrategien eine Form des Gabentausches dar, über die zwischen dem Museum und seinen Nutzern ein sozialer Raum eröffnet, eine Verbindung geschaffen wird, von der beide Seiten profitieren: Überlässt eine Person dem Museum ein Objekt, eine Geschichte oder persönliche Erfahrungen, erhält sie im Gegenzug vom Museum als gesellschaftlich etablierter Institution kulturelle Anerkennung und gesellschaftliche Teilhabe. Durch das partizipativ gestaltete Sammeln und Ordnen von „Dingen von Belang“ und unter Berücksichtigung der symbolischen Qualitäten von Dingen und Handlungen, kann Museumsarbeit einen Beitrag zu gesellschaftlicher Partizipation und Kohäsion leisten. In diesem Licht besehen erklärt sich auch, warum es in der Zusammenarbeit zwischen Kuratoren und Ehrenamtlichen sehr häufig zu Konflikten kommt, wenn es um die Auswahl von Objekten für die Ausstellung geht: Während der Kurator auf Exemplarität setzt und nach dem einen, ‚sprechenden Objekt‘ sucht, fordern die Ehrenamtlichen häufig nachdrücklich, möglichst viele Objekte zu präsentieren. Unter dem Blickwinkel des Gabentausch und der Beziehungspflege betrachtet wird deutlich, dass die Entscheidung, ein Objekt aus der Ausstellung zu nehmen und es ins Depot zu verbringen, gleichbedeutend damit ist, eine persönliche Beziehung zu kappen bzw. dem Objektgeber die Teilhabe am Museum und der über die Dinge etablierten Erinnerungs- oder Expertengemeinschaft zu versagen.[16]

Auch im Hinblick auf eine Sensibilisierung für Prozesse der politischen Repräsentation können *wissenschaftliche Museen* von ihren *wilden* Schwestern lernen: Im *wilden Museum* hat sich das museale Engagement auch als ein Instrument zur Binnendifferenzierung innerhalb der Gruppe der Museumsmacher gezeigt. Über den Grad der Beteiligung am gemeinschaftlich organisierten Sammeln und Ausstellen wurden Fragen der Autorität und Legitimation ausgehandelt. *Wissenschaftliche Museen* können solche Prozesse auf einer Meta-Ebene reflektieren und so zur Entwicklung einer kritischen Einstellung gegenüber politischen oder kommerziellen Inszenierungsstrategien und Repräsentationsinstrumenten beitragen. Wenn das Museum auch ein Forum dafür ist, Fragen zu diskutieren, warum ein Gegenstand ein „Ding von Belang“ ist, wer daran aus welchen Gründen Anstoß nimmt und warum gerade das Museum als Repräsentation- und Aushandlungsort gewählt wird, dann kann es zu einem Ort der

16 Ausführlicher hierzu siehe Jannellli, Angela: „‚Wilde Museen‘. Das partizipative Museum als Graswurzelbewegung“. In: Gesser, Susanne [u.a.] (Hg.): Das partizipative Museum, S. 156-165.

„Auseinandersetzung mit der fortschreitenden Ästhetisierung der Realität“[17] werden, zu einem Reflexionsraum, der sich selbst als ästhetischen und symbolischen Raum thematisiert und damit für die manipulative Kraft inszenatorischer Strategien sensibilisiert.

Ein Museum in der Rolle eines „Agent of Social Inclusion“ muss auch seine Definition von Wissen erweitern, in ihm müssen neben der Wissenschaft auch andere Wissensformen repräsentiert sein, wie zum Beispiel Expertise und Erfahrungswissen. Die *wilden Museen* haben sich als Orte des Erfahrungswissens gezeigt und die Museumsmacher als Experten, die ihr Wissen diskursiv, durch das ‚Erzählen über Dinge‘ vermitteln. Im partizipativen Museum würde das Erfahrungswissen gleichberechtigt neben dem wissenschaftlichen Wissen stehen. Hieraus ergibt sich die Notwendigkeit, über die im Museum bestehenden Grenzen zwischen Laien und Wissenschaftlern nachzudenken und zu berücksichtigen, dass beide sich im Hinblick auf die von ihnen gepflegten Praktiken unterscheiden.

Morgan Meyer hat dies am Beispiel des Luxemburger „Musée National d'Histoire Naturelle“ herausgearbeitet.[18] In seinem Aufsatz „On the boundaries and partial connections between amateurs and professionals“ stellt er die Unterschiede zwischen den „scientific collaborators“, wie die ehrenamtlichen Laien-Wissenschaftler im Luxemburger Museum genannt werden, und den professionellen Wissenschaftlern heraus. Meyer stellt fest, dass sie sich in erster Linie hinsichtlich ihres Umgangs mit zeitlichen, räumlichen und materiellen Ressourcen unterscheiden:

> „The boundaries between amateurs and professionals are not only negotiated in discourse. They are also revealed through temporal, spatial and material processes. There are, in fact, many places where boundary-work takes place; boundary-work is interconnected with objects, tools, bodies, and specific spaces and places.“[19]

„Scientific collaborators“ bestimmen beispielsweise das Tempo, das Interessensgebiet und den Raum, in dem sie forschen, selbst. Sie lassen sich weder von Deadlines noch von räumlichen Grenzen beeinflussen. Daraus lässt sich schließen, dass *wissenschaftliche Museen*, wenn sie mit Laien kooperieren wollen, sich auch für andere Formen des Zeitmanagements und neue Aktionsradien öffnen

17 Böhme, Gernot: „Atmosphäre als Grundbegriff einer neuen Ästhetik“, S. 48.

18 Meyer, Morgan: „On the boundaries and partial connections between amateurs and professionals“, in: Museum and Society 6 (1), 2008: S. 38-53.

19 Ebd. S. 48.

müssen und nicht davon ausgehen können, dass sich alle Experten an die im Museum gewohnten Zeit- und Raumvorstellungen anpassen.

Im *wilden Museum* zeigte sich diese von Meyer konstatierte unterschiedliche Praxis besonders deutlich im Umgang mit den Objekten: Fast alle Exponate waren frei zugänglich, es wurden nur wenige Techniken des Ausschlusses oder der Distanzierung eingesetzt, wie beispielsweise Sockel oder Vitrinen.[20] Viele Objekte wurden im Rahmen einer Führung berührt, herumgegeben oder vorgeführt. Den größten Unterschied hinsichtlich der Objekte sehe ich aber im Umgang mit der kommunikativen Dimension der Dinge: Während sie im *wissenschaftlichen Museum* in erster Linie als Zeichen eingesetzt werden, kommen sie im *wilden Museum* stärker in ihrer symbolischen Dimension zum Einsatz. Dinge sind – wie Bruno Latour konstatiert – viel mehr als Fakten,[21] ein partizipatives Verständnis von Museumsarbeit müsste meines Erachtens diesem Dingverständnis Rechnung tragen.

ZUGÄNGLICHKEIT

In dem Aufsatz „On the boundaries and partial connections between amateurs and professionals“ stellt Morgan Meyer fest, dass die Grenze zwischen Wissenschaftlern und Laien durch die Einschränkung des Zugangs zu Forschungsobjekten und -instrumenten konstituiert wird.[22] Meyer illustriert dies am Beispiel von Hochsicherheits-Labors, die für Laien – egal wie informiert und versiert sie auch sein mögen – verschlossen sind.

Im Hinblick auf kulturelle Teilhabe definierte Richard Sandell Zugang als „the opportunities to enjoy and appreciate cultural services“.[23] Museen, die sich als „Agents of Social Inclusion“ verstehen, müssten demnach nicht nur über Zugänglichkeit im Sinne der Barrierefreiheit oder (finanziellen) Niedrigschwelligkeit nachdenken, sondern auch darüber, wie der Zugang zu den (Wissens-) Be-

---

20 Wobei fast alle Interviewpartner den Wunsch nach Vitrinen äußerten, um kostbare Objekte vor Vandalismus zu schützen. Das Fehlen von Vitrinen wurde mit mangelnden finanziellen Ressourcen begründet.

21 Vgl. Latour, Bruno: Von der Realpolitik zur Dingpolitik, S. 26f.

22 Meyer, Morgan: „On the boundaries and partial connections between amateurs and professionals“.

23 Sandell, Richard: „Museums as Agents of Social Inclusion“, S. 410.

ständen des Museums reglementiert wird. Wer darf mit den Sammlungen arbeiten? Wie ist der Zugang zu den Sammlungen gestaltet?

In den letzten Jahren setzt sich in vielen Museen immer stärker die Ansicht durch, dass die im Namen (und auch auf Kosten) der Öffentlichkeit zusammengetragenen und unterhaltenen Sammlungen auch für die Allgemeinheit zugänglich sein sollten. Dies äußert sich zum Beispiel darin, dass Objektdatenbanken im World Wide Web veröffentlicht oder Schaudepots eingerichtet werden. Mit seinem 2001 eröffneten Collections Centre hat das Museum of Science and Industry in Manchester hier Maßstäbe gesetzt. Im Collections Centre, das sich als „a cross between a store, a gallery and a study centre" versteht,[24] können Besucher nicht nur einen Einblick in die Sammlungen erhalten, es stehen ihnen auch sogenannte „handling boxes" zur Verfügung, die Objekte zum Anfassen bieten. Zusätzlich verfügt das Collections Centre noch über eine „Study Area" mit Zugang zu Bibliothek und Objektdatenbank. Sie wird von einem Mitarbeiter des Museums betreut, der den Besucherinnen und Besuchern für Fragen und Recherchehilfen zur Verfügung steht.[25]

Auch im Hinblick auf die Organisation von Erinnerung weist der im *wilden Museum* praktizierte Umgang mit den Sammlungen einen interessanten Aspekt auf. Das Museum Elbinsel Wilhelmsburg bietet ein Beispiel für partizipative Erinnerungsarbeit, die sich hier allerdings nur im mittelbaren Umgang mit den Exponaten äußert: Wie ich gezeigt habe, befindet sich das Museum im Übergang vom kommunikativen zum kulturellen Gedächtnis. D. h., dass die hier gesammelten und präsentierten Objekte für die Besucher immer stärker zu historischen, musealen Artefakten werden, da die lebensweltlich verankerten Bezüge zwischen Ding und Mensch immer schwächer werden. Zu der Zeit, in dem die narrative, sinn- und beziehungsstiftende Qualität der Dinge schwächer wird, richtet das Museum ein Café ein, das als Treffpunkt und Veranstaltungsort genutzt wird und damit die Funktion des kommunikativen Gedächtnisses übernimmt, die die Objekte aufgrund ihrer zu groß gewordenen ‚biographischen Distanz' zu den Museumsnutzern nicht mehr erfüllen können. Mit dem Café wird das Museum zum Treffpunkt und nicht zum Depot, mit der Einrichtung dieses neuen Raums bleibt die kommunikative Funktion des Museums erhalten, es bleibt im Modus des Gedächtnisses und wechselt nicht in den Modus des Speichers. Mit der Auslagerung der landwirtschaftlichen Großgeräte in die auf dem Hof errichtete Remise wird dies augenscheinlich: Hier können sie ihre Funktion als ‚Requisiten der Erinnerung' in einem als passend erachteten Kontext erfüllen und machen so

24 http://www.mosi.org.uk/collections/using-the-collections/collections-centre (Zugriff 31.03.2010).

25 Vgl. http://www.mosi.org.uk/collections/using-the-collections (Zugriff 31.03.2010).

den Raum frei für das Café Eléonore. Die Organisation der Erinnerung verlief hier im Zusammenspiel zwischen Museumsmachern und Museumsnutzern, sie wurde zwar nicht direkt thematisiert, der Aushandlungsprozess fand aber auf der pragmatischen Ebene der Raumnutzung statt.

Im McNair-Museum verläuft die Organisation der Erinnerung unmittelbar über das Objekt, denn hier sind die Dinge wirkungsvolle Souvenirs, die zum Erhalt der Gemeinschaft der ehemaligen Zivilangestellten beitragen. Die Partizipation wird hier durch die aktive Teilhabe an der Erinnerungsgemeinschaft gesichert, die sich entweder als ‚manifeste Gabe‘ in Form von Objekten oder als ‚symbolische Gabe‘ in Form des Engagements als Pflege des Erinnerungsorts äußert – was durchaus auch das Betreiben des Clubraums und die Organisation von Frühschoppen und Festen beinhaltet. Im Bienenmuseum schließlich wird Partizipation über die Teilhabe am Erfahrungswissen der erfahrenen Imker realisiert. Das Museum dient nicht nur als ‚Rekrutierungsbüro‘ für Jungimker, sondern auch als Schulungsraum und Treffpunkt der Imkergemeinschaft.

Auch im Hinblick auf Erscheinungsform und Präsentationsstrategien könnten vom *wilden Museum* Impulse ausgehen, denn die hier eingesetzten bricolierenden Verfahren haben sich gerade im Hinblick auf die zum Zwecke der Sinn- und Kohärenzstiftung eingesetzten Techniken des (Sich) Sammelns und Ordnens als besonders geeignet erwiesen. So liest sich Lévi-Strauss' Beschreibung der Tätigkeit des *bricoleurs* – die ich an dieser Stelle nochmals zitieren möchte– auf der symbolischen Ebene auch als ein Versuch, die ‚Dinge‘ (hier eingesetzt als Metapher für vergangene Ereignisse) im rekonstruierenden Erinnern zu interpretieren, mit dem Ziel, sie in einen sinnvollen und zukunftsweisenden Zusammenhang zu bringen:

> „Sehen wir [dem *bricoleur*] beim Arbeiten zu: Von seinem Vorhaben angespornt, ist sein erster praktischer Schritt dennoch retrospektiv: er muß auf eine bereits konstituierte Gesamtheit von Werkzeugen und Materialien zurückgreifen; eine Bestandsaufnahme machen oder eine schon vorhandene umarbeiten; schließlich und vor allem muß er mit dieser Gesamtheit in eine Art Dialog treten, um die möglichen Antworten zu ermitteln, die sie auf das gestellte Problem zu geben vermag. Alle diese heterogenen Gegenstände, die seinen Schatz bilden, befragt er, um herauszubekommen, was jeder von ihnen ‚bedeuten‘ könnte.“[26]

Das im *wilden* Museum praktizierte Sammeln und Arrangieren von Dingen hat sich als eine wirkungsvolle Strategie der Aneignung, Bewertung und Interpretation erwiesen, die ihre Wirkung auch dadurch entfaltet, dass die im Museum prä-

26 Lévi-Strauss, Claude, Das wilde Denken, S. 31.

sentierten Ding-Ordnungen nicht abgeschlossen sind: Die Ding-Arrangements können jederzeit und ohne großen technischen oder logistischen Aufwand erweitert und verändert, das Museum kann um- und ausgeräumt und die Museumsräume können den Bedürfnissen der Nutzer angepasst werden. In diesem Licht gesehen, zeigt sich die *bricolage* nicht als „eine schüchterne oder stammelnde Form"[27] der Szenographie, sondern als „ein genau artikuliertes System", das sich aber in Bezug auf die „theoretischen und praktischen Ergebnisse"[28] unterscheidet. Für die *wissenschaftliche Museumsarbeit* lässt sich hieraus die Frage formulieren, ob bestimmte Präsentations- und Inszenierungsstrategien, die Ausstellungen als fertige, in sich geschlossene Werke erscheinen lassen, den Besucher nicht in die Rolle eines passiven Empfängers drängen. Eine geschlossene Inszenierung mit einem eng gesteckten atmosphärischen Rahmen, bietet dem Besucher wenig gedanklichen und emotionalen Spielraum und birgt die Gefahr in sich, die Besucher zu manipulieren oder auch schlichtweg zu unterfordern. Dies lässt sich zum Beispiel an der AutoStadt Wolfsburg zeigen, wo den Besuchern mit an Schwellen platzierten Aufschriften klare Gefühlsanweisungen vorgegeben werden. So ist die Rolltreppe, die in die „Abholerwelt"[29] zur Übergabe der Neuwagen führt mit „Vorfreude" überschrieben. Ein bedeutender oder wie Lévi-Strauss sagen würde „magischer" Moment lässt sich so nur schwer inszenieren.

Angesichts der derzeitigen Popularität von Kulturtechniken wie dem Sampeln und Remixen sehen sich Ausstellungsmacher vor die Frage gestellt, ob als geschlossene Werke inszenierte Ausstellungen noch zeitgemäß sind. Dies gilt vor allem im Hinblick auf die Einrichtung von in der Regel sehr kostspieligen Dauerausstellungen, deren ästhetische Halbwertszeit und mangelnde Attraktivität für Mehrfachbesuche ein immer größeres (Legitimations-) Problem für Museumsmitarbeiter darstellt.[30]

Im Sinne eines Museums als „Agent of Social Inclusion" kann über die Anwendung *bricolierender Verfahren* eine gewisse Offenheit in die Ausstellung gebracht werden, die den Besucherinnen und Besuchern Anknüpfungspunkte für eigene Gedanken, Vorstellungen und Erfahrungen bietet. Dies kann – wie ich zu

27 Vgl. ebd. S.23.

28 Ebd.

29 Vgl. die Selbstdarstellung im Menüpunkt „Fahrzeugabholung" auf http://www.autostadt.de. (Zugriff 02.04.2010).

30 Vgl. hierzu das am Joanneum in Graz angesiedelte Forschungsprojekt „Dilemma und Potential der ständigen Ausstellungen" unter der Leitung von Dr. Bettina Habsburg-Lothringen. Eine Projektdarstellung findet sich unter http://www.formuse.at/media/dokumente/1_1_Dok.pdf (Zugriff 02.04.2010).

Anfang dieses Kapitels gezeigt habe – über künstlerische oder ästhetische Inszenierungsstrategien erreicht werden.

Die *wilden Museen* machen auch deutlich, dass sich die Qualität von Museumsarbeit nicht quantitativ bemessen lässt. In keinem der von mir untersuchten Museen wurden die Besucher gezählt. Sie wurden nicht als Kunden oder Konsumenten angesehen, sondern entweder – wie dies im McNair-Museum der Fall war – als Mitglieder der Erinnerungsgemeinschaft oder – wie im Falle des Bienenmuseums Moorrege – als Wissbegierige, die an der Expertise der Muscumsmacher Anteil nehmen wollten.[31] *Wilde Museen* haben sich als Orte des persönlichen Kontakts und des diskursiv verfassten Wissens gezeigt. Eine sozial orientierte Museumsarbeit kann nicht nach quantitativen Maßstäben entwickelt werden, sondern nur nach qualitativen. Eine qualitative Evaluation gestaltet sich allerdings weitaus zeit- und personalintensiver als die Zählung von Besuchszahlen, weshalb sie für viele Museen nicht attraktiv ist, zumal auch die Geldgeber, d. h., Politik und Sponsoren, den Erfolg eines Museums an seinen ‚Kontaktzahlen‘ messen. Der Übergang vom quantitativen zum qualitativen Paradigma manifestiert sich derzeit in den am Research Centre for Museums and Galleries (RCMG) durchgeführten Projekten, bei denen es weniger darum geht, Besucher zu zählen, sondern vielmehr darum, zu verstehen, was Besucher in Museen tun bzw. welchen Wert Museen für sie haben.[32]

31 Wobei die Museumsmacher die Wissbegierde der Besucher auch immer wieder überschätzten oder sich einfach über ihr ‚Sättigungsgefühl‘ hinwegsetzten, wie zum Beispiel bei Führung für GrundschullehrerInnen am 30.09.2008, die weit über zwei Stunden dauerte.

32 Das RCMG ist Teil der School for Museum Studies der University of Leicester. Für weitere Informationen siehe: http://www.le.ac.uk/ms/research/rcmg.html (Zugriff 02.04.2010) oder den Aufsatz von Hooper-Greenhill, Eilean: „Studying Visitors“.

Das Museum als symbolischer Handlungsraum

Von den *wilden Museen* lässt sich meines Erachtens in erster Linie lernen, dass ein Museum viel mehr ist als ein Speicher oder eine Zeige-Agentur für Dinge. Museen sind symbolische Handlungsräume, in denen mittels des ,Erzählens über Dinge' Beziehungs-, Identitäts- und Sinnstiftungsfragen verhandelt werden können.[1] Sie können Orte sein, an denen mittels einer ,objektivierten' Form der Kommunikation gesellschaftlich relevante Fragen diskutiert werden können. Wenn also *wissenschaftliche Museen* ihre gesellschaftliche Relevanz erhöhen und eine qualitative Beziehung zu ihren Zielgruppen aufbauen oder stärken wollen, so können sie sich vom *wilden Museum* abschauen, dass es beim Sammeln und Ausstellen nicht in erster Linie um das Bewahren und Präsentieren von Objekten geht, sondern dass Dinge über eine wirkmächtige symbolische Dimension verfügen, mittels derer Fragen der Sinnstiftung und Beziehungspflege verhandelt werden können. Vom *wilden Museum* können die *wissenschaftlichen Museen* vor allem lernen, auf das symbolische und performative Potential der Dinge zu setzen, das sich im Zusammenspiel mit Menschen entfaltet, d. h., die *wissenschaftlichen Museen* können lernen, den Dingen und Besuchern mehr zuzutrauen. Oder um es in Werner Hanak-Lettners Metapher von der „Ausstellung als Drama" auszudrücken: Anstatt den Dialog, der sich in der Ausstellung zwischen Dingen und Besuchern entspinnt, wortgenau vorzugeben, könnte es auch eine

1 Vgl. hierzu auch den Sammelband von Bouquet, Mary; Nuno Porto (Hg.): Science, Magic and Religion. The Ritual Processes of Museum Magic, New York, Oxford: Berghahn Books 2005. Hier v.a. der Aufsatz von Macdonald, Sharon: „Enchantment and its Dilemmas: the Museum as a Ritual Site", S. 209-227.

Lösung sein, ihn überhaupt erst in Gang zu setzen und abzuwarten, welche Art von Dialog sich entspinnt.[2]

Damit sich diese symbolische Wirkung entfalten kann, muss eine weitere Voraussetzung erfüllt sein: Im Symbol fallen Materialität, Signifikat und Signifikant zusammen. Für die Museumsarbeit bedeutet dies, dass die Kommunikation mit den Museumsnutzern auf allen Ebenen ‚authentisch' und ‚wahrhaftig' sein muss. Wenn wir wie Lévi-Strauss das Symbolische mit dem Magischen gleichsetzen, so wird deutlich, was das heißt: Eine magische oder symbolische Handlung ist nur dann wirkungsvoll, wenn sie für wahrgenommen und mit Überzeugung ausgeführt wird. Ist dies nicht der Fall, dann ist sie nur eine hohle und leere Formel, der Handelnde ein Scharlatan. Eine symbolische Handlung, an deren Wahrheitsgehalt nicht alle daran Beteiligten glauben, bleibt bloßes Schauspiel und ist damit wirkungslos. Im Grunde genommen lässt es sich auf die einfache Formel bringen: Alle Ausstellungsmacher – *wilde* wie *wissenschaftliche* – sollten im wahrsten Sinne des Wortes Amateure sein.

2 Vgl. Hanak-Lettner, Werner: Die Ausstellung als Drama, hier v.a. das 3. Kapitel „Wenn Handschuhe sprechen. Wege zur Ausstellungsdramaturgie."

Literatur- und Quellenverzeichnis

LITERATURVERZEICHNIS

Abel, Susanne: Rekonstruktion von Wirklichkeit im Museum : Tagungsbeiträge der Arbeitsgruppe „Kulturhistorische Museen" in der deutschen Gesellschaft für Volkskunde, Hildesheim, 3.-5. Oktober 1990, Hildesheim: Georg Olms Verlag 1992

Abt, Jeffrey: „The Origins of the Public Museum", in: Macdonald, Sharon (Hg.): A Companion to Museum Studies, Oxford (UK): Blackwell Publishing 2006, S. 115-134

Adloff, Frank; Steffen Mau (Hg.): Vom Geben und Nehmen. Zur Soziologie der Reziprozität, Frankfurt am Main, New York: Campus Verlag 2005

Albano, Caterina: „Displaying lives: the narrative of objects in biographical exhibitions", in: Museum and Society 5(1), 2007, S. 15-28

Anderson, Gail (Hg.): Reinventing the museum. Historical and Contemporary Perspectives on the Paradigm Shift, Walnut Creek [u. a.]: Altamira Press 2004

Appadurai, Arjun; Carol A. Breckenridge: „Museums are Good to Think. Heritage on View in India", in: Karp, Ivan; Christine Mullen Kreamer; Steven D. Lavin (Hg.): Museum and Communities. The Politics of Public Culture, Washington, London: Smithsonian Institution Press 1992, S. 34-55

Assion, Peter: „Historismus, Traditionalismus, Folklorismus. Zur musealisierenden Tendenz der Gegenwartskultur", in: Jeggle, Utz; Gottfried Korff; Martin Scharfe; Bernd Jürgen Warneken (Hg.): Volkskultur in der Moderne. Probleme und Perspektiven empirischer Kulturforschung, Reinbek bei Hamburg: Rowohlt 1986, S. 351-362

Assmann, Aleida: „Die Sprache der Dinge. Der lange Blick und die wilde Semiose", in: Gumbrecht, Hans Ulrich; Ludwig Pfeiffer (Hg.): Materialität der Kommunikation, Frankfurt am Main: Suhrkamp 1995, S. 237-251

Assmann, Aleida: „Speichern oder Erinnern? Das kulturelle Gedächtnis zwischen Archiv und Kanon“, in: Csáky, Moritz; Peter Stachel (Hg.): Speicher des Gedächtnisses. Bibliotheken, Museen, Archive. Teil 2: Die Erfindung des Ursprungs; die Systematisierung der Zeit., Wien: Passagen Verlag 2001, S. 15-29

Assmann, Aleida: Erinnerungsräume. Formen und Wandlungen des kulturellen Gedächtnisses, München: C. H. Beck 2003

Assmann, Jan: Das kulturelle Gedächtnis. Schrift, Erinnerung und politische Identität in frühen Hochkulturen, München 1992

Assmann, Jan: „Körper und Schrift als Gedächtnisspeicher. Vom kommunikativen zum kulturellen Gedächtnis“, in: Assmann, Jan; Peter Stachel: Speicher des Gedächtnisses. Bibliotheken, Museen, Archive. Teil 1: Absage an und Widerherstellung von Vergangenheit; Kompensation von Geschichtsverlust, Wien: Passagen Verlag 2000, S. 199-213

Auer, Hermann (Hg.): Museologie: neue Wege – neue Ziele. Bericht über ein internationales Symposium, veranstaltet von den ICOM-Nationalkomitees der Bundesrepublik Deutschland, Österreichs und der Schweiz vom 11. bis 14. Mai 1988 am Bodensee. München 1989

Auer, Peter: Phonologie der Alltagssprache: eine Untersuchung zur Standard/Dialekt-Variation am Beispiel der Konstanzer Stadtsprache, Konstanz: Walter de Gruyter 1990

Bachmann-Medick, Doris: Cultural Turns. Neuorientierungen in den Kulturwissenschaften, Reinbek bei Hamburg: Rowohlt 2006

Bal, Mieke: Double Exposures. The Subject of Cultural Analysis, London, New York: Routledge 1996

Bal, Mieke: Kulturanalyse, Frankfurt am Main: Suhrkamp 2002

Bal, Mieke: „Sagen, Zeigen, Prahlen“, in: dies.: Kulturanalyse, Frankfurt am Main: Suhrkamp 2002, S. 72-116

Bal, Mieke: „Vielsagende Objekte. Das Sammeln aus narrativer Perspektive“, in: dies.: Kulturanalyse, Frankfurt am Main: Suhrkamp 2002, S. 117-145

Bal, Mieke: „Exposing the Public“, in: Macdonald, Sharon (Hg.): A Companion to Museum Studies, Oxford (UK): Blackwell Publishing 2006, S. 525-542

Bann, Stephen: „Shrines, Curiosities, and the Rhetoric of Display“, in: Cooke, Lynne; Peter Wollen (Hg.): Visual Display. Culture Beyond Appearances, Seattle: Bay Press 1995, S. 15-29

Bann, Stephen: „The return to curiosity: shifting paradigms in contemporary museum display“, in: McClellan, Andrew (Hg.): Art and its Publics. Museum Studies at the Millennium, Oxford: Blackwell Publishers 2003, S. 117-130

Bauer, Uta: Stille Museen: Spezialsammlungen, Fachmuseen und Gedenkstätten in Deutschland. Ein Museumsführer, Reisebegleiter und Nachschlagewerk, München: Keysersche Verlags-Buchhandlung 1976

Baur, Joachim: „Museumsanalyse: Zur Einführung", in: ders. (Hg.): Museumsanalyse. Methoden und Konturen eines neuen Forschungsfeldes, Bielefeld: transcript 2010, S. 7-14

Baur, Joachim: „Was ist ein Museum? Vier Umkreisungen eines widerspenstigen Gegenstands", in: ders. (Hg.): Museumsanalyse. Methoden und Konturen eines neuen Forschungsfeldes, Bielefeld: transcript 2010, S. 15-48

Baur, Joachim (Hg.): Museumsanalyse. Methoden und Konturen eines neuen Forschungsfeldes, Bielefeld: transcript 2010

Bausinger, Hermann: „Strukturen des alltäglichen Erzählens", in: Fabula 1 (3), 1958: S. 239-254

Bausinger, Hermann: Formen der ‚Volkspoesie', Berlin: Erich Schmidt Verlag 1980 (2., verbesserte und vermehrte Auflage)

Bausinger, Hermann: „Die Botschaft der Dinge", in: Kallinich, Joachim; Bastian Bretthauer (Hg.): Botschaft der Dinge, Heidelberg: Edition Braus 2003, S. 10-12

Beck, Stefan: „Die Bedeutung der Materialität der Alltagsdinge. Anmerkungen zu den Chancen einer wissenschaftstheoretisch informierten Integration von Symbol- und Sachforschung", in: Brednich, Rolf Wilhelm; Heinz Schmitt (Hg.): Symbole : zur Bedeutung der Zeichen in der Kultur: 30. Deutscher Volkskundekongreß in Karlsruhe vom 25. bis 29. September 1995, Münster [u.a.]: Waxmann 1997, S. 175-185

Beck, Ulrich; Elisabeth Beck-Gernsheim (Hg.): Riskante Freiheiten, Frankfurt am Main: Suhrkamp 1996

Beck, Ulrich; Anthony Giddens; Scott Lash: Reflexive Modernisierung: eine Kontroverse, Frankfurt am Main: Suhrkamp 1996

Beier-de Haan, Rosmarie; Marie-Paule Jungblut (Hg.): Das Ausstellen und das Immaterielle. Beiträge der 1. Museologischen Studientage Neumünster, Luxemburg 2006. München: Deutscher Kunstverlag [u. a.] 2007

Bendix, Regina: „Was über das Auge hinausgeht: Zur Rolle der Sinne in der ethnographischen Forschung", in: Schweizerisches Archiv für Volkskunde 102, 2006: S. 71-84

Bennett, Tony: The Birth of the Museum. History, Theory, Politics, London, New York: Routledge 1995

Bennett, Tony: „The Exhibitionary Complex", in: Boswell, David; Jessica Evans (Hg.): Representing the Nation: A Reader. Histories, heritage and museums, London, New York: Routledge 1999, S. 333-361

Berg, Eberhard, Martin Fuchs (Hg.): Kultur, soziale Praxis, Text. Die Krise der ethnographischen Repräsentation, Frankfurt am Main: Suhrkamp 1993

Biegel, Gerd: „Wofür und zu welchem Ende brauchen wir Heimat- und Regionalmuseen? Skizzen zur Geschichte kulturgeschichtlicher Museen“, in: Biegel, Gerd; Hans-Jürgen Derda; Angela Klein; Stephanie Bormann (Hg.): Geschichte und ihre Vermittlung in Lokal-, Regional- und Heimatmuseen, Braunschweig 1995, S. 9-36

Biegel, Gerd, Derda, Hans-Jürgen Derda; Angela Klein; Stephanie Bormann (Hg.): Geschichte und ihre Vermittlung in Lokal-, Regional- und Heimatmuseen, Braunschweig 1995

Bieger, Laura: Ästhetik der Immersion. Raum-Erleben zwischen Welt und Bild. Las Vegas, Washington und die White City, Bielefeld: transcript 2007

Biermann, Alfons W. (Hg.): Vom Elfenbeinturm zur Fußgängerzone: Drei Jahrzehnte deutsche Museumsentwicklung. Versuch einer Bilanz und Standortbestimmung, Opladen: Leske + Budrich 1996 (eine Veröffentlichung des Landschaftsverbandes Rheinland, Rheinisches Museumsamt/Bildungsstätte für Museumspersonal; Tagungsband zum gleichnamigen Kolloquium der Bildungsstätte für Museumspersonal, Abtei Brauweiler, vom 20.-23. November 1994 in Essen-Heisingen)

Birnkraut, Gesa: Management von Ehrenamtlichen, Hamburg: KMM-Verlag 2004

Blank, Melanie; Debelts, Julia: Was ist ein Museum? „... eine metaphorische Complication...“, Wien: Turia und Kant 2002

Böhme, Gernot: „Atmosphäre als Grundbegriff einer neuen Ästhetik“, in: ders.: Atmosphäre, Frankfurt am Main: Suhrkamp 1995, S. 21-48

Böhme, Gernot: „Das Ding und seine Ekstasen. Ontologie und Ästhetik der Dinghaftigkeit“, in: ders.: Atmosphäre, Frankfurt am Main: Suhrkamp 1995, S. 155-176

Böhme, Gernot: Atmosphäre, Frankfurt am Main: Suhrkamp 1995

Borger-Keweloh, Nicola: „Das Totale Museum“, in: Preiß, Achim; Karl Stamm; Frank Günther Zehnder (Hg.): Das Museum. Die Entwicklung in den 80er Jahren. Festschrift für Hugo Borger zum 65. Geburtstag, München: Klinkhardt & Biermann 1990, S. 129-140

Borsdorf, Ulrich (Hg.): Die Aneignung der Vergangenheit. Musealisierung und Geschichte, Bielefeld: transcript 2004

Bortz, Harald: Heimat Berlin. Großstadtkultur, Regionalgeschichte und Materielle Kultur in kleinen Museen, Diss. Humboldt Universität zu Berlin 2004, Onlinedokument: http://edoc.hu-berlin.de/dissertationen/bortz-harald-2004-02-17/PDF/Bortz.pdf; Zugriff 17.04.2009

Boswell, David; Jessica Evans (Hg.): Representing the Nation: A Reader. Histories, heritage and museums, London, New York: Routledge 1999

Bott, Gerhard: „Solange es Museen gibt, wandeln sie sich", in: ders. (Hg.): Das Museum der Zukunft, Köln: DuMont 1970, S. 7-9

Bott, Gerhard (Hg.): Das Museum der Zukunft, Köln: DuMont 1970

Bouquet, Mary; Nuno Porto (Hg.): Science, Magic and Religion. The Ritual Processes of Museum Magic, New York, Oxford: Berghahn Books 2005

Bourdieu, Pierre: Die verborgenen Mechanismen der Macht, Hamburg: VSA-Verlag 2005 (Unveränderter Nachdruck der Erstauflage)

Bourdieu, Pierre; Alain Darbel; Dominique Schnapper: Die Liebe zur Kunst: europäische Kunstmuseen und ihre Besucher, Konstanz: UVK 2006

Brednich, Rolf Wilhelm; Heinz Schmitt (Hg.): Symbole. Zur Bedeutung der Zeichen in der Kultur: 30. Deutscher Volkskundekongreß in Karlsruhe vom 25. bis 29. September 1995, Münster [u. a.]: Waxmann 1997

Brednich, Rolf Wilhelm (Hg.): Grundriß der Volkskunde : Einführung in die Forschungsfelder der europäischen Ethnologie, Berlin: Reimer 2001

Brednich, Rolf Wilhelm: „Methoden der Erzählforschung", in: Göttsch, Silke; Albrecht Lehmann (Hg.): Methoden der Volkskunde. Positionen, Quellen, Arbeitsweisen der Europäischen Ethnologie, Berlin: Dietrich Reimer Verlag 2007, S. 57-77

Breuer, Gerda (Hg.): summa summarum. Sammeln heute, Frankfurt am Main, Basel, Stroemfeld: Stroemfeld/Roter Stern 1999

Buchli, Victor (Hg.): The material culture reader, Oxford, New York: Berg 2002

Buchli, Victor (Hg.): Material Culture. Critical Concepts in The Social Sciences, London, New York: Routledge 2004

Buschmann, Heike: „Geschichten im Raum. Erzähltheorie und Museumsanalyse", in: Baur, Joachim (Hg.): Museumsanalyse. Methoden und Konturen eines neuen Forschungsfeldes, Bielefeld: transcript 2010, S. 149-169

Cameron, Duncan F.: „The Museum, a Temple or the Forum", in: Anderson, Gail (Hg.): Reinventing the museum. Historical and Contemporary Perspectives on the Paradigm Shift, Walnut Creek [u. a.]: Altamira Press 2004, S. 61-73

Carstensen, Jan (Hg.): Die Dinge umgehen? Sammeln und Forschen in kulturhistorischen Museen, Münster [u. a.]: Waxmann 2003

Cameron, Fiona: „Criticality and Contention: museums, contemporary societies, civic roles and responsibilities in the 21st century", in: Open Museum Journal 8, 2006: s. p.

Chaumier, Serge: Des musées ein quête d'identité. Écomusée versus technomusée. Paris: L'Harmattan 2003

Clausen, Sigrun: „Süße Heimat Wilhelmsburg. Heimatsehnsüchte der Gegenwart – eine kleine Bestandsaufnahme“, in: Geschichtswerkstatt Wilhelmsburg Honigfabrik e.V.; Museum Elbinsel Wilhelmsburg e.V. (Hg.): Wilhelmsburg. Hamburgs große Elbinsel, Hamburg: Medien-Verlag Schubert 2008, S. 175-189

Clifford, James: „Partial Truths“, in: Clifford, James; George E. Marcus (Hg.): Writing Culture. The Poetics and Politics of Ethnography, Berkley, Los Angeles, London: University of California Press 1986, S. 1-26

Clifford, James; George E. Marcus (Hg.): Writing Culture. The Poetics and Politics of Ethnography, Berkley, Los Angeles, London: University of California Press 1986

Clifford, James: „Sich selbst sammeln“, in: Korff, Gottfried; Martin Roth (Hg.): Das historische Museum. Labor, Schaubühne, Identitätsfabrik, Frankfurt am Main, New York: Campus Verlag 1990, S. 87-106

Clifford, James: „Four Northwest Coast Museums: Travel Reflections“, in: Karp, Ivan; Steven D. Lavine (Hg.): Exhibiting Cultures. The Poetics and Politics of Museum Display, Washington, London: Smithsonian Institution Press 1991, S. 212-254

Clifford, James: „Museums as Contact Zones“, in: ders.: Routes. Travel and Translation in the Late Twentieth Century, Cambridge (Mass.) [u. a.]: Harvard University Press 1997, S. 188-219

Clifford, James: Routes. Travel and Translation in the Late Twentieth Century, Cambridge (Mass.) [u. a.]: Harvard University Press 1997

Cooke, Lynne; Peter Wollen (Hg.): Visual Display. Culture Beyond Appearances, Seattle: Bay Press 1995

Corsane, Gerard (Hg.): Heritage, Museum and Galleries. An introductory reader, London, New York: Routledge 2005

Crooke, Elizabeth: „Museums and Community“, in: Macdonald, Sharon (Hg.): A Companion to Museum Studies, Oxford (UK): Blackwell Publishing 2006, S. 170-185

Csáky, Moritz; Peter Stachel (Hg.): Speicher des Gedächtnisses. Bibliotheken, Museen, Archive. Teil 1: Absage an und Widerherstellung von Vergangenheit; Kompensation von Geschichtsverlust, Wien: Passagen Verlag 2000

Csáky, Moritz; Peter Stachel (Hg.): Speicher des Gedächtnisses. Bibliotheken, Museen, Archive. Teil 2: Die Erfindung des Ursprungs; die Systematisierung der Zeit, Wien: Passagen Verlag 2001

Delarge, Alexandre: People involvement changes the museum (Publikation eines Vortrags, der am 12.10.2001 im Rahmen der Tagung: „The museum and the spirit of community.“ International Conference of Museology im Museum of

National History in Taipei (Taiwan) gehalten wurde. Onlinedokument: http://www.osservatorioecomusei.net/PDF/UK/BIBLIO/delarge01UK.pdf; Zugriff 24.10.2009

Deneke, Bernward; Rainer Kahsnitz (Hg.): Das kunst- und kulturgeschichtliche Museum im 19. Jahrhundert, München: Prestel-Verlag 1977 (Vorträge des Symposions im Germanischen Nationalmuseum, Nürnberg)

Deutscher Museumsbund e.V., ICOM-Deutschland: Standards für Museen, Kassel, Berlin 2006

Deutscher Museumsbund e.V. (Hg.): Bürgerschaftliches Engagement im Museum, Kassel, Berlin 2008

Dicks, Bella: Culture on Display. The Production of Contemporary Visitability, Maidenhead: Open University Press 2003

Dietz, Angela: „Fremdarbeiter, Gastarbeiter, Einwanderer – Migration in Geschichte und Gegenwart“, in: Geschichtswerkstatt Wilhelmsburg Honigfabrik e.V.; Museum Elbinsel Wilhelmsburg e.V. (Hg.): Wilhelmsburg. Hamburgs große Elbinsel, Hamburg: Medien-Verlag Schubert 2008, S. 97-111

Döring, Carla Elisabeth: Das kulturgeschichtliche Museum. Geschichte einer Institution und Möglichkeiten des Selbstverständnisses, dargestellt am Beispiel ‚Heimatmuseum‘, Frankfurt am Main 1977

Drascek, Daniel; Irene Götz; Tomislav Helebrant; Christoph Köck; Burkhart Lauterbach (Hg.): Erzählen über Orte und Zeiten. Eine Festschrift für Helge Gerndt und Klaus Roth, Münster, New York, München, Berlin: Waxmann 1999

Düspohl, Martin: „Das Museum als sozialer Faktor“. In: Aus Politik und Zeitgeschichte (49), 2007, S. 33-38

Duncan, Carol: „Art Museums and the Ritual of Citizenship“, in: Karp, Ivan; Steven D. Lavine (Hg.): Exhibiting Cultures. The Poetics and Politics of Museum Display, Washington, London: Smithsonian Institution Press 1991, S. 88-103

Eberl, Hans-Christian; Julia Teresa Friehs; Günter Kastner; Corinna Oesch; Herbert Posch; Karin Seifert (Hg.): Museum und Film, Wien: Turia und Kant 2003

Ecker, Gisela; Susanne Scholz (Hg.): Umordnungen der Dinge, Königstein/Taunus: Helmer 2000

Ernst, Wolfgang: „Narration II“, in: Pethes, Nicolas; Jens Ruchatz (Hg.): Gedächtnis und Erinnerung. Ein interdisziplinäres Lexikon, Reinbek bei Hamburg: Rowohlt 2001, S. 402-405

Falke, Ursula: „100 Jahre Museum Wilhelmsburg“, in: Die Insel. Zeitschrift Museum Elbinsel Wilhelmsburg e.V. Jubiläumsausgabe 2007: S. 11-15

Fehr, Michael: „Müllhalde oder Museum: Endstationen in der Industriegesellschaft“, in: Fehr, Michael; Stefan Grohé (Hg.): Geschichte. Bild. Museum. Zur Darstellung von Geschichte im Museum, Köln: Wienand 1989, S. 182-196

Fehr, Michael; Stefan Grohé (Hg.): Geschichte. Bild. Museum. Zur Darstellung von Geschichte im Museum, Köln: Wienand 1989

Fielhauer, Helmut P.: Heimatmuseum – Rumpelkammern der Geschichte? In: Erziehung heute 5,1986: S. 30-33; zitiert nach Liesenfeld, Gertraud: „Vom Schutzengel aus Gips zum Museum als Bühne: Das ‚Dorfmuseum Mönchhof‘ und sein soziokulturelles Interaktionsfeld“, in: Grieshofer, Franz; Margot Schindler (Hg.): Netzwerk Volkskunde. Ideen und Wege, Wien: Verein für Volkskunde 1999, S. 237-250

Fischer-Lichte, Erika: Ästhetik des Performativen, Frankfurt am Main: Suhrkamp 2004

Fliedl, Gottfried: „Die Dauer des Abschieds. Beispiele der Musealisierung von Alltag in österreichischen Museen“, in: Korff, Gottfried; Hans-Ulrich Roller (Hg.): Alltagskultur passé? Positionen und Perspektiven volkskundlicher Museumsarbeit / Referate und Diskussionen der 10. Arbeitstagung der Arbeitsgruppe „Kulturhistorisches Museum“ in der Deutschen Gesellschaft für Volkskunde in Stuttgart, Tübingen: Tübinger Vereinigung für Volkskunde e.V. 1993, S. 198-216

Fliedl, Gottfried: Baldramsdorf. Objekte des Übergangs. Versiegelte Zeit, s.l.: unveröffentlichtes Skript s.a.

Flügel, Katharina: Einführung in die Museologie, Darmstadt: Wissenschaftliche Buchgesellschaft 2005

Foucault, Michel: Die Heterotopien = Les hétérotopies; Der utopische Körper = Le corps utopique : zwei Radiovorträge , Frankfurt am Main: Suhrkamp 2005 (Zweisprachige Ausg.)

Foucault, Michel: Die Ordnung der Dinge. Eine Archäologie der Humanwissenschaften, Frankfurt am Main: Suhrkamp 1971 (franz. Original „Les mot et les choses“ 1966)

Franck, Georg: Ökonomie der Aufmerksamkeit: ein Entwurf, München [u. a.]: Hanser 1998

Franz, Kurt: Kalendermoral und Deutschunterricht. Johann Peter Hebel als Klassiker der elementaren Schulbildung im 19. Jahrhundert, Tübingen: Niemeyer 1995

Gable, Eric: „Ethnographie: Das Museum als Feld“, in: Baur, Joachim (Hg.): Museumsanalyse. Methoden und Konturen eines neuen Forschungsfeldes, Bielefeld: transcript 2010, S. 95-119

Ganslmayer, Herbert: „Die Bewegung ‚Neue Museologie'", in: Auer, Hermann (Hg.): Museologie: neue Wege – neue Ziele. Bericht über ein internationales Symposium, veranstaltet von den ICOM-Nationalkomitees der Bundesrepublik Deutschland, Österreichs und der Schweiz vom 11. bis 14. Mai 1988 am Bodensee, München 1989, S. 79-88

Gasché, Rodolphe: „Das wilde Denken und die Ökonomie der Repräsentation. Zum Verhältnis von Ferdinand de Saussure und Claude Lévi-Strauss", in: Lepenies, Wolf; Hanns Henning Ritter (Hg.): Orte des wilden Denkens. Zur Anthropologie von Claude Lévi-Strauss, Frankfurt am Main: Suhrkamp 1970, S. 306-384

Geertz, Clifford: Dichte Beschreibung. Beiträge zum Verstehen kultureller Systeme, Frankfurt am Main: Suhrkamp 1983

Geimer, Peter: „Über Reste", in: te Heesen, Anke; Petra Lutz (Hg.): Dingwelten. Das Museum als Erkenntnisort, Köln, Weimar, Wien: Böhlau Verlag 2005, S. 109-118

Gell, Alfred: Art and agency: an anthropological theory, Oxford: Clarendon Press 1998

Genette, Gérard: Paratexte, Frankfurt am Main, New York: Campus Verlag 1989

Geppert, Alexander C.T.; Uffa Jensen; Jörn Weinhold (Hg.): Ortsgespräche. Raum und Kommunikation im 19. und 20. Jahrhundert, Bielefeld: transcript 2005

Gerchow, Jan; Susanne Gesser: „Ein Stadtmuseum für das 21. Jahrhundert." In: mitarbeit (17) 2010. S. 24-28

Gesser, Susanne; Angela Jannelli, Martin Handschin, Sibylle Lichtensteiger (Hg.): Das partizipative Museum. Bielefeld: transcript 2012.

Gerndt, Helge; Michaela Haibl (Hg.): Der Bilderalltag. Perspektiven einer volkskundlichen Bildwissenschaft, Münster: Waxmann 2005

Geschichtswerkstatt Wilhelmsburg Honigfabrik e.V., Museum Elbinsel Wilhelmsburg e.V. (Hg.): Wilhelmsburg. Hamburgs große Elbinsel, Hamburg: Medien-Verlag Schubert 2008

Gielen, Pascal: „Museumchronotopics: on the representation of the past in museums", in: Museum and Society 2 (3), 2004: S. 147-160

Glasmeier, Michael (Hg.): Periphere Museen in Berlin, Berlin: Merve Verlag 1992

Glassie, Henry: Material Culture, Bloomington, Indianapolis: Indiana University Press 1999

Gößwald, Udo: „In einem anderen Licht. Heimatbegriff und Erinnerungsarbeit", in: Meynert, Joachim; Volker Rodekamp (Hg.): Heimatmuseum 2000. Ausgangspunkte und Perspektiven, Bielefeld 1993, S. 27-33

Göttsch, Silke; Albrecht Lehmann (Hg.): Methoden der Volkskunde. Positionen, Quellen, Arbeitsweisen der Europäischen Ethnologie, Berlin: Dietrich Reimer Verlag 2007 (2., überarbeitete und erweiterte Auflage)

Gorgus, Nina: „Eigentlich kein Museum: das Écomusée in Frankfreich. Ein Rückblick oder auch ein Ausblick auf das partizipative Museum?". In: Gesser, Susanne; Angela Jannelli; Martin Handschin, Sibylle Lichtensteiter (Hg.): Das partizipative Museum, Bielefeld: transcript 2012, S.105-114.

Gorgus, Nina: Der Zauberer der Vitrinen. Zur Museologie Georges Henri Rivières, Münster [u. a.]: Waxmann 1999

Graczyk, Annette: Das literarische Tableau zwischen Kunst und Wissenschaft, München: Wilhelm Fink Verlag 2004

Grieshofer, Franz; Margot Schindler (Hg.): Netzwerk Volkskunde. Ideen und Wege, Wien: Verein für Volkskunde 1999 (Festgabe für Klaus Beitl zum siebzigsten Geburtstag)

Gumbrecht, Hans Ulrich; Ludwig Pfeiffer (Hg.): Materialität der Kommunikation, Frankfurt am Main: Suhrkamp 1995

Habsburg-Lothringen, Bettina: Was dem „baîn des Risen" folgte. Ausstellungswirklichkeiten als Weltbilder, 2007 (Online-Veröffentlichung: http://museumsakademie-joanneum.at/projekte/internationale-sommerakademie-museologie/texte/Habsburg_ozg_text.pdf; Zugriff 22.10.2009)

Hächler, Beat: „Gegenwartsräume. Ansätze einer sozialen Szenografie im Museum." In: Gesser, Susanne; Angela Jannelli, Martin Handschin, Sibylle Lichtensteiger (Hg.): Das partizipative Museum. Zwischen Teilhabe und User Generated Content. Bielefeld: transcript 2012, S. 128-137

Hägele, Ulrich: „Visual Folklore. Zur Rezeption und Methodik der Fotografie in der Volkskunde", in: Göttsch, Silke; Albrecht Lehmann (Hg.): Methoden der Volkskunde. Positionen, Quellen, Arbeitsweisen der Europäischen Ethnologie, Berlin: Dietrich Reimer Verlag 2007, S. 317-342

Hagedorn-Saupe, Monika; Axel Ermert (Hg.): A Guide to European Museum Statistics, Berlin 2004 (Online-Veröffentlichung: http://www.culturaincifre.istat.it/sito/musei/Guide_to_European_Museum.pdf, Zugriff 26.10.2009)

Hagmann, Daniel: Das Museum der Zukunft. Ein Experiment zum Basler Jubiläumsjahr 2001, Basel: Privatdruck der Offizin Basler Zeitung 2001

Hahn, Hans Peter: Materielle Kultur. Eine Einführung, Berlin: Dietrich Reimer Verlag 2005

Hanak-Lettner, Werner: Die Ausstellung als Drama. Wie das Museum aus dem Theater entstand. Bielefeld: transcript 2010

Handler, Richard: Nationalism and the politics of culture in Quebec, Madison, Wisconsin: University of Wisconsin Press 1988

Handschin, Martin; Sibylle Lichtensteiger; Detlef Vögeli: „Gegenwart als Kernthema und Partizipation als Selbstverständnis: Das Stapferhaus Lenzburg". In: Gesser, Susanne; Angela Jannelli; Martin Handschin; Sibylle Lichtensteiger (Hg.): Das partiziaptive Museum. Zwischen Teilhabe und User Generated Content. Bielfeld: transcript, S. 31-38

Haraway, Donna: „Teddy Bear Patriarchy: Taxidermy in the Garden of Eden, New York City, 1908-1936", in: Preziosi, Donald; Claire Farago (Hg.): Grasping the World. The Idea of the Museum, Aldershot [u. a.]: Ashgate 2004, S. 242-249

Harrison, Julia D.: „Ideas of museums in the 1990s", in: Corsane, Gerard (Hg.): Heritage, Museum and Galleries. An introductory reader, London, New York: Routledge 2005, S. 38-53

Hartmann, Hans Albrecht; Rolf Haubl (Hg.): Von Dingen und Menschen. Funktion und Bedeutung materieller Kultur., Wiesbaden: Westdeutscher Verlag 2000

Hauenschild, Andrea: Neue Museologie. Anspruch und Wirklichkeit anhand vergleichender Fallstudien in Kanada, USA und Mexiko, Bremen: Selbstverlag des Übersee-Museums Bremen 1988

Heidrich, Hermann: „Facetten zu einer Theorie der Dinge", in: ders. (Hg.): SachKulturForschung. , Bad Winsheim: Verlag Fränkisches Freilichtmuseum 2000, S. 8-18

Heidrich, Hermann (Hg.): SachKulturForschung. Bad Winsheim: Verlag Fränkisches Freilichtmuseum 2000 (Gesammelte Beiträge der Tagung der Arbeitsgruppe Sachkulturforschung und Museum in der Deutschen Gesellschaft für Volkskunde vom 15. bis 19. September 1998 in Bad Winsheim)

Heidrich, Hermann: „Von der Ästhetik zur Kontextualität: Sachkulturforschung", in: Göttsch, Silke; Albrecht Lehmann (Hg.): Methoden der Volkskunde. Positionen, Quellen, Arbeitsweisen der Europäischen Ethnologie, Berlin: Dietrich Reimer Verlag 2007, S. 33-56

Hein, George E.: „Museum Education", in: Macdonald, Sharon (Hg.): A Companion to Museum Studies, Oxford (UK): Blackwell Publishing 2006, S. 340-352

Heinecke, Andreas; Orna Cohen; Mikko Myllykoski: „The Social Lab. A New Approach for Science Centres", in: ECSITE Newsletter 55(2003), S. 1-5 (Online-Veröffentlichung: www.icom.org.il/icom/pdf/sociallab.pdf; Zugriff 01.04.2009)

Hénaff, Marcel: „Lévi-Strauss und die Frage des Symbolismus", in: Kauppert, Michael; Dorett Funcke (Hg.): Wirkungen des wilden Denkens. Zur strukturalen Anthropologie von Claude Lévi-Strauss, Frankfurt am Main: Suhrkamp 2008, S. 248-274

Henare, Amiria; Martin Holbraad; Sari Wastell: „Introduction. Thinking through things", in: Henare, Amiria; Martin Holbraad; Sari Wastell (Hg.): Thinking Through Things. Theorising Artefacts Ethnographically, London, New York: Routledge 2007, S. 1-31

Henare, Amiria; Martin Holbraad; Sari Wastell (Hg.): Thinking Through Things. Theorising Artefacts Ethnographically, London, New York: Routledge 2007

Hengartner, Thomas; Brigitta Schmidt-Lauber (Hg.): Leben – Erzählen. Beiträge zur Erzähl- und Biographieforschung, Berlin, Hamburg: Dietrich Reimer Verlag 2005

Hengartner, Thomas; Johannes Moser (Hg.): Grenzen & Differenzen. Zur Macht sozialer und kultureller Grenzziehungen, Leipzig: Leipziger Universitätsverlag 2006

Hentschel, Toby Alexandra: „Die Einbindung freiwilligen Engagements", in: Strachwitz, Rupert Graf; Volker Then (Hg.): Kultureinrichtungen in Stiftungsform, Gütersloh: Verlag Bertelsmann Stiftung 2004, S. 188-195

Heuman Gurian, Elaine: Civilizing the Museum, London, New York: Routledge 2006

Hewison, Robert: The Heritage Industry, London: Methuen 1987

Historisches Museum Frankfurt: CURA (Begleitheft der jährlichen Kuratoriumsversammlungen), Frankfurt am Main 2009

Hitzler, Ronald; Anne Honer: „Bastelexistenz. Über subjektive Konsequenzen der Individualisierung", in: Beck, Ulrich; Elisabeth Beck-Gernsheim (Hg.): Riskante Freiheiten, Frankfurt am Main: Suhrkamp 1996, S. 307-315

Hobsbawm, Eric; Terence Ranger (Hg.): The Invention of Tradition, Cambridge University Press, Cambridge 1992

Hoelscher, Steven: „Heritage", in: Macdonald, Sharon (Hg.): A Companion to Museum Studies, Oxford (UK): Blackwell Publishing 2006, S. 198-218

Hörning, Karl H.: Experten des Alltags. Die Wiederentdeckung des praktischen Wissens, Weilerswist: Velbrück Wissenschaft 2001

Hofmann, Rainer: „Qualitätsstandards in Museen – ein Ländervergleich", in: neues museum (3), 2007: s. p.(Online-Veröffentlichung: http://www.museumsbund.at/nm_2007_03_01.html; Zugriff 26.10.2009)

Hooper-Greenhill, Eilean: Museums and the Shaping of Knowledge, London [etc.]: Routledge 1992

Hooper-Greenhill, Eilean: The Educational Role of the Museum, London, New York: Routledge 1999 (2. Auflage)

Hooper-Greenhill, Eilean (Hg.): Museum, Media, Message, London, New York: Routledge 1999

Hooper-Greenhill, Eilean: „Exhibitions and interpretation. Museum pedagogy and cultural change“, in: dies.: Museums and the Interpretation of Visual Culture, London, New York: Routledge 2000, S. 124-150

Hooper-Greenhill, Eilean: „The Rebirth of the Museum“, in: dies.: Museums and the Interpretation of Visual Culture, London, New York: Routledge 2000, S. 151-162

Hooper-Greenhill, Eilean: Museums and the Interpretation of Visual Culture, London, New York: Routledge 2000

Hooper-Greenhill, Eilean: „Studying Visitors“, in: Macdonald, Sharon (Hg.): A Companion to Museum Studies, Oxford (UK): Blackwell Publishing 2006, S. 362-376

Hug, Theo; Josef Perger: Instantwissen und Bricolage. Wissensformen in der westlichen Medienkultur, Hagen: FernUniversität – Gesamthochschule in Hagen 2000

ICOM – International Council of Museums: „Social Harmony“, in: Icom News 62 (2), 2009

Igl, Gerhard; Monika Jachmann; Eberhard Eichenhofer: Rechtliche Rahmenbedingungen bürgerschaftlichen Engagements, Opladen: Leske + Budrich 2002

Imhof, Kurt: „Die Musealisierung des Aktuellen: eine Kritik.“ In: Gesser, Susanne; Angela Jannelli, Martin Handschin, Sibylle Lichtensteiger (Hg.): Das partizipative Museum. Bielefeld: transcript 2012, S. 59-65.

Imkerverein Uetersen (Hg.): „Bienenmuseum (des Imkervereins Uetersen und Umgebung) Moorrege“, Faltblatt s.l. s.a.

Initiativkreis Berlin Stiftung e.V. (Hg.): „Die zivilen Angestellten bei den Alliierten 1945 – 1994“, Faltblatt s.l. s.a.

Institut für Kulturpolitik der Kulturpolitischen Gesellschaft (Hg.): Jahrbuch für Kulturpolitik 2000 – „Bürgerschaftliches Engagement“, Essen: Klartext Verlag 2001

Institut für Kulturpolitik der Kulturpolitischen Gesellschaft (Hg.): Engagiert für Kultur. Beispiele ehrenamtlicher Arbeit in der Kultur, 2003 (Online-Veröffentlichung: http://www.kupoge.de/ifk/ehrenamt/museum/museen.htm; Zugriff 01.11.2009)

Jank, Sabine: „Strategien der Partizipation“. In: Gesser, Susanne; Angela Jannelli; Martin Handschin; Sibylle Lichtensteiger (Hg.): Das partiziaptive Museum. Zwischen Teilhabe und User Generated Content. Bielefeld: transcript 2012, S. 138-147

Jannelli, Angela: „‚Wilde Museen‘ – Erkenntnisformen und Gedächtnisarten in Ausstellungen.“, in: Hengartner, Thomas; Johannes Moser (Hg.): Grenzen & Differenzen. Zur Macht sozialer und kultureller Grenzziehungen, Leipzig: Leipziger Universitätsverlag 2006, S. 603-614

Jannelli, Angela: „‚Warning: Perception Requires Involvement‘. Plädoyer für eine Neudefinition des Museums als sozialer Raum“, in: museums.ch 3, 2008: S. 21-25

Jannelli, Angela, Thomas Hammacher (Hg.): Ausstellungsanalyse. (Sonderheft Vokus: volkskundlich-kulturwissenschaftliche Schriften, hg. vom Institut für Volkskunde der Universität Hamburg), 18 (1), 2008

Jannelli, Angela; Thomas Hammacher: „Das Museum als Erfahrungsraum. Ausstellungen als performative Räume“, in: Kilger, Gerhard; Wolfgang Müller-Kuhlmann (Hg.): Szenografie in Ausstellungen und Museen III. Raumerfahrung oder Erlebnispark. Raum – Zeit/Zeit – Raum, Essen: Klartext Verlag 2008, S. 44-51

Jannelli, Angela: „Die performative Ausstellung als neues Ausstellungsformat, vorgestellt am Beispiel von ‚Nonstop. Über die Geschwindigkeit des Lebens‘“, in: extract. Themen und Aspekte des Ausstellungs- und Museumsdesigns. Hg. von Karl Stocker für FH Joanneum Graz, Studiengang Ausstellungs- und Museumsdesign. Erstausgabe 2009

Jannellli, Angela: „‚Wilde Museen‘. Das partizipative Museum als Graswurzelbewegung“. In: Gesser, Susanne; Angela Jannelli; Martin Handschin; Sibylle Lichtensteiger (Hg.): Das partizipative Museum. Zwischen Teilhabe und User Generated Content. Bielefeld: transcript 2012. S. 156-165

Jaschke, Beatrice; Charolotte Martinz-Turek; Nora Sternfeld (Hg.): Wer spricht? Autorität und Autorschaft in Ausstellungen, Wien: Turia und Kant 2005

Jeggle, Utz, Gottfried Korff; Martin Scharfe; Bern Jürgen Warneken (Hg.): Volkskultur in der Moderne. Probleme und Perspektiven empirischer Kulturforschung, Reinbek bei Hamburg: Rowohlt 1986

Jeudy, Henri Pierre: „Der Komplex der Museophilie“, in: Zacharias, Wolfgang (Hg.): Zeitphänomen Musealisierung, Essen 1990, S. 115-121

John, Hartmut; Anja Dauschek (Hg.): Museen neu denken. Perspektiven der Kulturvermittlung und Zielgruppenarbeit, Bielefeld: transcript 2008

Jolles, André: Einfache Formen, Tübingen: Max Niemeyer 1974 (5., unveränderte Ausgabe)

Kaiser, Brigitte: Inszenierung und Erlebnis in kulturhistorischen Ausstellungen. Museale Kommunikation in kunstpädagogischer Perspektive, Bielefeld: transcript 2006

Kallinich, Joachim; Bastian Bretthauer (Hg.): Botschaft der Dinge, Heidelberg: Edition Braus 2003

Kaplan, Flora Edouwaye S.: „Making and Remaking National Identities", in: Macdonald, Sharon (Hg.): A Companion to Museum Studies, Oxford (UK): Blackwell Publishing 2006, S. 152-169

Karp, Ivan; Steven D. Lavine (Hg.): Exhibiting Cultures. The Poetics and Politics of Museum Display, Washington, London: Smithsonian Institution Press 1991

Karp, Ivan; Christine Mullen Kreamer; Steven D. Lavine (Hg.): Museums and Communities. The Politics of Public Culture, Washington, London: Smithsonian Institution Press 1992

Kaschuba, Wolfgang: Einführung in die Europäische Ethnologie, München: C. H. Beck 2006 (3. Auflage)

Kauppert, Michael; Dorett Funcke: „Zwischen Bild und Begriff. Wildes Denken nach Lévi-Strauss", in: Kauppert, Michael; Dorett Funcke (Hg.): Wirkungen des wilden Denkens. Zur strukturalen Anthropologie von Claude Lévi-Strauss, Frankfurt am Main: Suhrkamp 2008, S. 9-33

Kauppert, Michael; Dorett Funcke (Hg.): Wirkungen des wilden Denkens. Zur strukturalen Anthropologie von Claude Lévi-Strauss, Frankfurt am Main: Suhrkamp 2008

Kazeem, Belinda; Charlotte Martinz-Turek; Nora Sternfeld (Hg.): Das Unbehagen im Museum. Postkoloniale Museologien, Wien: Turia und Kant 2009

Kilger, Gerhard; Wolfgang Müller-Kuhlmann (Hg.): Szenografie in Ausstellungen und Museen III. Raumerfahrung oder Erlebnispark. Raum – Zeit/Zeit – Raum, Essen: Klartext Verlag 2008

Kirshenblatt-Gimblett, Barbara: „Objects of Ethnography", in: Karp, Ivan; Steven D. Lavine (Hg.): Exhibiting Cultures. The Poetics and Politics of Museum Display, Washington, London: Smithsonian Institution Press 1991, S. 386-443

Kirshenblatt-Gimblett, Barbara: „The Museum as Catalyst", in: Museum 2000 Conference Committee (ICOM Sweden, Swedish Museum Association, Swedish Travelling Exhibitions), Stockholm 2002, S. 55-66

Klausewitz, Wolfgang: „Was ist ein Museum?", in: Museumskunde 43(1978) Nr. 2: s.p.

Klein, Holger: Heimatmuseen bei der Entwicklung, maschinenschriftliches, vervielfältigtes Handout, ausgearbeitet im Rahmen eins Referats, Institut für Volkskunde, Universität Hamburg 1986

Knell, Simon J.: „Museum, fossils and the cultural revolution of science: mapping change in the politics of knowledge in early nineteenth-century Britain", in: ders. (Hg.): Museum Revolutions. How Museums Change and are Changed, Oxon, New York: Routledge 2007, S. 28-47

Knell, Simon J. (Hg.): Museums and the Future of Collecting, Aldershot [u.a.]: Ashgate 2004

Knell, Simon J. (Hg.): Museum Revolutions. How Museums Change and are Changed, Oxon, New York: Routledge 2007

Knell, Simon J. (Hg.): Museums in the Material World, London, New York: Routledge 2007

König, Gudrun M.: Konsumkultur. Inszenierte Warenwelt um 1900, Wien [u. a.]: Böhlau 2009

Köstlin, Konrad; Hermann Bausinger (Hg.): Umgang mit Sachen. Zur Kulturgeschichte des Dinggebrauchs, Regensburg: Regensburger Schriften zur Volkskunde 1983 (23. Deutscher Volkskunde-Kongreß in Regensburg vom 6. – 11. Oktober 1981)

Köstlin, Konrad: „Das Heimatmuseum: Musealisierung des Lokalen – Lokale Erinnerungspolitik", in: Csáky, Moritz; Peter Stachel (Hg.): Speicher des Gedächtnisses. Bibliotheken, Museen, Archive. Teil 1: Absage an und Widerherstellung von Vergangenheit; Kompensation von Geschichtsverlust, Wien: Passagen Verlag 2000, S. 89-97

Korff, Gottfried: „Aporien der Musealisierung. Notizen zu einem Trend, der die Institution, nach der er benannt ist, hinter sich gelassen hat", in: Zacharias, Wolfgang (Hg.): Zeitphänomen Musealisierung, Essen 1990, S. 57-71

Korff, Gottfried; Martin Roth (Hg.): Das historische Museum. Labor, Schaubühne, Identitätsfabrik, Frankfurt am Main, New York: Campus Verlag 1990

Korff, Gottfried: „Die Wonnen der Gewöhnung. Anmerkungen zu Positionen und Perspektiven der musealen Alltagsdokumentation", in: Korff, Gottfried; Hans-Ulrich Roller (Hg.): Alltagskultur passé? Positionen und Perspektiven volkskundlicher Museumsarbeit / Referate und Diskussionen der 10. Arbeitstagung der Arbeitsgruppe „Kulturhistorisches Museum" in der Deutschen Gesellschaft für Volkskunde in Stuttgart, Tübingen: Tübinger Vereinigung für Volkskunde e.V. 1993, S. 18-33

Korff, Gottfried; Hans-Ulrich Roller (Hg.): Alltagskultur passé? Positionen und Perspektiven volkskundlicher Museumsarbeit / Referate und Diskussionen der 10. Arbeitstagung der Arbeitsgruppe „Kulturhistorisches Museum" in der Deutschen Gesellschaft für Volkskunde in Stuttgart, Tübingen: Tübinger Vereinigung für Volkskunde e.V. 1993

Korff, Gottfried, Eberspächer, Martina (Hg.): 13 Dinge: Form, Funktion, Bedeutung, Stuttgart: Württembergisches Landesmuseum 1992 (Katalog zur gleichnamigen Ausstellung im Museum für Volkskultur in Württemberg,

Waldenbuch Schloss vom 3. Oktober 1992 – 28. Februar 1993 / Museum für Volkskultur in Württemberg, Aussenstelle des Württembergischen Landesmuseum Stuttgart.)

Korff, Gottfried: „Der gesellschaftliche Standort der Heimatmuseen heute“, in: Meynert, Joachim; Volker Rodekamp (Hg.): Heimatmuseum 2000. Ausgangspunkte und Perspektiven, Bielefeld 1993, S. 13-26

Korff, Gottfried: „Mind in Matters. Anmerkungen zur volkskundlichen Sachkulturforschung“, in: Kaschuba, Wolfgang; Thomas Scholze; Leonore Scholze-Irrlitz (Hg.): Alltagskultur im Umbruch, Weimar, Köln: Böhlau 1996, S. 11-28

Korff, Gottfried: „Speicher und/oder Generator. Zum Verhältnis von Deponieren und Exponieren im Museum“, in: ders.: Museumsdinge. Deponieren – Exponieren. (Herausgegeben von Martina Eberspächer, Gudrun Marlene König, Bernhard Tschofen), Köln: Böhlau Verlag 2002, S. 41-56

Korff, Gottfried: „Zur Eigenart der Museumsdinge“, in: ders.: Museumsdinge. Deponieren – Exponieren. (Herausgegeben von Martina Eberspächer, Gudrun Marlene König, Bernhard Tschofen), Köln: Böhlau Verlag 2002, S. 140-145

Korff, Gottfried: „‚Culturbilder‘ aus der Provinz? Notizen zur Präsentationsabsicht und -ästhetik des Heimatmuseums um 1900“, in: ders.: Museumsdinge. Deponieren – Exponieren. (Herausgegeben von Martina Eberspächer, Gudrun Marlene König, Bernhard Tschofen), Köln: Böhlau Verlag 2002, S. 167-178.

Korff, Gottfried: Museumsdinge. Deponieren – Exponieren. (Herausgegeben von Martina Eberspächer, Gudrun Marlene König, Bernhard Tschofen), Köln: Böhlau Verlag 2002

Korff, Gottfried: „Staging Science“, in: Museumskunde 68 (1), 2003: S. 67-72

Korff, Gottfried: „Vom Verlangen, Bedeutungen zu sehen“, in: Borsdorf, Ulrich, Heinrich Theodor Grütter; Jörn Rüsen (Hg.): Orte der Erinnerung. Denkmal, Gedenkstätte, Museum, Frankfurt am Main, New York: Campus Verlag 1999 S. 81-103

Korff, Gottfried: „Vor, unter und neben der Kunst. Warburgs Methode und die volkskundliche Bildforschung“, in: Gerndt, Helge; Michaela Haibl (Hg.): Der Bilderalltag. Perspektiven einer volkskundlichen Bildwissenschaft, Münster: Waxmann 2005, S. 49-65

Kosok, Lisa (Hg.): Museum der Arbeit. Katalog, Hamburg: Christians 1997

Kramer, Dieter: „Gedanken zur kulturpolitischen Bedeutung kleiner Museen“, in: Scharfe, Martin (Hg.): Museen in der Provinz. Strukturen, Probleme, Tendenzen, Chancen, Tübingen 1982, S. 9-19

Kramer, Dieter: „Über die Autorität des Museums", in: Kaschuba, Wolfgang; Thomas Scholze; Leonore Scholze-Irrlitz (Hg.): Alltagskultur im Umbruch, Weimar, Köln: Böhlau 1996, S. 233-244

Kreps, Christina: „Non-Western Models of Museums and Curation in Cross-cultural Perspective", in: Macdonald, Sharon (Hg.): A Companion to Museum Studies, Oxford (UK): Blackwell Publishing 2006, S. 457-472.

Kunst, Manfred: 50 originelle Museen in Norddeutschland, Hamburg: Convent Verlag 2002

Kuntz, Andreas: Das Museum als Volksbildungsstätte, Marburg: Jonas Verlag 1980

Lagerkvist, Cajsa: „Empowerment and anger: learning how to share ownership of the museum", in: Museum and Society 4(2), 2006: S. 52-68

Latour, Bruno: Das Parlament der Dinge. Für ein politische Ökologie, Frankfurt am Main: Suhrkamp 2001

Latour, Bruno: Die Hoffnung der Pandora. Untersuchungen zur Wirklichkeit der Wissenschaft, Frankfurt am Main: Suhrkamp 2002

Latour, Bruno: Von der Realpolitik zur Dingpolitik, Berlin: Merve Verlag 2005

Latour, Bruno: „From Realpolitik to Dingpolitik or How to Make Things Public", in: Latour, Bruno; Peter Weibel (Hg.): Making Things Public. Atmospheres of Democracy, Cambridge (USA), London (UK): The MIT Press 2005, S. 14-41

Latour, Bruno; Peter Weibel (Hg.): Making Things Public. Atmospheres of Democracy, Cambridge (USA), London (UK): The MIT Press 2005

Latour, Bruno: Eine neue Soziologie für eine neue Gesellschaft. Einführung in die Akteur-Netzwerk-Theorie, Frankfurt am Main: Suhrkamp 2007

Latour, Bruno: Elend der Kritik. Vom Krieg um Fakten zu Dingen von Belang, Zürich, Berlin: diaphanes 2007

Lavine, Steven D.; Ivan Karp: „Introduction: Museums and Multiculturalism", in: Karp, Ivan; Steven D. Lavine (Hg.): Exhibiting Cultures. The Poetics and Politics of Museum Display, Washington, London: Smithsonian Institution Press 1991, S. 1-9

Lehmann, Albrecht: „Bewußtseinsanalyse", in: Göttsch, Silke; Albrecht Lehmann (Hg.): Methoden der Volkskunde. Positionen, Quellen, Arbeitsweisen der Europäischen Ethnologie, Berlin: Dietrich Reimer Verlag 2007, S. 271-288

Lehmann, Albrecht: Reden über Erfahrung. Kulturwissenschaftliche Bewusstseinsanalyse des Erzählens, Berlin: Reimer 2007

Lepenies, Wol;, Hanns Henning Ritter (Hg.): Orte des wilden Denkens. Zur Anthropologie von Claude Lévi-Strauss, Frankfurt am Main: Suhrkamp 1970

Lévi-Strauss, Claude: Le totémisme aujourd'hui, Paris: Presses Universitaires de France 1962

Lévi-Strauss, Claude: Das wilde Denken, Frankfurt am Main: Suhrkamp 1968

Lévi-Strauss, Claude: Mythologica I. Das Rohe und das Gekochte, Frankfurt am Main: Suhrkamp 1976 (franz. Original 1964)

Lévi-Strauss, Claude: Strukturale Anthropologie, Frankfurt am Main: Suhrkamp 1971

Lévi-Strauss, Claude: „Die Struktur der Mythen", in: ders.: Strukturale Anthropologie, Frankfurt am Main: Suhrkamp 1971, S 226-254

Levin, Amy K. (Hg.): Defining Memory. Local Museums and the Construction of History in America's Changing Communities, Lanham [u. a.]: Altamira Press 2007

Liesenfeld, Gertraud: „Vom Schutzengel aus Gips zum Museum als Bühne: Das ‚Dorfmuseum Mönchhof' und sein soziokulturelles Interaktionsfeld", in: Grieshofer, Franz; Margot Schindler (Hg.): Netzwerk Volkskunde. Ideen und Wege, Wien: Verein für Volkskunde 1999, S. 237-250

Lindauer, Margaret: „What to ask and how to answer: a comparative analysis of methodologies and philosophies of summative exhibit evaluation", in: Museum and Society 3(3), 2005: S. 137-152

Löw, Martina: Raumsoziologie, Frankfurt am Main: Suhrkamp 2001

Lowenthal, David: The Past is a Foreign Country, Cambridge [u. a.]: Cambridge University Press 1985

Lowenthal, David: „Nostalgia tells it like it wasn't", in: Shaw, Christopher; Malcolm Chase (Hg.): The Imagined Past. History and Nostalgia, Manchester, New York: Manchester University Press 1989, S. 18-32

Lübbe, Hermann: Der Fortschritt und das Museum. Über den Grund unseres Vergnügens an historischen Gegenständen, London: University of London, Institute of Germanic Studies 1982

Lübbe, Hermann: „Zeit-Verhältnisse. Über die veränderte Gegenwart von Zukunft und Vergangenheit", in: Zacharias, Wolfgang (Hg.): Zeitphänomen Musealisierung, Essen 1990, S. 40-49

Lübbe, Hermann: Zeit-Erfahrungen. Sieben Begriffe zur Beschreibung moderner Zivilisationsdynamik, Stuttgart 1996

Lübbe, Hermann: „Der Fortschritt von gestern. Über Musealisierung als Modernisierung", in: Borsdorf, Ulrich, Heinrich Theodor Grütter; Jörn Rüsen (Hg.): Orte der Erinnerung. Denkmal, Gedenkstätte, Museum, Frankfurt/Main, New York: Campus Verlag 1999, S. 13-38

Luke, Timothy W.: Museum Politics. Power Plays at Exhibition, Minneapolis: University of Minnesota Press 2002

Lumley, Robert (Hg.): The Museum Time-Machine, London, New York: Routledge 1988

Lumley, Robert: „The debate on heritage reviewed“, in: Corsane, Gerard (Hg.): Heritage, Museum and Galleries. An introductory reader, London, New York: Routledge 2005, S. 15-25

Macdonald, Sharon; Gordon Fyfe (Hg.): Theorizing Museums. Representing identity and diversity in a changing world, Oxford, Cambridge: Blackwell Publishers 1996

Macdonald, Sharon: The politics of display : museums, science, culture, London: Routledge 1999

Macdonald, Sharon: „Enchantment and its Dilemmas: the Museum as a Ritual Site“, in: Bouquet, Mary; Nuno Porto (Hg.): Science, Magic and Religion. The Ritual Processes of Museum Magic, New York, Oxford: Berghahn Books 2005, S. 209-227

Macdonald, Sharon: „Expanding Museum Studies: An Introduction“, in: dies. (Hg.): A Companion to Museum Studies, Oxford (UK): Blackwell Publishing 2006, S. 1-12

Macdonald, Sharon: „Collecting Practices“, in: dies. (Hg.): A Companion to Museum Studies, Oxford (UK): Blackwell Publishing 2006, S. 81-97

Macdonald, Sharon (Hg.): A Companion to Museum Studies, Oxford (UK): Blackwell Publishing 2006

Macdonald, Sharon, Paul Basu: „Introduction: Experiments in Exhibition, Ethnography, Art, and Sciene“, in: Macdonald, Sharon; Basu, Paul (Hg.): Exhibition Experiments, Oxford [u. a.]: Blackwell Publishers 2007, S. 1-24

Macdonald, Sharon; Paul Basu (Hg.): Exhibition Experiments, Oxford [u. a.]: Blackwell Publishers 2007

Markert, Margret: „Der Sprung über die Elbe – Wilhelmsburgs Weg in die Mitte der Stadt“, in: Geschichtswerkstatt Wilhelmsburg Honigfabrik e.V.; Museum Elbinsel Wilhelmsburg e.V. (Hg.), Wilhelmsburg. Hamburgs große Elbinsel, Hamburg: Medien-Verlag Schubert 2008, S. 191-205

Markus, Sandra: „‚Schreiben heißt: sich selber lesen‘. Geschichtsschreibung als erinnernde Sinnkonstruktion“, in: Wischermann, Clemens (Hg.): Vom kollektiven Gedächtnis zur Individualisierung der Erinnerung, Stuttgart: Franz Steiner Verlag 2002, S. 159-183

Martinez, Matias; Michael Scheffel: Einführung in die Erzähltheorie, München: C. H. Beck 2005 (6. Auflage)

Martinz-Turek, Charlotte; Monika Sommer (Hg.): Storyline. Narrationen im Museum, Wien: Turia und Kant 2009

Mason, Rhiannon: „Cultural Theory and Museum Studies", in: Macdonald, Sharon (Hg.): A Companion to Museum Studies, Oxford (UK): Blackwell Publishing 2006, S. 17-32

Mauss, Marcel: Die Gabe. Form und Funktion des Austauschs in archaischen Gesellschaften, Frankfurt am Main: Suhrkamp 1984 (2. Auflage; Erstausgabe 1950)

McClellan, Andrew (Hg.): Art and its Publics. Museum Studies at the Millennium, Oxford: Blackwell Publishers 2003

Meier, Thomas Dominik; Hans Rudolf Reust (Hg.): Medium Museum. Kommunikation und Vermittlung in Museen für Kunst und Geschichte, Bern, Stuttgart, Wien: Verlag Paul Haupt 2000

Meijer, Léontine; Peter van Mensch: „Teaching theory, practice and ethics of collecting at the Reinwardt Academie", in: Collectingnet Newsletter 4, 2008: S. 6-7

Meiners, Uwe; Karl-Heinz Ziesow (Hg.): Dinge und Menschen. Geschichte, Sachkultur, Museologie, Cloppenburg 2000

Mensch, Peter van: Towards a methodology of museology, Diss. University of Zagreb 1992

Meyer, Morgan: „On the boundaries and partial connections between amateurs and professionals", in: Museum and Society 6(1), 2008: S. 38-53

Meynert, Joachim; Volker Rodekamp (Hg.): Heimatmuseum 2000. Ausgangspunkte und Perspektiven, Bielefeld 1993

Mikos, Lothar: Film- und Fernsehanalyse, Konstanz: UVK Verlagsgesellschaft 2008 (2., überarbeitete Auflage)

Miller, Daniel (Hg.): Material culture. Why some things matter, London: University College London (UCL) 1998

Miller, Daniel: „Materiality: An Introduction", in: ders. (Hg.): Materiality, Durham, London: Duke University Press 2005, S. 1-50

Miller, Daniel (Hg.): Materiality, Durham, London: Duke University Press 2005

Miller, Daniel: The Comfort of Things, Cambridge: Polity Press 2008

MLA – Museums, Libraries and Archives Council: Current Thinking – Learning Styles and Alternative Learning Approaches, London s.a.; s.p.

MLA – Museums, Libraries and Archives Council: The Museum Accreditation Scheme, London 2008; (Online-Veröffentlichung http://www.mla.gov.uk/what/raising_standards/accreditation/~/media/Files/pdf/2008/Accreditation_Leaflet.ashx; Zugriff 26.10.2009)

Moutinho, Mário C.; Cristina Bruno; Mário Chagas: Sociomuseology, Lissabon: Edicoies Universitárias Lusófonas 2007

Moutu, Andrew: „Collections as a Way of Being“, in: Henare, Amiria; Martin Holbraad; Sari Wastell (Hg.): Thinking Through Things. Theorising Artefacts Ethnographically, London, New York: Routledge 2007, S. 93-112

Müller-Funk, Wolfgang: Die Kultur und ihre Narrative. Eine Einführung, Wien, New York: Springer 2008 (2., überarbeitete und erweiterte Auflage)

Museum 2000 Conference Committee (ICOM Sweden, Swedish Museum Association, Swedish Travelling Exhibitions): Museum 2000, Stockholm 2002

Museum Elbinsel Wilhelmsburg e.V. (Hg.): „100 Jahre Museum Elbinsel Wilhelmsburg“, Faltblatt s.l. s.a.

Museumsverband Sachsen-Anhalt e.V. (Hg.): 1x1 – Was Heimatstuben alles wissen müssen, Bernburg (Saale) 2000

Muttenthaler, Roswitha; Regina Wonisch: Gesten des Zeigens. Zur Repräsentation von Gender und Race in Ausstellungen, Bielefeld: transcript 2006

Natter, Tobias G.; Michael Fehr, Bettina Habsburg-Lothringen (Hg.): Das Schaudepot. Zwischen offenem Magazin und Inszenierung. Bielefeld: transcript 2010.

Nienaber, Monika: „Wo die ‚Heimat‘ ein Zuhause hat“, in: Ecker, Gisela; Susanne Scholz (Hg.): Umordnungen der Dinge, Königstein/Taunus: Helmer 2000, S. 62-75

Nora, Pierre: Zwischen Geschichte und Gedächtnis, Frankfurt am Main: Fischer Taschenbuch
Verlag 1988

Nowotny, Helga; Peter Scott; Michael Gibbons: Wissenschaft neu denken. Wissenschaft und Öffentlichkeit in einem Zeitalter der Ungewissheit, Weilerswist: Velbrück Wissenschaft 2005 (2. Auflage)

Nünning, Ansgar; Vera Nünning (Hg.): Erzähltheorie transgenerisch, intermedial, interdisziplinär, Trier: Wissenschaftlicher Verlag Trier 2002

Ottomeyer, Hans: „Die Sprache der Dinge – Von Bildern und Zeugnissen in Geschichtsmuseen“, in: Ottomeyer, Hans; Esther Sophia Sünderhauf: Das Deutsche Historische Museum 2008, Berlin 2008, S. 4-7

Paul, Stefan: „Kommunizierende Räume. Das Museum“, in: Geppert, Alexander C.T.; Uffa Jensen; Jörn Weinhold (Hg.): Ortsgespräche. Raum und Kommunikation im 19. und 20. Jahrhundert, Bielefeld: transcript 2005, S. 341-357

Pearce, Susan M.: On Collecting: an investigation into collecting in the European tradition, London [u. a.]: Routledge 1999

Pethes, Nicolas; Jens Ruchatz (Hg.): Gedächtnis und Erinnerung. Ein interdisziplinäres Lexikon, Reinbek bei Hamburg: Rowohlt 2001

Pethes, Nicolas: Kulturwissenschaftliche Gedächtnistheorien, Hamburg: Junius Verlag 2008

Piontek, Anja: „Partizipation in Museum und Ausstellung. Versuch einer Präzisierung“ In: Gesser, Susanne; Angela Jannelli; Martin Handschin; Sibylle Lichtensteiger (Hg.): Das partizipative Museum. Zwischen Teilhabe und User Generated Content. Bielefeld: transcript 2012, S. 213-222.

Pomian, Krzystof: Der Ursprung des Museums. Vom Sammeln, Berlin: Wagenbach 1988

Poulot, Dominique: „Identity as Self-Discovery: The Ecomuseum in France“, in: Sherman, Daniel; Irit Rogoff (Hg.): Museum Culture. Histories, Discourses, Spectacles, London, New York: Routledge 1994, S. 66-84

Preiß, Achim; Karl Stamm; Frank Günther Zehnder (Hg.): Das Museum : die Entwicklung in den 80er Jahren. Festschrift für Hugo Borger zum 65. Geburtstag, München: Klinkhardt & Biermann 1990

Preziosi, Donald; Claire Farago (Hg.): Grasping the World. The Idea of the Museum, Aldershot [u. a.]: Ashgate 2004

Putsch, Jochem: „‚Früher war das hier Schrott – jetzt sind das Exponate‘ – oder: Vom gebrauchten Haushaltsmesser zum Haushaltsmesser mit Gebrauchsspuren“, in: Breuer, Gerda (Hg.): summa summarum. Sammeln heute, Frankfurt am Main, Basel, Stroemfeld: Stroemfeld/Roter Stern 1999, S. 13-29

Rheinberger, Hans-Jörg, Michael Hagner, Bettina Wahrig-Schmidt (Hg.): Räume des Wissens. Repräsentation, Codierung, Spur, Berlin: Akademie Verlag 1997

Ritter, Henning: „Die Wiederkehr der Wunderkammer“, in: Museumskunde 68 (2), 2003: S. 96-107

Röhrich, Lutz: „Erzählforschung“, in: Brednich, Rolf Wilhelm (Hg.): Grundriß der Volkskunde : Einführung in die Forschungsfelder der europäischen Ethnologie, Berlin: Reimer 2001, S. 515-542

Rohner, Ludwig: Kalendergeschichte und Kalender, Wiesbaden: Akademische Verlagsgesellschaft Athenaion 1978

Roth, Martin: Heimatmuseum. Zur Geschichte einer deutschen Institution, Berlin: Gebr. Mann Verlag 1990

Roth, Martin: „Beitrag zur Umfrage: Bürgerschaftliches Engagement in der Kultur. Eine Umfrage unter kulturpolitischen Akteuren“, in: Institut für Kulturpolitik der Kulturpolitischen Gesellschaft, (Hg.): Jahrbuch für Kulturpolitik 2000 – „Bürgerschaftliches Engagement“, Essen: Klartext Verlag 2001, S. 256-258

Rugoff, Ralph: „Beyond Belief: The Museum as Metaphor“, in: Cooke, Lynne; Peter Wollen (Hg.): Visual Display. Culture Beyond Appearances, Seattle: Bay Press 1995, S. 69-81

Rydell, Robert W.: „World Fairs and Museum“, in: Macdonald, Sharon (Hg.): A Companion to Museum Studies, Oxford (UK): Blackwell Publishing 2006, S. 135-151

Sandell, Richard: „Museums as Agents of Social Inclusion“, in: Museum Management and Curatorship 17 (4), 1998: S. 401-418

Sandell, Richard; Jocelyn Dodd: Including Museums. Perspectives on Museums, Galleries and Social Inclusion, Research Centre for Museums and Galleries 2001

Sandell, Richard: „Social inclusion, the museum and the dynamics of sectoral change“, in: Museum and Society 1(1), 2003: S. 45-62

Schärer, Martin R.: Die Ausstellung. Theorie und Exempel, München: Verlag Dr. Müller-Straten 2003

Scharfe, Martin (Hg.): Museen in der Provinz. Strukturen, Probleme, Tendenzen, Chancen, Tübingen: Tübinger Vereinigung für Volkskunde 1982

Scharfe, Martin: „Aufhellung und Eintrübung. Zu einem Paradigmen- und Funktionswandel im Museum 1970-1990“, in: Abel, Susanne, Rekonstruktion von Wirklichkeit im Museum : Tagungsbeiträge der Arbeitsgruppe „Kulturhistorische Museen“ in der deutschen Gesellschaft für Volkskunde, Hildesheim, 3.-5. Oktober 1990, Hildesheim: Georg Olms Verlag 1992, S. 53-65

Schmidt-Lauber, Brigitta: „Grenzen der Narratologie. Alltagskultur(forschung) jenseits des Erzählens“, in: Hengartner, Thomas; Brigitta Schmidt-Lauber (Hg.): Leben – Erzählen. Beiträge zur Erzähl- und Biographieforschung, Berlin, Hamburg: Dietrich Reimer Verlag 2005, S. 145-162

Schmidt-Lauber, Brigitta: „Feldforschung. Kulturanalyse durch teilnehmende Beobachtung“, in: Göttsch, Silke; Albrecht Lehmann (Hg.): Methoden der Volkskunde. Positionen, Quellen, Arbeitsweisen der Europäischen Ethnologie, Berlin: Dietrich Reimer Verlag 2007, S. 219-248

Schnädelbach, Herbert: „Kritik der Kompensation“, in: Kursbuch 91, 1988: S. 35-45

Schnädelbach, Herbert: Erkenntnistheorie. Zur Einführung, Hamburg: Junius Verlag 2002

Schöne, Anja: Alltagskultur im Museum. Zwischen Anspruch und Realität, Münster: Waxmann 1998

Scholze, Jana: Medium Ausstellung. Lektüren musealer Gestaltung in Oxford, Leipzig, Amsterdam und Berlin, Bielefeld: transcript 2004

Scholze, Jana: „Kultursemiotik: Zeichenlesen in Ausstellungen“, in: Baur, Joachim (Hg.): Museumsanalyse. Methoden und Konturen eines neuen Forschungsfeldes, Bielefeld: transcript 2010, S. 121-148

Scholze, Jana: (Wieder)Entdeckung des Raumes: Die Präsentationsformen des „Werkbundarchivs – Museum der Dinge“, (Onlinedokument: http://museumderdinge.de/institution/selbstbild_fremdbild/jana_scholze.php; Zugriff 4.4. 2010)

Schutte, Jürgen: Einführung in die Literaturinterpretation, Suttgart, Weimar: J. B. Metzler 1993 (3. überarbeitete und erweiterte Auflage)

Seitz, Helmut: Auf den Spuren außergewöhnlicher Museen, München: Nymphenburger 1990

Shaw, Christopher; Malcolm Chase (Hg.): The Imagined Past. History and Nostalgia, Manchester, New York: Manchester University Press 1989

Shelton, Anthony Alan: „Museums and Anthropologies: Practices and Narratives“, in: Macdonald, Sharon (Hg.): A Companion to Museum Studies, Oxford (UK): Blackwell Publishing 2006, S. 64-80

Sherman, Daniel J.; Irit Rogoff (Hg.): Museum Culture. Histories, Discourses, Spectacles, London, New York: Routledge 1994

Siepmann, Eckhard: „‚Ein Raumverhältnis, das sich durch Bewegung herstellt‘. Die performative Wende erreicht das Museum“, in: kunsttexte.de 2, 2003: S. 1-6

Simon, Nina: The Participatory Museum, Santa Cruz (USA): Museum 2.0 2010

Sleeper-Smith, Susan (Hg.): Contesting Knowledge: Museum and indigenous perspectives. Lincoln: University of Nebraska Press 2009

Sommer, Manfred: Sammeln. Ein philosophischer Versuch, Frankfurt am Main: Suhrkamp 1999

Spies, Gerd: „Die kunst- und kulturgeschichtlichen Lokal- und Regionalmuseen. Zeiten, auslösende Faktoren, Initiatoren und Gründungen“, in: Deneke, Bernward; Rainer Kahsnitz (Hg.): Das kunst- und kulturgeschichtliche Museum im 19. Jahrhundert, München: Prestel-Verlag 1977, S. 77-81

Staatliche Museen zu Berlin – Preußischer Kulturbesitz; Institut für Museumsforschung: Statistische Gesamterhebung an den Museen der Bundesrepublik Deutschland für das Jahr 2008, 63, 2009. (Online-Veröffentlichung: http://museum.zib.de/ifm/mat63.pdf Zugriff 14.01.2010)

Stadt Stuttgart: „Ein Stadtmuseum für Stuttgart“, Konzept des geplanten Stadtmuseums (Online-Veröffentlichung http://www.stuttgart.de/img/mdb/item/354939/52324.pdf; Zugriff 01.04.2010)

Stanzel, Franz Karl: Theorie des Erzählens. Göttingen: Vandenhoeck und Ruprecht 1981

Steen, Anna: „Samdok: tools to make the world visible“, in: Knell, Simon J. (Hg.): Museums and the Future of Collecting, Aldershot [u.a.]: Ashgate 2004, S. 196-210

Stäbler, Wolfgang: Ehrenamtliche Arbeit im Museum – ein unentbehrlicher Bestandteil des kulturellen Lebens (Online-Veröffentlichung: http://www.kupoge.de/ifk/ehrenamt/museum/museen2.htm#_ftn1; Zugriff 01.11.2009)

Stewart, Susan: On Longing. Narratives of the Miniature, the Gigantic, the Souvenir, the Collection, Durham, London: Duke University Press 1993

Stört, Diana: „‚...aus Herz und Hand des Freundes' – Untersuchungen zu Form und Funktion der handschriftlichen Widmung im 18. Jahrhundert am Beispiel der Gleimbibliothek zu Halberstadt", Magisterarbeit Universität Magdeburg 2004 (Online-Veröffentlichung: http://www.goethezeitportal.de/fileadmin/PDF/db/wiss/gleim/stoert_widmung.pdf 2004; Zugriff 23.09.2009)

Straub, Jürgen: „Identität II", in: Pethes, Nicolas; Jens Ruchatz (Hg.): Gedächtnis und Erinnerung. Ein interdisziplinäres Lexikon, Reinbek bei Hamburg: Rowohlt 2001, S. 269-272

Straub, Jürgen: „Narration I", in: Pethes, Nicolas; Jens Ruchatz (Hg.): Gedächtnis und Erinnerung. Ein interdisziplinäres Lexikon, Reinbek bei Hamburg: Rowohlt 2001, S. 399-402

Sturge, Kate: Representing Others. Translation, Ethnography and the Museum, Manchester, UK; Kinderhook (NY), USA: St. Jerome Publishing 2007

te Heesen, Anke; Emma C. Spary: „Sammeln als Wissen", in: te Heesen, Anke; Emma C. Spary (Hg.): Sammeln als Wissen. Das Sammeln und seine wissenschaftsgeschichtliche Bedeutung, Göttingen: Wallstein Verlag 2001, S. 7-21

te Heesen, Anke: „Vom naturgeschichtlichen Investor zum Staatsdiener. Sammler und Sammlungen der Gesellschaft Naturforschender Freunde zu Berlin um 1800", in: te Heesen, Anke; Emma C. Spary (Hg.): Sammeln als Wissen. Das Sammeln und seine wissenschaftsgeschichtliche Bedeutung, Göttingen: Wallstein Verlag 2001, S. 62-84

te Heesen, Anke; Emma C. Spary (Hg.): Sammeln als Wissen. Das Sammeln und seine wissenschaftsgeschichtliche Bedeutung, Göttingen: Wallstein Verlag 2001

te Heesen, Anke; Petra Lutz (Hg.): Dingwelten. Das Museum als Erkenntnisort, Köln, Weimar, Wien: Böhlau Verlag 2005

Thompson, Michael: MüllTheorie : über die Schaffung und Vernichtung von Werten, Essen: Klartext-Verl 2003

Turkle, Sherry (Hg.): Evocative Objects. Things We Think With, Cambridge (USA): MIT Press 2007

Vergo, Peter (Hg.): The New Museology, London: Reaktion Books 1989

Waidacher, Friedrich: „Ausstellungen besprechen", in: Museologie Online 2, 2002: S. 21-34

Walsh, Kevin: The Representation of the Past. Museums and Heritage in the Post-modern World, London, New York: Routledge 1992

Watson, Sheila (Hg.): Museums and Their Communities, London, New York: Routledge 2007

Weibel, Peter; Bruno Latour: „Experimenting with Representation: Iconoclash and Making Things Public", in: Macdonald, Sharon; Paul Basu (Hg.): Exhibition Experiments, Oxford [u. a.]: Blackwell Publishers 2007, S. 94-108

Weil, Stephen E.: Rethinking the Museum and other meditations, Washington, D.C. [u. a.]: Smithsonian Institution Press 1990

Weil, Stephen E.: Making museums matter, Washington: Smithsonian Institution Press 2002

Weiner, Annette B.: Inalienable Possessions. The Paradox of Keeping-While-Giving, Berkley, Los Angeles, Oxford: University of California Press 1992

Wernsing, Susanne: „Zwischen Mensch und Material: Technisches Handeln als Ausdruck des ‚Immateriellen' in der Ausstellung Alltag – Eine Gebrauchsanweisung.", in: Beier-de Haan, Rosmarie; Marie-Paule Jungblut (Hg.): Das Ausstellen und das Immaterielle. Beiträge der 1. Museologischen Studientage Neumünster, Luxemburg 2006; München: Deutscher Kunstverlag [u. a.] 2007, S. 36-49

White, Hayden: Auch Klio dichtet oder: Die Fiktion des Faktischen. Studien zur Tropologie des historischen Diskurses., Stuttgart: Klett-Cotta 1991.

White, John H. Jr.: „The Railway Museum: Past, Present, and Future", in: Technology and Culture 14 (4),1973: S. 599-613.

Wischermann, Clemens: „Kollektive, Generationen oder das Individuum als Grundlage von Sinnkonstruktionen durch Geschichte: Einleitende Überlegungen", in: ders. (Hg.): Vom kollektiven Gedächtnis zur Individualisierung der Erinnerung, Stuttgart: Franz Steiner Verlag 2002, S. 9-23

Wischermann, Clemens (Hg.): Vom kollektiven Gedächtnis zur Individualisierung der Erinnerung, Stuttgart: Franz Steiner Verlag 2002

Wolf, Werner: „Das Problem der Narrativität in Literatur, bildender Kunst und Musik: ein Beitrag zur einer intermedialen Erzähltheorie", in: Nünning, Ansgar; Vera Nünning (Hg.): Erzähltheorie transgenerisch, intermedial, interdisziplinär, Trier: Wissenschaftlicher Verlag Trier 2002, S. 23-103

Wright, Patrick: On Living in an Old Country. The National Past in Contemporary Britain, London: Verso 1985

Zacharias, Wolfgang (Hg.): Zeitphänomen Musealisierung, Essen 1990

LINKS UND INTERNETQUELLEN

Homepages der untersuchten Museen

McNair-Museum: http://www.mcnair-museum.de (Zugriff 21.09.2009)

Museum Elbinsel Wilhelmsburg: http://www.museum-wilhelmsburg.de (Zugriff 12.12.2009)

Bienenmuseum Moorrege: http://www.imkerverein-uetersen.de/html/museum.html (Zugriff 05.08.2009)

Homepages von in der Arbeit genannten Museen und Ausstellungsorten

Deutsches Auswandererhaus Bremerhaven: http://www.dah-bremerhaven.de (Zugriff 23.03.2010)

Dialog im Dunkeln: http://www.dialog-im-dunkeln.de (Zugriff 05.05.2010)

Historisches Museum Frankfurt: http://www.historisches-museum.frankfurt.de (Zugriff 01.04.2010)

http://www.mosi.org.uk/collections/using-the-collections/collections-centre (Zugriff 31.03.2010)

http://www.nationaalglasmuseum.nl (Zugriff 31.03.2010)

Stapferhaus Lenzburg: http://www.stapferhaus.ch (Zugriff 22.03.2010); für die Seite des Ausstellungsprojekts „nonstop“: http://nonstop.stapferhaus.ch/ausstellung/zum-thema.html (Zugriff 22.03.2010)

Zentrum für Kunst und Medientechnologie Karlsruhe: http://www.zkm.de/; für die Darstellung des Ausstellungsprojekts „Making Things Public“: http://on1.zkm.de/zkm/stories/storyReader$4538 (Zugriff 23.03.2010)

Museologische Seiten

Simon, Nina: Blog Museum 2.0 http://museumtwo.blogspot.com/2006/12/what-is-museum-20.html (Zugriff 15.10.2009)

University of Leicester, School of Museum Studies: http://www.le.ac.uk/ms/ (Zugriff 31.03.2010).

„Formuse“, Forschungsprojekt zum „Dilemma und Potential der ständigen Ausstellungen“ der Museumsakademie Joanneum, unter Leitung von Dr. Bettina Habsburg-Lothringen: http://www.formuse.at/media/dokumente/1_1_Dok.pdf (Zugriff 02.04.2010).

RCMG – Research Centre for Museums and Galleries: http://www.le.ac.uk/ms/research/rcmg.html (Zugriff 02.04.2010)

Samdok, Netzwerk schwedischer Museen zur Frage des gegenwartsorientierten Sammelns: http://www.nordiskamuseet.se/publication.asp?publicationid=4213 (Zugriff 30.12.2011)

Kultur- und Medientheorie

ANNETTE JAEL LEHMANN,
PHILIP URSPRUNG (HG.)
Bild und Raum
Klassische Texte zu Spatial Turn
und Visual Culture

Juni 2012, ca. 300 Seiten, kart., ca. 29,80 €,
ISBN 978-3-8376-1431-2

MARKUS LEIBENATH, STEFAN HEILAND,
HEIDEROSE KILPER, SABINE TZSCHASCHEL (HG.)
Wie werden Landschaften gemacht?
Sozialwissenschaftliche Perspektiven
auf die Konstituierung
von Kulturlandschaften

September 2012, ca. 200 Seiten, kart., ca. 26,80 €,
ISBN 978-3-8376-1994-2

CLAUDIA MAREIS, MATTHIAS HELD,
GESCHE JOOST (HG.)
Wer gestaltet die Gestaltung?
Praxis, Theorie und Geschichte
des partizipatorischen Designs

Oktober 2012, ca. 300 Seiten, kart.,
zahlr. z.T. farb. Abb., ca. 29,80 €,
ISBN 978-3-8376-2038-2

Leseproben, weitere Informationen und Bestellmöglichkeiten
finden Sie unter www.transcript-verlag.de